本书系国家社会科学规划项目
"消费文化对青年价值观影响"的最终成果
本书得到江苏省委党校、江苏省行政学院资助出版

消费文化

文化现代性与消费主义

扈海鹂◎著

中国社会科学出版社

图书在版编目（CIP）数据

消费文化：文化现代性与消费主义／扈海鹂著．—北京：中国社会
科学出版社，2018.5
ISBN 978-7-5203-3005-3

Ⅰ.①消…　Ⅱ.①扈…　Ⅲ.①消费文化—研究—中国　Ⅳ.①D669.3

中国版本图书馆 CIP 数据核字（2018）第 185059 号

出 版 人	赵剑英	
责任编辑	冯春凤	
责任校对	张爱华	
责任印制	张雪娇	

出　　版	中国社会科学出版社	
社　　址	北京鼓楼西大街甲 158 号	
邮　　编	100720	
网　　址	http://www.csspw.cn	
发 行 部	010-84083685	
门 市 部	010-84029450	
经　　销	新华书店及其他书店	

印　　刷	北京君升印刷有限公司	
装　　订	廊坊市广阳区广增装订厂	
版　　次	2018 年 5 月第 1 版	
印　　次	2018 年 5 月第 1 次印刷	

开　　本	710×1000　1/16	
印　　张	29.25	
插　　页	2	
字　　数	463 千字	
定　　价	118.00 元	

目　录

绪　论

消费文化是一种符号象征与价值，它反映了全球性、全球地方性背景下大众消费时代的生活格调、生活方式与价值取向。在当代，消费文化是通过广告、电视、新媒体、商业品牌、新型商场、购物中心发展起的一种符号化的消费生活方式及价值选择。消费文化在西方已有了成熟的发展，并扩展成为全球景观。当代消费文化史就是一部社会文化史、一部全球生活方式变迁的跨文化史，其复杂而深远的影响是难以估量的。

从社会文化史的角度上说，20 世纪 60 年代欧美青年运动的爆发，形成新的青年生活风格，且与商业化相结合，创新大众消费的生活方式，使消费文化的结构发生了很大变化。随着 20 世纪 90 年代世界经济全球化的展开，由西方青年运动创造的流行风格，转变成全球消费文化、消费主义生活方式的风格，形成新的产业形态、生活方式再生产的商业链。

从文化变迁角度看，当代消费文化发展存在于现代性的经济全球化、文化全球化之中。新媒体、新商业、新流行的高度发展，推动消费文化（文化消费、体验式消费）、全球时尚、青年流行文化在更大范围、多层面得以发展。这是 21 世纪的转型中的中国最重要的一个文化现实，也是代际文化关联中年轻一代变化得最深刻的一个领域。

消费文化研究的兴起与战后发达国家社会结构的新变化、新形态有关，与全球化、信息时代产生的新的消费生活方式有关，它已经成为跨学科的文化研究领域。进入 21 世纪以后，当中国现象成为世界现象，中国经济发展成为全球经济发展的动力与市场；当中国一、二线城市似乎已具有某种全球城市、全球地方性特征，中国式的消费社会的形成及消费文化的发展，提供、开拓出现代性研究的新的视角，使之更为丰富。

本书是国家社科基金项目《消费文化对青年价值观的影响》结项后的一个后期成果，在国家项目完成的基础上，笔者拟从文化现代性与消费主义角度，分析消费文化对社会价值观，主要是青年价值观的影响，并进行一些探讨与思考。

一　本书主要的理论解释工具：文化社会学

本书主要的理论分析工具与视角是文化社会学。20 世纪 80 年代以后，社会学研究发生了文化的转向。当代文化社会学的兴起，是社会学研究应对西方社会经历的战后复杂社会结构的结果，包括消费社会的来临、新的技术文明时代的到来、全球现代性的发展。古典社会学理论无法单独解释消费社会中生活方式新的问题，文化社会学与哲学、人类学、历史学、文化研究、后现代主义研究相交汇，向着文化命题聚合。

1. 文化社会学关注消费生活方式发展中的美学化、文化化的日常生活现象

文化社会学以一种特定的社会学眼光，关注社会生活的文化层面，包括关注社会人的文化体验与需求，关注与解释社会发展中的文化过程、文化价值。"关注艺术、文学，关注更一般意义上的美学生活、文化生活，并且努力超出这些现象本身，从它们在整个社会生活中更宽泛的意义来说明这些现象。"[①]正是这种美学化生活，成为解释文化现代性的重要的视角与启迪。文化社会学对消费文化的研究，不只是解释"消费文化"的概念，而且重视"消费文化"在现代性发展中产生的个体文化经验，以及引起的生活方式变化的意义。

2. 文化社会学关注与后现代社会、消费社会、媒体社会相联系的新的文化现象，特别是关注后现代背景下那些非一致性、非连贯性的文化现象，这一点能给我们带来新的启迪

戴安娜·克兰在她主编的《文化社会学》中说，"20 世纪 70 年代初开始，文化社会学便经历了实质性的再造""新文化社会学不是一个单独

---

① ［英］布莱恩·特纳编：《社会理论指南》，李康译，上海人民出版社 2003 年版，第 431 页。

的领域，相反，它由一系列性质不同的、独立的亚领域所组成"，如科学、知识、宗教、媒体、大众文化、艺术等。新的文化社会学关注文化正日益趋于多样化、文化连贯性的缺乏，或者说"文化连接的松弛"引人注目①。这种视角恰恰为探讨消费文化下多元的、分散性的现状留出了广泛的空间。

3. 文化社会学关注文化与权力的关系

文化社会学认为文化必须在与社会的联系中进行研究。文化与权力的问题在文化研究中已经成为关键术语，这就带来了文化分析中的批判意识。不论是鲍德里亚、鲍曼的消费文化的研究，还是伯明翰文化研究中心的研究，或是布迪厄的文化社会学，都阐述了消费文化中符号、习性、风格现象与资本、阶级的权力关系，其突出特点是贯穿当代文化研究传统的批判性分析。因此，文化社会学的消费文化研究具有批判性、反思性与建构性。

4. 文化社会学关注现代性文化维度的理解

许多学者的研究能帮助重新理解消费文化及其价值现象。英国文化学者费瑟斯通认为，对现代性文化的解释有两方面："一方面是将界定为无序的世界加以控制和驯服，以此生成一种秩序文化的推动力；另一方面则是对这种秩序化动力的批评，强调在现代主义的无序、破碎和含混中生存的能力。"他认为，"齐美尔强调现代生活具有一种碎片化的动力机制"，"正是从齐美尔那里，我们才得以建构一幅现代性的经验和文化维度的图景"。②后一个角度提供了消费文化实践中更多的经验的、质性层面的思考。

文化社会学研究具有跨学科性质。德里克把欧洲现代性过程作为现代性的一种中心叙事，但不是唯一叙事。现代性的全球化的发展，证明了存在"文化民族主义""替代现代性""多样现代性"③，德里克的观点具有文化社会学、文化现代性的解释空间。受后现代、后结构主义的影响，新

---

① ［英］戴安娜·克兰：《文化社会学——浮现中的理论视野》，王小章等译，南京大学出版社2006年版，第1、2、3页。

② ［英］迈克·费瑟斯通：《消解文化——全球化、后现代主义与认同》，杨渝东译，北京大学出版社2009年版，第208、206页。

③ 参见［美］阿里夫·德里克《后革命时代的中国》，上海人民出版社2015年版，导论。

文化社会学还关注现代性中的"各种不同类型的记录文化"，重视表达现代性的经验、体验的内容。

中国的消费时代、消费文化的发展是中国社会转型的一个具体实践，既是一个全球现代性的实践，又是一个文化民族主义的实践，所以，在中国情境下消费文化对青年价值观的影响具有独特的双重过程及丰富的体验。

二 本书关注消费文化、现代现象与中国青年现象的关联

本书不是专门研究当代青年价值观的著作，但本书把消费文化对价值观、青年价值观的影响作为现代现象来分析，拟讨论消费文化在中国这片土地上如何从文化现代性与消费主义两个方面影响了青年价值观。现代现象与青年现象的融合，消费文化与青年现象的紧密联系，是一种历史的必然趋向。而在中国，消费文化与中国现代性有着一种特定的历史形态。随着中国的社会转型，消费文化与中国青年接近、参与现代化的历史过程有着某种特殊的关系。其中文化现代性与消费主义对重塑青年的价值观的作用不可忽视。所以，在前言里有必要梳理一下这个关系。

（一）现代现象与青年

现代现象与青年现象的融合、交汇，是现代性发展中越来越突出的现象，并且越来越多地进入社会学家、文化研究者、历史学家的视野。这并不是一个简单地用年龄组成的现象，不是指一般意义上与"成熟"二字相联系的社会化现象，而是一个"现代性"的历史角度。因为"现代"现象与"青年"现象的交汇，是资本主义上升——现代化发展过程中长期累积的现象。工业化、城市化、人口流动，使大量农村青年来到城市；被称为"印刷资本主义"传播过程——资产阶级文学作品传播，包括启蒙主义文学、浪漫主义文学、批判现实主义文学，常常自觉或不自觉地表达西方现代化进程中的青年人的社会形象。而作为青年群体对现代现象产生的更为深远的文化影响，是 20 世纪 60 年代欧美发生的青年革命。在 20 世纪后半期，欧美的青年革命成为一场文化革命的现象，并使消费社会、消费文化成为联结现代现象与青年现象的生活方式、文化再循环；一直影响到今天。20 世纪 60 年代青年革命后，消费文化与现代性的关系发生了一种转折，即消费文化，从一种主要与上层阶级、中产阶级的关联的

商业文化现象，变成一种大众消费文化现象、青年消费生活方式现象。这是研究当代消费文化对中国青年价值观影响的一个大背景，即它是以世界现代化现象、青年现象、消费文化现象的聚合、影响为背景的。

（二）中国消费文化与青年的关联

中国作为世界上最大的发展中国家，作为20世纪80年代后快速进入全球化的后发展国家，展现着怎样的现代现象与青年现象的交汇呢？这种交汇与消费文化是一种什么关系呢？

著名人类学学者阎云翔的一个重要观点即认为："中国改革前后之间的联系远比断裂要多。简单来说，现在中国人的全部努力目标，基本上可以归结为从整体上追求现代化。这一点，不光可以从改革开放上溯到1949年，还可以从1949年继续往前追溯，一直追溯到19世纪中期，把整个近代史包括在内。"① 这个观点笔者很赞成。中国的现代消费文化的兴起是在上个世纪的初年开始的，不能只从这四十年来看。

从"现代"现象与"青年"现象的关系来梳理当代中国消费文化与青年的关联，是一个定义青年、定义"消费文化对青年价值观影响"的历史社会学角度。因为中国的消费文化的出现，是和中国近现代商业史联系在一起的。2015年是中国新文化运动100周年。新文化运动可以作为中国现代性与青年现象的相关性的一个历史标示与分界。同时，因为有1949年后乃至"文革"历史中断，中国新的消费文化的现代性，又在改革开放后才得以发展起来的。自20世纪80年代改革开放后，中国重新有了与世界接轨的现代消费文化；消费文化的兴起代表了新的文化现代性的开始。改革开放后的四十年是中国式消费文化及消费时代形成的过程，其间中国的"80后成为不折不扣的转型的一代"②。80后，特别是90后的个体人格、价值选择深深打上了消费文化的烙印。中国消费文化对青年价值观的影响，在最宏观的层面上，是一种历史进程中世代交替的生活经历与社会烙印。

---

① 阎云翔：《我们正处于一个多变的、剧烈的道德转型过程中》，"澎湃专访"2015年7月19日。

② 李春玲：《境遇、态度与社会转型——80后青年的社会学研究》，社会科学文献出版社2013年版，前言。

三 本书的一些基本思路

本书从文化社会学的视角，认为"文化现代性"与"消费主义"是消费文化所带来的价值塑造过程。以此为切入点，本书关注全球化与社会转型背景下中国消费时代青年个体的价值类型及转变问题，探讨消费文化下青年的"文化适应"。

本书认为，消费文化对青年价值观的建构，主要表现为"文化现代性"与"消费主义"两个方面。文化现代性表现在，消费文化的流行，加快了日常生活文化化、审美化过程，推动了青年个体在主体性、自我实现方面的文化现代性追求；在这个过程中，消费主义也不断强化资本、品牌、符号、影像的塑造作用；通过全球化、中国社会转型的新结构，形成当代青年对生活方式、个人身份、成功、地位区隔的价值认同、价值冲突与选择。

（一）"文化现代性"

文化现代性，是指现代性的美学的和文化方面，它关注现代性中人的主体性问题，人的自我发展、自我实现问题；关注审美的现代性。本课题尝试以文化现代性的视角来解释消费文化对人的主体性的影响。文化现代性的理论，可以看成是文化社会学研究的一部分。它本身又可以作为理论工具对消费文化进行分析。

齐美尔、本雅明都认为，现代性，从根本上说，是一种文化、心理的状态。许多欧美文化学者都涉及了对文化现代性与审美现代性的讨论。丹尼尔·贝尔把现代性的文化特征看作个人追求自我实现。他把文化的现代性表达为一种人的不断适应变化的主体状态。

哈贝马斯认为，"从某种程度上说，我们仍是最初在 19 世纪出现的审美现代性的同时代人"，"这种进入了哲学的新的时间意识更多地表现为如下体验；社会的流动性、历史的加速发展，以及日常生活的非连续性。这种置于变幻无常、难以捉摸、短暂之上的新价值，即对动态变化的礼赞，展现了对纯洁的、无瑕的静态的现在的某种渴望。"① 哈贝马斯所

---

① ［德］于尔根·哈贝马斯：《现代性对后现代性》，转引自周宪主编《文化现代性读本》，南京大学出版社 2012 年版，第 176—177 页。

描绘的这种现代主义精神的品质，就是文化的现代性，它现在正在通过流行、时尚、数码的文化产业出现在消费文化及文化消费之中。

克里斯·巴克把这种文化现代主义作为一种文化经验，他说："现代主义指的是与这种现代化紧密联系的人类文化形式。在这里，我们所关注的是作为一种文化经验或感觉结构的现代主义。"①

费瑟斯通认为，文化现代性就是被视作现代主义奠基人的波德莱尔所发现的东西，即支持对新事物的赞赏，关注现代生活中的碎屑。包括现代城市很快就抛出一连串新社会类型的人、一连串新的场所和新的形象（消费文化的商品与广告），它们标示着破碎、厌倦以及现代性阴暗面的生命力和活力。② 但同时，它们又是消费文化中多样性的文化现实。这也是齐美尔、本雅明等学者所关注的现代性经验的相对性，是另一种秩序。

此外，前面说到的德里克的"文化民族主义""替代性现代性"的理念，本身也是一种后民族空间下文化现代性的阐释。

这些思想都很有创见与启示。当代中国处在消费文化快速发展的时期。全球文化产业、中国媒体工业空前发展，青年一代享受着数码时代丰富的文化产品。大众的、青年的消费生活方式扩展出巨大的、连续不断的"文化现代性"的自我空间。它表现为个体的主体性的扩展、审美现代性的发展。它已经不是仅在"消费主义"价值指向下所能解释的。

用文化现代性的视角研究消费文化，是发现人的内在驱动力与人性扩展的一个重要方面。在消费文化环境下，人们在流行、时尚模仿中，扩展了自己原本很封闭、很被动的主体世界。这种扩展，反过来又正好符合商业世界通过体验性、提高消费者消费欲求的商业策划。这是当代消费文化发展中的个体文化现代性扩展的新的方式。

（二）"消费文化"不等同于"消费主义"

在本书的定义与分析中，笔者认为消费文化的外延宽于消费主义。消费主义与消费文化是相通的概念。消费文化包括消费主义。消费文化，更多地可以从一种生活方式角度去定义。如费瑟斯通在阐述"消费文化与

---

① ［英］克里顿·巴克：《文化研究理论与实践》，孔敏译，北京大学出版社2013年版，第176页。

② 参见［英］迈克·费瑟斯通《消解文化——全球化、后现代主义与认同》，杨渝东译，北京大学出版社2009年版，第102页。

后现代主义"命题时，整体上揭示出消费文化是一种新的生活方式的运作与文化扩张。鲍德里亚在对象征符号与消费的关联进行分析时，曾强调消费是一个文化再循环的系统，消费与个体成功联系在一起。但消费主义并不简单等同于消费文化。"消费主义"，更突出指称一种意识形态，一种超过基本生存之外的欲求的满足。在学术解释中，消费主义，被看作商品拜物教的欲求；也被理解为一种消费者的权益。消费主义作为意识形态，在当代包含着对以全球品牌为特征的消费主义崇拜。[①] 对消费主义意识形态的批判，鲍德里亚是最勇猛的。他在以《象征交换与死亡》为题的书中，显示其对消费时代的文化悲观主义。从全球化角度对资本主义世界体系及其消费主义批判来看，斯克莱尔认为，"全球化的推动力既不在经济领域，也不在政治领域，而是在文化和意识形态领域"，"消费主义的文化意识形态由一种富人偏好被改造成全球化的现象"[②]。其对消费主义的认识，偏重于一种文化意识形态。全球化背景下的全球消费主义意识形态，就是价值观念、价值取向。

消费文化的内容涵括了消费主义，但同时也更宽。重要的是互联网技术下消费文化的展开与氛围使都市流行文化获得极大发展。20 世纪 60 年代后的青年流行文化对整个消费生活方式的改造，使消费文化与青年流行文化（青年亚文化）相连接；近年来又成为 21 世纪的全球大众消费生活方式的风格；推动了青年价值观从宏大叙事、同质性的认同变成了对差异性、多样性的认同；并且已产生了非常深刻的持续性影响，即审美风格、生活风格的转换。这本质上是一个消费文化的生活方式与审美风格新的结合过程，这些方面仅仅用消费主义来解释是不够的，且易于陷入道德批判。

对青年个体来说，青年在经历整体社会（国家、民间）消费生活方式的变化，经历日常生活审美经验的变化的过程。他们在这个过程中生长、发展出个人新的主体性价值、个性价值的要求。

也就是说，消费文化现实发展中是有个体的主动性一面的。青年个体

---

① ［美］安娜贝拉·穆尼等编：《全球化关键词》，刘德斌等译，北京大学出版社 2014 年版，第 44 页。

② ［英］莱斯利·斯克莱尔：《资本主义全球化及其替代方案》，梁光严等译，社会科学文献出版社 2012 年版，第 123、126 页。

并不是都被商业主义、消费主义的欺骗拖着走。消费文化是一种符号象征与价值。它通过广告、电视、媒体、商业品牌、大商场、购物中心，建构着一种符号化的消费生活方式及价值选择。此趋向在中国工业化、城市化、市场化进程的展开，反映了全球化背景下中国大众消费时代的生活格调、生活方式与价值取向。从消费文化的研究中，找到文化现代性的视角，就是要发现人性的、青年的主体性体验、存在感及价值取向；发现生活方式中的人性的丰富性、审美性扩展的人文价值。

（三）"文化现代性"与"消费主义"

把"文化现代性"与"消费主义"，作为消费文化对青年价值观影响的两个视角，又基于日常生活文化化、美学化的趋势，消费文化在社会生活中影响越来越大。随着以消费为中心的时代的到来，日常生活文化化、美学化的趋势在增大；青年亚文化与消费文化的结合，接受、适应消费文化发展，已经变成年轻一代个人的主体性发展、审美及个性发展的重要方面。同时，消费主义生活方式又是一个社会结构、阶层结构的展现。

20世纪70年代以后，欧美青年亚文化与消费文化的结合，赋予了消费文化以流行的、怀疑的、反叛的、前卫的青年生活方式价值，使消费文化中有了青春灵魂。青年流行文化，如青年摇滚乐、青年爵士乐等，既是文化消费，又让青年人感受到青春的力量，一种文化现代性的变动与永恒。"消费时的情感快乐及梦想、欲望"扩展了青年生活，拓展了与消费文化相关联的身体刺激与审美快感，增加了文化工业的商业市场及潜在的需求。

在中国推进城市化、商业化的过程中，广义消费文化的资源是包括历史古籍、博物馆、书店、咖啡馆、茶馆、电影院等，它们是城市的文化产业的组成部分，是城市文化资本的吸引力。在价值上不能简单地归并到"消费主义"里，但同时又不能和城市生活方式中消费主义的意识形态完全分开。在文化消费、文化审美中被扩大的自我实现的要求，最后又要受到"消费主义"的社会结构、意识形态的限制。城市展现的文化现代性是个体发展、追求自我成功的希望，但消费主义又是根植于社会结构之中、诱发青年焦虑感之所在。

中国社会转型条件下消费文化的发展呈多重镜像。"文化现代性"与"消费主义"的价值力量，对青年价值观产生多层面的影响。中国的社会转型一方面是经济体制从计划经济向市场经济的转轨过程，从传统经济体系中走出来；同时又因为在苏东解体后全球化进程的展开，初级生产线经济与符号的/空间的经济共生。[①]

在社会转型中，文化现代性的动力是过更好生活。文化现代性对青年价值观产生自我认同的力量、审美现代性的力量。青年人欲改变现状，享受变化与自我发展，追求自我实现。几亿青年从农业的乡村到城市来寻找工作机会、寻找新的生活方式，寻找自由、变化、寻找个人的新的发展。这里面就是文化现代性所包含的东西。

当下中国现代化的多媒体时空，将消费文化下文化现代性的张力扩展到从来没有的宽度——即每个青年人只要会运用网络，都可能成为虚拟文化人；可能在任何有宽带、WIFI 的地方，用网络表达自己的选择、娱乐、趣味，这是文化现代性的层面。当然，在城市化、市场化、工业化的快速推动中"消费主义"意识形态、权力镜像也同时被强化。

（四）消费文化对青年价值观的影响，是在"社会结构"多元影响下展开的

中国社会结构的转型推动价值观转型，推动了青年一代的价值转型与价值建构。改革开放后中国社会转型带动的价值观转型，不是在一个层面的，而是多个层面的；每个层面都没有最终完成，都还在继续。但每个层面的展开都代表了和过去不一样的方面。大概有这样几个层面：一是从认同阶级斗争为纲向认同经济建设为中心、认同现代化的转变。中国的社会转型具有后革命性质，这个层面上价值转型就是深刻的意识形态转型；二是从计划经济社会向市场化、城市化的转变。利益、财富、文凭、竞争能力变成新的资源及个体的社会资本、文化资本。原来青年人学习的是王铁人、大寨人、大庆人（改革开放前），现在学习的是姚明、马云、刘强东、马化腾；三是在从封闭的民族国家向全球化、互联网时代的转变。开放、多元、世界主义、全球主义变成一种观念与思维方式。信息技术始终在改革开放中相伴随，新技术带来价值取向的品格；四是从以生产为中心的时代向消费时代、消费文化的转变，这个是生活方式的转变，是一个文化形态的转变。在社会结构上与个人生活方面，中国向消费时代、消费文化的转型，实际上必须承接、整合上面所有的方面。

---

① 户晓坤：《中国社会转型同在张力中的消费主义悖论》，《经济学家》2014 年第 5 期。

　　也就是说，中国的意识形态转型、向市场化转型、向全球化、信息化的转型，在价值层面上，都会遭遇现实的"中国消费时代"的价值取向与制度安排，这是核心所在。它与西方消费社会的形成与到来，是不尽相同的历史文化进程。

　　文化现代性的空间，在于多重结构转变中。"消费主义"的限制也是多重社会结构的限制。中国80后、90后青年（包括正在长大的00后）最主要的社会经历是他们处在这样的多重转型中，特别是处在向消费社会的转型中。一方面，当代社会的多重结构，就是全球化、社会转型、互联网技术、市场经济、消费时代的发展，它使得整个社会的"体面性生活水平"的提高，个体处在比过去父母辈年轻的时候更有利的结构关系中。消费文化的发展，事实上已推动了自我意识、个人主体性、日常生活生活方式丰富性的发展；但另一方面，"社会结构"对个体发展存在着大量实质性限制，这就是阶层化的利益与地位的区隔。消费主义的秘密在于它隐匿着或显现着一个垂直流动、且垂直分化中的阶层区隔体系。这也就是默顿所说的"结构性紧张"命题的意义。默顿认为，当人们缺少足够社会资源（条件与手段）去获得某个文化目标时，文化动机与文化目标之间就会出现中断。这也是今天许多价值危机、价值焦虑产生的原因。

　　从理性角度看待中国的"社会结构"转型时，会认定青年人的理想信念是很重要的。在研究具体的社会关系互动中，会认定青年人的价值经验的积累也很重要。笔者在做了大量个人访谈以后发现，在同样的社会大环境下，青年个体的价值态度完全不一样。阶层的、利益的处境，使人们采取不同的选择，并会很认真地对待自己的价值经验。

　　笔者从与访谈者的对话中获得很多启示。从中学生、大学生到机关干部、企业职工、商业职员对当下的生活的态度上，笔者更多地看到个体立场、价值态度是基于个体经验的选择。每个人的价值选择、价值态度受到他的个人经验的影响。"人们关于世界的观念只能来源于他体验世界的方式，而他们的体验又必然依赖于人们通过技术手段与世界发生联系的方式。"这恰恰是人类学的一种观点。

　　全球化、信息化促进了个体化的发展。全球化、市场化下的不稳定、不确定性因素影响着价值关系的不连续性、分散性、离散性。这对整个价值观系统的生存影响是很大的。全球化下的中国社会转型也充满着不稳定、不连续、不确定性因素。在中国，年轻一代重视个人自由、平等的因素在增长；但同时他们对初级生活圈——家庭的依赖也在增加。在以独生子女为特征的中国家庭—社会构成的情形下，总体上，年轻一代更为重视家庭，把家庭作为寻找安全感的地方。不论是自己的小家庭，还是对于生养自己的父母家庭，都是这样。本课题的价值分析，基本上是按这样的思路来进行的。

四　为什么关注"消费文化中文化现代性与消费主义"问题？

也许一些学者会提这样的问题，为什么不突出"后现代性与消费文化"研究，却要关注"消费文化与文化现代性"研究呢？笔者的考量在于：

（一）现代性研究越来越成为一种性质复杂的跨学科课题

"后现代主义"是现代主义之后的，它更强调工业现代化成熟后的现代性发生的边缘化、零散、非中心的状态。"文化现代性"的研究可涉及更宽的时空，更好地结合现代主义、后现代文化的研究。其中工业革命上升及垄断时期的波德莱尔的诗性反思，齐美尔的都市分析，20世纪70年代丹尼尔·贝尔的"现代性结构"的研究，吉登斯提出的"现代性文化维度"的研究等都能激发、启发我们对消费文化视角下"文化现代性"存在的思考。本书的"消费文化中文化现代性与消费主义"研究，主要是基于消费文化对中国青年价值观影响的研究，突出了文化现代性、消费主义对当代中国青年价值观的深刻影响。

（二）适应社会学的文化转向

社会学在20世纪80年代后发生文化转向。这个文化转向来自于欧美发达国家进入了消费社会、后工业社会引发了新的后现代文化现实，如新技术带来新的文明、消费时代的生活政治、媒体社会呈现的文化碎片化等。同时也因为"现代性的全球化"的发生，使得非西方国家的文化民族主义兴起。非西方国家"文化民族主义"兴起是宽泛的指向，它包括了其在追求自身现代化发展中认同欧美现代生活方式的诸多方面，显现了对现代生活方式的新的热情、新的接纳。对于这些民族来说，这是新的文化现代性。如笔者在埃及旅行时，在有5000年历史的努比亚村里，看到埃及青年人穿着古老的民族衣服，却拿着手机在店铺前翻看；村子里的孩子唱着古老的土著歌曲，却穿着 adidas 等来自西方世界的运动流行服装。从红海到开罗的公路服务区里，西式的饮料比比皆是。在开罗，笔者看到女中学生依然扎着符号性的头巾，但她们身上又穿着牛仔布的衣服，拿着手机与笔者一起自拍合影，她们已接受来自欧美世界的现代性元素的刺激。在埃及，受过教育的女导游是社会地位较高的埃及中产阶级一族，她们对埃及、自身、自己的家庭有了新的见解，不再局限于封闭的生活规则。文化现代性的解释，是对日常生活文化化、美学化的回应，对全球化、信息化下的消费生活方式的多元性质及文化现象的再思考。

（三）关注中国现代化进程的特殊性

中国是一个古老的文明古国，曾是一个早熟的东方文明国家。如果不是 19 世纪中期西方列强用枪炮打开中国大门，中国走不到西方式的现代化革命之中，而且她从来志不在此。所以，中国现代性的进程及发展本身是巨大的文化现象。在这一方面，诸多学者已有专门研究。笔者在阅读美国国际政治专家布热津斯基《大失败》一书时，感受特别强烈。

布热津斯基说："西方很少有人能够全面领会 19 世纪中国所存在的那种心理，一方面，中国人感到自己拥有独一无二、自成一体以及（在他们看来）文化上的优越的文明；另一方面，他们又意识到自己在入侵的西方列强强加在自己头上的屈辱面前软弱无力。"他非常强调中国现代化之路的文化独特性，认为"中国人不仅把自己视一个民族，而且把自己视为一种文明。这使它们能够把自己在技术方面的落后，仅仅看作是 5000 年灿烂文明史中的暂时现象，从容地吸收外国的技术，既不担心在文化和意识形态方面出现严重问题，又不必故作姿态掩饰自己一时的短处"①。布热津斯基把中国的市场经济改革、对外开放，叫作一场"真正的文化革命"。布热津斯基的论述提示我们重视本身是东方古国的中国，其从传统文明走向"现代文明"的跨度是巨大而复杂的。因此，对于中国的消费文化及其延展出的现象，用"文化现代性"分析，可能比用"后现代性"更宽泛一些。更何况，在全球化下的中国消费时代，其文化现代性，在很多方面同时又表现为后现代性。

———————

① ［美］兹·布热津斯基：《大失败——20 世纪共产主义的兴亡》，军事科学院外国军事研究部译，军事科学出版社 1989 年版，第 179、217 页。

（四）研究消费文化对中国青年的独特影响

本书采用的研究角度最初是来自做青年访谈的强烈感受。在和许许多多80后、90后青年进行交流、访谈后，一个强烈的感受是他们对新的商业化环境、新的城市流行商品、符号的喜爱；对中外影视文本、歌曲、影视及体育明星的接纳，并且在其中激发出个性的活力，表现出与革命时代完全不同的新的文化现代性的认同。另外，他们也无时无刻地受到"消费主义"的消费习性、意识形态、社会结构的影响、制约。当代青年的"成功"意识、"精致的利己主义"追求，都不能离开这两个方面。

消费文化引导下的"文化现代性"与"消费主义"，使青年接纳、享用着现代消费生活方式。这一点又很符合这个时代中国青年人的"小时代""小确幸"、小舒适的趋向，但从总体上说，消费文化并不能提供更深刻的人文追求，这是一个局限。所以，没有信仰，只信品牌、只追求"大房子""舒适生活"的物化取向，是当代青年成为"空心人"的可能性趋向。另外，经济全球化、文化全球化、阶层分化，又使得"文化现代性""消费主义"表现为更多的个体性欲求、未来的不确定感，引起青年群体、青年中产阶层的普遍焦虑，这就是当下中国面对的社会文化现实。在推动供给侧改革、拉动消费中，要看到消费文化中的"人的主体性"的状态，要塑造更有心灵追求的审美主体，要推动以核心价值观为重心的优良风尚，优化制度伦理的社会环境。

同时，结束"文革"、走向开放，是一个转折点和新起点。中国20世纪80年代初起始的改革开放遇上了伴随经济全球化的文化全球化、消费文化的全球化；全球消费文化下的现代生活方式是经济全球化的另一面。相比十年"文革"，当代中国消费时代、消费文化的展开与运行给中国年轻一代创造了物质丰富、社会宽松、多元选择的文化环境。青年人在追求个体的物质生活，享受流行、风格方面，拥有更大的自我表现、自我发展与成功的要求。他们在接受消费主义时，也接受着文化现代性的价值要求。这是以往时代的年轻人不可能有的需求。同时，与发达国家年轻人相比，在共时态上，他们经历着代际文化传统完全不同样的感受。其中会有很多值得深入探讨的方面。

（五）"消费文化：文化现代性与消费主义"是笔者的一个理论假设

笔者以此用来作为分析的角度、贯穿全书，是一个理论尝试。本书各章节的安排基本涉及文化社会学主要的研究重点，但笔者在探讨中还是不充分，此尝试只是一个开端。

本书中的一些部分是基于笔者已发表的论文。如第五章第四节的个体化问题，第六章第二节中"对大学生文化接受中自我转变的研究"；第八章中关于"消费文化的阶级基础""中产阶级的形成"的研究、对农村大学生的调查与研究等。第七章中，有本人长期关注社会性别与女性主义问题的探讨与积累（自90年代以来写过若干论文），还有一些部分是笔者在做国家课题时所做的专门调查。

在从事"消费文化对青年价值观影响"的国家课题的研究过程中，笔者一直在给本校的硕士研究生开设文化社会学、文化全球化专题讲座。笔者认真阅读了很多经典学者的著作，对西方诸多学者在消费文化、后现代文化、文化社会学及价值观方面有了一些思考。同时，对相关的中国学者的理论研究与学术调查也有广泛的阅读。这些主题与阅读给自己带来理论学习热情与思考兴趣。在2010—2013年间，笔者多次参加了中国社会学会学术年会的"消费社会学论坛"的讨论，受到很多启发。

另一方面，在承担国家课题期间（包括我以往所做的课题研究中），我和很多年轻人进行了深入交谈与访谈。他们是大学生、硕士生、博士研究生、中学生、工人、公务员、银行职员、国有企业工作人员、理发员、商场营业员、房屋推销员，他们的生活态度与选择给我留下深刻的记忆，使我感受到他们是如此充满活力、主动选择、自我挑战的新的一代；并同时了解了他们是怎样呈现出这个时代的所有印记，加深理解当下青年价值观走向，以及整个社会、教育环境要承担的责任。

尽管笔者花费了很大的心血去阅读理论、观察与研究，并在国家课题2015年结项后，又进行了进一步梳理，此书稿还是不够成熟。如今我想把这件事做完。我想把写此书稿当作自己从事理论研究及教学工作30年后的一个"精神的孩子"。这个课题的完成及书稿写作过程，已成为我自己的一个理论与精神成长的过程。

笔者希望通过本书的尝试性探讨，为自己提供一种参与学术研究的兴趣与追求，为进一步研究与学习打下一个基础，并借此继续向其他学者学习、共同探讨之。

在课题研究与书稿写作、调查的过程中，我得到了许多同学、老师、朋友、江苏省行政学院分管科研领导的真诚帮助。在与一些资深学者的交谈中，许多话题不断获得新的启迪。很多年来，我一直得到了我的家人的理解及长期支持。在此，诚挚地表示感谢！

第一章　消费文化的定义、基本性质及价值分析

消费文化是意义渗透的文化，社会生活中的消费者是跨越商业范围的。现代消费文化是一种符号象征与价值，它反映了以欧美为中心的、进而成为全球化背景下消费生活方式的风格与价值取向。对消费文化定义是复杂的社会学话题。现代消费文化既是现代性一定阶段的物质文化形式，又是人们社会地位的显示与区隔，同时，也满足着人们情感快乐、梦想等方面的主体性需求。消费文化中的自由精神及特性，本身是一种对人性与现代性的价值态度；但同时消费文化的实践，又包含了现代性现象与价值分析的不同立场。

第一节　消费文化的定义与解读

广义的"消费文化"，应该指所有与消费生活、消费生活方式相关的文化，这是消费文化的基本性质。它既对应于生产的文化，又是一种人们日常生存方式中消费的文化。所以，广义的消费文化研究，就是对消费生活方式的研究。

现代消费文化是一种符号象征与价值，它反映了全球性、全球地方性背景下大众消费时代的生活格调、生活方式与价值取向。在当代，消费文化是通过广告、电视、新媒体、商业品牌、新型商场、购物中心，发展起的一种符号化的消费生活方式及价值选择。

对消费的文化研究，最早是一种人类学的研究视野。他们关注人们生活方式中物与文化的关联，寻找解释人类社会关系的文化密码。人类学在对交换关系的研究中，都有人的消费活动的踪迹，尽管这种研究大

于狭义的"消费"研究。而且这种眼光也在文学作品中不断呈现。《红楼梦》中，"贾不假，白玉为堂金作马。阿房宫，三百里，住不下金陵一个史。东海缺少白玉床，龙王来请金陵王。丰年好大雪，珍珠如土金如铁"，"陋室空堂，当年笏满床；衰草枯杨，曾为歌舞场"，这是曹雪芹在对贾、史、王、薛四大家族盛极奢华、荣辱衰落的消费生活的一种描述。

人类学家、经济学家道格拉斯、伊舍伍德认为，所有社会中出现的消费者是"跨越商业范围的"。消费不限于商业系统，相反它总是既表现为文化现象，又表现为经济现象；它既与意义、价值及交流有关，又和交换、价格及经济关系有关。物质商品不仅有用，而且有意义，还可能作为社会关系的标志。正是在获得、使用和交换物品的过程中，个体才渐渐有了社会生命。这种研究方法应该既适用于所谓的传统社会，又适用于现代社会。使用这一方法将会说明，"所有社会都是通过使用物质商品才有意义。商品是看得见的那部分文化"①。商品成为提供社会身份信息的来源和社会含义的载体。它们能够创造或规定文化意念和信仰。它们赋予这些信仰现实意义和真实性。

基于这种人类学方法与已有的研究成果，英国学者西莉亚在《消费文化》一书中认为："消费文化可以看作是当代欧美社会中关于被使用物品的文化——物质文化的一种特殊形式。"②从物质文化这个角度来认识消费文化的角度似乎更为平实，它使人类学研究的价值显示出来。

"消费文化"本身有一种被普遍化的文化性质，即人类群体生活中所用物品的使用、交换的性质、活动，都是被文化所规定。如在前现代社会，宗教和习俗提供了"依附"于货物身上意义的主要成分。许多东西，诸如传家宝、仪式化了的人工制品、房屋以及用具通过遗传和分配所有权而在家庭和共同体内流传。它们充当了社会归属以及有关时间（季节、宗教节日）、场所、生活地位以及性别差异等方面的标志物的作用。③

消费文化的发展，是文化生活的过程。它在具体的时空中，有其物质

---

① ［英］西莉亚·卢瑞：《消费文化》，张萍译，南京大学出版社 2003 年版，第 10 页。

② 同上书，第 1 页。

③ ［英］罗宾·科恩等：《全球社会学》，文军等译，社会科学文献出版社 2001 年版，第344 页。

表现及价值评价，人们的活动在这种价值意义中被解释，并被这种意义组织起来。

给消费文化下定义的时候，学者们的时空视角是不完全一样的。美国学者约翰·R.霍尔指出："工业革命的胜利创造了一个消费者的世界，这一世界已超出了早期工业家的想象之外。""技术与经济的变迁导致了一种新的物质文化形式的出现，这一变迁也引起了自我与社会的文化构成的改变。消费文化基于如下观念，即消费（以及富足）是一种积极的价值。这种道德在20世纪初文化的许多方面得到表现。"① 约翰·R.霍尔在他的书中把美国的19世纪末20世纪初看成是消费文化取得巨大成功的历史时段。

雷蒙·威廉斯强调了"消费"一词有着历史的文化语境。"消费"一词曾经是个否定性评价。在20世纪60年代的西方现代消费社会出现以前，消费的评价一直是被弱化的。威廉斯认为，consume、consumer（消费、消费者），一直处在人类的价值评价中。这种评价，反映出消费与经济结构、文化结构的一种关系。在早期，几乎所有英文用法里，consume这个词都具有负面的意涵，指的是摧毁、耗尽、用尽。从16世纪开始，consume的较早用法，具有同样的毁灭或浪费的一般意涵。从18世纪中叶开始，consumer这个词开始以中性的意思，出现在有关中产阶级的政治、经济的描述里。consume的负面含义一直延续到19世纪末期。在20世纪中叶这个词从狭义的政治、经济用法转为较广义的一般用法。②

让·鲍德里亚把消费文化看成晚期资本主义的产物。这种消费文化是以象征符号为特征的晚期资本主义的反映。鲍德里亚坚持认为，消费是资本主义新阶段的产物。现代消费内涵在于以消费为中心取代了以生产为中心社会。"19世纪发生在生产领域中的那个生产力合理化进程在20世纪的消费领域中得到完成。"③ 由于对生产的强调转向了对再生产的强调，消费社会本质上变成了文化的东西。"记号的过度生产和影像与仿真的再

---

① ［美］约翰·R.霍尔等：《文化：社会学视野》，周晓虹等译，商务印书馆2002年版，第173页。

② ［英］雷蒙·威廉斯：《关键词：文化与社会的词汇》，刘建基译，生活·读书·新知三联书店2005年版，第85、86页。

③ ［法］鲍德里亚：《消费社会》，刘成富等译，南京大学出版社2000年版，第74页。

生产，导致了固定意义的丧失，并使实在以审美的方式呈现出来。"在鲍德里亚的影响下，詹明信把后现代文化看作是战后晚期资本主义的消费社会文化。①

　　在研究不同问题时，对消费文化的定义与解释可以有不同的定义角度。费瑟斯通区分了消费文化的三种角度：一是"消费文化以资本主义商品生产的扩张为前提预设"。资本主义商品生产的扩张，引起了消费商品，为购买及消费而设的场所等物质文化的大量积累。其结果便是当代西方社会中闲暇及消费活动的显著增长；二是消费文化是指人们对商品满足的社会方式。消费文化表现了一种社会地位与社会区别。"其核心便是，人们为了建立社会联系或社会区别，会以不同方式去消费商品"；"三是消费文化是关于消费时的情感快乐及梦想与欲望等问题的文化。"②

　　罗宾·科恩在《全球社会学》一书中把消费文化看成是"消费主义和日常生活"的文化。他认为消费文化存在着悲观主义与乐观主义的不同情境的解释。悲观主义情境认为存在着"愚笨的消费者"。消费者在消费文化中被充满着商品拜物教的倾向所驱使；并且符号价值成为我们所寻求的、非商品本身所具备的功能性的东西。"我们买的东西与我们实际需要的东西之间具有越来越少的联系。"而乐观主义情境认为消费文化创造了"富有创造力的消费者"。他引用布迪厄的惯习的概念，说明消费偏好会显示出社会过滤器作用，并表现出某种社会归属感。从后现代的观点看，消费文化也是"一种不断增长的趋势"，"是我们酷爱多样性与差异性"，这代表了消费者的创造力。③

　　西莉亚·卢瑞强调由于当代社会结构中有关经济和物质商品的象征意义之间的相互关系的日益重要，"消费文化是意义渗透的文化，正是这个意义系统将消费文化与物质文化区分开来，成为物质文化的一种特殊形式"④。关键是消费文化所体现的新的文化与社会的关系。她说，"风格化

---

　　①　［英］迈克·费瑟斯通：《消费文化与后现代主义》，刘精明译，译林出版社2000年版，第21、22页。

　　②　同上书，第18—19页。

　　③　［英］罗宾·科恩等：《全球社会学》，文军等译，社会科学文献出版社2001年版，第347—355页。

　　④　［英］西莉亚·卢瑞：《消费文化》，张萍译，南京大学出版社2003年版，第227页。

过程是对消费文化最恰当的解释", "艺术——文化体系的影响力日益加强，不仅使用文化商品本身具有意义，而且它还为消费其他商品起到示范作用。""文化商品的使用对消费文化的发展也是至关重要的。"这恰恰是风格化的形成及扩展的条件。她分析了消费文化与个体、身份的关系，认为"消费文化是当代信仰的根源，即自我认同是一种文化资源、资产或占有"①。从这个意义上讲，消费文化可以被认为是给身份政治创造了条件。

　　法国哲学家帕斯卡尔在他的著作《思想录》里，从人性与消遣的关系，间接论证了现今消费文化不断得以发展的人性基础与内涵。他并不是从物质文化与人的关系，甚至也不是从人的社会身份与物的关系，而是从人性及弱点的一般性之道理进行阐述的。在他看来，"消遣——人的一切不幸都来源于唯一的一件事，那就是不懂得安安静静地待在屋里。（之所以要出去寻求交际和娱乐消遣），那理由就在于我们人类脆弱得要命的那种状况的天然不幸；它又是如此的可悲，以至于当我们仔细地想到它时，竟没有任何东西可以安慰我们"。消遣"转移了我们的思想并使我们开心。正是因此，人们才那么喜爱热闹和纷扰"②。这就是人们为了使自己幸福所能发明的一切了。帕斯卡尔这个观点间接支持了费瑟斯通等学者的论述。费瑟斯通认为，重要的不仅仅是将消费看作是生产过程的顺理成章的结果，而是要研究变得越来越显著的消费文化，它也不断激发了人们消费体验，"为我们对文化、经济与社会之间的联系进行概念化提供了广阔的启示"。社会学需要超越"大众文化理论对消费快感的消极评价"③。帕斯卡尔预言了人类依赖"消遣"的"消费文化"的必然性。他给今天快速发展的消费文化及文化工业提供了一种人性解释的理由。

　　从上述阐释可以看出，消费文化的定义可以是宽泛的，其解释依赖不同的角度与特定的社会历史进程。

---

　　①　[英] 西莉亚·卢瑞：《消费文化》，张萍译，南京大学出版社2003年版，第228、6、7页。

　　②　[法] 帕斯卡尔：《思想录》，何光武译，商务印书馆1985年版，第66—70页。

　　③　[英] 迈克·费瑟斯通：《消费文化与后现代主义》，刘精明译，译林出版社2000年版，第18—19页。

第二节　消费文化的自由精神与特性

消费文化的现代语境，具有现代精神的特点。它代表了一种与东方不同的自由主义精神。① 这方面的解释有多个视角：

（一）一种"人的欲望"的解放

现代消费的快乐，体现了一种自由主义精神，即购买与选择是一种自由选择的个体权益。这种自由主义的实质，是把个体的人当作一个具有欲望、权利、选择，具有自我满足需要的个体。自我满足，在这里不是罪恶，而具有人的需要的天然的合理性，这与西方基督教中的禁欲传统是相悖的。在《圣经》当中，亚当、夏娃是偷吃的智慧树上的禁果，被上帝逐出天堂，从此在人间背负了"原罪"的天谴。宗教改革后，西方16世纪的新教伦理，强调人应该节制欲望，人们只有通过禁欲、勤奋工作，才能赎罪，为上帝增光。几乎所有的早期宗教文化中，人都被看作应该节俭、节欲的。弗洛伊德的精神分析理论，重新审视了启蒙学说的理性主义，他在对歇斯底里病人的实证研究中，提出了人的"自我"其实是由本我（欲望的我）、超我（社会的我）、自我（介于本我与超我之间的我）来组成。他强调原欲，性、非理性，在人的生命的整体中重要位置。

鲍德里亚写了很多对消费主义进行批判的书。但他在《消费社会》一书中，也用了这样的话语："一场决定性的人文革命已将痛苦而英雄的生产时代与舒适的消费年代划分开来，这个时代终于能够正视人及其欲望。"② 我们购买服装、食品、家具、化妆品或者娱乐产品，是我们的选择与快乐，是告别前一个悲壮的生产时代。英国学者洛恰克在其2002年出版的《消费主义的神话》一书中指出："在过去十年间，在文化社会学和文化研究领域，形成了一种关于消费研究的理论共识。这种共识将消费领域描绘为选择与个人自由的领域。这种共识关注的是消费的意义性质，即消费的是符号价值而不是消费的物质使用价值，强调的是消费对自我身份与生活方式形成、维持和表达的意义。"经验研究的结果显示，"在消

---

① 林立树：《现代思潮：西方文化研究之通路》，中央编译出版社2014年版，第194页。

② ［法］鲍德里亚：《消费社会》，刘成富等译，南京大学出版社2000年版，第74页。

费社会中，绝大多数消费者都承认，对他们的幸福与快乐而言，获得金钱才具有实质性意义"①。

（二）一种与物质财富发展相适应的个体发展的必经阶段

随着商品经济带来的"物"的丰富性的发展，人的独立性随之发展。对"物品"的选择，就是个体获得发展的选择，这就是消费给个体带来的自由。在物质极为匮乏的情形下，人没有任何选择，人被物的极度匮乏锁在了对具体的地点与人的依附中。但商品（物）的丰富给人带来选择。这与齐美尔说的货币经济给人以选择的自由的观点是相似的。这也是马克思在《1844年经济学哲学手稿》中所强调的人的发展三阶段理论。

马克思认为，在前工业的漫长时期，个人在狭窄的范围内和孤立的地点上发展着，由于社会生产力低下和社会分工的不发达，个人只能成为狭隘人群的附属物，这是人的发展的最初阶段。人的发展的第二阶段是商品经济获得极大发展的工业社会阶段。在这个阶段，随着社会商品交换、发达的社会分工和物质财富的丰富，将会形成以物的依赖性为基础的人的独立性的发展。马克思所设想的第三阶段，是"建立在个人全面发展和他们共同的社会生产能力成为他们的社会财富这一基础上的自由个性"②。现在看来，马克思的这段描述具有文化社会学的理想主义的设想，也支持了消费作为个体发展权益所包含的自由主义精神。马克思这段话不是专门给"消费文化"下定义的，但确实阐述了物与人的自由度的关系。

（三）现代消费具有一种浪漫主义的性质

消费社会、消费文化与西方的浪漫主义精神有着内在联系。现代大众媒介通过意象、符号、象征、各种书写文本，来创造、激发、整合欲望；通过广告、流行、时尚的变化，创造了视觉享受、视觉想象。个体在享受、追随这种消费想象、消费审美中，"消费"成为一种浪漫主义的实践，消费文化成为一种世俗的狂欢。在坎贝拉看来，文学、绘画、音乐和大众文化中的浪漫主义，使想象、白日梦成为世人精神生活的时代特点，人们努力体验由事物激发的自我想象而获得的享受，胜于对物质满足的追求。幻想优于现实，消费文化的景象也展现了幻想的事实。从生物性驱动

① Jacqueline botterill, *Consumer Culture and Personal Finance*, Palgrave, 2010, pp. 3-5.
② 参见《马克思恩格斯全集》第46卷（上），人民出版社1979年版，第104页。

的或经济主义的消费观念，到更加富于社会性的、象征的和心理的现代消费，这是一种重要的转变，被称为"消费革命"。①

拉班的"软城市"一词支持了这个观点。由于受后结构主义的影响，他认为，城市作为我们的想象，在于它是充满幻想、深化、热望、梦魇的软城市。② 我们将城市作为现实的，但它远远不只是可以根据地图、统计学、城市社会学论文、人口统计学和建筑来确定的硬城市。20 世纪七八十年代的许多文化理论家对城市文化生产、城市文化与消费的诸多现象感到迷惑不解。他们被城市的历史时间与文化叙事所吸引，并且由于这种吸引，城市空间被概念化为文本，即用多方面的、有时是重叠的时间的、体验和运用的轨迹来描述。就像当代中国都市商业革命一样，通过城市向消费社会的转型，重现了古老社会的文化情怀。消费文化，并不都作为物品的消费，它也是一种文化情调，有时甚至是古典的文化浪漫情调。当千百万人通过大众媒介、重现古老文化叙事来构想、回味自己的消费，即在心理上消费时，就形成了认同和消费欲求被满足的浪漫主义情感。坎贝尔认为，现代消费主义精神绝对不是物质主义的。他指出，"认为当代消费者怀有无休止的攫取对象物的欲望的思想，是对驱使人们需要占有商品的机制的一种严重误解，他们的基本动机是实际经验已经在想象中欣赏过得愉快的戏剧的欲望，并且每一种新产品都被看作提供了一次实现这种欲望的机会"。③

（四）消费文化中的新个体主义

消费主义生活方式的背后是自由主义传统。现代文化中一直有自由精神的元素。从古希腊的雅典文化，到文艺复兴、宗教改革中贯穿着的"大写的人"，从密尔的"自由论"、边沁以"最大多数人的最大幸福"，再到罗斯福的"言论自由、信仰自由、免于恐惧、免于匮乏的自由"，西方消费主义生活方式的背后是其自由主义传统，其实质是公民的权利、消费的权利、消费者的权利。"消费主义"一词，在 19 世纪末 20 世纪初期的美国与英国，就是意味着消费者的权利。它变成了一种文化民主性的行

---

① 童星主编：《社会学理论新编》，南京大学出版社 2003 年版，第 119 页。

② 参见［澳］德波拉·史蒂文森《城市与城市文化》，李东航译，北京大学出版社 2007 年版。

③ 童星主编：《社会学理论新编》，南京大学出版社 2003 年版，第 119 页。

动与参与。在新个体主义的消费文化中，有学者认为，后现代情感的崛起还意味着消费和闲暇在当代人的生活中要比早期工业化时代发挥着更为重要的作用。① 其内在的合理性所背负的文化精神是很值得研究的。

（五）第五种是大众消费生活方式中多元性的发展

大众消费与生活方式引导的变迁，明显发生在西方社会的 20 世纪 60 年代以后，不断增长的物质和服务需求促进了第二次世界大战以后经济的长期发展。大众消费生活方式，代表了消费文化的更加平民化、大众化的多元性展开，人们对个人选择自由的期待和需求也越来越高；同时，全球化的进程，使商业广告、大众传媒、跨国商品、旅行、跨国公司的生产与形象传播到发展中国家，商品越来越丰富、廉价。进入 21 世纪以来，大众消费生活方式在发展中国家也逐渐发展起来。

人们一般把大众消费生活方式与消费主义联系在一起，主要是指"把自我意识、个人成功和幸福与我们使用和消费的产品及服务紧密联系"的一种价值观②。对于 20 世纪 90 年代后的广大发展中国家来说，大众消费生活方式流行就是经济全球化影响过程。全球化带来的跨文化、跨民族商业交流的巨大发展推动了人的需求，改变了人的需要结构，其秘密是被抑制的"人的需要"变成了"欲望——需求体系"。同时，多国、多样的跨国符号的商品的背后，如数码相机、手提电脑、智能手机等，也包含着世界新技术携带着的日益发展的多元精神。消费文化的深层价值中有着一种多元取向的生活价值观。

过去宗教伦理告诉人们必须节俭、禁欲时，是只允许了贵族阶级、上层阶级可以纵欲、奢靡；或者说，只有他们是有能力享受消费特权的人。这就是一种文化与权力的安排。但随着大众消费社会的兴起，全球消费主义生活方式的盛行与普遍化，从价值上讲，承认了个体不分上层贵族，还是普通平民，每个人都有权利去选择消费自己所喜欢的消费物品。消费者选择的平等，是自由、民主、多元这些更大范围内日常生活中的基本价值的集合。

---

① ［英］罗宾·科恩等：《全球社会学》，文军等译，社会科学文献出版社 2001 年版，第 354 页。

② ［英］安娜贝拉·穆尼等：《全球化关键词》，刘德斌等译，北京大学出版社 2014 年版，第 44 页。

在西方，消费文化的发展，是在西方文化传统价值体系（新教伦理）动摇之际发展出来的新文化现象。在全球，消费文化在世界传播，也使得传统社会的封闭价值受到质疑，人性中被压抑的部分被解放出来，甚至"也是被隐藏的一面获得释放"。所以，喜欢美国大片、流行文化的非西方青年，转而以民族主义的身份表现对美国对外政策的某种愤怒。这样的情景恰恰是"大众消费文化"本身的魄力。

费瑟斯通认为，消费文化即是在西方文化传统价值体系动摇之际所展现的文化现象。它体现了后现代社会的诉求，消解了日常生活与艺术的界限；消弭了高雅文化与大众文化的差异，强调无深度文化、重视折中主义和符码的混合风格；强调欲望、本能与享受的一种反规范的倾向。① 在价值取向上，它就是吉登斯说的"混杂状"。多元的，亦是混杂的。随着全球化，这种混杂性的符码信息、影像，通过媒体传递到了后发展国家，形成东方国家全球化中的一种景象。一方面是超越封闭的开放性，另一方面是时空压缩中的混杂。混杂状，便是大众消费文化下的多元。同时，它也摧毁了后发展国家的传统文化的整体性。

第三节　消费文化与价值观

本书关注消费文化与价值观，消费文化与青年价值观问题。如何认识消费文化与价值观，存在着不同的价值角度，这是一个值得探讨的问题。

（一）现代社会学的基本视角与价值观

现代社会学产生以后，它关注的基本视角（基本问题）旨在推动"社会进步与社会秩序"。社会秩序的基础是社会角色。社会化就是塑造个体的社会角色，使其胜任社会结构的功能运行。社会学另一个关注点是"人的社会性与生物性的关系"。认为人类个体是一种"社会性生物"。其生存、成长取决于不断发展社会性，使人的社会性与生物性得以结合；使人克服某种生物性的状态，达到文化方面的学习与发展。

现代社会学的这两个基本视角都涉及价值观的问题。在"社会进步

---

① ［英］迈克·费瑟斯通：《消费文化与后现代主义》，刘精明译，译林出版社2000年版，第10页。

与社会秩序"的深层结构中，有一个价值理念转变与培养问题；在"人的社会性与生物性的关系"方面，社会学的社会化理念强调一种"文化的意义与价值选择"。

所谓"价值"，是人们关于是非、对错、善恶的判断、认同与选择。所谓"价值观"，是指特定人类群体对是非、对错、善恶行为的解释、选择与认同的系统化。价值观的回答与选择，代表着特定文化的意义解释。社会学认为，人的社会化的文化内化就是个体人格的形成、价值观的塑造。

（二）文化的定义与价值观

回答消费文化与价值观的问题首先涉及文化的含义。文化是什么？文化首先是一种价值理想。文化代表了社会文明（特定时代、民族、社会）的理想状态。相对于人的自然状态来说，文化是人类创造的所有物质文明与精神文明成果的总和。在这个意义上，文化就是文明。文化的社会历史性，使得文化变成一种社会遗产、社会传承。相对于人类的既有的生存、存在来说，文化的核心是一种价值观念。不同时代、不同社会、不同文明状态下的生活方式的差异，代表不同的价值观念。核心的价值观念，组合了人们的文化意义与生活方式。

英国伯明翰文化研究中心的文化学者雷蒙·威廉斯认为文化一般有三种定义：首先是"理想的"文化定义，根据这个定义，就某些绝对或普遍价值而言，文化是人类完善的一种状态或过程。如果这个定义能被接受，文化分析在本质上就是对生活或作品中被认为构成一种永恒秩序、或与普遍的人类状况有永久关联的价值的发现和描写；其次是"文献式"的文化定义，根据这个定义，文化是知性和想象作品的整体，这些作品以不同的方式详细地记录了人类的思想和经验；最后，文化是对一种特殊生活方式的描述，这种描述不仅表现艺术和学问中某些价值和意义，而且也表现制度和日常行为中的某些价值和意义。从这样一种定义出发，文化分析就是阐明一种特殊生活方式、一种特殊文化隐含或外显的意义和价值。这种分析将包括总是被提及的历史批评。

雷蒙·威廉斯的关于"文化是人类完善的状态与过程"的看法代表了一种文化永远代表了一种价值理想。尽管，"很难将人类完善过程与'绝对'价值的发现等同起来"，但某种"绝对"价值通常是一个特殊传统或社会的价值延展。①

从上述的定义出发，消费文化，也就是对一种特定的人类生活方式的描述与分析。而"文化""文化分析"本身，代表了对某种文化理想状态的追求；代表了某种"知性和想象作品的整体"，以及人类的思想和体验的性质，又会超越消费生活方式的分析。

社会学家丹尼尔·贝尔说："我所理解的文化一词，小于人类学涵盖一切的生活方式宽大定义，又稍大于贵族传统对精妙形式和高雅艺术的狭窄限定。文化本身是人类生命过程提供解释系统，帮助他们对付生存困境的一种努力。""帮助他们对付生存困境的一种努力。"② 贝尔所强调的文化概念是"文化是人类生命过程提供意义解释的"。这正是文化的核心价值作用所在，它是为人们生命过程、生活方式、生存困境提供支撑的。贝尔对大众文化、消费文化现象的批判也是基于这样的立场。

（三）"消费文化与价值观"的相关分析角度

1. "现代"现象与价值转变的分析角度

舍勒是在上世纪初着手构建哲学人类学时，走进了社会学的研究领域。他认为生活世界不能仅仅从社会的政治一经济结构来规定和把握，现代现象是一场"总体转变"，它包括社会制度层面（国家制度、法律、经济体制）的结构转变和精神气质（体验结构）的转变。在他看来，实用价值与生命价值的结构性的主次位置发生了根本的转变。现代体验结构的转型表现为工商精神气质战胜并取代了神学—形而上学的精神气质。③ 他说："在现代道德中价值有一定的序列。价值序列最深刻的转化是生命价值隶属于有用价值；在转化过程中，这种隶属的程度日增，随着工业精神和商业精神战胜军事精神和神学—形而上学精神，日益深入到最具体的价值观中。""一切可用意义称为'有用的'东西，都变成了产生舒服的手段，所以有用事物的最终价值也由它们占有者的享受能力来决定。"他深刻洞察到："它在某种意义上体现了另一种禁欲主义生活方式的反面，即

---

① 转引自罗钢、刘象愚《文化研究读本》，中国社会科学出版社 2000 年版，第 127 页。

② ［美］丹尼尔·贝尔：《资本主义文化矛盾》，赵一凡等译，生活·读书·新知三联出版社 1989 年版，第 24、30 页。

③ 刘小枫：《现代性社会理论绪论：现代性与现代中国》，上海三联书店 1998 年版，第 16—17 页。

新教的生活方式——这种生活方式的目标正是提高生命的功能，包括提高享受的能力。"①

舍勒的分析承认了现代市场经济的发展，将导致一个巨大无比的商业社会的形成。一个日益市场化的社会，越是走向理性化，就越是呈现出世俗化、脱魅化、市民伦理形成、宗教世界观的衰弱。这种变化应该在人的精神气质、价值观上得到解释。这与马克斯·韦伯的"合理性"理念是一致的。

马克思在《共产党宣言》中那句的经典描述"一切固定的僵化的关系以及与之相适应的素被尊崇的观念和见解都被消除了，一切新形成的关系等不到固定下来就陈旧了。一切等级的和固定的东西都烟消云散了，一切神圣的东西都被亵渎了。人们终于不得不用冷静的眼光来看他们的生活地位、他们的相互关系。"强调了现代价值变化是资本主义现代化的必然。一切固定的东西烟消云散，是新的现代性的特征。

2. 精英文化与大众文化的分析角度

"自由、平等、博爱"背后的文化支撑是近代人文主义的精英文化，它包括了贵族精神、教养与礼仪、宗教信仰等，它是一种超验的价值观。站在精英文化立场看，大众文化、消费文化都是没有精神内涵的通俗文化、下层文化。尽管，资产阶级在18、19世纪取得了工业革命与政治革命的成功，但是，古典学者所推崇的精英文化却是从外部获得的。在很长的时间中，作为统治阶级的资产阶级要向贵族学习古典艺术、戏剧文学、人文审美与礼仪；向教会学习宗教信仰（新教伦理）；那些熟悉希腊戏剧、欧洲古典思想的学者成为欧洲统治者的老师。

在大众文化、消费文化兴起中，西方主流思想家、政治家表达出对文化未来的担忧与批判。他们担心如果大众文化、消费文化占据了主导地位，将带来道德价值的崩溃与文化危机。最早对大众文化进行批判的是法兰克福学派。其领军人物阿多诺和霍克海默把大众文化中无所不在的娱乐斥为是对快乐所实施的欺诈手段，是对启蒙理性的倒退。法兰克福学派认为，在20世纪，伴随文化工业的兴起，大规模生产的扩张导致了文化的

---

① ［德］马克斯·舍勒：《价值的颠覆》，罗悌伦等译，生活·读书·新知三联书店1997年版，第138—139页。

商品化。消费服务于制作业主寻求更高利润的目的，公民则变为广告商被动的牺牲品。标准化的过程伴随着物质主义文化的发展，在这个过程中，商品失去了自身的真实性，满足的仅仅是虚假的需要。而这些虚假的需要是广告与营销战略的产物。然而，也是法兰克福学派最早提出艺术、文化与技术间的整合问题的。

　　20世纪60年代以来，西方政治学家、经济学家、社会学家共同参与地对大众文化、大众消费文化及其后果的讨论及批判。美国前国家安全顾问布热津斯基说："过去时代的轮廓相对分明，因而，人们会有一种明确的历史进程感，而今天的历史所呈现的却是相互抵触的间断现象，模糊了我们的透视感，打乱了我们的历史洞察力。放任无度的生活方式灌输到自由民主的内涵中去，这种趋势可能会使西方政治寓言的全球重要性丧失殆尽。""行将成为西方文化主流的这种追求物质享受的趋势带来了一个在政治上要认真考虑的问题：西方还有没有一个理想、一套价值观念和生活方式，可以对政治上觉醒的人类未来作出重要指导。"① 经济学家布坎南说，"我对美国社会的诊断是：我们正生活在一个'社会资本'受到侵蚀的时期，这个受到侵蚀的社会资本，正是我们的文化"。②

　　丹尼尔·贝尔对20世纪60年代后出现的大众享乐主义进行了深刻剖析。他认为，在资本主义早期，清教的约束和新教伦理扼制了经济冲动力的任意行事。当新教伦理被资产阶级社会抛弃之后，剩下的便只是享乐主义。资本主义制度也因此失去了超验的价值观。一旦社会脱离了超验纽带的维系，或者说当它不能继续为它的品格构造、工作和文化提供某种"终极意义"时，这个制度就会发生动荡。③ 他忧虑"享乐主义的世界充斥着时装、摄影、广告、电影和旅行"，"人们对情欲高潮的崇拜取代了对金钱的崇拜，成为美国生活中的普遍追求"。

　　对于法兰克福学派的观点也有不同的看法，伯明翰学派的霍加特和威

---

① ［美］布热津斯基：《大失控与大混乱》，潘嘉玢等译，中国社会科学出版社1994年版，第87页。

② ［美］布坎南：《自由、市场与国家》，平新乔等译，生活·读书·新知三联出版社1989年版，第157页。

③ ［美］丹尼尔·贝尔：《资本主义的文化矛盾》，赵一凡等译，生活·读书·新知三联出版社1989年版，第67页。

廉斯认为文学、造型艺术和高雅音乐只是文化的一种表现形式。文化应当包括更为广泛的社会生活意义以及各种文本实践。文化是普通平凡的。一些学者还指出，法兰克福学派及其继承者为了避免简单化而完全放弃了经济解释，其结果就是，货币——这个使人能够获得所有其他商品的商品，即使它是实现一种生活方式并满足不断增长的消费欲望的基本前提，却仍然被文化研究学者置之不顾。[①]

完全否定法兰克福学派的文化研究，显然有失偏颇。但无视金钱在消费中的作用，无疑是其文化研究的一大缺陷，因为它无法回答一个对于消费文化、大众文化的形成与扩张具有基础意义的问题：一个人如何能够成为消费者，或者说一个人需要具备什么基本前提才能通过消费满足自己的需要？

3. 功能主义、生活方式的分析立场

功能主义的分析立场是从社会结构运行角度来进行分析。迪尔凯姆的"社会失范"分析、帕森斯的结构功能主义的 AGIL 模式分析属于这个理论视角。[②] 生活方式立场的价值分析重点是中观的、微观的生活风格、习性、场域的分析，揭示一种社会个体在特定时空中享用大众文化、消费文化的体验。费瑟斯通、布迪厄的理论阐述中体现出这样的价值分析。

前文中提到的费瑟斯通对消费文化的三个方面的定义，其实是展开了功能主义的、生活方式中的价值分析角度。也就是说，在资本主义发展的特定阶段、在媒体社会、后现代社会的发展阶段，社会个体不仅很难超越消费文化的影响，而且就生活在这样的社会经济、社会文化的结构中。而布迪厄的"惯习"、经济资本、文化资本、符号资本等理念，把对消费文化的宏观价值分析深入到个人生活轨迹之中。

4. 文化社会学的分析立场

文化社会学关注消费生活方式发展中的美学化、文化化的日常生活现象。正是这种美学化生活，提供了我们对新价值的思考。不只是解释

---

① Jacqueline Botterill, *Consumer Culture and Personal Finance*, Palgrave, 2010, pp. 3–5.

② 参见童星主编《现代社会学理论新编》，南京大学出版社 2003 年版，第 9、10、19 页。

"消费文化"的概念，而且重视"消费文化"在现代性解释中的位置，从而建构起转向日常生活体验的价值分析角度。

文化社会学关注与后现代社会、消费社会、媒体社会联系的新的文化现象，戴安娜·克兰在她的《文化社会学》一书中，强调文化社会学是关注后现代背景下那些非一致性、非连贯性的文化现象。这一点恰恰能给我们带来新的启迪。文化正日益趋于多样化、文化连贯性的缺乏，或者说"文化连接的松弛"①，是一种新的现实。在此，她认为，文化社会学会成为一种记录文化的研究。这种视角为消费文化下多元的分散性的价值现状的解释留出了广泛的空间。

文化社会学关注文化与权力的关系。文化社会学认为文化必须在与社会的联系中进行研究。"权力"、阶层的压抑与反抗，是文化研究中重要问题。这就带来了文化分析中不断扩展的跨学科的批判意识，价值分析不只是在功能主义理论的视角上。经典学者在阐述消费文化中符号、风格、流行现象时，都涉及了其与资本、阶级的权力关系问题。由于资本、技术、全球化带来的复杂性，文化社会学持续关注"似乎将越益普遍的多元文化处境所揭开的那些描述性问题与规定性问题，而不是阐述文化在社会当中所担当的角色"。② 文化社会学的研究，推动了价值分析的反思性与建构性。

---

① ［英］戴安娜·克兰：《文化社会学——浮现中的理论视野》，王小章等译，南京大学出版社 2006 年版，第 1、3 页。

② ［英］布莱恩·特纳编：《社会理论指南》，李康译，上海人民出版社 2003 年版，第 457 页。

第二章 消费文化与文化现代性

文化现代性，是指现代性的美学和文化的方面。它关注现代性中人的主体性问题、人的自我发展、自我实现，关注审美的现代性。本书尝试用文化现代性的角度来解释现代消费文化对人的主体性的影响，认为文化现代性可以成为消费文化本身包含、伸展出来的一个部分、一种人的状态。20 世纪的欧美青年运动，使青年文化与消费（流行）文化的结合，开拓了大众消费生活方式的新的格局，增加了消费文化中的文化现代性的解读；而中国结束"文革"后的社会转型，新的消费文化的兴起，打开了文化现代性新的空间。

第一节 "文化现代性"的理解

一 消费时代的"文化现代性"：贝尔"现代性结构"表述的启示

文化现代性，是相对于经济的现代性、政治的现代性而言的。在这方面，丹尼尔·贝尔在其重要著作《资本主义文化矛盾》一书中对现代性结构做了重要阐述。这是笔者用文化社会学的方法对文化现代性阐述的主要依据。

贝尔的阐述不完全是站在早期工业主义立场上的，他看到了一种源于早期工业化，又超越其向前发展的现代性的性质。贝尔认为，资本主义的现代化社会，是一个三位一体的系统。在技术—经济领域，"为了获取效益，尽量指导工作分解成按成本核算的最小单位，成为最大限度谋求利润的工具"。追求利益、效率的最大化，具有工具理性，是经济现代性的表现。在政治领域，是"法律平等、公民权利的平等以及社会与经济的平等权利"。由于这种平等要求已变成"民众应享"，政治参与的要求向社会领域渗透。在政治生活中，起轴心就是平等原则。它呈现了"官僚体制与平等之间的紧张关系"，构成了当今社会冲突的格局。在文化上，是文化领域的自我表现和自我满足的特征。它是反体制的、独立无羁的，以个人兴趣为衡量尺度。文化的民主化倾向会促使每个人去实现自己的"潜力"。

　　当代发达资本主义国家的现代性结构大致是这个样子。20世纪90年代经济全球化以后，它也成为一些新兴国家现代性建构中的认同与趋向。丹尼尔·贝尔认为，"资本主义是这样一个社会经济系统：它同建立在成本核算基础上的商品生产挂钩，依靠资本的持续积累来扩大再投资。然而，这种独特的新式运转模式牵涉着一套独特文化和一种品格构造。在文化上，它的特征是自我实现，即它把个人从传统束缚和归属纽带（家庭或血统）中解脱出来，以便他按照主观意愿'造就'自我。在品格构造上，它确立了自我控制规范和延期报偿原则"①。

　　在现代性维度中，文化，被丹尼尔·贝尔看成是满足个体的自我实现的要求。贝尔站在文化保守主义立场上，对20世纪60年代后青年人中出现的"文化自我"持一种批评态度，即把这种"文化自我"看成是一种抛弃新教伦理的、"娱乐化""放纵"的自我。但贝尔同时又看到新的大众文化——消费时代的到来，"经济转而生产由文化所创造的生活方式"。这种"个体人格"其实是消费时代文化现代性的一种表现与选择。在物质财富极大丰富的消费时代，青年人不再恪守禁欲节俭的新教伦理，他们通过对流行、时尚的追求、满足或超越，建构、完成，建立了一种新的"文化上的自我"：一方面是对经济上的科层制自我的超越、逃避；另一方面，它也不仅仅具有娱乐、消遣的社会功能，它还是一种后现代主义自我的姿态，即以怀疑、挑战、逆反的生活方式，重新反思过去（长辈们所认同）的绝对真理、绝对性权威、绝对性道德，更大程度地实现个体权利，并作用于经济、生活方式。于是，在以生产为中心的工业时代向以消费为中心的消费时代转变中，"文化自我"成为一种新的生成。吉登斯给之另一个解释性学名，叫作生活方式政治。生活方式政治，就是个人自

---

　　① ［美］丹尼尔·贝尔：《资本主义文化矛盾》，赵一凡等译，生活·读书·新知三联书店1989年版，第25页。

我实现的政治。

值得反思的是，贝尔在这里所说的这个文化上个体的"自我满足"，和帕森斯在结构功能理论中谈的文化功能是不一样的。帕森斯理论中的"文化个体"是社会结构中的角色；是正式社会结构下社会化后的个体，其所承担的文化功能是维护文化模式，内化价值观念。而在我们所讨论的"文化现代性"中，这个"文化个体"关注的是对变化世界的个人体验与主体性选择。

贝尔在他的《资本主义文化矛盾》一书中谈及的现代性结构中的文化作用，是指一种文化现代主义的追求。即不断上升的个人（主体）的满足感、实现感；是一种在日常生活中，包括消费生活、娱乐生活中不断追求的满足感。这是消费时代的个体所追求的新的"体验""经历"。我把它叫作"消费时代的文化现代性"，在于其在以消费为中心的时代，它不是一种线性的思维；它涵括了波德莱尔所说的"偶然""短暂""变化""不确定"的体验与期待。20世纪初现代主义运动以来所强调的东西，即这种不断上升的、被关注的"主体性体验"，在当代重新被重视，它被文化社会学的研究者看成是现代社会生活的一种文化化、美学化转向的趋势与心理基础。

二　现代性文化维度的存在与解释

（一）现代性与文化现代性

1. 文化现代性的解读，是一个狭义的角度

现代性是什么？一般来说，这个词是指文艺复兴以后的现代现象。它是欧洲启蒙学者有关未来社会的一套理念设计。现代性就是启蒙理性，代表了人类历史上空前伟大的社会变革逻辑。按照英国学者费瑟斯通解释，出现于文艺复兴以后的现代性，是相对于古代性而定义的。现代性是与传统秩序相对比而言的，它指的是社会世界中进化式的经济与管理的理性化与分化过程。[①] 这个词往往与19世纪末20世纪初的德国社会学家的理论阐述相关。也就是滕尼斯、齐美尔、韦伯他们的相关论述。也有一些不同

① ［英］迈克·费瑟斯通：《消费文化与后现代主义》，刘精明译，译林出版社2000年版，第4页。

的解释角度，罗宾·科恩是从全球性来谈"现代性"的。他认为，"1492年哥伦布远航到美洲，成为开辟现代时代的重要标志。然而，现代性发展只是到了 17 世纪才得以具体展开。它包括质疑精神的增长、追求理性、效率和实证知识，以及在寻求社会'进步'过程中重视物质世界的信仰"。他认为，"现代性的建设最终促进了科学的飞速发展，并在工业化和城市化中达到了顶峰"①。这样解释的现代性，似乎是某种确定性的东西。

19 世纪后期 20 世纪初的社会学家对现代性基本持一种线性的进步看法。但是，在 20 世纪初艺术和文学运动中兴起的现代主义观点则不是这样看。在现代主义的观念中，"现代性概念中新奇的过渡性与时间意识的重大变化——尤其是对单线进步观的挑战，经常联系在一起"。现代性是对未知领域的一个勘察，伴生着突如其来，令人震惊的对抗风险。② 近二十年来，现代性研究重新成为多学科讨论重点，其焦点是再次反观现代性的复杂性质。它在不断给人类带来剧变的同时，把越来越多的精神焦虑，植入人类生活的各个层面，包括文学、艺术和理论。在此背景下，现代性就成了危机和困惑的代名词。③

"文化现代性"的解释，是一个狭义的角度。它是指现代性所具有的文化规定性，现代性的趋势是和文化相连的。在一些学者的解释中，现代性、现代主义、文化现代性，都是属于内涵相似的现代意识。文化现代性，并不直接是和经济现代化、社会现代化相对应的文化建设的现代化；文化现代性，主要是指一种人的主体性的、观念化的状态。

蒂姆·阿姆斯特朗把文化现代性看作是一种人们对知识、传播、观念系统的认识转型。在他《现代主义：一种文化史》一书中，他说，"人们总是倾向于将现代性放在文化范畴，即放在一切受文化影响的人类活动中给以规定和诠释。因为在人类活动中，知识的传播是凭借象征

---

① [英] 罗宾·科恩等：《全球社会学》，文军等译，社会科学文献出版社 2001 年版，第53 页。

② [英] 戴维·弗里斯比：《现代性的碎片》，卢晖临等译，商务印书馆 2013 年版，第 19页。

③ 赵一凡：《从胡塞尔到德里达 西方文论讲稿》，生活·读书·新知三联书店 2007 年版，第 13 页。

形式得以实现的"。蒂姆引用了意大利哲学家维柯的话，"我们所能真正了解的东西，是我们作为人类所从事的创造活动"。从文化角度说，"现代性这一概念可以看作是人们对知识、传播、观念系统认识的转型"①。

2. 文化现代性的角度是来自于一种德国的思想传统

因为西方现代化的思想传统中那些古典哲学大师（如黑格尔、狄尔泰、叔本华、柏格森、马克思等），他们的哲学阐释包含了文化现代性的内涵。

在现代性的文化阐释中，这种人文传统的精神脉络要追溯到黑格尔。黑格尔认为，"人的灵魂是要争取自身解放的"。"人的所有理解都是历史性的：精神在本质上就等于意识，它在客观世界和特定的社团中得到体现。"叔本华虽然反对黑格尔的唯心主义和进步主义的观点，但也赞同生命哲学。他认为生命哲学"只有在音乐这种时间性艺术中方可得以充分体现的哲学"。狄尔泰在 1883 年写了《人文科学导言》，书中把以人类学、历史学、心理学、政治学、文学、法学为基础的历史意识研究与自然科学研究进行了区分。从文化角度强调："诗歌是生活的反映和表现，是人作为个体对时间经验的特殊感受。"②

马克思、恩格斯在《共产党宣言》中说："生产的不断变革，一切社会状况不停的动荡，永远的不安定和变动，这就是资产阶级时代不同于过去一切时代的地方。一切固定的僵化的关系以及与之相适应的素被尊崇的观念和见解都被消除了，一切新形成的关系等不到固定下来就烟消云散了，一切神圣的东西都被亵渎了。人们终于不得不用冷静的眼光看他们的生活地位、他们的相互关系。"③ 马克思在这里说得不是现代性的工具层面、技术层面，而是现代性的文化层面。蒂姆认为对现代性的文化层面的批评传统，是和人文科学的诞生分不开的。

这些阐释说明，现代性的文化根基应该是人文的。文化现代性的内容总体上是相对于工具理性、市场理性的。

① 参见［英］蒂姆·阿姆斯特朗《现代主义：一种文化史》，南京大学出版社 2014 年版，序。

② 同上书，第 10 页。

③ 参见《马克思恩格斯选集》第 1 卷，人民出版社 1972 年版。

3. 对法国诗人波德莱尔现代性描述的重新解释

文化研究者、社会理论家对文化现代性的感悟、再理解，直接与对波德莱尔诗文的重新解释有关。波德莱尔在一百多年前的诗中写道："现代性就是过渡、短暂、偶然；它是艺术的一半，另一半则是永恒与不变。"波德莱尔的这个现代性定义突出了现代性的文化角度。"现代性从客观方面来说，是一个急剧变化和动态的社会历史事实；从主观方面来看，它又呈现为某种主体心态或体验。"① 19 世纪现代主义诗人波德莱的话被当代学者重新翻读时，再次被体悟、发现现代性是一种人类的审美体验，是一种对时空的文化经验，并认定这就是文化现代性的内涵。

费瑟斯通对波德莱尔的文化现代主义做了更为清晰的解释。他认为，现代性，通常"意味着希望进一步规划、控制和统一自然界，以及社会生活的知识领域借助资本主义企业和国家行政而得到发展"，而波德莱尔的文化现代主义则是在为无序与含混的原则寻求开脱。他们支持对新事物的赞赏，关注现代生活中的碎屑。关注现代城市很快就抛出一连串新社会类型的人（比如游手好闲者）、一连串新的场所（不羁文人聚居区、拱廊街、百货商店）和新的形象（消费文化的商品与广告）。"它们标示着破碎、厌倦以及现代性阴暗面的生命力和活力。"他还认为，这种文化现代主义受到尼采对价值加以重新估计的影响，"寻求的是乐观而正式的现代性文化及其有序的一致和整合的抱负的相对面。它蕴涵了反抗常理和超越常规的动力，并力图将秩序与进步所固有的象征等级拆散。"② 这是笔者看到的一段最为深刻的角度来解读文化现代主义。

顺着这个思路去思考，我们会发现很多经典学者在对现代性进行研究时都关注了审美经验及主体性感受；不是在工具理性层面的，不是实证性研究，而是对现代性体验的研究。

（二）现代性文化维度的存在

在吉登斯看来，社会学集中关注的是"现代性带来的制度和生活方式的变化"。他强调现代性文化维度的存在，认为它是一种高度复杂的东

---

① 周宪主编：《文化现代性读本》，南京大学出版社 2012 年版，第 8 页。

② ［英］迈克·费瑟斯通：《消解文化——全球化、后现代主义与认同》，杨渝东译，北京大学出版社 2009 年版，第 102 页。

西。他说："文化的现代性，大都被理解成对资本主义和工业主义的反思。……最初都体现在资本主义兴起的条件方面，而不是为具体的自主性现代文化提供一种连续性的地位。"他认为，社会学将逐步摆脱19世纪和20世纪初期社会思想的遗影。不能简单地用工业主义来解释资本主义，更重要的是反对经济简约论。正因为此，他把现代性的文化维度，看成影响现代社会的三个重要因素之一。①

现代性的文化维度，作为"资本主义和工业主义的反思、映象"，与作为"具体的自主性的现代文化的一种连续性地位"，是不一样的。文化现象越来越成为现代性现象中独立的维度与部分，而不仅仅是对工业主义的反映。如同贝尔说的"文化变革以复杂形式同社会结构发生交互影响"，"具体的自主性的现代文化"的意义越来越大，这一点是很深刻的。从丹尼尔·贝尔的阐述来看，当时的贝尔是以矛盾的心情来阐述的。他既看到了"现代社会的文化改造主要是由于大众消费的兴起"，又非常担忧、并预言了这个趋势带来的危机。他认为这个新的大众文化，"实际上是要宣传经过组装的、供人消费的生活方式"。由此，"中产崇拜或中产阶级文化却有自己的两面招数：它假装尊敬高雅文化的标准，而实际上却努力使其溶解并庸俗化"，其危险在于"社会本身已经失去了它的文化支撑点"。②

三　文化现代性与个体性

波德莱尔关于"现代性就是过渡、短暂、偶然；它是艺术的一半，另一半则是永恒与不变"的诗文，为什么又被人们重新想起、认同呢？现代性的文化维度，是一种深藏于现代文化中的个体主义的认同。随着现代性的兴起，人们的文化经验发生了变化。这是我们今天研究许多文化现

---

① ［英］吉登斯：《社会理论与现代社会学》，文军等译，北京：社会科学文献出版社2003年版，第28、30页。吉登斯所说的影响现代性的其他两个重要因素：一是福柯曾做过很好分析的"国家行政权的扩张。尤其是信息资源的利用是现代社会的主要特征之一。二是作为现代性深层表现的军事力量与战争。传统社会的瓦解不是资本主义或工业主义的结果，是军事力量和制造战争的各种现代手段的结果。（笔者注）

② ［美］丹尼尔·贝尔：《资本主义文化矛盾》，赵一凡等译，生活·读书·新知三联书店书店1989年版，第35、113、90、91页。

象、青年群体现象的一个文化根源。

路易·迪隆认为，"所谓个体，我指的是作为价值的个体人，它只出现在现代社会的意识形态中"。"当个体作为意识形态事实时，我认为才真正开始了对现代社会的社会学——或比较性——发现。"① 就现代人而言，"所谓的自然法涉及的并不是社会生物，而是个体，即按照上帝形象创造的、拥有理性的、自足的人。从逻辑上说，自然状态先于社会和政治生活。在自然状态中，仅有个体人受到关注。Societas 以及类似的词汇：组合、团体——在此具有狭义，使人想到个体成员通过契约而组合成社会。个体主义的蕴含：平等与财产"②。

18 世纪的启蒙运动，确立了理性的观念、进步的观念、自然的观念、秩序的观念、利益的观念。启蒙运动的理性主义也表现为自由主义精神。这种自由主义精神确认人类有能力用理性来理解所有的事，并解决一切问题；同时体现出对世界和人类看法的深刻的个人主义。如保障私有财产，保障私人企业，保障个人自由的原则，并要把对自由的这种干预降低到实际可能的最低限度。它给现代商品经济的发展提供了自由选择、自由竞争，追求社会平等、个体间平等的哲学依据。现代文化中的个体主义的认同，是理性主义的，也是功利主义的。两者都为参与商品竞争的公民个体权利。艾瑞克·霍布斯鲍姆说："功利主义从未垄断过中产阶级的自由意识形态，但它却为后者提供了最为锐利的激进斧头，以砍倒不能回答如下问题的传统制度：它合理吗？它是有用的吗？它有益于最大多数人的最大幸福吗？"③ 边沁认为，只有功利原则可以用来调节人们追求各种目的的活动。因而，共同的目的让位给了个人的偏好。④

正是这种重视个体主义的思想传统，就有了"现代性"的文化维度及新的合理性，就有了 20 世纪初西方现代主义思潮的出现，文化人、艺

---

① ［法］路易·迪蒙：《论个体主义：对现代意识形态的人类学观点》，谷方译，上海人民出版社 2003 年版，第 186—187 页。

② 同上书，第 72 页。

③ ［英］艾瑞克·霍布斯鲍姆：《革命的年代：1789～1848》，王章梓译，江苏人民出版社 1999 年版，第 317 页。

④ ［美］丹尼尔·贝尔：《资本主义文化矛盾》，赵一凡等译，生活·读书·新知三联书店 1989 年版，第 29 页。

术家与企业家在价值追求上的"分道扬镳"。因为现代性的文化维度，是现代个体不断追求自我发现、自我超越的主体意识与需求。

马克思早就看到了现代个体获得自由与解放的意义。他在《1844 年哲学—经济学手稿》中曾经说过，"工业的历史和工业的已经产生的对象性的存在，是一本打开了的关于人的本质力量的书，是感性地摆在我们面前的人的心理学"。马克思在《共产党宣言》中提出的未来社会的文化理想是一种"自由人的联合体"。"在哪里，每一个人的自由发展是一切人自由发展的条件。"① 现代性的生活应该是一种全新的生活样式，伴随着人的智性、素养、才华的、潜能的人的解放，社会解放，"一方面为了使人的感觉成为人的，另一方面为了创造同人的本质和自然界的本质的全部丰富性相适应的人的感觉"②。

个人与社会的关系，不全是表现为迪尔凯姆说的从机械团结到有机团结、以社会分工为基础的社会整合关系，而且突出地体现为社会个体与他人在现代性中的主体体验、主体间性。它是个体潜能、创造力、自我实现的更大的释放。马克思对工业时代中人的异化的批判，其深远影响在此，当代后现代主义文化姿态的魅力也在此；其深刻的文化意义正日趋显示出来。由此可见，后现代主义也是文化的。"那些将工业主义看作是塑造现代制度主导力量的人其实颠倒了两者的位置。"在吉登斯看来，现代性的制度与生活方式（亦称后工业社会）在对社会的文化塑造上将发挥更强大的作用。"现代性比任何一种预设的观点都要复杂得多。"③

齐美尔在 20 世纪初期的很多著述都是以探讨现代都市生活为重点的，以文化的"现代性"为视角。齐美尔比较早地看到了现代都市生活而产生对于"文化化的社会学"的要求。齐美尔在其著作、杂文中最先用社会学阐述现代性的文化状态，他是"以一种美学的方式而非科学的方式来把握社会关系。齐美尔不想只是通过自己的作品来阐述社会意义，而是

---

① 《马克思恩格斯选集》第 1 卷，人民出版社 1979 年版。

② 《马克思恩格斯全集》第 42 卷，人民出版社 1979 年版，第 127、126 页。

③ ［英］吉登斯：《社会理论与现代社会学》，文军等译，社会科学文献出版社 2003 年版，第 29 页。

要在作品中唤起这种意义，并且实施这种意义"。①倾向于理解与客观结构相对的主观经验。

现代消费生活的合理性中有一种自由主义的哲学态度。齐美尔从审美的角度，赞扬了货币对个体自由的作用。齐美尔说，"如果金钱的诱惑力不在于它能够提供快乐的许诺，那么它的诱惑力还能存在于哪呢？"② 他认为，货币占有意味着自我的扩展，这种自我扩展是一种极其特别的扩展。有人曾经告诉我他会感到强烈地想要去购买他非常喜欢的每一件东西的欲望，但是并不是为了自己，也不是为了拥有这件东西，他要在这些东西在自己手上经过时，把自己的个性特征印在它们身上。这样的话，货币就可以提供一个个性的独特扩张。购买行为本身就是一种满足体验，因为所有的客体都完全服从货币。因为货币和有货币价值的客体完全顺从个体的心理欲望，所以个体所支配的这些客体的象征符号就可以使他得到满足。

齐美尔在 20 世纪初期就宣称，"现代性既典型地体现为客体文化的极度发展，也典型地体现为主体文化的极度发展。客观文化的极度发展，就是逐步形成的相互联结的闭合的世界，在其中，主体性的灵魂越来越找不到可以加上自身的意愿和情感的地方"。③ 现代文化的独特之处是文化的客体向度与主体向度之间的距离。对此，齐美尔表达了在文化上思考现代性本性的犀利与焦虑。

在齐美尔的《货币哲学》发表之前，马克思在《1844 年经济学哲学手稿》中就对资本主义生产关系中人的异化现象进行了分析。马克思说，"劳动对工人说来是外在的东西，也就是说，不属于他本质的东西；因此，他在自己的劳动中不是肯定自己，而是否定自己，不是感到幸福，而是感到不幸，不是自由地发挥自己的体力和智力，而是使自己的肉体受折

---

① ［英］布赖恩·特纳编：《社会理论指南》，李康译，上海人民出版社 2003 年版，第 433 页。

② ［德］格奥尔格·西梅尔：《货币哲学》，于沛沛等译，中国社会科学出版社 2007 年版，第 817 页。

③ ［英］布莱恩·特纳：《社会理论指南》，李康译，上海人民出版社 2003 年版，第 433—435 页。

磨、精神遭摧残"。"工人自己的体力和智力，他个人的生命，就是不依赖于他、不属于他、转过来反对他自身的活动，这就是自我异化。""异化劳动把自我活动、自由活动贬低为手段，也就把人的类生活变成维持人的肉体生存的手段。"① 马克思的异化理论并非只是在说一种经济关系，而是从文化上阐述的。"文化的现代性"，是个体在现代化生活中的主体体验；不只是经济角色的表达，而是自我实现、自我满足的要求。这是与帕森斯讲文化功能不一样的地方。

20 世纪 60 年代后，欧美社会的社会民主化方面的改革，对多元性、文化宽容的认同，同时也意味着多元的个体化趋向在加强。发达国家的现代化发展至今，社会在追求经济利益最大化的要求时，不得不主动承担起"经济人——伦理人"的双重功能与社会责任。像巴菲特、比尔·盖茨这样的顶尖的富人、成功大企业家扮演了社会大慈善家的角色。随着消费文化与流行文化、媒体文化的结合的加深，个体主义的形象常常通过消费文化出场，成为推动新消费的根本动力。它所涉及的实践不亚于一场日常生活的革命。

贝尔对资本主义"文化上的个人自我满足、自我表现的特征"，是持文化保守主义的态度进行批判的，他所赞同的是韦伯所肯定的新教伦理的节俭勤奋的精神。但是，在现代化新的经济阶段——消费时代——经济所生产的、文化引导的生活方式特征，正在生产大量的新潮的、接受变化与流行、重视自我表现的人格。这种人格特征变成一种文化现代性的景象、变成新的人格的力量。当代消费文化的发展，（从来没有一个时代像今天这样）具有了齐美尔当年所说的"主体的情感"的意义，即经验的、美学化的生活变得如此广泛；但它又是商业的、追求效益的经济生活中的必要部分。这是文化现代性本身包含的巨大潜力与动力。

消费文化所表现的"文化的现代性"，释放了个人的主体经验中最压抑、最焦躁的东西，创造了消费、购买的狂欢，在宗教、传统式微的情形下，把它变成了十足的"理想主义实践"。

所谓"文化现代性"，即在"消费文化"里的"文化现代性"，并不

---

① 《马克思恩格斯全集》第 42 卷，人民出版社 1979 年版，第 93、95、97 页。

是伦理学的回答。但确实是一种个体消费的审美满足，是主体性的自我选择；并且由此经历了非传统性质的现代性中的个人体验，包括个人风险与社会风险。反过来说，消费文化，也不是用道德批判能够反掉的，它是经济结构的一部分，同时它也是文化民主性的另一种方式——大众消费时代带来的文化民主性，上层阶级对消费文化的垄断结束了。

第二节　战后欧美青年运动对消费文化的影响

笔者认为，讨论消费文化与文化现代性，一定要讨论 20 世纪六七十年代欧美战后的青年运动。战后青年运动及其青年文化深刻影响了 20 世纪 70 年代以后直到今天的欧美社会的文化结构，并在 20 世纪 90 年代的全球化之后，对整个世界产生持续的影响。尤其重要的是，它改变了消费文化表达形态，使之成为文化现代性的新的语言与生活方式。这是一个值得认真思考、反思的文化脉络。没有对战后青年文化与消费文化结合的反思，就没有对当今全球现代性、全球消费主义生活方式的深刻理解。

一　战后青年运动后的青年文化与消费文化

与资本主义形成相联系的消费文化在西方存在很长时间了。西方学者约翰 . R. 霍尔认为，工业革命伴随着一场消费革命。消费的意义也同样发生了变化。新奇与时尚被认为是消费者财富的标志。以后更多的消费风格发展起来。人们开始用消费来表达关于他们自身的其他方面。[①] 但是，只有到了在 20 世纪六七十年代以后，它获得了更广泛的新时代意义——"大众消费时代"开始，大众消费与文化革命的并行。丹尼尔·贝尔在对资本主义文化矛盾进行了深入的研究，对大众文化进行很尖锐的批评之外，又极为深刻地指出，"文化变革以复杂形式同社会结构发生交互影响"。"在市场成为社会与文化的交汇点之后，最近五十年来产生了另一种趋势，即经济逐步转而生产那种由文化所展示的生活方式。"[②]

---

① ［美］约翰·R. 霍尔：《文化：社会学的视野》，商务印书馆 2009 年版，第 161 页。

② ［美］丹尼尔·贝尔：《资本主义的文化矛盾》，赵一凡等译，生活·读书·新知三联书店 1989 年版，第 33、35 页。

从 20 世纪 20 年代美国福特公司的小汽车流水线到 20 世纪 50 年代欧洲，主要是英美的经济体，普遍被看成是福特主义的兴起，"构成了整个社会形态的组织原则和文化关系"，即"标准化商品在大众消费环境下的大规模生产为特点"。它需要一个新的工资制度，至少是对于最核心的工人，以维持大批量生产的采购。生活消费品的大批量消费的核心是促销与广告的文化，用来支持销售过程。

福特主义被看成是向大众消费社会转向的开始，但它还不能被看成在文化与生活方式意义上新的再生产的全部。真正在文化与生活方式意义上形成了新的再生产的是大众消费获得青年亚文化支持，这是在 20 世纪 60 年代末欧美青年运动的爆发后，大众消费与前卫、流行的青年亚文化联结在一起，一种与新的生活方式相联系的理想主义实践从此开始。

前卫、流行的文化元素是什么？消费文化与青年价值观是怎样的关联是怎样呢？欧美青年运动与消费文化的关联在于：欧美青年运动及青年文化，扩展了消费文化（流行文化）的文化价值；消费文化的文化承担者出现新阶级——青年阶级。在此之前，消费文化，包括其时尚、流行是存在于一个商业化的叙事之中，处在由贵族时尚引领与影响的社会流行中。

本雅明在 20 世纪 20 年代在对巴黎百货公司的拱形长廊的观察中，看到了巴黎百货公司、城市文化、闲逛者的关联。他描述了"大众""个体"会在城市百货公司橱窗与拱形长廊前欣赏时尚、找到自由的感觉。他认为，在城市叙事中，百货公司橱窗闪现的"惊人一瞥"，隐藏了现代性的梦魇。但是，这并不和一个数量广大的消费群体联系在一起，更不和青年群体相联系。本雅明在此只是发现了流动的城市个体、城市"闲逛者"及城市边际人。

消费文化新的价值合理性是全新的，是青年文化的风格创造的。风格，就是一种青年亚文化取向。青年人用"额上一绺卷发的梳理方式""一张唱片或某种款式的服装"，赋予物品与行为以意义，表达拒绝、逆反与反抗。20 世纪 60 年代青年运动在反抗资产阶级政府、"中产阶级父辈"、或"工人阶级父辈"的文化霸权时，建构了一种自己新的文化风格；解构、削弱了作为社会伦理基础的新教伦理的价值观，弱化了宗教文化与贵族文化的霸权，使流行文化合理合法地转变为大众生活方式、创新了青年亚文化与消费文化之间价值共存的通道。

　　这是什么意思呢？这里指的是：18、19 世纪，资产阶级在完成经济的、政治的革命后，在文化上并没有真正建立起自己文化领导权，他们信仰的标准属于宗教世界，在行为方式上的标准向贵族礼仪看齐。知识精英阶层崇尚的是古希腊、罗马文化中发展起来的哲学、艺术的古典精神。那些只是在市场经济中爆发起来的资产者在文化上是不受尊重的。看一下巴尔扎克、雨果、托尔斯泰的小说，电影《泰坦尼克号》的叙事风格，其价值取向就完全清楚了。这也是英国的牛津、剑桥大学存在的另一种意义——它的精英教育的风范。

　　德国社会学家曼海姆曾在《重建时代的人与社会》一书中说，"像沙俄知识分子，或整个欧洲最近 100 年的真正有价值和有代表性的知识分子所体现的那种极大的精神可塑性和深深的道德责任感，是人类最大的成就"。① 曼海姆赞扬从 19 世纪到 20 世纪初的 100 年中的欧洲那些学养深厚的精英知识分子。他还说，"在民主社会的前一阶段，除了贵族家庭之外，有教养的阶级主要是从有产阶级中如此得到补充的，以至财富逐渐成为教育不可分割的先决条件"。也就是能受到好的教育的人，是那些有一定财富能力的人。

　　20 世纪五六十年代的欧美社会情形发生了变化，改变了这种情形。高等教育的大众化，使得精英化的大学时代终结；大众化大学教育下的"结构性失业"开始出现；在美国，麦卡锡主义白色恐怖的阴影，古巴导弹危机事件下核战争的恐怖，带来对社会不满的年轻人的压抑；越战的爆发，通过新媒体——电视屏幕，青年人看到越战战场上，美国军人在和越南的妇女、孩子打仗的情景。要爱、要和平、不要作战，成为一种青年学生的新的诉求。

　　鲍勃·迪伦的女友苏西在书中写道："二十世纪六十年代是个令人惊叹的时代，一个充满了抗议与反叛的多事之秋，整整一代人在此被允许酗酒、被送到战场杀人，却要等到 21 岁才拥有选举权。动乱在所难免。动荡的时代让伟大的音乐得以诞生，而这样的音乐又鼓舞我们走上街头，要民权、反核弹、反越战。与此同时，一九五〇年代保守、僵化的道德观也

————————
① ［德］卡尔·曼海姆：《重建时代的人与社会：现代社会结构的研究》，张旅平译，生活·读书·新知三联书店 2002 年版，第 83 页。

在一九六〇年代黯然退场。垮掉的一代已经让这种道德观的外表出现裂痕，而他们的下一代——我们，将它彻底摧毁。"①

黑人领袖马丁·路德·金的《我有一个梦》的演说赢得了青年学生，包括中产阶级的后代——白人大学青年的认同。鲍勃·迪伦《答案在风中飘荡》、《时代在变》的歌声，就响起在反战与争取民权运动的队伍中。在美国，鲍勃·迪伦和他的朋友，把民谣变成了反战、反对种族歧视的摇滚。"他定义并塑造了那个时代文化的人。"② 迪伦成为反对正统文化的文化偶像，"他的歌迷和追随者们用自己的想象塑造着他，把他解读成自己期望的模样，仅仅迪伦这个名字就已让人感到神秘，同时也会引出无数的追寻，追寻他所说、所写、所唱的每一个字眼的涵义"。这就是年轻人自己创造的摇滚乐、流行歌曲、朋克式的发型、非淑女、绅士的短裙与牛仔裤等。一场反正统文化行动与体验由此开始。

发生在 20 世纪 60 年代末的新社会运动及青年运动的实质是一场社会文化的革命。它使得以新教伦理为基础的正统的中产阶级文化、精英文化、中产阶级家长们的书面语言黯然失色，新的文化语言颠覆着正统说教的文化霸权，客观上推动了种族平等、社会性别平等、年龄平等方面的社会进步，产生了深远的社会文化影响。

学者程巍在《中产阶级的孩子们》一书中做了详尽的分析。他认为，"青年们在 60 年代进行的文化革命，意义丝毫不亚于其先辈们在 18、19 世纪进行的工业革命和政治革命。"经过 20 世纪 60 年代的反文化运动，"资产阶级人格构成中的他性被克服了。它不再是一个有犯罪感的、严肃而抑郁的、总是心神不宁的阶级，而成了一个不必愧疚的'普遍阶级'，可以对外部一切对立力量雷鸣般发出道德和正义方面的指控"③。新的流行的大众文化获得了合法性、号召力，资产阶级不必在教会教义的神圣、贵族礼仪、古典精英传统的傲慢面前自卑自叹了。

---

① ［美］苏西·罗托洛：《放任自流的时光》，陈震译著，光明日报出版社 2011 年版，第 5 页。

② ［美］苏西·罗托洛：《放任自流的时光》，陈震译著，光明日报出版社 2011 年版，第 1 页。

③ 程巍：《中产阶级的孩子们：60 年代与文化领导权》，生活·读书·新知三联书店 2006 年版，第 9、10 页。

青年摇滚文化像 20 世纪初的现代主义文学诗歌、印象派画作那样，成为文化现代主义的新的里程碑。克里斯·巴克认为，20 世纪 60 年代的青年运动后，研究者开始把"青少年文化作为流行文化价值的一部分"。青少年文化研究成为重大关注和主题，开始回应并跨越了文化研究的各种途经，主要有："人可以由文化分为各种类别（如青少年），阶级、种族和性别的区分；关于空间、风格、品味、媒介和意义的问题；消费在资本主义消费社会中的地位；有关反抗的棘手问题。"① 在这些主题的研究下，消费文化包含一种价值链接，从经济领域进入到文化领域，也就是詹姆逊说的晚期资本主义的逻辑。

二　青年群体、青年文化改变了消费文化的某些结构内容

（一）经过青年运动，一种新的青年亚文化开始形成

以青年、青春为基调的新的前卫的、逆反的青年亚文化流行因素嵌入了大众消费文化，使其成为新的时尚语言、流行的灵感与旗帜，更有活力的商业模式。20 世纪六七十年代青年革命结束后，一种新的青年生活方式开始流行。流行歌曲、牛仔裤、流行服饰、青年摇滚时尚、成为文化产业、新型商业的一部分，既推动了青年生活方式的符号语言，又推动了制度化的商业文化的生产，一举两得。前卫、怀疑、叛逆的青年流行文化，转变为文化产业、流行商业生产的符号、品味的生产，进入商业模式，创新了分类广泛的流行文化产业。青年运动创造了青年流行与商业相汇合的新的符号感。借助大众传播媒介，扩展了它的能指与所指的文化力量，并在 20 世纪 90 年代经济全球化加快后，变成全球消费文化的符号，使文化变革与商业变革联系在一起。从此，青年文化和消费文化相融相衬，大众消费文化同时成为中产阶级文化、商业文化、青年文化中的内容。我们研究 21 世纪的全球文化产业，很多方面与 20 世纪 60 年代后的青年运动遗产有关。

（二）青年亚文化推动了消费文化的发展，近而也推动了资本主义战后社会文化结构的调整

20 世纪 60 年代末，以青年运动、民权运动、女权运动为标志的新社

---

① ［英］克里斯·巴克：《文化研究：理论与实践》，孔敏译，北京大学出版社 2013 年版，第 396 页。

会运动的兴起，把以阶级、种族、性别、年龄、少数裔的平等问题纳入了社会政策新的内涵。新社会运动的主要参与者是"二战"后出生的青年。如果说，没有社会基本保障、没有广泛的社会福利制度，就没有资本主义消费社会的运行；那么，没有 20 世纪 60 年代后新社会运动，没有青年运动对以往文化结构的批判与反抗，就不会形成后来被吉登斯叫作"生活政治"的命题，就没有推动"自我实现的生活政治"的一系列运动，以及这种社会文化影响在后来的经济、社会、文化生活中持续的发酵。

经过 20 世纪 60 年代的反文化运动，安东尼奥·葛兰西当初所说的作为"文化霸权"的两方面，即统治与精神和道德的领导权才真正同时掌握在资产阶级手中。从此，便可以按照本阶级的利益、美学趣味和道德旨趣，由自己来再现自己和他人的形象。①

三　消费文化与全球青年文化的结合，推动了文化产业的发展，也使得文化现代性得以扩展

（一）消费文化与全球青年文化的结合，推动了文化产业的发展

把时尚、流行、体育、歌曲、娱乐作为一种流行的消费生活方式，一种普遍追求的青年生活方式，是欧美国家的一种发明，也是 20 世纪 60 年代青年运动在全球化下的一种持续性的结果。它意外地成为一场全球文化产业乃至经济文化化、文化经济化的一场创新。

在 20 世纪 90 年代，冷战结束后的经济全球化、文化全球化的一个结果，就是全球青年对欧美流行文化、欧洲足球、符号品牌的认同与追求，继而变成全球文化产业流动与发展的重要方面，成为全球地方性——后发展的工业化国家文化产业创新的重要结合点。对于前社会主义国家来说，比起过去极端左倾的意识形态说教与政治运动来说，大众消费文化及其相伴随的青年生活方式更有吸引力。在此，欧美国家的文化产业与新兴工业国家的文化产业及消费生活方式产生某种融合与新的创新。

大众消费文化本身具有人性化，时尚感及流行的元素，让人易于接受、易于仿效，更符合年轻人乐观、活泼、好奇、愿意接受新鲜事物的特性。伴随着经济全球化及信息传媒技术的全球化，消费文化这样一种生活

① 程巍：《中产阶级的孩子们》，生活·读书·新知三联书店 2006 年版，第 10 页。

方式及其价值观念越来越多地影响后发展国家，特别是极大地影响了像中国这样的处在社会转型期的发展中国家，并在很大程度上扮演着启迪"现代性"的功能。在这里，我们已找不到西方早期发展国家在18—19世纪期间那种"现代性"发展的清晰边界感。全球文化产业的背后，有一个庞大的青年消费群体。现代消费社会的私人化、分散化、个体化、多样化特点，适应青年群体的个性化要求。20世纪60年代及以后的文化研究学者，从青年运动中看到了更多的东西。如戴维·里斯曼说的"他人指向型"的文化类型、玛格丽特·米德所提示的"同喻文化""后喻文化"的文化传递方式的改变。许多学者都是从这里看到了未来的价值变化，这些变化也是文化现代性的扩展。

（二）欧美青年文化中"亚文化""反文化"的价值取向也成为文化价值关系中的动力与麻烦

欧美青年运动中发展出来的青年亚文化，是以抵抗霸权文化（成人的、正统的）的风格化形式来加以表达的。他们身上有一种"双重衔接"。一方面是父母辈的工人阶级文化以及主流文化构成的；同时，青年文化（青年流行文化、影视青年亚文化）又常作为反文化的风格存在。工人阶级的孩子们在父母的工人阶级文化发展了自己存在的独特方式和意义模式，并反对霸权主义文化。"通过宣泄、反抗，青年亚文化所面对的阶级矛盾象征性的解决。""为自己从父母文化和主流文化中赢得空间。"这也就构成了亚文化、反文化的某种功能。

英国23岁的青年歌手Jessey在2012年伦敦奥运会上唱的"价签"（价码标签）这首歌。歌词里说：

似乎像每一个人都有一个价码标签/我期盼今晚他们怎样入睡/为什么每个人如此沉重//在你的眼睛上有你的眼影/

因为没有钱、没有钱、没有钱/我们不需要你的钱、你的钱、你的钱/我们将使这个世界舞动起来/忘记这个价格的标签/

呵呵，我没有钱/呵呵，我很有钱/我们将使世界舞动起来/忘记它的标签/我们需要退回到以前的时光/让音乐使我们集合起来/为什么每一个人如此沉迷？/钱不能买来快乐？/我们将慢下来，享受此时此刻这是一首很能反映亚文化情境的歌。一个 1984 年出生的中国年轻人从美国读书回国后向笔者推荐了这首歌。碰巧笔者又在伦敦奥运会的闭幕式上听到了这首歌的演译。歌词反映了年轻人在充满面具的等级社会的反抗与诉说。让人反省大街上走过来的每个人，是否都会戴有色眼镜看自己？这个世界有顶层、中层、低层。在有色的标签下，人们会受到不同的影响。这首歌在反抗，并拼贴出亚文化新的意义。

青年人有与父母辈是不一样的文化经验与态度。青年亚文化是通过特定的亚文化风格来标示的，即通过服装、语言、仪式、音乐的方式。这恰是一个主文化、亚文化、反文化的分离又交织，价值通过拼贴重新表达的过程。

青年运动及其亚文化的负面影响，被不同学科的学者所关注、探讨。历史学家霍布斯鲍姆在《极端的年代》一书中认为，从广义上说，20 世纪六七十年代兴起的青年文化，并代之而起的大众文化，已成为"新时代人类文化革命的母体，其内涵包括了日常习俗的规则、休闲方式的安排，以及日益形成的都市男女的主要生活空间的商业艺术"。这项文化革命有两个最重要的特色：一方面它是通俗的、平民化的；另一方面它却是主张废弃道德的。这两点在个人行为上尤为显著。每个人都可以做他自己的事情，外界的限制规范处于最低点。① 这两个方面都深刻影响了 20 世纪下半期直至今日大众文化为代表的生活方式。前卫的品格永远是双重的。它打破我们的行为定势，成为开发我们行为潜能、创造力的力量；同时，它也带来行为的非标准化、对秩序的排斥与心理反抗。

《光荣与梦想》的作者在书中这样评论："60 年代里有时看来美国几乎要变成一种由儿女统治的政体，'青春'已成为一种崇高对象，人们立意加以延长、享受它，而且从商业上空前地加以迎合。"伯克利的生活堕落了，吸毒者的绝望感弥漫了大半个社会。我们坐在一起不是吸毒，便是喝酒，或冥想着新型的立体音乐。而太多的人只是在期待生活，却不是过着自己的生活。② 他同时又说："在一定意义上说来，60 年代的学生大动

---

① ［美］艾瑞克·霍布斯鲍姆：《极端的年代：1914~1991》，郑明萱译，江苏人民出版社 1999 版，第 499 页。

② ［美］威廉·曼彻斯特：《光荣与梦想》（下），海南出版社、三环出版社 2004 年版，第 1124、1119 页。

乱，比当时看来意义要更加深远一些。它们超越了长期以来前辈的人不敢触犯的民族秩序和文化壁垒、海洋甚至铁幕都阻挡不住。"① 我们今天依然能体会到其深刻的影响。

这样又回到了我们一开始谈及贝尔在《资本主义文化矛盾》中所作的分析上来，"美国文化已转向享乐主义，它注重游玩、娱乐、炫耀和快乐——并带有典型的美国式强制色彩"。"如果说性是美国生活最后的边疆，那么这个不为进取的社会在性的问题上也表现出最强烈的成功欲望。20 世纪五六十年代，人们对情欲高潮的崇拜取替了对金钱的崇拜，成为美国生活中的普遍追求。"② 对青年亚文化现状及消费生活方式的反思，从 20 世纪 60 年代到今天，从来未停止过。它既留下了一笔文化产业创新的财富，同时也是文化现代性本身的矛盾。

第三节　结束"文革"，与消费文化相联系的文化现代性的兴起

经典学者在研究现代消费文化时，都会涉及"生产主义"为中心向"消费主义"为中心的转变过程；并且在 20 世纪 60 年代后的欧美青年运动后，青年流行文化进入了消费文化，成为一种新的消费生活方式。

中国并不存在欧美式的生产为中心向消费为中心的社会转型。消费文化对中国 20 世纪 80 年代的影响是复杂社会转型的结果。结束"文革"，与消费文化相联系的文化现代性的兴起，代表着社会转型的一个部分，以及对后来一直发生影响的代际生活方式、价值取向的变革。

一　以"革命政治"为中心的道德生活经验

雷蒙·威廉斯在对文化下定义的时候，把文化看作是"对一种特殊生活方式的描述，这种描述不仅表现艺术和学问中某些价值和意义，而且也表现制度和日常行为中的某些价值和意义。从这样一种定义出发，文化分

---

① ［美］威廉·曼彻斯特：《光荣与梦想》（下），海南出版社、三环出版社 2004 年版，第1119 页。

② ［美］丹尼尔·贝尔：《资本主义的文化矛盾》，赵一凡等译，生活·读书·新知三联书店 1989 年版，第 118 页。

析就是阐明一种特殊生活方式、一种特殊文化隐含或外显的意义和价值"①。

对于中国来说，文革就是一种特殊的生活方式、特殊的价值经验与体验。从代际时间上说，它就是中国的 50 后、60 后青少年期的某种价值体验。50后、60 后，与后来 80 后、90 后，在消费观念上的一个巨大差别，就是前者在童年期间是在接受批判资产阶级、剥削阶级腐朽思想的教育中长大的。而 80后的童年中这种教育甚少，90 后基本没有。这就是笔者体验消费文化、大众文化的影响，与一个 80 后的青年接受消费文化、大众文化是不一样的。因为我的童年、少年时期曾接受以计划经济为主体的、以阶级斗争为纲的革命文化的熏陶，而我的孩子那一代人却直接长大在一个转型年代。

白俄罗斯作家阿列克谢耶维奇在她的《二手时间》一书中说："告别了苏联时代，我们也告别了自己的一种生活。我们的共产主义，本来有个疯狂的计划：要把亚当以来的旧人类改造为新人类，而且也付诸实施了，这算是它唯一做过的事情。七十多年间，在我们的马克思列宁主义实验室里，制造出了一种另类的人：苏维埃人。有人认为这是一种悲剧的人物，另一些人把他们称为苏联分子。我觉得我懂得这种人，熟悉这种人，我和他们共同生活了多年。他们就是我自己，是我的亲人、我的朋友、我的父母。""在芸芸众生中，你会立刻发现我们这类人！我们这类人全都是有社会主义基因，彼此相同，与其他人类不一样。我们有自己的词汇，有自己的善恶观，有自己的英雄和烈士。我们与死亡有一种特殊的关系。"②

她写的这段话是有一种历史情感的，是我能够理解的历史情感。我和她一样，作为当今天中国 80 后、90 后的父母，我们是在 50 年代、及文革价值观的历史时间中长大的。我们曾经受到的教育，对讲究消费的行为及意识，是非常抵触、批判的。

（一）"讲究吃穿"，被定义为剥削阶级的腐朽生活方式

1949 年中华人民共和国成立后，国家经济在战争连连的破坏下，满目疮痍、一穷二白。新国家文化建构的方式，就是把"革命阶级"文化在符号上定格化。在所有的宣传工具里，电影、小说、纪实文学、青年杂志、少儿读物里，贬低、批判那些讲究消费的人。在经过了"三反五

---

① 转引自罗钢、刘象愚《文化研究读本》，中国社会科学出版社 2000 年版，第 127 页。

② ［白俄］阿列克谢耶维奇：《二手时间》，吕宁思译，中信出版社 2016 年版。

反"、土改、镇压反革命、"三大改造"之后，革命社会的权威确立起来。在青少年的基本社会态度中，确立起一种鄙视资产阶级老爷、小姐、太太及资产阶级生活方式的世界观。《霓虹灯下的哨兵》这部影片影响深广，就是在讲解放军解放上海以后，资产阶级如何腐蚀解放军战士，以及解放军如何抗腐蚀的，对青年一代影响很大。

（二）赞美朴素、高尚的工农兵英雄形象

在实现新中国的第一个五年计划、第二个五年计划中，可以看到革命化人格魅力。这种革命者自身的道德魅力，在最初的革命动员和革命宣传中发挥了重要作用。从 1949 年以后到 1978 年，新中国的宣传读物基本上就是工农兵、革命战争时期的英雄形象。雷锋、王杰、欧阳海、刘胡兰、江姐、黄继光、董存瑞；还有大庆人、大寨人、长征故事等，这些都是 50 年代、60 年代人从小接受的革命传统、革命英雄主义教育。当时宣传动员的口号是："苦不苦，想想红军两万五，累不累想想英雄董存瑞""小车不倒只管推，只要还有一口气，就要干革命"。它强化了是一种革命的左派思维、一种极强的革命的理想主义。从 1963 年毛泽东题词"向雷锋学习"后，雷锋电影、雷锋故事、雷锋日记成为重要的文化阅读。《雷锋》电影中的重要镜头就是他总是在做好事、他的补丁累累的袜子。在那个年代只有大革命、大国家、大政治，没有小时代、小日子，消费主义意识在那个时代是可恶的。"人们对个人权利和自由的守护变得困难起来"，变得不道德。"五四青年"的意义结构的继续存在事实上已不可能。[①]

"因为共产革命是阶级革命，这种阶级革命的自我定位是要站在无产阶级的立场，这种立场开始时可能仅仅是一种信仰的表达，这种信仰有时候看起来好像是空的，但实际上毛泽东宣传的无产阶级意识，可以转化为穷人意识和底层立场，也会慢慢地扩展到其他层面上去，在政治生活和社会生活中形成一种'崇无仇有'的浓烈氛围。有财有产、有权有势、有知有识、有能有德有地位者，均难逃避被改造与打击的命运。"[②] 伴随工农兵的英雄形象而来的是革命者"阶级仇恨"，它导致"血统论"的形

---

① 陈映芳：《"青年"与中国的社会变迁》，社会科学文献出版社 2007 年版，第 183 页。

② 唐小兵等：《二十世纪中国革命的回顾与反思》，《东方历史评论》2014 年第 4 期，第 28 页。

成。20世纪50年代人的青少年期，经常做的一件事就是填各种各样的表格。上面总有一栏："家庭出身"。如果家庭出身是革命干部、工人、贫农，就会很自豪，就怕出身是什么小业主、资本家、商人或地富反坏右，填起来就觉得特别耻辱。这可能是那个时代对人性摧残最深的一个方面。电影《芳华》的一开始，刘锋就告诉何小萍已帮她把出身填了其继父的身份"革命干部"。"血统论"思维与制度区隔，反衬了工农兵的高大形象，即"不要看贫下中农脚上有牛屎，思想是最干净的"。

（三）革命者被神化，从民国教育走过来的知识分子普遍被矮化

受过民国教育、新中国的大学教育的知识分子，被宣传成"一不会做工、二不会种地"的无能的人，属于旧知识分子，要改造思想。改造从旧社会过来的资产阶级知识分子，一直是国家发展中重要的意识形态战略。从50年代对电影《武训传》的批判，到对俞平伯《红楼梦评论》资产阶级方向的批判，再到对胡风"反党"集团围堵、1957年反右扩大化，基本上从文化上否定了民国时期培养的所有知识分子，包括其文学、艺术、社会科学的所有成就。只剩下一种革命的话语体系，即关于中国是世界革命根据地、关于阶级斗争、无产阶级的世界革命的话语体系。

（四）把"文化革命"变成了工人、贫下中农革"旧知识分子"的命、革"走资派"的命，变成"灵魂深处爆发革命"

知识、文明、传统、财产、经商、资本，都视为可恶的东西。"文革"过程，是破四旧、立四新、打倒臭老九的过程。"文革"的灾难最深刻的一个方面，就是它否定了一切历史文明成就。年轻一代被生活在领袖语录的学习中、生活在革命大批判中。在"文革"的大抄家中，如果谁的家里被抄出金银首饰、绫罗绸缎来，那是被看成很可耻的。家里没有什么财产的无产者、工人阶级才被看成是最纯洁、最干净的。这种无产者的"政治道德洁癖"不断被强化，使得"文革"中的红卫兵小将在批斗所谓的"走资派"、资产阶级知识分子，"地富反坏右"时，出手特别狠辣，"打倒在地，还要踏上一万只脚"。

二　极"左"的意识形态控制了每个人

意识形态是文化研究中的最重要的概念之一。中国的消费文化的发展

是和意识形态的解释相联系的，在极"左"的革命意识形态下，"消费"的合理性是完全被遮蔽的。正如法国马克思主义者阿尔都塞说，意识形态是一种思想构架，通过它人们阐释、感知、经验和生活于他们置身其中的物质条件里。意识形态建构和塑造了我们对现实的意识。阿尔都塞把意识形态定义为，"个人同他所存在于其中的现实环境的想象性关系的再现"。[①]

如果把 1966 年的《中国青年》杂志，作为一个与改革开放后的价值观作比较的文本，那么，我们可以看到 1966 年的《中国青年》里面，没有个人生活，没有广告；没有个体对日常生活的热爱与日常生活细节。反复被强化的就是意识形态的"政治场景""政治理念""政治立场"。

1966 年《中国青年》杂志

	关键词	文章的主要观点	作者	发表期数	页码
1966	看世界	全世界人民热爱毛泽东思想。委内瑞拉青年在监狱里的毛选。老挝解放军学毛选。刚果（利）游击队员爱读毛主席的书。	王志光、石振	01	22
	学英雄	越穷越要干革命。四分八厘田里闹革命。	刘义章，康少云	01	31
	学毛选	在伟大的三大革命运动中，看谁把毛泽东思想用得最好。	黄复兴等	02	04、05
	学英雄	创造奇迹的英雄战士——麦贤得。	周式源	02	13
		工人阶级的光辉形象——王铁人。	李冀等	02	
	革命道德	无名英雄难当吗？	王庆兰	04	26
		革命第一，工作第一，他人第一。	尹风梅	09	30
		重要的是自己的表现。给剥削阶级出身的青年的复信。	孙云杰	04	21

---

① 罗钢、刘象愚：《文化研究读本》，中国社会科学出版社 2000 年版，第 11—12 页。

关键词		文章的主要观点	作者	发表期数	页码
1966	革命大批判	农村青年痛斥吴晗的反动思想。	庞桂香	09	09
		扬述的《青春漫语》，为资本主义复辟鸣锣开道，把青年引上反革命的道路。	谓涛等	12	21
	革命道德	心中有阶级斗争。	尹兴斗等	09	09
	革命大批判	从《中国救荒史》看邓拓的反革命面目。邓拓美化封建王朝。	史向农	12	43

从生活场景来看，1966 年《中国青年》的封面、封底的"图像文本"主要是生产队里开大批判会、工厂车间里开大批判会、贫下中农田头学毛选。英雄形象都是为革命英勇献身的英雄，政治道德标兵。在1966 年《中国青年》杂志第 13 期封四的图文里，一个老大娘在讲英雄刘英俊，她说，"他把毛泽东思想真正放到了心里头了"。"工农兵"是作为社会道德的集体楷模出现的，基本上看不到知识分子的形象，看不到个体的情调。政治讲用会、领袖的指示、英雄业绩、阶级斗争的批判会等，建立了那个时代"意识形态与个人的想象关系"，使人的注意力都被强迫症般地压在那个"政治平面"上。

在商品匮乏、物质财富很少的情形下，人的消费特征与道德符号之间的关联被定义。如像 50 年代的中国电影《羊城暗哨》《兵临城下》等革命电影里，只有女特务，或打进国军内部的地下党人才穿得比较好，革命者形象都是极端朴素的。这成为一种当时青年社会化的潜意识。这样一种革命风格，带来"消费恐惧症"。在中国的 20 世纪五六十年代中，由于抑制商品经济，及冷战时期的外部封锁，社会物质商品是极为匮乏的，所谓"高贵者最愚蠢，卑贱者最聪明"成为一种价值引导。像"越穷越要干革命"，"四亩八分地闹革命"，"小车不倒只管推，只要还有一口气，就在干革命"这样的话，在"文革"中，确是一种英雄话语，统领人们的精神世界。

阿列克谢耶维奇说，"2016 年，是空想社会主义代表作《乌托邦》发

表500周年。世世代代，无数人类试图在地球上建立天堂的梦想，从未熄灭，乌托邦还将会长久地对人进行诱惑"。"西方人更乐意谈谈洗衣机，而不是关于齐奥尔科夫斯基疯狂的思想。可是俄国人不行，因为"俄罗斯人不想简单地生活，想要为了什么意义而生活。俄罗斯人希望加入伟大的事业。"① 中国二十世纪五六十年代出生的人在青少年时期都感受过"越穷越革命"的"文革"乌托邦。

三 结束"文革"，新的消费文化兴起的意义

作为消费文化中的"文化现代性"的探讨，笔者强调它是一种主体世界的自我意识与主观体验。消费文化本身包含着的人选择物质、商品，享受世俗生活的自由意识，并在中国特定的转型年代，它代表了一种文化现代性。

中国结束"文革"，走向改革开放，发展商品经济，人们可以自由选择自己所希望的生活，也就是"使人的感觉成为人的"，不被政治权力所异化的生活。20世纪80年代以后，中国新的消费文化的开始。它不是作为西方式的以消费为中心的时代的消费文化，却是中国走向新的工业化、市场化、城市化的消费文化。1979年后的中国改革开放，既是一场"经济转型"——对外开放，吸引外资，也是一场政治转型——即结束以阶级斗争为纲的时代，结束所谓的无产阶级专政下继续革命的时代；取而代之地是对现代化空前的"文化热"。"文化热"的主题是中国思想界、文学界对中国现实、历史、未来的大反思。在一个更大的中国青年大众的层面上，这个时期又经历着新的大众消费文化的兴起。

莱斯理·斯克莱尔在对全球资本主义与消费主义的研究中，对中国20世纪80年代消费主义的出现与发展基本持一种否定态度。他认为，"尽管一场消费革命已经在中国发生，但到目前为止它仅仅涉及其人口中相对较小的一部分（可能要小于25%，大部分集中在沿海地区或者邻近地区），'消费主义文化——意识形态'的传播的一个衡量的指标，是创

---

① 柏琳：《对话阿列克谢耶维奇：我们为自由所承受的痛苦，其意义何在?》，《新京报书评》2016年第5期。

造获得昂贵外国耐用消费品的欲求"①。他说得有一定道理，中国在 20 世纪 80 年代只有很少的沿海开放地区（包括北京、上海）的人开始追求高档国外消费品。但他没有预期到新的技术革命下电子文化产品对中国文化消费的巨大影响。

阿里夫·德里克在讲到中国 1978 年的变化时，用了"文化民族主义""新近产生的权力意识"的词语，并作了非常肯定的分析。他说，"1978 年后，对革命历史的拒斥引发了一种文化民族主义，从而对中国人思考文化和历史产生了深远的影响。1978 年以来所取的路径是对前半个世纪的主导潮流的一次逆转，从而将知识分子以前不予重视的许多次要话语重新提了出来。这一逆转并不仅仅是拒斥革命历史的产物，而是一种新近产生的权力意识"。②

他所说指的"文化民族主义"，正是中国 20 世纪 80 年代结束"文革"、社会转型中的表达出来的对文化身份的再寻找。文化民族主义使得对"文化现代性"再认同，成为整个中国文化知识界的潮流。在结束"文革"、取代封闭僵化的阶级斗争话语中，新的大众文化、消费文化意味着"一种新的权力"，它增加了中国人对开放世界的渴望，推动了商品经济、现代性、对外开放的文化意识。

就中国在 20 世纪 80 年代初的情境来说，新的消费市场（商品大市场、商品大排档、地摊商业）蜂拥而上、蔚然成风。新的消费品（当时，不要布票的布料，是很稀罕的。1993 年中国取消了粮票）给青年人带来极大的热情。特别是随着新的电子传播手段在中国的出现，磁带播放机收录机、VCD、DVD 播放机、电视机、随身听的普及，产生了巨大的文化力量。流行文化，作为消费文化的视听传播力量在中国得到了发展。从全球化与中国改革开放的关系来说，20 世纪 80 年代后中国大众消费文化的发展，扮演了大众启蒙、思想启蒙的作用。接受消费文化，就是文化经验的转变。它为经济—社会转型提供了完全不同于过去的文化风尚、新的社会心理体验。在 20 世纪八九十年代的改革开放中，年轻人是新的文化风

---

① ［英］莱斯利·斯克莱尔：《资本主义全球化及其替代方案》，梁光严译，社会科学文献出版社 2012 年版，第 318 页。

② ［美］阿里夫·德里克：《后革命时代的中国》，清华大学国学研究院主编，上海人民出版社 2015 年版，序言。

尚的接受者与传播者。

　　和西方 60 年代消费文化兴起时完全不一样，中国新的消费文化下的"文化现代性"在此时段具有自身独特的价值变迁取向：

　　（一）去极端政治化的价值追求

　　中国的计划经济时代是个不断强化革命政治认同的时期。始于 20 世纪 50 年代反右以后，日渐加强。"文革"中实现了一种对人的思想、观念、潜意识的极端控制。在"文革"的废墟上，新的 80 年代消费文化的兴起，是对过去时代统一性、同质性的价值观的反抗与取代，是对未来的期待。在旧的革命意识形态的边缘地带，新的服装、眼镜、裤型的样式出现，代表了思维的叛逆，变革的激情。美国电影里演员的"蛤蟆镜"，中国电影《庐山恋》中女主角穿得高领羊毛衫，代表西式符号的新式风衣的流行，没有纽扣的红衬衫的被喜爱，都是当时 50 后青年"铭心刻骨"的穿着记忆。1980 年的《中国青年》封底上登载了"时装表演队"下基层、"排队烫发"的女孩子的图片，这是以往时代不可能有的事。20 世纪 80 年代都市青年人中开始流行穿牛仔裤、喇叭裤或蝙蝠衫；看过或学过交谊舞、交际舞、霹雳舞或摇摆舞。那时的城市青年会买一台收录机，听流行歌曲。香港的"四大天王"，台湾的校园歌曲、小虎队、琼瑶电影等，都是区别于革命文化的大众消费文化的新流行。这是一个新的社会流动的时代。20 世纪 90 年代初，跑到深圳、珠海、广州等外地去做生意、打工的年轻人，喜欢泡录像厅，听邓丽君的歌，他们中的很多人模仿港片，留了长发。由于电视的普及，外来的美国动画片、日本动画、香港电影、武打片、金庸武侠小说的影视等也风行起来，形成了非常繁荣的文化消费市场。20 世纪 80 年代初，香港电视连续剧《上海滩》在大陆电视台转播放映时，基本上是万人空巷、盛况空前。1983 年《射雕英雄传》上演时，黄日华、翁美玲扮演的郭靖与黄蓉倾倒国人，使金庸小说剧成为港剧的典范，风靡一时。当时中国新的工业化、市场化还未真正展开，"小荷才露尖尖角"。走过"文革"的 50 后、60 后与晚辈 70 后、80 后（童年时）一起，共同经历了新的流行文化的影响，可谓"一道新阳铺水中，半江瑟瑟半江红"。20 世纪 80 年代是亦旧亦旧的开拓新模式的时期。"在商业中表现个人价值对年轻人来说是一次全新的机会"，"他们原来的成长过程被清教徒式的社会主义道德原则所约束"①。

（二）寻找对世界的感觉与价值视野

中国和苏联都是社会主义国家，都试图用无产阶级革命文化改造国家与国民。19世纪二十年代苏联的"无产阶级文化革命派"的领导人就提出，"任何一种艺术只能反映某一个阶级的经验与世界观，而不适合其他阶级"。因此，所有前人创造的文学艺术都不属于无产阶级，必须建立崭新的无产阶级文化。中华人民共和国在20世纪五六十年代时也是主张文艺为工农兵服务，文艺只能是打击敌人、团结人民的工具。与中国相比，苏联还是有很多不一样的地方。如新经济政策时期，苏联作家的象征主义和形式主义的作品得到广泛传播，先锋派艺术在这个时期还得到了发展。② 在2015年的索契冬奥会的开幕式、闭幕式上都展示了这个时期苏联现代主义艺术风格。在中国，50年代后对胡风反党集团的批判、对俞平伯的"《红楼梦》评论的资产阶级方向"的批判后，就谈不上什么对现代主义风格的容忍了。俄罗斯红场大阅兵的军乐《斯拉夫告别曲》曾经是1912年第一次巴尔干战争的乐曲，一百年之后依然是优秀的军乐曲。苏联时期还保留了芭蕾舞剧《天鹅湖》。在电影《列宁在十月》中《天鹅湖》是作为资产阶级生活，但在《十月革命》后，依然为苏联领导人之喜爱。苏联在解体前，苏联电影《机组乘务员》里，年轻人就玩起了带有欧美风格的现代电子音乐。中国"文革"时期只剩下了八个样板戏、毛主席语录歌、《战地新歌》等，加上几部极左的电影，如《金光大道》《青松岭》等。也就是说，中国计划经济时期意识形态化的封闭型，甚至大于苏联。这种结果催化了改革开放后人们在精神生活方面的饥渴，极为渴望拥抱开放的世界。

结束"文革"，是结束一种封闭的思维方式。新的价值是思维方式被重新启迪。从20世纪80年代到90年代初的那些外国译制片给了50后、60后新的文化体验。这些片子成为大众思想启蒙的催化剂，深刻触动当时还年轻的50后、60后的心灵。就笔者个人来说，这种感觉现在回忆起

---

① 李春玲、〔俄〕科兹诺娃：《青年与社会变迁——中国与俄罗斯比较研究》，社会科学文献出版社2014年版，第25页。

② 王云龙、刘长江等：《世界现代化历程》，江苏人民出版社2014年版，第259—261页。

来还会激动，这大概是和 80 后最初看 "老友记" 等美剧的感受是一样的。

　　外来的译制片呈现了现代性 "共时态与历时态" 上的新维度。"绝对空间和场所的确定性让位于一种变化着的相对空间的不稳定性，在这种空间中的一个场所发生的事件，可能立刻和成网状地影响到另外一些场所。"① "神探亨特" 在美国只是一般的稀松平常的警匪片。亨特举止穿戴非常潇洒，带着美女搭档一起破案。中国的 50 后、60 后只看过像 "秘密图纸" "羊城暗哨" 这样在严酷环境下敌我血刃斗勇的故事。像神探亨特这样的形象，还带着自己的美女助手破案是没有的。又如《大西洋底来的人》男主角麦克·哈里斯戴的蛤蟆镜，几乎成为整个 80 年代中国青年的时尚，年轻人记着电影的台词 "我是一根从大西洋飘来的木头"，想着哈里斯在海洋里自由潇洒的样子。20 世纪 80 年代的中国，日本电影《望乡》上映，该片描写了 "二战" 期间一个叫阿琦婆的妓女的悲惨经历。影片中记者的扮演者栗原小卷的善良与美貌、妓女扮演者精湛的演出，给中国青年以极大的震撼。在过去几十年那种单一、极 "左" 的思维方式洗脑下，青年人突然看到描写下层妓女的影片，对思维方式冲击很大，也是从未有过的电影文本的体验。

　　在中国 20 世纪 80 年代后的 "文化热" 中，除了外来学术文献大量被翻译出版带来纸质文本的新阅读之外，各种欧美港台片的影碟成为新的外来文化传播的电子文本。当时中国各大城市、城镇的大街小巷，各种光碟小店、看录像的小屋居多，成为改革开放后中国大众文化产业早期的形态。对于结束 "八个样板戏" 思想统治来说，那个时段的盗版碟片对文化传播客观上起了非常颠覆性作用。那时引进的影片在时空上都是欧美 20 世纪 70 年代后期、80 年代的作品，时代气息非常浓。一种新的世界感，激发了人们对当代世界的感性与了解。一个时代的价值观就是一个时代的审美。当审美被挑战、被比较时，原来审美观的绝对性就被改变了。

　　中国的文化产业的发展早于新的工业化。20 世纪 80 年代后的中国改革开放有两个鲜明的亮点，一个是农村联产承包制。允许农民包产到户，

---

　　① ［美］戴维·哈维：《后现代的状况——对文化变迁之缘起的探究》，阎嘉译，商务印书馆 2004 年版，第 326 页。

解放了中国农民的积极性。"中国农民与苏联农民不同，他们没有被消灭，因此可以趁此时机增加生产。"同时，中国农村太穷了，起点很低，所以，农民有巨大的积极性去改变自己。同时，允许农村进城打工，才有中国建筑业、服务业奇迹般发展的成就；另外一个是中国的文化产业的发展。得益于世界的信息产业革命，中国流行文化市场发展很快。布热津斯基说，"中国还有两个特殊的有利条件，有助于改革的进行，第一中国在海外有4000万华侨，第二个条件是，1997年，香港回归中国，将大大加速改革的历程，它将扩大中国在全球贸易中的影响"。① 这两个条件，既帮助了中国招商引资，发展制造业，又帮助了中国传播海外音像文本的商品。当时大中城市，直至县城，到处都是出售和租借影碟、磁带的小店。这就是社会开放的"新的权力意识"，是新的社会权力。人们一下子进入了一个消费"大众文化产品"的娱乐休闲。欧美大片的吸引，变成了时空与场所的扩展，穿越了以往几代人以往的生活经验。这个时段，用本雅明的话说，就是"美学引入政治生活"，但同时新的视听美学改变了人们的生活与思维。

（三）认同、重建自我意识及自我表达

摆脱那些极"左"的意识形态对人们心智与思想的控制，是中国后革命时期"文化现代性"面对的课题。要把当代中国的消费文化的发展完全用"后现代"来解释，会有很大的空缺感。因为我们是从"文革"结束后的社会转变过来。中国的很多后现代性现象，与我们依然是后革命时代相联系，其实还是一种"文化现代性"的延伸，它还应包括去封建性。一方面在宏观上，随着苏东解体、"文革"的结束，青年一代曾经的信仰世界崩塌式地被冲击；另一方面，通过改革后的开放政策人们看到了欧美的电视剧、电影及生活方式，开始接受、购买欧美的家用电器、电子视听产品、服装品牌，这些最初阶段的外来技术、影像对生活及思想模式的冲击，是对自我价值的再思考。

在20世纪八九十年代，笔者记忆最深的一段广告词是，"金利来，男人的世界""广州本田，理想从这里开始"。这两个广告词，都是以个

————————————

① ［美］兹·布热津斯基：《大失败——20世纪共产主义的兴亡》，军事科学院外国军事研究部译，军事科学出版社1989年版，第217页。

体的选择生活、选择商品为基础的。我们原来的词汇中是满满的"革命意识形态"的元素，彼此之间，相互交往的活动，只能谈论英雄，只能穿朴素、暗色衣服，过着像"战时共产主义"的生活。但是20世纪80年代中，齐家山导演的电影《街上流行红裙子》、铁凝的小说《没有纽扣的红衬衫》，这两个文本，把女孩子穿衣服的样式——"没有纽扣""红衣服""红色裙子"，写进了文本里，红色，没有纽扣、红衬衫，具有了符号的新的能指。"红色"代表对新鲜生活的向往，它隐喻了对没有色彩的女性世界的拒绝；没有纽扣的红衬衫，意指了对时尚的渴求、求新的愿望。因为50后、60后青少年岁月里只能穿准军装（仿效色彩、样式的军装）；只能穿深暗色的衣服。而鲜亮、大红，都是突出个性的表现。时尚、流行、鲜艳的色彩，就是一种个体自由选择的意识。

俄罗斯学者写道："从20世纪80年代中期开始，大城市的年轻人变得越来越热衷于西方流行文化。对许多人来说，它是从无所不在的社会主义标准转变到个人自由的象征。""如迪斯科厅，意味着高水平的个性解放。"[1] 这同时也是在中国发生的叙事。以丰富性、多样化的选择为前提，鼓励个体过更舒适、更个性、更享受的生活。这就是一个现代性的文化维度。在这个意义上，消费文化、消费主义包含了认同个体自由、平等的生活与享受权利的进步性。这也是消费主义意识形态最低限度的合理性。

1980年《中国青年》第五期上以潘晓署名发表的"为什么人生的路越走越窄"为题文章。她提出了"人生应该是主观为自己，客观为他人"的观点，引发全国青年、社会各界参与了人生观的大讨论。这是20世纪80年代影响极大的一次青年大讨论，潘晓的提问触碰了原有的极"左"的意识形态的敏感神经。因为在"左"的意识形态下，革命人是不可以认为人生是"主观为自己，客观为别人"的，只能忠诚于无产阶级的集体主义的信仰。同样，在极"左"的思维方式下，人们不可能被允许对人生的路有什么犹豫不决，不能怀疑人生的路是否越来越窄？只能是坚定的革命信念。在极"左"思想的视角下，是不可能把个体的弱点、人性的多面性、复杂性、多样性，看成一个很正常的现象，而必须认为每个人

---

① 李春玲、［俄］科兹诺娃：《青年与社会变迁——中国与俄罗斯比较研究》，社会科学文献出版社2014年版，第25页。

都要有较高政治思想觉悟，有革命人生观的坚定性。

在这场牵动全国的真诚而热烈的讨论中，编辑部收到了上万封来信。各地的青年人提出了不同看法。持反对态度的认为，"人生观不能搞'公私合营''为自我又岂能为别人'"。"主观为自己客观为他人，是剥削阶级人生观"；持赞同态度的认为，"只有自我才是绝对的"、为"自我"并非一定与"为他人"相矛盾。这场关于"人生意义的大讨论"，记录了直到 80 年代初中国年轻人思想被禁锢的程度。他们且不能、不敢说出"我是主观为自己、客观为他人"这样一种基于个体利益的合理性选择，不敢表达青年人自我意识的迷茫与寻求。

本来如果是一个商品经济社会的话，这样的问题就是一个很简单的问题，它可以有不同的理解。但是，那时的极左"意识形态"控制了青年人的内心。阿尔都塞认为"意识形态对人的控制并不是公开的，而是隐蔽的，我们内化了意识形态"。"我们的无意识也是意识形态的。"[①] 在极左的意识形态思维模式的惯性控制下，这一讨论当时也是很脆弱的；但其意义在于，通过展示青年们共同关心的话题而构筑了一个"公共空间"，展现了青年的主体性问题，包含了"将青年一代人的群像重新概念化的努力。[②]

20 世纪 80 年代是个新旧交替的年份，许多新的价值认同与价值反思已提出来了。英格尔斯的《人的现代性》一书在 1980 年代的中国引起波澜。他关于"一个原地踏步的民族只能留下一片空白的历史"的提问，震耳欲聋，发人深思。同时，青年人已开始在《中国青年》上讨论"怎样做未来公民"的问题。韦伯《新教伦理与资本主义精神》、尼采《悲剧的诞生》、萨特的存在主义，卡西尔《人论》、马斯洛的人的需求阶梯、西蒙波娃《第二性》等西方名著与思想快速地被翻译出来，在大学青年、文化人、知识分子中广泛阅读。20 年纪 80 年代后，是中国新一代年轻人开始拓展跨文化的阅读文本、改变单一思考方式的新起点，显示出很强的理想主义与文化反思的热情。

在抒情流行歌曲之外，中国摇滚乐开始兴起。崔健的"一无所有"等摇滚歌曲，变成青年人独特的逆反语言，打破了当时主流意识形态宣传的

---

① 　罗钢、刘象愚：《文化研究读本》，中国社会科学出版社 2000 年版，第 12 页。

② 　徐勇：《"潘晓来信"与青年主体性问题》，《青年研究》2012 年第 5 期。

单一性、固化性、教条式。"崔健唱出了'革命'之后虚无感和面对激烈变动的社会的困惑，一时间被视为年轻人的精神代言人"，甚至表达了"对意识形态性社会角色及其使命感的否定"①。中国摇滚乐在一个改革与转型的年代出现，"它犹如狂飙，震撼着无数骚动不安的灵魂"。最重要的是摇滚代表了一种价值取向，即年轻人对自我、主体性的思考、怀疑与重建。

> "站着才知道我的身体是多么虚弱，突然我的理想在叫唤，它不是来自前面，而是来自后面，回去砸了那么破盒子。告诉那个胜利者他弄错了，世界早就开始变化了。"
>
> ——引自《盒子》

20 世纪 80 年代的中心词，不是全球化、而是"现代化"，是改革开放、是文化反思。当时的《中国青年》杂志，代表了纸质媒体为主导的青年受众的阅读杂志，从中记载了中国青年一代价值观的转变。从 1978—1988 年，中国青年的高考热、自学热、文凭热、出国热、实业热，都伴随着这个时代最重要的一个变化，即对人生的再选择。成长，是十年不衰的兴奋点。这是一个从左的、以阶级斗争为纲时代的价值观念向以经济为中心、以生活为中心时代价值观的转变，追求个体利益满足慢慢地获得了自我选择的合理性。这其实是新的消费生活选择的一个基础。

20 世纪 80 年代，西方已经进入后工业社会、媒体社会、后现代社会，在中国的青年杂志、妇女杂志上，我们才敢讨论"什么叫作服装美"，我们才能怯生生提问是否"人生是主观为自己、客观为社会"？我们才可以讨论"契约关系是否有合理性"？在中国 20 世纪 80 年代，青年人的自我意识与消费选择意识是同时发展着的。曾发生在 20 世纪的 60 年代到 80 年代初的这些事情，足以说明中国"文革"使整个民族个人观念史的退化；同时，这也就是僵化极左的教育下"文化人格"的退化。

我们似乎可以得出一个结论，消费文化繁荣的一个前提是"个性的解放""个体选择意识的发展"。在中国的 20 世纪的 80 年代，自我认同、利益认同、自我意识的启蒙与消费意识的重新被启蒙，几乎是从头开始的。

---

① 陈映芳：《"青年"与中国的社会变迁》，社会科学出版社 2007 年版，第 227 页。

第三章 基于"文化现代性"与"消费主义"视角的意义

"消费主义"与"消费文化"的定义常常是互换的。笔者以为消费文化的定义，应该宽于消费主义。在本章中，笔者拟探讨"消费主义"的发展与"消费主义"的批判，同时，提出消费文化对价值观影响的一种理论假设：即消费文化在当代的发展，推动了文化现代性与消费主义方面的价值建构。

第一节 "消费主义"的发展与"消费主义"的批判

一 工业革命后的"消费主义"发展

"消费主义"是消费文化中的题中应有之义。消费文化的形成是以资本主义商品生产的扩张为前提的。资本主义商品扩张，引起了商品消费剧增，为购买及消费而设的场所等物质文化的大量积累。其结果就是资本的剧烈增长，社会财富的增多，商业革命的发生，消费主义的发展。

在历史过程中，有两个层面上对消费文化下的"消费主义"理解。一个层面是欧美工业革命后，随着海外探险、殖民地贸易的发展，导致商业革命的发生，形成了一种早期的"消费主义"。这种"消费主义"，从古典经济学的观点来看，就是个人从日益扩大的商品范围中购买商品，以最大限度地满足他们的需要。从而，使得消费成为所有生产的目的；另一个层面是 20 世纪 20 年代起到 20 世纪下半期以后，在欧美出现了以消费为中心的大众消费社会。

亚当·斯密的《国富论》、斯塔夫里阿诺斯的《全球通史》，都涉及了第一个层面上的"消费主义"的描述。

亚当·斯密在《国富论》中指出，美洲的发现和经由好望角抵达东印度航线的开辟，是人类历史上的最伟大、最重要的两件事。它们的影响一直都非常巨大。这些发现的一个重要结果就是将重商主义提升到了一个显赫的、光荣的、从未达到过的程度。重商主义的目标是："与其由土地改良及耕作而富国，不如由商业及制造业而富国，与其由农村产业而富国，不如由都市产业而富国。但此二发现的结果，欧洲商业都市，不仅成了世界极小部分的制造家、贩运家，而且成了美洲无数繁荣耕作者的制造家，亚洲、非洲、美洲各地的贩运家，而在若干点上，亦是这各地的制造家了。"①

斯塔夫里阿诺斯在《全球通史》中说，"我们不能肯定工业革命在18世纪和19世纪初叶对工人阶级生活水平的影响，但我们完全确信，在19世纪后半个世纪中，生活水平大大提高。生产率的大幅增长和巨大的海外投资所带来的利润一起，逐渐地使西欧下层阶级也得到了利益"。"新消费主义"，表现为"处于社会顶层的少数和底层的多数人的收入的增长，使得消费社会第一次在人类历史上在英国出现成为可能"。"18世纪的英国是第一个打破这一传统模式的国家。这要归功于圈地运动后的农业革命、海外事业引起的利润的大量涌入和工业革命导致的生产率大幅度提高而来的国民收入的增加。国民收入增长的一部分流向了大众，因此，国内市场发展起来了；这种市场比过去仅有上层少数人才有购买力时的市场要大得多。商人们迅速改进经营手段来迎合新的、利润丰厚的国内市场。早在18世纪，他们就在运用一系列被认为是现代的销售技巧，包括市场调查、信贷、折扣计划、传单、目录、报纸和杂志广告和不满意退款的销售承诺等。"②

斯塔夫里·阿诺斯用"新消费主义"来描述这个19世纪后期的历史过程时，是以肯定的口吻赞扬英国人率先打破了传统的生活模式，"大众消费主义正是以这种方式出现在18世纪的英国的"。它后来在20世纪末变成了全球化下的消费生活方式标志。

---

① ［英］亚当·斯密：《国富论》（下），郭大力译，译林出版社2011年版，第184—185页。

② ［美］斯塔夫里阿诺斯：《全球简史》（下），吴象婴等译，北京大学出版社2005年版，第499、500、501页。

　　早期的消费文化，是和工业化带来的人们生活方式改变联系在一起的。工业化给人们的生活方式带来了广泛的变迁；当城市发展时，人们的生活地点与生活方式发生了变迁；人们从事的工作种类和人们对自己工作的控制程度也发生了变迁。人们的业余消遣和消费的可供选择的机会亦是如此。位于华盛顿的"美国历史博物馆"在对美国历史的展示中，有一个很重要的展出部分，是讲述美国人从19世纪后期到20世纪中期的消费模式的变化，逐步走向了消费社会的过程。可见，消费文化在美国现代化进程中的重要性。

　　英国学者蒂姆·阿姆斯特朗认为，在"20世纪初，人类经验发生了变化"[①]。19世纪初欧洲工业革命的发生，技术和工具理性得到充分的发展。海外贸易投资剧增，银行、信用以及保险和股份公司等体制相继建立与发展。大概在19世纪70年代至20世纪20年代间，第二次工业革命期间，新技术的开发——电气化、交通和通信系统发展。火车、公共城市交通、长途交通、货车、越来越多的杂货店、百货商店发展起来，同时，生产越来越标准化、专业化。19世纪后叶，大众消费模式不断变化翻新。至20世纪初期，由欲望而非需求驱动而达到的炫富行为，以及种种都市商业生活现象引起了社会学家的关注。

　　另外一个层面是20世纪60年代以后的消费主义。它是欧美消费社会形成后的"消费主义"。其特点是生产为中心的时代被消费为中心的时代所替代。社会不再是一个商品匮乏的时期，而是一个商品过剩的时期。它是欧美发达国家一个巨大的转型时期。它和一系列新的社会特征联系在一起，如后工业社会、后现代社会、汽车社会、媒体社会等。它具有从福特经济到后福特经济的消费社会特点。加尔布雷斯、丹尼尔·贝尔、鲍德里亚、鲍曼、费瑟斯通、哈维、布迪厄等诸多学者对这个新阶段的消费社会作出了深刻的研究。

　　总体上说，消费文化，或者说叫消费主义的出现，代表了现代资本主义文明创造的新的成果。这种创造，简单地说就是在资本主义具备大规模生产能力以后，创造了一个"大众消费社会"的合理性，创造了后来的

---

　　① [英] 蒂姆·阿姆斯特朗:《现代主义:一部文化史》，孙生茂译，南京大学出版社2014年版，第2页。

"消费者的社会"中每一个消费者的权益。这就是"消费主义"包含的进步的一面，即消费主义是现代性的一种状态与表现；它是和一个商业文明体系的形态及自我结构化联系在一起，它也涉及一个知识体系。对消费主义的认知与分析，也是对文明本身的认知。

欧洲的"新的消费主义"并不是机器大工业的直接产物。在历史进程中，它和海外贸易、殖民地侵略联系在一起，和欧美国家内部激烈的社会冲突、社会矛盾联系在一起的。在"新的消费主义"产生的同时，19世纪的英国宪章运动、法国的"巴黎公社"革命，乃至世界大战的爆发都是例证。也就是说，"消费主义"出现后，在历史进程与理性的价值分析上，它一直是充满着剧烈冲突、矛盾的综合社会现象。

二　对消费主义的分析与批判

"消费主义"与"消费文化"的定义常常是互换的，都代表了资本主义现代化进行到一定阶段的商业文明的一种状态——大众消费的生活方式。在鲍德里亚、费瑟斯通等著名学者的经典研究中并没有刻意区分两者的差别。

笔者以为消费文化的定义，应该宽于消费主义。消费文化，作为生活方式，有文化现代性、审美现代性方面的延伸。在知识体系中，消费文化与都市文化、商业文化、媒体生产、文化消费产品等联系在一起；消费文化与西方后现代下的城市时代、全球化的城市时代的景观联系在一起；也与文化产业支撑着经济的新增长点相联系，外延比较宽。

消费主义，在当代主要是作为一种"文化——意识形态"，更多反映出与西方现代市场经济相联系而制造出的一套社会的价值秩序。在进入消费时代后，西方的"消费主义"，就是消费生活方式本身的特点及存在，以及对全球的广泛影响。简单地说，所谓"消费主义"，就是一种能够生产不断购买物质产品的欲望与生活方式的市场经济运作（结构）模式，它在文化上能带来身份、地位的认同及生活享受的快乐。

英国学者安娜贝拉·穆尼认为，消费主义的第一个定义（主要在美国）是指"一场旨在保护消费者权益的有组织的社会和政治运动。第二个定义，也就是更为通常的用法是指一种文化意识形态，这种意识形态把自我意识、个人成功和幸福与我们使用和消费的产品及服务紧密联系在一起"。①

英国学者莱斯利·斯克莱尔在其《资本主义全球化及其替代方案》一书中，给消费主义下的定义是"消费主义的文化——意识形态由一种富人的派别偏好被改造成全球化的现象"。他认为，可以从两个主要因素来解释，这些因素历史地看是前所未有的。首先，资本主义在20世纪60年代进入了一个性质上全新的全球化阶段；其次，形成了全世界大众媒体结构的技术和社会关系，使新的消费主义生活方式很容易成为这些媒体的主导基调。②

在资本主义条件下，商品消费是和大规模的生产、重商主义的发展联系在一起，消费主义，作为现代化的特定的商业文明，它们表达了现代商业文明阶段的"消费文化"。

消费主义的认识，即是对现代性的认识，对现代文明认知的一部分。从20世纪初期到现在，这种认知一直没有停止，它是社会思想史的一个部分。文化社会学对消费主义的研究，与经济学不一样，它着眼于文化结构中的文化分析，并且重视文化与权力关系的批判。有这样一些理论线索：

（一）第一条线索是从对货币经济文化矛盾的认知到对商品拜物教的批判

1. 资本主义货币文化的发展是一种主观文化与客观文化的分裂

现代消费文化起端于资本主义的商业文明、城市文明的发展。1903年齐美尔写了《货币哲学》一书。与马克思的《资本论》中对资本的批判不一样，齐美尔在《货币哲学》中指出，当代社会生活中交换结构越来越复杂、劳动分工也在大量繁衍，这使得客体文化与主体文化产生了根本分离。在这种分离下，每时每日、各方各面，客体文化的财富都在不断增长，但个体心智要想丰富自身发展的形式与内容，却只能更进一步地远离那样的文化。

---

① ［英］安娜贝拉·穆尼、贝琪·埃文斯编：《全球化关键词》，刘德斌等译，北京大学出版社2014年版，第44页。

② ［英］莱斯利·斯克莱尔：《资本主义全球化及其替代方案》，梁光严等译，中国社会科学出版社2012年版，第126页。

齐美尔认为，资本主义货币文化的发展是一种主观文化与客观文化的分裂。文化当令生命富足。文化类似培植，即将人从自然提升至完美。启蒙时期的欧洲市民社会，尊重个性、提倡自由，堪称主观文化。进入 19 世纪后，人际关系受金钱支配，日益变作一种冷酷无情的客观文化。竟将欧洲人亲手打造的现代文化，变作一种异己之物。① 齐美尔从未直接提及消费主义问题，但他的分析确是对资本主义消费主义经济的一种深刻的文化批判。

2. 消费主义的"奢侈"推动了资本主义发展

所谓消费主义的问题，不是简单的个人道德选择，它处在复杂的社会史中。奢侈、人性、女性、权力、金钱、贵族、新富人等都是作为社会变迁中的因素。社会学家、经济史学家桑巴特的研究是从社会史角度来考查消费的。他关注了消费中的"奢侈"对资本主义现代性进程的推动。他在《奢侈与资本主义》一书里考察了 1600—1800 年间欧洲新贵族形成。一方面，经济上衰落的旧贵族需要保持其优越的生活；另一方面，世俗生活中取得财富成功的资产阶级需要取得旧贵族在身份、地位上的认同。二者的结合产生了资产阶级新贵族。资产阶级新富人通过发挥金钱的威力而成为新贵族。

桑巴特是一个基于社会事实的历史分析学者。他认为，在资本主义形成初期，奢侈具有决定性的作用——奢侈创造市场。在社会地位的竞争中，市场化的发展，社会分化的一端必然是对奢侈品的追求与炫耀。与韦伯"禁欲伦理"推动资本主义发展的结论相反，桑巴特认为，奢侈在资本主义起源中扮演了重要的角色。单位商品交换价值决定于商品的集成化和精细化程度，奢侈品由于其较高的集成化和精细化程度而具备较高单位价值的特性。所以，只有奢侈品生产和交换才能扩大市场。

桑巴特引用了曼德维尔、笛福的观点，指出在那个时代，"奢侈既活跃了贸易，也因此养活了穷人"。"虚荣和忌妒本身决定了工业的发展。美食、家具和服装，显示了他们的愚蠢和轻浮，而这种古怪可笑的恶习，正是推动商业前进的动力。"② 在更深的层面上，桑巴特向我们揭示了消

① 赵一凡：《从卢卡奇到萨义德：西方文论讲稿续编》，生活·读书·新知三联书店 2009 年版，第 423 页。

② 参见［德］桑巴特《奢侈与资本主义》，王燕平等译，上海人民出版社 2000 年版。

费主义的追求之所以可能被向往、追逐，在于人性的本身欲望及弱点，在于人类生活的欲望、苦难与幸福的基本价值问题。

3. 对炫耀性消费的批判

19世纪末20世纪初美国成为垄断组织发展水平很高的资本主义国家。凡勃伦非常深刻地看到了有闲阶级的存在与作用，及消费主义文化与社会地位竞争的社会关系。凡勃伦在他的《有闲阶级论》一书，分析了资本主义财富积累中有闲阶级的财力攀比，通过炫耀式休闲、炫耀性消费展示社会地位竞争与分化。凡勃伦此书的副标题是"制度的经济研究"，但更多涉及地是市场经济制度下的文化研究，包括阶层品位、服装如何成为作为财力展示。他指出，"消费的约束性准则大部分出自炫耀性挥霍的要求，而不是消费者的个人动机。在炫耀性挥霍法则的选择性监督下，就产生了消费崇尚规范的准则，让消费者在进行物品消费时及在时间与精力的使用上，都维持奢华及挥霍的标准。"① 凡勃伦从社会阶层关系、社会地位的竞争、消费的社会心理角度对有闲阶级做了系统分析。他在现代消费社会形成前，从经济社会学角度看到，"消费"并不仅仅是一种个人的好恶的选择，消费是一种社会行为。炫耀性消费是由于荣誉准则、竞争本能在起作用。人们为了在社会上获得地位与声望，只有通过消费商品（或服务），来证明自己的支付能力以达到与他人的歧视性对比的目的，以保护或者提高他们的尊严。他的这些睿智卓识直到现在都没有过时。

4. 马克思的异化理论及对商品拜物教的批判

马克思对消费文化研究方面的深刻影响主要是其社会结构的分析方法及批判理论。马克思的社会结构理论揭示特定的经济发展阶段与文化发展之间的内在关联。一位文化人类学家评价说，在马克思那里，"个人首先是社会的存在物：人只有作为社会成员才能存在"。"在最根本的程度上，马克思看待文化与自然的立场——他把人类文化理解为人介入物质世界的方式。"②

---

① 〔美〕凡勃伦：《有闲阶级论》，李华夏译，中央编译出版社2012年版，第89页。

② 〔美〕萨林斯：《文化与实践理性》，赵丙祥译，上海人民出版社2000年版，第164、165页。

　　马克思的商品拜物教理论揭示了资本主义生产方式下物的系统的病态。马克思的异化理论发现了资本主义生产方式——这样一种新的现代性的出现，使劳动者与劳动，劳动者与劳动的对象之间产生了分离与异化。正因为如此，马克思的《资本论》更可以被看成是一种文化批判。英国专家塔克称，《资本论》是一部最戏剧化的著作。马克思将资本与土地人格化，写成了一部伟大的悲剧：在那着魔的世界中，资本先生和土地太太一起兴风作浪。于是工业机器成了《奥德赛》中的独眼巨人。英国劳工的悲惨现状，对应但丁《神曲》地狱篇。"工人被钉牢在资本上，就像普罗米修斯被钉在岩石上。"① 马克思指出的两个概念，一个是哲学上的异化概念，一个是经济学上的商品拜物教概念，都对消费主义批判产生了深刻的影响。

　　从文化研究的角度，马克思的阶级理论及社会批判方法，也对消费主义研究产生深远影响。马克思通过生产资料的所有制，即私有制关系的分析，深刻地揭示了社会阶级的支配性结构。通过对资本主义生产关系的分析，揭示了资本主义生产"剩余价值"的秘密。剩余价值理论是经济学理论，在文化上具有伦理批判的正当性。通过剩余价值的研究，马克思站在被支配阶层立场上说话；揭示了社会不平等的实质是社会稀缺资源占有与分配的结构不平等，建构了一种"文化与权力"的分析视角。无论是对消费者权利的研究、或消费主义炫耀下的社会地位分化的分析，本质上都涉及社会资源支配与占有的不平等问题。

　　（二）第二条线索是从对资本主义文明的"文化批判"到消费社会的多维批判

　　1. 法兰克福学派的文化批判

　　法兰克福学派产生于 20 世纪 30 年代，又恰逢二次世界大战结束，及战后西方消费社会形成之际。法兰克福学派得益于马克思的哲学上的"异化劳动"理论与"商品拜物教"概念，他们以独特视角对"消费主义"一切可能的现实危害进行文化批判。

　　法兰克福学派的领军人物阿多诺、霍克海默认为依赖电子技术与商业

---

　　① 赵一凡：《从卢卡奇到萨义德：西方文论讲稿续编》，生活·读书·新知三联书店 2009年版，第 575—577 页。

化手段发展起来的文化产业是对启蒙精神的一种伤害。"产业化的文化就是同质的文化"。文化工业对消费者的影响是通过娱乐确立起来的。商业就是他们的意识形态。文化工业的权力是建立在被制造出来的需求的基础上。法兰克福学派的文化批判看上去只是对大众文化、文化工业的批判，但他们从理性上洞见了一个晚期资本主义社会中消费主义追求的本质，即是把一切娱乐化的病态社会。

法兰克福学派的马尔库塞把发达资本主义社会叫作"单面人"的病态社会。所谓病态并不是指社会本身的功能已经不正常了，而是说由于社会的正常功能的发挥已压抑了人性及其本能需要，摧毁了人的本质，人性受到了歪曲。"正因为是人，这些本能需要的满足并不足以使人感到幸福，也不足以使人变得健全。"马尔库塞认为："发达工业社会依靠高度发展的科学技术、依靠自动化的实现，不仅使肮脏而激烈的肉体劳动减少了，并且为人们提供了大量消费品，……但这只不过是丧失了不幸的意识之后的虚假快感。"不能使用现有的物质手段和精神手段使人的存在（人性）充分发挥出来，而是使人把受压抑的生活当作幸福生活。①

除此之外，弗洛姆所写的《健全的社会》《逃避自由》等著作，也在反思、分析市场化人格的种种异化。

2. 鲍德里亚的符号批判

在西方进入消费社会、后现代社会，世界全球化不断加深的情形下，消费文化的研究与以往的研究相比，是一个崭新的阶段。鲍德里亚（又译为布希亚）、费瑟斯通、布迪厄、鲍曼这几个学者的批判思想备受关注。这时期和前面的阶段最大的不一样是欧美国家的消费社会、消费文化已经作为最重要的一种社会结构在经济、社会、文化生活的各方面展开。

法国学者鲍德里亚应该是被看成是消费主义批判的一个大师级学者了。在对消费社会、消费文化的研究中，积聚、爆发出自己全部的生命与学术的火花。在其洋洋洒洒的论著《消费社会》《象征交换与死亡》《物体系》《政治经济学符号批判》等著作中，构筑了自己的研究思路。

鲍德里亚的消费理论是建立在对资本主义经济中的一个新的文化再循环的描述与分析上。在鲍德里亚看来，消费是资本主义的新阶段。在这个

---

① 欧力同、张伟：《法兰克福学派研究》，重庆出版社 1990 年版，第 302、312 页。

阶段中，我们被丰盛包围着，"丰盛本身也矛盾地意味着匮乏"。消费社会需要商品来存在但更确切地说，"需要摧毁它们。商品的用途，在慢性堕落中，所创造的价值要强烈的多"①。他认为，当代人"处在被消费控制着整个生活的境地。所有的活动都以相同的组合方式"被束缚。我们的超级购物中心就是我们的先贤祠，我们的阎王殿。所有的消费之神或恶魔都汇集于此。②这种豪华的浪费，这种高尚的浪费被大众传媒推到了台前，从文化上只是进一步促进了一种直接纳入经济过程的更为根本的、更为系统的浪费。"丰富本身也矛盾地意味着匮乏。"

鲍德里亚最突出的消费理论是他把符号分析用于对消费社会——资本主义社会的关系分析。他认为，我们正由一个由生产控制的社会转移到强调消费的社会。消费时代的文化特点最重要的不是劳动和生产的"现实"，而是主宰价值之生产与流通过程的语言和符码，商品的越来越符号化。在资本主义交换价值支配下，商品原有的自然使用价值消失了，从而使商品变成了索绪尔意义上的记号，购买具有象征意义。消费最重要的是符号，而不是物品本身。我们能够解释这些符号，是因为我们都了解符号的符码，而且也被符码控制。鲍德里亚将消费物品系统和以广告为基础的沟通系统看作是一种正在形成的意义符码。在消费社会中，物与商品已经成为一种符号体系，消费者对物和商品的消费，可以成为社会结构和社会秩序及其内在性的区分。在他的解释中，所谓消费文化，不过是"我们都了解符号的符码并被符码所控制"。消费文化反映着符号主宰着消费的事实。鲍德里亚更多用符号、符码这样的词，而不用消费文化。于此，消费社会将经验和商品美学化或者文化化了。

3. 对生活碎片化批判

鲍曼是从后现代角度来研究消费及消费主义的。他认为，后现代代表了一个成熟的社会系统，一个崭新的社会形态以及全新的生活策略。鲍曼将其称为以消费为核心的消费者的社会。在他看来，消费社会展示了新的历史时代的最重要特征，这就是消费者的来临，以及消费者的统治。在从生产者社会向消费者社会转变的过程中，消费者实践着一种新的生活状

---

① ［法］波德里亚：《消费社会》，刘成富等译，南京大学出版社2001年版，第29页。
② 同上书，第30页。

态。他把后现代性与消费放在同一个文化联结中，他论证道，现代性是以寻求预定目标的朝圣者为特征，而后现代性则是以一系列不同的"散步者、流浪者、旅行者和游戏者为特征等，曾经是边缘的人在边缘的时间和地点采取的行为方式，现在是大多数人在其生活的主要时间和生活世界的中心地带的行为方式。但这些类型的每个人都残缺不全地交流着后现代社会生活的讯息"①。

鲍曼对后现代性的描述与新的消费者的实践的生活策略的观察，到了晚年时，又用了"流动的现代性"取代了"后现代性"一词。他关注了片断化来对后现代社会世界进行界定："散步者是无主的陌生人，他们没有目标地到处流浪。""游戏者把生活视为不必为后果负责的一场游戏。"瑞泽尔这样评价，鲍曼构想了这样一个消费者，其快乐法则被允许在市场中自由称王。鲍曼认为，"消费领域内的自由作为一种安全阀，帮助维系了生产领域内存在的支配"②。与鲍德里亚一样，他们都认为消费社会比传统的控制手段更为廉价和高效。后现代性是取代了古典资本主义压制性的社会体制。鲍曼看到了齐美尔说过的"文化悲剧"的延续，"客观使得文化产品已经大大超过了社会的任何一个成员的吸收能力"。

4. 时空批判

消费主义存在于资本主义发展的时空关系中。对消费文化的研究中，吉登斯、哈维等学者独特之处是关注了时空问题。很多社会理论家重新研究了马克思在《共产党宣言》中全球化的时空观点，即"资产阶级把整个世界放在自己的脚下""一切固定的东西都烟消云散了"。吉登斯认为，在什么条件下时间与空间被组织起来，并连接在场和缺场的？与现代性相连的鲜明的历史特征，依赖于"嵌入"时间与空间的各种模式。③哈维在《后现代状态》一书中，以"时空压缩和作为一种文化力量崛起的现代主义"为标题，探讨了19世纪中后期资本主义的表达危机与时空意义的被改变。他把从福特主义到后福特主义的变化作为后现代思想存在的基础。他认为，福特主义是刚性的，后福特主义是与弹性积累相联系的，它关联

---

① ［美］乔治·瑞泽尔：《后现代社会理论》，谢立中等译，华夏出版社2003年版，第225页。

② 同上书，第226页。

③ ［英］安东尼·吉登斯：《现代性的后果》，田禾译，译林出版社2000年版，第12、18页。

到"劳动过程、劳动市场、产品和消费模式的弹性"。他提出，"现代主义促进了时间和空间的压缩"。后现代时期这个过程大大加速，从而导致"时空压缩"的强化阶段。政治、经济实践、阶级力量的平衡以及文化和社会生活的上都具有一种令人迷惑和破坏性的影响。"通过时间消灭空间，已彻底改变了进入日常再生产的商品的混合。"① 后现代性中存在着断裂的变化与可能。

这些论断被 2008—2016 以后的欧美社会现实所证实。2016 年英国全民公投脱欧成功、2016 年美国总统大选中右翼商人特朗普上台。其背后的本国支持者是反对全球化的本国下层白人工人阶级。他们反对全球化使得一些新的发展中国家获得利益（如中国）、不满欧盟中的穷国、外来移民分走了他们的蛋糕。发达国家右翼民粹主义极端势力的抬头，本国下层工人阶级对现实的不满，证明了新的全球化下福利社会的脆弱，消费主义生活方式普遍化趋向的脆弱。这种脆弱本身也是消费主义社会的资本运行的表现。

（三）第三条线索是"消费主义文化——意识形态"批判

20 世纪 90 年代后经济全球化的发展，"消费文化"已被放在全球化背景下的消费主义文化——意识形态中来考察。消费主义的意识形态批判，是从与跨国性资本、跨国公司、跨国经济、政治和文化相联系的经济全球化的世界体系来思考的。

文化研究者阿里夫·德里克认为："把当代全球资本主义联系在一起的纽带是已经取代民族市场成为经济活动的重镇的跨国公司，它不是一个输送资本、商品和生产的被动的纽带，而是这种输送及其方向的决定性因素。"②

20 世纪 90 年代以后，随着苏东的解体，原先冷战时代的两大阵营的绝对对抗解体了。随即是经济的全球化，包括跨国公司的全球化、市场经济的全球化、包括金融、资本、技术、劳动力、交通、通信的全球化。现代化的叙事再也不是欧洲的历史叙事了，非欧美国家要求建构他们自己的

---

① ［美］戴维·哈维：《后现代的状况——对文化变迁之缘起的探究》，阎嘉译，商务印书馆 2004 年版，第 324、375 页。

② 汪晖、陈燕谷主编：《文化与公共性》，生活·读书·新知三联书店 1998 年版，第 467 页。

现代化历史。

英国学者莱斯利·斯克莱尔不只是在欧洲国家中心主义的范围内来谈消费文化的。他关注了全球化下跨国的消费主义实践。他认为,从社会学意义上说,跨国实践有着经济、政治、文化——意识形态三个层次。"跨国公司是跨国经济实践的主要场所;跨国资本阶层是跨国政治实践的主要场所,而"跨国的文化—意识形态实践的主要场所可以在消费主义的文化—意识形态中找到。"

莱利斯·斯克莱尔说:"我把文化与意识形态放在一起,原因是只有将全球体系中的消费主义作为文化——意识形态跨国实践,才能充分了解它。当我们购买某种舶来品时,我们便从事了典型的经济跨国实践。当某种全球品牌为我们、我们的朋友和许多我们并不相识的人确定一系列意义时,我们便在进行一次典型的意识形态的跨国实践。"①

"消费主义文化——意识形态"批判的必要性,是由世界资本主义世界体系的不平等性及中心与边缘的关系决定的。在莱斯利·斯克莱尔之前,沃伦斯坦的"世界体系理论"、赛义德的"东方主义""文化帝国主义"、后殖民主义批评理论,都分别批评不平等的资本主义世界体系。其中沃伦斯坦反对总是用"传统性——现代性"的二分法来看待问题。他强调了世界经济体系的实质是一个资本主义的世界经济体系。在这个体系中,在工业革命以后,事实上,世界各个国家被分割为"中心、边陲、半边陲"的状态。西方发达国家处在中心地位。他们在现代化中早期的重商主义浪潮、巨大的商业贸易的成功,正来自于其海外殖民贸易的社会达尔文主义式的成功。

消费主义意识形态批判的另一视角是生态批判。虽然工业革命开始了对自然资源的大规模开发,但迟至19世纪末,工业化国家的消费对绝大多数人来说,仍然仅限于生活必需品,仍然受新教伦理的禁欲节俭观的支配。"19世纪美国文化强调的不是无限度消费,而是适度消费和自我克制。对人民特别是对工人的期待,是节俭和储蓄,花费金钱尤其是在奢侈品上花费金钱,被认为是'浪费'。人们仅仅购买必需品。"② 所以,在

---

① ［英］莱斯利·斯克莱尔:《资本主义全球化及其替代方案》,梁光严等译,社会科学文献出版社2012年版,第9页。

② Richard H. Robbins, *Global Problems and the Culture of Capitalism*, Allyn &Bacon A Person Education Company, 2002, p. 12.

19 世纪乃至到 20 世纪最初 20 年，工业化对环境的破坏虽然已经开始，但环境污染与破坏仍然没有成为值得社会高度关注的问题；现代消费主义的形成是环境破坏的真正开端。我们现在谈论消费文化时，一般也不是泛指历史上与生产行为相对应的、人在生活过程中的消费行为，而是指现代性不断扩张下出现消费主义的价值追求。20 世纪 60 年代以来，世界环境问题越来越严重，从生态环境保护角度对消费主义进行批判的学者与组织越来越多。从卡逊的《寂静的春天》到罗马俱乐部的《增长的极限》，再到联合国 1980 年关于"可持续发展"的决定，许多学者都有着深刻的认识。环境保护意识从一种边缘性关怀发展成为要求所有国际社会成员严肃对待的认同政治。保护绿色环境的运动成为全球最大的社会运动与认同。

现代消费主义将消费置于人类活动的中心，使得消费不再反映其他的意义和价值，其本身是一种文化价值。消费文化的这种价值取向，形塑了一种全球化下现代生活方式，即人们的幸福与快乐，是通过（甚至于只能通过）对物的品牌、象征符号、象征地位的崇拜与消费来满足的，并以日益扩展的消费欲望来实现消费文化（消费经济—文化）的再循环。消费文化这一特征，决定了其存在和扩张的前提是对自然资源的不断扩大的开发利用，并由此产生大量无法分解的废弃物。[1] 在此，作为一种价值体系，"现代消费文化"与"消费主义"的内涵几乎是同一的。它是以人类中心主义及其欲望的无限开发、满足为基础的。

第二节　基于"文化现代性"与"消费主义"视角的分析

本节把本书的第二章与第三章的第一节的阐述，放在一起，讨论基于"文化现代性"与"消费主义"视角的分析意义。笔者认为消费文化在中国的发展，推动了文化现代性方面的价值建构；同时也是消费主义方面的价值形塑。这是一个开放性的视角。开放性，就是与世界相联系，我们可以在此视角下探讨现代性问题。

---

①　扈海鹏：《重建文化与自然的联系——对消费文化的再思考》，《南京林业大学学报（人文社会科学版）》2012 年第 3 期。

一　文化现代性是个体性文化的体现

这个视角可以研究现代消费文化形成的文化合理性，并成为理解中国现今在消费时代长大的中国80后、90后的一个角度。

（一）文化现代性是一种以个体主义为基础的自我状态

文化现代性是一种以个体主义为基础的自我、人性、个性的状态。消费文化的兴起对于社会、个体的作用到底是什么？对于社会来说，消费文化是工业化、现代化发展到一定阶段的产物，消费文化是一种商业文明、生活方式的现代性的形态，这也是一种"文化现代性"的状态。它不是中国革命时代说的那种思想觉悟，它是一种以个体主义为基础的自我、人性、个性选择的状态，是一种不断自我追求、接受变化的个体体验。它是以世俗的、物质的符号体现出来的现代性的理性化、世俗化，包括艺术、或流行的审美过程。

从经典思想史的角度，文化社会学是从德国社会学家齐美尔开始的。不同于英法的实证主义社会学家，齐美尔关注现代性的文化层面。齐美尔没有站在什么高雅文化与大众文化的区别谈问题，他观察了都市生活风格化，研究了都市中的时尚现象。齐美尔在19世纪末20世纪初就看到了这是一个主观形式过度发展的时代，无奈的主体希望找到一个表达自我与变化的方式。时尚（这是消费文化）帮助人们体验了一种自我的追求，时尚满足了人们对现代性文化的表达。在今天的中国，消费文化通过新媒体，手机上的一个自拍像、一款新时装、一首流行歌曲，帮助人们找到"在场""短暂"、有价值、有体面的自我感觉，消费文化中的"文化现代性"存在于这样一个层面。它反映了现代性中人的主观性的一面，人的主体性的感性要求、欲望。

在一个货币经济快速发展的时代，用高雅文化来批评大众通俗文化的粗劣，只是一个方面。齐美尔强调的是文化现代性的主体体验，他用对时尚现象的抽象分析表达了人在消费文化中渴求的或体验的东西。

齐美尔认为，模仿"时尚满足了人们社会依赖的需要；它把个体引向大家共同的轨道；另一方面，它也满足了差别的需要、差异倾向、变化和自我凸显"的需要，"正是这种变化将今日时尚打上一种相对于昨日和明日时尚的个性化烙印，而且也是因为这些事实：时尚总是阶级时尚"①。他认为，时尚是一种生活形态，它同时体现了社会均平化的趋向和社会分化的趋向。这就是都市社会的资本化的经济社会结构。

齐美尔在19世纪末20世纪初对德国城市生活的观察，正是中国当下所经历的。在中国，替代了以前的革命时代的禁欲主义、苦行僧式的说教，消费文化成为一套新的语言与生活方式。消费文化的发展借助于新技术手段，如电视、互联网、淘宝网购物、手机微信的普及而传播，加快了中国摆脱农民化、乡村化、革命化生活方式的进程，激发起新的个体的激情与渴望。

消费文化中的文化现代性正是这样一种状态。它是一种社会转型、文化变迁中人们对生活方式的追求。它给"主体的自我"的怀疑、成长，提供了机会。这里面是一个被扩大的价值世界，在理解消费文化所包含的自由精神及特性时会涉及这些。

（二）日常生活审美化的意义

审美现代性是文化现代性的一个组成部分。日常生活的文化化、审美化是当代消费文化中一个很重要的方面。在大众消费时代，渗透在新时尚、新风格、新体验的日常审美生活，是由丰富的消费文化制造出来的，并且当代人就处在这种生活方式的风格化之中。

阿多诺当年对大众文化的完全否定性的批评中，忽视一种大众的需求，即普通人对日常生活审美多样性的要求。他没有预见到消费时代的大众消费文化与新技术相结合的不可遏制的趋向，他没有看到传统的、神圣时代、精英文化为主导的时代正在被世俗的、日常的、普通人的生活时代所取代。大众消费时代开拓了普通人的日常生活审美的合理性、可能性、现实性。以往的神学时代、传统时代占主导的是神话审美、宗教审美、英雄史实的审美，包括像中国"文革"中那种领袖崇拜的革命审美。市场化带来了世俗化进程。走向消费时代后，随着物质产品越来越丰富，"客观物体的象征意义或文化方面已经逐渐具有特殊的重要性并形成了独特的系统"，审美风格越来越呈现个体化、日常生活化、多样化。2017年伊朗

---

① ［德］西美尔：《金钱、性别、现代生活风格》，刘小枫编、顾仁明译，学林出版社2000年版，第94—95页。

政府明令严禁过西方的情人节，但年轻人还是在悄悄地过西式情人节，互赠礼物，在中国更是如此。2017 年 2 月 14 日的西方情人节，中国城市的花市红火，玫瑰价格上涨。几乎所有微信公众号、朋友圈的内容被情人节的文本刷爆。数码技术高度发展为日常生活审美化、大众化提供了新的普遍性条件，消费文化成为了"意义渗透的文化"。"正是这个意义系统将消费文化与物质文化区分开来，成为物质文化的一种特殊形式。"① 西莉亚指出，艺术—文化体系的影响力日益加强，不仅使文化商品本身具有意义，而且它还为消费其他商品起到示范作用，艺术—文化体系"对消费文化的萌兴具有十分重要的意义"。

审美现代性的发展，在消费文化中，不仅扩大了人们对风格、生活风格化的理解与需要，推动了人们生活方式的整体品质上的变化，而且整个经济都在制造文化所需要的风格化的生活方式。工具理性维度的审美，不断被复制出来，变成生活风格的流程设计机制与生产。在生活方式中的商品、服装、实践、体验、表情及身体姿态中，人们的自我实现要求都能从文化现代性、审美现代性中得到解释。消费文化的生产，制造了日常消费的审美生活，创造了人的新奇、短暂、变化、创新的文化状态。审美现代性也是被生产出来的，它与消费主义的生产制度与文化机制联在一起。正是包含着的"意义渗透的文化"，也建构了经济的，或文化产业市场的合理性。

另外一点是，审美现代性的广度使文化研究的跨学科纬度出现。当代文化社会学重新关注现代主义文学文本。为什么呢，因为现代主义改变了叙事方式。以波德莱尔的《恶之花》、福楼拜的《包法利夫人》为代表，他们的写作方式是戏谑的、批判的，不是现实主义的。按卢卡奇的解释，"到了资本主义成熟期，异化倾向严重，迫使作家丧失了总体认知能力"。从而，变得悲观消极，狭隘颓废。在认知与审美层面，"摇摆于抽象客观和虚假主观之间"②。现代主义的文化思潮中的自我超越、自我怀疑与批判，就是现代性发展中的文化维度。现代主义思潮并不局限于文学方面，

---

① ［英］西莉亚·卢瑞：《消费文化》，张萍译，南京大学出版社 2003 年版，第 227、278 页。

② 赵一凡：《从胡塞尔到德里达：西方文论讲稿》，生活·读书·新知三联书店 2007 年版，第 15—16 页。

还涉及艺术、建筑设计等，包括流行艺术、室内装饰、流行服装、家居、建筑风格、艺术礼品等。现代主义的审美风格与创新性探索，大大地改变了欧美国家的生活品质与审美风格。中国走上消费时代后，现代主义、后现代主义的风格深深影响了中国消费文化的风格。在笔者近期去了德国、奥地利、捷克、匈牙利、波兰这几个国家后，感觉更为强烈。因为在苏东解体后的这20多年，东欧国家的建筑风格还是以古典主义为主要特点；而中国近二十年的城市建筑风格主要是现代主义、后现代主义的。如北京的鸟巢体育馆、国家大剧院、南京保利大剧院的建筑风格，都是后现代主义的设计。

审美现代性体现在日常生活审美化的各个方面。在消费时代，新媒体不断发展，人们的文化消费、艺术欣赏的需求不断上升的情形下，"审美现代性"的广度，是通过经济产业、文化产业的市场来实现的。如中国当下圣诞节的情侣文化、圣诞礼物的消费、圣诞期间欧美国家的交响乐团来中国演出的消费；境内外旅游中游客对艺术纪念品的消费等。消费文化内在的价值魅力，也在于它通过商业制度的形式使人们可以在节日消费中，扩展一种生活审美。圣诞节成为购物节，商品打折，商店、宾馆节日氛围浓厚。商业活动成为跨文化空间的审美风格的传递。另一个例子是中国城市的咖啡文化从无到有的兴起。据赢商网提供的数据，到2015年8月，星巴克店在中国已有1700多家之多，[1] 其数字还在增加。中国的各大飞机场、高铁站、中心商业区、医院等公共场所中，都能看到星巴克标志性符号，更不用说中国的麦当劳、肯德基店之多了。它不能只是从经济产业构成来解释。它们是日常生活中新的审美现代性的认同与发展。

哈贝马斯对文化现代主义有一个解释。他认为，现代主义是19世纪的历史中所出现的浪漫精神。"它把那种脱离于以往任何时代的现代性意识给激进化了。这种最新的现代主义只是制造了传统与现在的抽象对立。从某种程度上说，我们仍是最初在19世纪出现的审美现代性的同时代人。"[2] 这段话是深刻且耐人寻味的。因为消费文化在中国的兴起，也制

---

① 参见 http：//sc.winshang.com/news-511421.html。
② 参见［德］于尔根·哈贝马斯《现代性对后现代性》，转引自周宪主编《文化现代性读本》，南京大学出版社2012年版，第175—181页。

造出某种传统与现代的抽象对立，其对中国年轻人价值观的一个重要影响，就是新的审美现代性的发展，它是当代文化现代性的重要表达。

全球现代性释放出新的文化现代性空间。传统文化与现代的区别变得不好归类。中国当今电影、电视剧市场中一些传统文学名著被改编成电影剧本后，超级火爆，这可以解释为一个后民族空间下新的审美现代性的时刻。如《西游伏妖记》一定不如《魔戒》更有世界水准，但它处在中国的后民族空间中，消费的方式与心理正在发生变化。古老民族用现代传播手段重新表现它们时，并没有去掉"传统性"，审美现代性制造了时空的转换。

哈贝马斯说，现代主义"进入了哲学的新的时间意识更多地表现为如下体验：社会的流动性、历史的加速发展，以及日常生活的非连续性。这种置于变幻无常、难以捉摸、短暂之上的新价值，即对动态变化的礼赞，展现了对纯洁的、无瑕的静态的现在的某种渴望"①。

在今天的中国，上述这种新的不断变迁的感觉与价值，离开大众消费文化的环境是无法感受到的。这个消费环境表现为，"大批量的生产指向消费、闲暇和服务，同时符号商品、影像、信息等的生产也得到急速的增长"②。大众审美趣味中包含着一种趋向：只要新潮，不求价值；只要变化，不求深刻。低俗化、粗糙化也成为这个时代文化现代性的表达。

哈贝马斯所说的这种现代主义精神的品质，在当代中国，正通过流行、时尚的发展，通过以数码手机、电脑、电视为支撑的技术网络，出现在文化产品、文化消费之中。哈贝马斯引用了贝尔的新保守主义观点，即"现代主义文化已经渐渐渗透进了日常生活的价值观之中"，"极度感性刺激的主观主义等已经占据了支配地位"。他认同了贝尔所说的现代性的危机。但哈贝马斯又阐述说，贝尔的这种新保守主义说法，"将某种程度上成功的资本主义经济与社会现代化的不适重负转嫁给文化现代主义。但却未揭示出人们对工作、消费、成就、休闲态度的转变在经济上和社会上的

---

① 参见［德］于尔根·哈贝马斯《现代性对后现代性》，转引自周宪主编《文化现代性读本》，南京大学出版社 2012 年版，第 175—181 页。

② ［英］迈克·费瑟斯通：《消费文化与后现代主义》，刘精明译，译林出版社 2000 年版，第 31 页。

原因"①。人们对工作、消费、成就、休闲态度的转变，是经济和社会生活结构变化的结果，并带来人们的主体审美价值的改变。

在"二战"后的 20 世纪六七十年代，现代主义的这些创意、反抗，被后现代主义的拼接、非中心、非主流、零散、边缘化的风格所替代，后现代主义与消费文化的结合，是消费社会延续着的一种审美文化风景。无论是现代主义还是后现代主义，都在审美现代性上支撑了消费文化的发展，并构成这个时代重要的文化景色，使得"消费"活动不只是用钱购买物质商品的活动。只有在现代性的框架内才有时尚。一方面，决裂、进步、革新的图式中才有时尚；另一方面，在任何文化语境中，新旧总是有意义地相互交替。审美现代性处在现代性、时尚与消费文化的互动中。

二　"文化现代性""消费主义"，体现了商业文明及都市文化的秩序

（一）"文化现代性""消费主义"，是现代性的结构

消费文化中包含的"文化现代性""消费主义"，不是什么因果关系，而是一个结构关系。现代性是一个结构。从文化形态上说，消费文化的合理性及价值取向就在现代性的结构之中。它涉及现代文明、商业文明的合理性。现代文明，这个词我们已经用得很频繁了。严格来讲，现代文明应该叫商业文明。笔者小时候经常听到的一个教育词语就是"万恶的资本主义""万恶的地主""万恶的资本家"，这个说法带来"50 后"童年时对商业、商家们的阶级仇恨。中国今天已处于工业化基本完成、城市化还没有真正完成时期，中国以巨大的生产能力及产品过剩，走进了中国的消费时代。从结束"文革"，结束以阶级斗争为纲，到如今走向中国消费时代，中间有一个很长很长的坎，类似于马克思说的那个"卡夫丁峡谷"。中国没有经历过早期的工业革命阶段，没有经历过成熟的商业文明。我们匆匆地走向消费社会，像是"跨越"了商业文明的"卡夫丁峡谷"。伏尔泰在他 18 世纪上半期写的《风俗论》《哲学通信》里，曾赞扬了威尼斯人、葡萄牙人、荷兰人、英国人的商业精神，由此创造与自由、财富增殖相联系的商业文明。他评价过中国文明与欧洲文明的差别。他说："我们已经看到，在中国，由于跟曾经影响我们的同样的原因，即迷恋古代，其

---

① 周宪主编：《文化现代性》，南京大学出版社 2012 年版，第 179、180 页。

至限制学校教育，科学在达到我们中世纪那样的平庸的水平以后，便停滞不前。可见在任何国家，人类精神的进步就是这样的步履维艰。"①

现代商业文明的出现最早可以追溯到文艺复兴的中后期，首先在英国发展起来，最终形成一套完整体制，商业文明与民主政治等都是连为一体的。商业文明出现前，人类的劳作主要是为了满足人类生活的最基本需求，劳作就是生活本身，而不是为了追求基本生活之外的利益。追求"财富"就是追求生活的基本需要之外的东西。亚当·斯密写《国富论》前并不是一个经济学家。在写作《国富论》之前，他是苏格兰格拉斯哥大学教逻辑学和道德哲学的教授，还兼管学校的行政事务。1759 年他先出版的是《道德情操论》，1773 年他完成了《国富论》。我们通常把詹姆斯·瓦特发明的蒸汽机（1782 年）看成英国工业革命的一个标志。从时间上可以看出，亚当·斯密的《国富论》写作的动因，不是英国工业革命的直接影响，而是英国商业文明的发展。商业文明已经获得了很大的发展，但还没有得到充分的解释。他亲身经历了农业文明向商业文明的转型。那时的英国商人还没有充分获得文化上的合理地位。亚当·斯密之所以要为商业文明做辩护，这是因为追求财富在传统社会看来是不光彩的事情，斯密强调商业文明的历史趋势与伦理的合理性。

商业文明包含了一种市民阶层出现的趋势。在西方的 16—17 世纪形成了社会的变化，社会力图摆脱君主、神职人员、贵族在内的世俗三位一体的控制。"随着社会契约、自然权利和市民阶层的出现，社会的含义发生了变化。社会包含了在新兴公共领域中活动的享受公民权利的民众。"②

消费文化，是商业文明的一种表现，商业文明的发展带来消费文化的发展。美国学者约翰·R.霍尔在《文化：社会学的视野》一书中引用麦克拉肯的研究，给消费文化做了一个分段。"首先是 16 世纪英格兰的消费繁荣。在这一时期，贵族们开始在'新的等级上以新的热情'消费。消费开始以一种新的方式具有了价值：新奇与时尚成为地位的标志。伦敦的贵族们引导着欧洲都市的潮流，同时，他们以消费来相互竞争，以博取

---

① ［法］伏尔泰：《风俗论》（上），梁守锵译，商务印书馆 2013 年版，第 264 页。

② ［英］斯科特·拉什等：《全球文化工业：物的媒介化》，要新乐译，社会科学文献出版社 2010 年版，第 4 页。

女王的注意。""其次，18世纪大众消费的开始是现代消费史上的第二个标志性的时刻。其特点是消费超出了贵族的范围，其他阶级的个体开始用消费作为自我表达的方式。霍尔引用了曼德维尔的诗'私人之恶，恰是社会之善'。曼德尔提倡奢侈品的生产和消费，认为'道德家着力反对的一切特征，如奢侈、骄傲、贪婪、自负、嫉妒，却可以对经济系统有益'。其三，第三阶段出现在19世纪。消费继续发展。在18世纪的中产阶级首先开始模仿富人，而在19世纪是不同的消费模式开始出现。"① 这里，霍尔对大众消费阶段的定义，比丹尼尔·贝尔提前了两个世纪。丹尼尔·贝尔认为20世纪20年代美国开始转向大众消费社会，标志是福特的小汽车流水线，分期付款及市场营销术的发明。显然，约翰·R. 霍尔是从商业文明的发展角度来谈消费文化的。

从工业革命推动了商业文明的角度，约翰·R. 霍尔把"工业革命视为大众消费文化的繁荣的重要基础"，"也是基于分层社会的现代方式的重要基础"。"工业革命的胜利，创造了一个消费品的世界，这一世界已超出了早期的工业家的想象之外"。

（二）"文化现代性""消费主义"，体现了韦伯式理性化秩序的多重性

现代性的文化特征，从广义上说，要从韦伯的理性化、程式化说起。资本主义的理性化，意味着追求财富、世俗享受的正当性、个体主义态度的文化正当性，这是消费文化得以发展的伦理基础。旧的血缘家族等级式的伦理枷锁松动了。

对消费主义批判容易形成一种精英化思维方式，即把"消费主义"贬斥为世界末日，然后，韦伯的合理化思想依然是重要的。现代消费文化得以发展是资本主义现代性使然。它涉及韦伯所说的合理化、理性化。资本主义的独特标志在于，它是工业化、市场化、科层组织化、民主化下发展起来的新的商业文明。在这样的社会中，合理化已经允分发展起来了。这个过程一方面涉及由计算所导致的支配事物的能力；另一方面又涉及理性世界观的系统化、最终涉及一种系统的生活方式的完善。合理化原则塑

---

① ［美］约翰·R. 霍尔等：《文化：社会学的视野》，周晓虹等译，商务印书馆2009年版，第143、144页。

造了现代人类生活的方方面面，它不仅决定了科学技术过程，而且决定了道德判断和日常生活的构成。时至今日，合理化思想依然是重要的。合理化意味着现代性的主体性扩展的必然性，它是启蒙理性下的自我的必然发展。当然也涉及 20 世纪下半期至 21 世纪。按照这个阐述，消费文化也是现代性合理化过程的必然。

韦伯式的理性化、程序化理论解释消费文化形成的工具理性那一面的合理性。但工具理性解释的另一个规律就是资本的逻辑。

商业化的理性过程，是资本不断增殖的逻辑所然。资本的逻辑一方面是以最低的成本来达到生产与销售的效率；另一方面就是以物化的形式，达到对社会身份的追求、以及对社会地位的炫耀。从韦伯对社会分层的三重标准，即经济标准——财富、社会标准——声誉、政治标准——权力来看，韦伯深刻地看到了理性化、合理化过程在个体的经验世界会是非常复杂的、矛盾的。曾经翻译了《新教伦理与资本主义精神》的中国学者阎克文认为，韦伯对历史现实的认知基础是价值多元化，这也是现代性里面一个最突出的性质。世界一旦进入价值多元化的现代性过程，从经验上看，它就不可能逆转了。①

对个体来说，合理化包含了符合个人利益的在财富、地位、声望上的多元追求。"在高度组织化的工业社会里，良好声誉的基础终归是财力强度，而展现财力强度的手段及由此赢得或维持一个好名声的方式，就是休闲及对物品的炫耀性消费。""在人际之间的接触最广以及人口流动最大的社会里，以消费作为取得名声的手段及以此作为维持身份元素的坚持，更是发挥得淋漓尽致。"② 在布迪厄的文化社会学研究的一个发现，是资本用多种资源形式表达出来，文化资本、社会资本，都将通过与经济资本的结合才能实现。文化资本向经济资本、社会资本的转换，经济资本向文化资本的转变，是不断发生的。那么，所谓"文化现代性"与"消费主义"的问题，都处在人们以社会地位为维度而斗争的"文化场"中。

（三）现代消费文化就是都市文化

本书中提及的"文化现代性"，不是一种传统意义上伦理性，它是指

---

① 阎克文：《我为什么向中国人翻译韦伯》，转引自搜狐文化 2016 年 12 月 20 日（http://cul.sohu.com/20161220/n476380123.shtml）。

② ［美］凡勃伦：《有闲阶级论》，李华夏译，中央编译出版社 2012 年版，第 68、70 页。

超越传统性的都市生活方式。现代消费文化就是现代都市文化。消费文化赋予它新的个体性的空间与享受。

个体主义的解放、对自由空间的向往是在城市生活、都市生活中得到满足的。齐美尔关于大都市人精神生活的揭示、本雅明对巴黎百货商店拱形门及闲逛者的描述，都肯定了都市生活的自由空间。城市空间是现代消费生活的载体，商业文明在城市生活中获得充分的发展与实现。列斐伏尔、哈维有着对"城市空间"的再发现。列斐伏尔认为："20世纪资本主义发展的特征在于世界范围内工业社会向都市社会的转变，资本主义工业化进程对都市空间不断进行重构，而都市化则是资本建立其稳固基础的必然要求。"① 都市消费生活的空间，是"文化现代性"空间。

丹尼尔·贝尔有很多惊人的见解，他预见到一种新变革的出现。他说："现代社会的文化改造主要由于大众消费的兴起。""我们的技术文明不仅是一场生产（含通信联络）革命，而且是一场感觉革命。这种文明的特色——称之为大众社会或者工业社会——可以通过许多方式来理解。"他强调说，整个文化的变革，特别是新生活方式的出现之所以成为可能，不但因为人的感觉方式发生了变化，而且因为社会结构本身也有所改变。②

中国学者王宁提出，改革开放以来，中国完成了"从苦行者社会到消费者社会的转变"。③ 因为从20世纪的50年代到70年代后期，中国社会拒绝、排斥商品经济、排斥与商品经济的多元选择相联系的都市文化，用人为的"革命化"任意提升生产关系，最终陷入经济社会衰竭的泥潭。以市场经济为基础的都市文化的发展，是理解当代中国消费文化的非常重要的一个方面。中国与世界接轨的一个标志，就是近二十年来，中国的都市文化、消费者社会有了极大的发展。中国处在一个都市生活新变化中，与技术革命相联系的大众消费时代，伴随着的生产革命、感觉革命、生活方式的变革，带来了文化现代性的扩张。在消费文化的合理性里，有着现代性

---

① ［美］迪尔（Michael J. Dear）：《后现代都市状况》，李小科等译，上海教育出版社2004年版，第1页。

② ［美］丹尼尔·贝尔：《资本主义文化矛盾》，赵一凡译，生活·读书·新知三联出版社1989年版，第113、135页。

③ 王宁：《从苦行僧社会到消费者社会》，社会科学文献出版社2009年版。

本身的理性化、程式化的合理性。因为传统时代的普通人超出生存需求的欲求消费是被赋予罪恶感的。从这一点上说，商业文明创造了消费文化的辉煌。

（四）"文化现代性""消费主义"推动下，文化产业与情感快乐越来越重要

消费社会的文化现代性，与以生产为中心的时代不一样，它更大量地是以生活的风格化体现出来。这种生活的风格化，表现出的商业化、市场化、个体化、多样化。它对中国人、中国的年轻一代来说，就是特定的文化现代性，因为它超越了革命化的单一性、统一性、非市场性；同时，由于它与国际接轨，运用新技术表达了在线娱乐、二次元思维，以及呈现的碎片，短暂与瞬间冲击，它也表现出后现代性。这是不同角度的看法。

在消费时代，城市生活风格化是通过媒体生产、文化产业影响、塑造出来的。都市的"生活风格化"，是消费文化的一种生产机制，是作为市场而进行的商品化过程。文化产业，包括电影、电视媒体产业、旅游产业、流行读物、电子游戏、动漫生产、网络小说、网络音乐歌手等，难尽其数。文化商品的使用对消费文化的发展也是至关重要的。虽然经济地位通常可以拥有或占有商品来表达，但文化商品的使用与消费，关涉到人的一种更丰富的精神心理的需求，并且在消费时代更为明显。人的文化现代性的扩展，离不开多元性的文化产品。它并不和接受高雅文化有关，而和人们接受生活的风格化有关。

费瑟斯通认为，消费文化研究的一个视角就是关心消费时的情感快乐及梦想与欲望问题。[①] 在数码技术的推动下，21 世纪文化产业的迅速发展，使都市的文化消费空前的扩张，日常生活显现出一种文化化、美学化转向。消费文化的发展本身更像是一种文化事业，因为不仅经济在生产文化所需要的生活方式，而且文化产品，如流行电视剧、综艺节目、上网、微博、微信，就像生活必需品一样，嵌入日常生活的惯例、习性。

哈维引用了伯曼说的话解释了这种"消费时的情感快乐"就是一种

---

① ［英］迈克·费瑟斯通：《消费文化与后现代主义》，刘精明译，译林出版社 2000 年版，第 18 页。

文化现代主义的体验。伯曼说："有一种至关重要的体验方式——对空间与时间、自我与他人、生活的可能性与风险的体验——这是今天全世界的男男女女所共有的。这种体验的实质内容称为现代性。成为现代的，就是要在一种使人指望冒险、权力、享受、成长、改变自我和世界的环境里找到自我。"这其中包含着深刻地对现代生活的理解。齐美尔、本雅明的研究中关注的核心在于"对时间、空间和因果关系的独特体验是短暂的、易逝的、偶然的和任意的"①。

这样的一种现代性的追求，在欧美国家、在中国城市，都已变成数码时代的个性化气质与追求，成为都市消费生活方式中能够找到的青年人的穿着、谈话、思想风格的感觉；并且通过流行摇滚曲及其 MTV、欧美连续剧，从发达国家传到后发展国家。实际上，波德莱尔所说的"现代性现象"，已经纳入了文化产业的体制、消费喜好与认同。

这样的"文化现代性"是在商业文明与文化的个体性认同中获得发展的，它不断改变精英文化的既有逻辑。印刷工业、电子工业的发展，推动了以大众文化为特征的文化产业的崛起。

由于技术革命的作用，文化工业成为经济新的增长点，以商业化、个体化、快乐主义为基础的大众文化的发展，扩展了现代性的文化维度——大众文化成为文化的民主性的表达。大众文化不仅日益与消费文化相融合，而且随着经济全球化、信息技术全球化的发展，文化全球化的实质是对全球生活方式的改造。21 世纪初的全球文化工业时代的到来，"文化产品已经以信息、通信方式、品牌产品、金融服务、媒体产品、交通、休闲服务等形式遍布各处"。文化产品无处不在。作为表征的象征符号无处不在，"物的媒体化"无处不在（电脑、智能手机、数码相机、多媒体）。这个趋势又扩展了"文化的现代性"，它成为日常生活中文化体验、又是新的文化工具。

斯科特·拉什在《全球文化工业》一书中说，霍克海默和阿多诺所在的时代，其所谓的文化工业产品是确定的，其影响也是确定的。而全球文化工业产品是不确定的。其产品的流动可能是人为设计的，更可能

---

① ［美］戴维·哈维《现代性对现代主义》，转引自周宪主编《文化现代性读本》，南京大学出版社 2012 年版，第 260 页。

是意外造成的，其后果也是出人意料的。"确定性大大降低的全球文化产业产品遭遇了当今信息资本主义社会中个性显著、自反性强的主体。"①

自反性即意味着不确定性。在巨量的文化产业作品的销售、传播中，像树蔓一样伸展着成千上万、上亿的观众的心理体验。这就是今天的"文化现代性"影响无数文化大众的状态。当年霍克海默、阿多诺说的文化工业产品的确定性，是基于福特式生产的标准化设计；今天全球文化工业产品是不确定的，它来自后福特式的设计密集型的差异生产，是基于网络化、特别是数码手机时代音频、视频的无限下载的时代。而今天中国的手机网民是 7 亿人。中国城市地铁、公交车、高铁上，看过去一片"低头族"，景象非凡。文化工业的发展，文化产品的文本阅读差异性越来越大时，多样性、个体性审美追求、审美空间就被建构起来了。品牌的象征、想象、追逐、记忆，变成了展示个体性风格的东西。这里所开拓的个体、社会的阶层的需求的"文化空间"是很大的，消费文化的繁荣，使得"文化自我"的丰富性、娱乐性、情感性空前地繁荣起来。

三　全球化下的"文化现代性"与"消费主义"

（一）全球化的双重性与后民族空间

全球化的双重性表现为资本主义的全球化与现代性的全球化。这种双重性在中国以外的欧洲世界，16—17 世纪以后就开始了。"16 世纪时，欧洲人凭借航海帆船和海军大炮，享有像铁制武器优于铜制武器那样的优势，而到 19 世纪时，他们的轮船、制造工业和机枪，又使他们拥有更像农民优于猎人那样的优势。……欧洲人无情地建立了他们的世界霸权。"②

对中国来说，外来的殖民化危机是在 19 世纪中期就开始了。它在中国呈现为现代性双重性：即西方欧美国家，是先生、是榜样。他们有先进

---

① ［英］斯科特·拉什等《全球文化工业》，要新乐译，社会科学文献出版社 2010 年版，第 8 页。

② ［美］斯塔夫里阿诺斯：《全球通史》（上），吴象婴等译，北京大学出版社 2015 年版，第 337 页。

技术，他们主张自由、平等、科学、民主的思想，他们建构的工业文明、商业文明，推动了我们走出了衰落的农业时代；另一方面，他们又是侵略者。他们打我们，他们用炮舰逼迫我们，使我们成为他们原料市场与殖民地。19 世纪中期以来，外来入侵者对中国发动的侵略战争，中国均以失败、割地赔款为结局，这两者导致了影响中国人的民族心理的严重创伤。处在"民族启蒙"与"民族救亡"的双重情境中，很容易因强调学习西方，被看成崇洋媚外；又因强调民族性，被看成闭关锁国的民粹主义。这也常常是中国消费文化发展的一种潜在的心理情境。

从大的纵向线索来说，中国的现代现象，是资本主义现代化的全球化、并向东方扩张的一个结果。西方资本主义的殖民主义侵略——鸦片战争后，才有了中国的被动地对"现代性"的接受；才有了中国的"以夷之长以制夷""中学为体、西学为用"理念；同时也由于西方的殖民政策与殖民地贸易，使西方的商业贸易与消费文化也传到了中国，在中国当时的租界地城市有了发展。对于中国，新的世界贸易意义的消费文化，是从这里开始的。

从历史社会学的眼光看待"消费文化"，现代消费文化是现代性历史进程中的一个侧面。消费文化，是商业化、商业文明在消费生活中的反映。丹尼尔·布尔斯廷的《美国人民主历程》一书，就是从历史学、历史社会学角度写的，他把美国的消费文化发展历程，看成美国人民主化进程、社会文化史的一部分。在第二章中，他以"消费者共同体"为标题，先后写了"衣着大众化、消费者之宫、顾客遍全国、货物自销、农民如何加入消费共同体、农村城市化、广告业新自由、建立消费共同体的信誉、顾客是国王……"等小题目来展开叙事。在第七章中，他把"财产的淡化""无穷无尽的所有权""从实用包装到装潢包装"，都看成"大众性文化"的发展。包括电车、百货公司的发明，都像是一个个民主化进程事件。这种研究方法，是用一种进步、发展的眼光来看待商业文明、消费文明。

历史学者葛凯写的《制造中国：消费文化与民族国家的创建》一书，也是一种以历史学、历史社会学眼光看待消费文化的。葛凯认为，消费主义是创建近代中国的关键。他用其历史研究的资料证明了，消费文化的发展、消费主义意识的形成是现代生活方式认同及对现代商业体系认同与建构的重要方面，如果没有这些，中国甚至于只是永远的停留在自给自足的自然经济的范围。他的研究揭示了消费文化也是传统性与现代性相遇的一个锲子，在现代化史上，"消费文化"兴起，也是亚洲的东方命运的一部分。既是东方国家接受现代世界、现代化商品中的一种转变，是重建民族国家认同的一个起点，又极为复杂的重现了消费文化与现代民族意识建构的复杂性。消费主义的作用在于说服中国人以近代民族国家的成员来看待自己。① 葛凯的研究，证明了"消费文化"的运行，从一开始就超越了商品质量或符号的个体好恶，它在社会结构中充满着历史文化的烙印。

从历史角度上说，现代中国的社会转型，其实在19世纪后期的鸦片战争后就开始了。鸦片战争后，中国从战败中被动接受变革，从洋务运动、到戊戌变法、辛亥革命、新文化运动，中国的志士仁人一直在寻找民族救亡、民主启蒙的艰苦历程。

消费主义对中国的影响，看上去是一个副线，和民族的救亡不发生直接关系。但中国从农业国向现代工业国，从封闭的以自然经济为主体的社会向开放的商业世界的转型，便从此开始。20世纪初期，西方的各种消费品通过上海这样的租界地进入中国市场。首先在上海、广州、苏州、南京等东南沿海区域传播。民国初年的《东方》杂志上印有着上海怡昌洋行的干牛奶（奶粉）广告、好立克麦的牛乳粉、手电筒广告、美国纽约永备电筒电池厂的永备整体电池、南洋烟公司的白金龙香烟、德国麦精百补皮酒、中国内衣公司西装部的 A.B.C 内衣广告、美国 Parker 公司的依金笔广告；德国拜尔的阿司匹林药品广告；南洋新加坡的虎标万金油广告；由上海公司经营的矮克发照相材料广告；德国制造的由中国天利洋行代理的德国施德楼鸡牌铅笔广告……非常之丰富。由此可以想到19世纪末20世纪初的一种世界景象——"全球化的双重性"；即资本主义全球化与现代性的全球化的并存。一方面中国是欧美资本主义列强的半殖民地；另一方面在上海、南京这样一些沿海地区的城市商业发展起来。假如不是后来日本帝国主义的侵略，中国的沿海城市消费文化会非常繁华，日本侵略战争中断了中国民族化商业的进程。

---

① ［美］葛凯：《制造中国：消费文化与民族国家的创建》，黄振萍译，北京大学出版社2007年版，第5页。

　　李欧梵在《上海都市》这本书里记录了 1930—1945 年间，消费文化快速发展的上海。20 世纪 30 年代的上海正好达到了城市发展的一个新的高度——新造了很多摩天大楼、百货公司和电影院，这种新的城市景观成了中国新感觉派作家笔下的绝大部分小说的背景，这些作家很显然为新上海的辉煌和奇观而感到眼花缭乱。到 1942 年，张爱玲从香港回到日占区的上海时，这个城市天空线的奇观对她而言，已经是耳熟能详的世界的一部分。①

　　20 世纪三四十年代的上海像一个硬币的两面：一面处在帝国租界的虎狼争夺之地，是中国人被殖民化的屈辱之地；另一面它又是一个承载着现代性物质性的公共空间，当年的舞厅、咖啡馆、公园、外滩建筑、跑马场、电影院、饭店、百货公司等，都是中国都市消费文化的展开，到今天，作为遗产，你会回顾它、仰望它、保存它。李欧梵写下了当时的先施饭店有一百十四间客房，中式房是一至一点五美元一天，西式是二至六美元一间；小舞场很便宜，一块钱可以跳五六次，喝杯清茶花费两角，而一个舞女的月工资是二百五十元，一个摩登女子的春装最低就得五十二元。这些物质载体作为现代性，既是上海现代性的物质性呈现，同时也是鲜活灵动的日常生活的展现。在这里，全球化的双重性同时也表现为资本主义现代性与民族主义的现代性。

　　德里克认为，全球现代性既是殖民现代性的否定，又是其实现，其中，文化身份紧紧地纠缠于全球化资本主义的政治经济。② 这个表述极为深刻。因为除此之外，民族国家没有其他的选择。对于后发展的、前殖民地国家来说，全球现代性的参与，就是一个"后民族空间"，其现代化进程是殖民现代性的展开（因为历史的，也是当代的）。同时，当代全球化进程也提供了中国发展、进步的机会与实现。90 年代世界经济全球化加快后中国是最大的收益国之一。没有经济全球化的推动，就没有中国改革开放 30 年的成就。在中国成为世界第二大经济体后，再看德里克的理念就更有意义。因为被殖民化，被动"接纳"了现代性；又因重新接纳了

　　① 李欧梵：《上海摩登：一种新都市文化在中国（1930—1945）》，人民文学出版社 2010 年版，第 310 页。
　　② [美] 阿里夫·德里克：《后革命时代的中国》，清华大学国学研究院主编，上海人民出版社 2015 年版，第 6 页。

现代性，而进入全球化的进程。所谓"民族身份被紧紧纠缠于此"，是我们不断寻找文化的"身份认同"——所谓中华民族的复兴、中国特色社会主义的提出，都是对认同的寻找。

全球现代性背景，提供了我们的"后民族空间"。80 年代中国消费文化重新形成，相对于以往民族本土性经济，它就是新的文化现代性，就是新启蒙。同样，"消费主义"，就其面对非现代化的自然经济结构而言，就其面对进步的欧美商业文明来说，消费主义，也是商业主义的开端。

"后现代"的视角，是把欧洲现代化当作中心的，这个"后"字是以"欧洲现代性"作为坐标。而对我们自己的落后的自然经济、农业经济，包括后来商品极为匮乏的计划经济而言，"消费主义"，并非都要归入"后现代性"去理解。在"后民族空间"中，它常常代表了新的商业权力，表现为新的文化现代性。

（二）全球化下后民族空间的展开与"消费主义文化——意识形态"

欧美现代性话语现在已成为现代性全球话语的一部分。具有讽刺意味的是，这一全球话语还包括了反殖民主义和反现代主义的合法化。在当前后殖民批判以及后现代主义中有所显现。[1] 这是亚当·斯密《国富论》一书中所没有的。对"消费主义文化——意识形态"批判，就是其代表之一。

"消费主义文化——意识形态"表现为对全球文明下物体系的认同、接纳与享受。它主要是指对欧美发达国家物、品牌、符号的认同与崇拜。在经历过长期的殖民侵略、贫穷、匮乏的社会后，后发展国家的人们受"消费主义文化——意识形态"影响有着深刻的历史文化原因。

西方的科技强大及在 18、19 世纪中的殖民主义侵略，造就了非西方民族心理在面对西方产品、文本时自卑与自尊的双重心理。这是一种历史文化心理的存在，也是一种非理性的群体情绪。后发展的非西方国家的现代化过程，常常出现世界主义、民族主义、民粹主义的伴随状态。他们在面对西方商品时，会表现出时而是开放、学习接纳的态度，时而又展现出极其憎恶的心理。时而特别排外，时而又特别媚外。此时，"消费主义的

---

① ［美］阿里夫·德里克：《后革命时代的中国》，清华大学国学研究院主编，上海人民出版社 2015 年版，第 25 页。

文化——意识形态"，不一定是当代西方强加进来的一种思想意识，确是存在于历史文化心理中西方崇拜情结的另一种翻版。它是历史进程中逐步形成的"后殖民文化"关系的一种复杂反映与再现。

"消费主义文化——意识形态"需要放在全球化背景下来考察。因为在当代，它是 20 世纪 90 年代后经济全球化、信息全球化过程创造出来的意识。20 世纪 90 年代以后，随着苏东的解体，事实上原先冷战时代的两大阵营的绝对对抗解体了。随即是经济的全球化。包括跨国公司的全球化、市场经济的全球化、包括金融、资本、技术、劳动力、交通、通信的全球化。

从进步与发展角度上说，后发展国家接受现代化、接受全球化，就会接受消费主义、消费文化，因为它是这种现代性的经济形式所伴随的经济生活方式。奢侈推动资本主义，与奢侈推动现代性、推动消费文化是同一种意义。对于处在后发展的"后民族空间"的国家来说，全球化，即使回避了欧洲中心主义，但是在将现代化作为其目的这一点上，其本身只能是经济市场化、经济全球化的现代化话语的延续。

消费主义，是在资本的逻辑下运行的。所以，商品经济的逻辑，就是消费主义运行的社会逻辑。笔者的意思是，"消费主义文化——意识形态"，并不能看成是西方中心主义的阴谋，它存在于"消费主义"本身的社会属性中，即市场、社会地位的竞争及人性的选择中。在尤瓦尔·赫拉利看来，消费主义的产生，就是一种资本主义经济本身的社会属性。"现代资本主义经济如果想要存活，就得不断提高产量，很像是鲨鱼如果不一直游动，就会窒息。然而，光是生产还不够。生产出来之后，还得有人买，否则，业者都得关门大吉，为了避免这种灾难……就出现了一种新的伦理观：消费主义"。①

在后民族空间的全球化时代，"消费主义文化——意识形态"的扩展，之所以很麻烦，涉及费瑟斯通所说的研究消费文化的第二种视角："人们通过对社会差距的表现和维持来实现自己对商品的满足、并取得某种社会地位的。其中的核心便是，人们为了建立社会联系或社会区别，会

---

① ［以色列］尤瓦尔·赫拉利：《人类简史》，林俊宏译，中信出版社 2013 年版，第 339 页。

以不同的方式去消费商品。"① 文化社会学意义上的"主体性自我""文化自我"的问题，与具体的社会个体能够归属于哪个阶层，能够选择哪种生活方式，是密切联系在一起的。

分化的维度，是现代性的重要维度。由于现代化社会，或资本主义当代社会，是存在着阶级差别、贫富差距，存在着资本的权力及多重社会分化，"消费主义"认同与追求，主要是对富人、中上阶层身份的选择。由于社会资源占有、财富分配的不平等及资本的贪婪，消费文化中必然存在着文化与权力的关系，存在着"资本与劳动者""商人阶级、跨国商业公司、销售集团与消费者"之间的不同的利益。"资本主义和消费主义的伦理可以说是一枚硬币的正反两面，将这两种秩序合而为一，有钱人的最高指导原则是——投资！而我们这些其他人的最高指导原则是——购买。"② 全球化下的消费主义文化——意识形态，也呈现出一个全球化下的阶级分化与社会地位的台阶。

从对消费主义的分析角度来看，现代消费社会是和市场经济联系在一起的。资本的逻辑，就是"消费主义"生产与销售机制的逻辑。中国 30年市场化改革过程中这样的例子，并不鲜见。布热津斯基在 1989 年所著的《大失败》一书中把中国的改革视为"商业共产主义"的追求。他认为："中国共产主义的改革很可能取得成功。这一成功将使中国大为受益，但它也会使共产主义意识形态的正统观念和中国共产主义在政治上的统一付出高昂的代价。"他预见到，"中国很可能在下一个 10 中持续高速地向前发展，到 2010 年，中国的总经济产值（当然不是它的人均产值）甚至会超过苏联。这种前景在意识形态和政治上都将具有深远意义。""但是，商业共产主义可能会演变成腐败的共产主义。贪污腐化先是玷污和腐蚀党的干部"③。2013 年以后，中国共产党展开的反腐败斗争，其间所揭露的惊人腐败事实，已证明了权力资本与消费主义结合，给社会机体

---

① ［英］迈克·费瑟斯通：《消费文化与后现代主义》，刘精明译，译林出版社 2000 年版，第 18 页。

② ［以色列］尤瓦尔·赫拉利：《人类简史》，林俊宏译，中信出版社 2013 年版，第 341 页。

③ ［美］兹·布热津斯基：《大失败——20 世纪共产主义的兴亡》，军事科学院外国军事研究部译，军事科学出版社 1989 年版，第 175、211、212 页。

带来的深刻危害。

　　消费主义意识形态，在后民族主义的现代性发展中，会成为实现新的自我、新生活方式的一种追求。它有现代性中个人欲求发展的追求合理性的一面；但同时又始终反映着一种阶级的、阶层的文化。其负面后果，即可能带来社会道德的混乱、资本的贪婪，社会关系因贫富分化而断裂。此外，中国快速的工业化与社会转型，客观上也是以快速地占有与攫取自然生态资源为代价，终于也酿成了巨大的环境负增长。

第四章 文化现代性：消费文化与青年价值观的建构

消费文化与中国青年的关联，本身就包含了文化现代性对青年的价值影响，从历史角度上说，消费文化曾使中国青年获得现代性与民族现代性的启蒙。"文革"结束后的社会转型，消费文化的重新发展、使几代青年从新的文化消费中看到世界的变化。对于 80 后、90 后来说，全球大众消费文化的传播及中国消费时代的到来，推动了一场价值转变，建构了消费时代的个人感。

第一节 消费文化、现代现象与中国青年现象的线索

一 现代现象与青年

现代现象与青年现象的融合、交叉，被很多学者观察到。它是现代性发展中越来越突出的现象，并且越来越多地进入社会学家、文化研究者、历史学家的视野。随着经济全球化、文化全球化的深入，它变成"全球青年——现代现象"。这并不是一个简单地用年龄组成的现象，不是指一般意义上与"成熟"二字相联系的社会化现象，而且是一个"现代性"的历史角度。因为"现代"现象与"青年"现象的交汇，是资本主义上升——现代化发展过程中长期累积的现象。工业化、城市化、人口流动，使大量农村青年来到城市。被称为"印刷资本主义"传播过程——资产阶级文学作品传播，包括启蒙主义文学、浪漫主义文学、批判现实主义文学，常常自觉不自觉地表达西方现代化进程中青年人的社会形象。19 世纪末 20 世纪初期，资本主义进入了垄断阶段，现代主义风格及潮流兴起，在艺术、文学、绘画、建筑、装饰方面的主要创作者与阅听者是青年人。

现代主义思潮的代表人物也被看成一种追求前卫的现象。青年与前卫的艺术、文学、建筑这些概念是在一起的。

英国著名史学家霍布斯鲍姆在谈到欧美的 1875—1914 年时说："一个比较独立的青年类别的出现。这个类别指的是介于少年与适婚年龄之间的年龄群，他们对于艺术和文学具有强大的影响力。青年与现代两个词有时几乎是可以互用，如果现代化意有所指，则是指的是品位、室内装饰和风格的改变。"①

而青年对现代现象产生的更为深远的文化变迁，是 20 世纪 60 年代欧美发生的青年革命。在 20 世纪后半期，欧美的青年革命成为一场文化革命的现象，并使消费社会、消费文化成为联结现代现象与青年现象的生活方式、文化再循环。一直影响到今天。

二　中国消费文化与青年的关联

作为世界上最大的后发展的国家，作为在 20 世纪 80 年代后快速进入全球化的后发展国家之列，它展现怎样的现代现象与青年现象的交汇呢？这种交汇与消费文化是一种什么关系呢？

著名人类学者阎云翔的一个重要观点就是，"中国改革前后之间的联系远比断裂要多。简单来说，现在中国人的全部努力目标，基本上可以归结为从整体上追求现代化。这一点，不光可以从改革开放上溯到 1949 年，还可以从 1949 年继续往前追溯，一直追溯到 19 世纪中期，把整个近代史包括在内"②。这个观点我很赞成。中国的现代消费文化的兴起是在 20 世纪的初年，不能只从这三十年来看。

从"现代"现象与"青年"现象的关系，来梳理当代中国消费文化与青年的关联，是一个定义青年、定义"消费文化对青年价值观影响"的历史社会学角度。2015 年是中国新文化运动 100 周年。新文化运动可以作为中国现代性与青年现象相关性一个历史标示与分界。我们可以区分出三种现代现象与青年的关系。即民国时期与青年，革命时代与青年，改

---

① ［英］霍布斯鲍姆：《帝国的年代：1875～1914》，贾士蘅译，江苏人民出版社 1999 年版，第 213 页。

② 阎云翔：《我们正处于一个多变的、剧烈的道德转型过程中》，《澎湃专访》2015 年 7 月 19 日。

革开放与青年。它们都展现出不同的文化状态。

民国时期的现代性与青年，大致是指新文化运动后，或者更早些，中国成为半封建半殖民地后。对于当代 80 后、90 后青年来说，这段历史似乎很遥远，似乎是他们的祖父、曾祖父那一辈的故事，与他们当下的生活存在隔膜。但是民国的现代性、商业化、消费文化的历史片断，是文化历史的沉淀、是社会记忆，是当代人不断重现的叙事。"我们的话题是社会记忆，而社会记忆和个体记忆是什么样的关系。"法国社会学家哈布瓦赫说："群体的记忆是通过个体记忆来实现的，并且在个体记忆之中体现自身。实际上导出了社会记忆和群体记忆是什么样的关系。我们说社会记忆的时候，社会并不是虚的东西，还是要落实到不同的人身上。记忆应该是具有社会性和公共性的过程，这之后其实也是有一些哲理性的思考，社会性和个人性的关系。"① 尽管民国时期存在着殖民地文化，但西方的自由、平等、民主、科学的思想、市场贸易，通过新式大学、海外留学归国的青年、新式的实业家深深影响了中国。在向德先生、赛先生学习的强烈愿望下，《新青年》杂志、《东方》杂志、《小说月报》等都是极有影响文学刊物，在像上海、南京、北京这样的大城市有很多青年读者。民国是中国现代新教育的开端。新办的现代教育也使自由、平等的思想在青年中传播。文化现代性对中国的影响，不是 20 世纪 80 年代后的中国才有的。它在 19 世纪末 20 初以来就逐步发生了。一大批在新式思想、新式教育、新的文学影响下青年学生、文化人获得成长。

消费文化、民族主义与青年，这个关系在民国时期也就已经展开了。葛凯说，"消费主义的作用在于说服中国人以近代民族国家的成员来看待自己"。"中国已经开始进口并制造成千上万新的消费品，这些商品改变了数百万中国人每天的生活，他们使用它们，谈论它们为之着迷。同时，这些涌入的进口货以及由这些商品所引发的欲望对中国的许多方面构成威胁，政治家们开始对贸易逆差及像吸食鸦片和麻醉品这样的新的消费生活方式担忧起来，这些已经开始阅读西方政治经济学著作的知识分子们担

① 郭于华：《社会记忆与历史权利》，《南方都市报》2012 年 12 月 17 日。

心，在逐渐壮大的外国商品经济优势下，无疑会丧失国家主权。"① 这确
实是中国的一个新旧交替的开端。外来的消费文化、商业文化、殖民现代
性的文化，是世界文化，也是民族主义的表达、抵抗的场所。这种通过消
费文化的表达与抵抗的声音一直延续到今天。

第二段是"革命现代性"与青年。其典型时段是1949年到1970年末
改革开放前。这段时间形成了革命的集体主义伦理。1949年以后的中国
创造了自己一系列的"革命现代性"符号，既不同于传统中国，也不同
于西方现代性的符号。在青年价值观建构方面是以革命理想主义、革命英
雄主义来塑造与激励。"中国是世界革命根据地""世界上三分之二的人
生活在水深火热之中"的口号，也曾让青年人深信不疑。即使在十年
"文革"中，"我们并不把自己当作或者受难者，或潜在的伤亡者，反而
自视为一场无所不在的战争之战斗人员"。② （有关的论证在前文第二章第
三节中已经展开，不再赘述）。

第三段是改革开放与青年。中国新的消费文化与现代性，是改革开放
以后才发展起来的。现代消费文化，在中国不是从20世纪80年代后才有
的，但是，80后代改革开放后，中国才重新有与世界接轨的现代消费文
化及合法性，消费文化的兴起代表了新的文化现代性的开始。改革开放后
的三十年是中国式消费文化及消费时代形成的过程，中国的"80后成为
不折不扣的转型的一代"。③ 80后，特别是90后的个体人格、价值选择深
深打上了新的消费文化的影响轨迹。中国消费文化对青年价值观的影响，
在最宏观的层面上，它是一种在历史进程中世代交替的生活经历的社会
烙印。

从共时态的角度说，中国的当代青年站在一个新的社会价值转变的平
台上。80后、90后及他们中独生子女，已经作为一种特定"世代季"的
青年文化现象被中国学者所关注。他们是中国社会转型的"新世代"。阎

---

① ［美］葛凯：《制造中国：消费文化与民族国家的创建》，黄振萍译，北京大学出版社
2007年版，第4页。

② ［美］霍布斯鲍姆：《趣味横生的时光：我的20世纪的人生》，周全译，中信出版社
2010年版，第168页。

③ 李春玲：《境遇、态度与社会转型——80后青年的社会学研究》，中国社会科学文献出
版社2013年版，前言。

云翔认为："改革开放后的三十多年跟前三十年甚至前一百五十年相比，最大的变化是一种新的个体主义的兴起。需要特别强调的是，我这里所说的个体主义，不是一般所理解的西方意义上经典的个体主义，也不是毛泽东时代所批判的自私自利的个体主义，而是另一个新的版本。这种个体主义的兴起，使得对个人利益的追求、个体的自我实现这些行为获得了正当性，从而迅速造成了伦理上的改变。因此，我们正在经历着一个从过去的集体主义伦理到现在这种中国式个体主义伦理的转变。"① 这是一个趋势性的概括。

第二节　文化现代性：消费文化影响下的青年价值建构

一　消费文化影响下的青年价值转向

消费文化的特征有着"自我—社会"结构的特性，既表现为一种新的社会文化结构，同时又是一种新的自我结构。中国消费文化所体现的文化现代性，对当代 80 后、90 后的青年价值观，最大的影响就是自由的个性、多样化的思维及对不同生活风格的选择，形成新的世代文化特点。

消费文化对青年价值观的影响，绝不是孤立的东西。它是中国社会持续的社会转型的产物，是代际、代内的生命历程中持续经历社会转型的产物。主要表现为是中国社会向工业化、市场化、城市化的转型；向全球化、信息化社会的转型；向消费社会、互联网社会、汽车社会的转型；它是二元结构与"网上消费"并存的转型结构。于此带来巨大的社会空间、个人流动空间。

波德莱尔在一百多年前曾写下那段经典诗句，"现代性就是过渡、短暂、偶然；它是艺术的一半，另一半则是永恒与不变"。现代性从客观方面来说，"是一个急剧变化和动态的社会历史事实；从主观方面来看，它又呈现为某种主体心态或体验"。② 而在今天，中国的 80后、90 后经历着中国近代以来，变革最快的历史时段及主观体验。试

---

① 阎云翔：《当代青年是否缺乏理想主义？》，《文化纵横》2014 年 1 月 11 日。
② 周宪：《文化现代性读本》，南京大学出版社 2012 年版，第 8 页。

想 1980 年潘晓在中国青年上发出了"人生就是主观为自己、客观为他人"的看法，两年后遭到被批判的厄运。而现在年轻人可在微博、QQ、微信朋友圈里随意发布个人议论、图片，这种社会存在方式的差别有多大的变化呀！学者李春玲强调考察 80 后要关注社会历史变迁中的"社会转型"与"个人转型"的两个维度，是重要的。在笔者看来，这个"社会转型"就是多重的社会转型、是跨阶段转型；所谓个人转型，就是代际转型、代内转型。现代性的全球化、智能手机、中国经济持续增长等因素使转型越来越快。因此，80 后、90 后成为具有新的"转型时空"特点的人。

与 20 世纪初期中国青年被动地进入全球秩序不同，当代的中国青年是主动参与到全球化的经济秩序中，并且在 30 年后已经证明，中国人日常生活的"时空感"已彻底改变了。

当代中国青年一方面通过全球消费生活方式认识了全球化的经济秩序，参与到这个全球潮流中来；另一方面也是在中国走向消费时代的多元转型中开始建构了自我价值选择。

消费文化对青年价值观的引导，是消费时代文化现代性的重要内容，并表现为与世界同步的新的特点：

1. 价值观转向生活世界、转向生活方式中的个体

新的消费文化，与革命时代以集体为中心，工业时代早期以生产为中心是不一样的。鲁尔·瓦纳格姆在《日常生活的革命》一书中说，如果说"消灭剥削者"的古老口号不再在城市中回响，那是因为另一种呐喊已经取代了它，这是来自童年的呐喊，发自更为纯朴的呐喊。并且表现出它的坚强的毅力——"生活高于一切"。[①] 60 年代的欧美社会运动的结果使社会变革扎根于社会生活，其后果到今天逐渐清晰。

今天中国电视剧市场的流行剧《欢乐颂》《何以笙箫默》《放下我、抱紧我》等，其审美风格就是在表现消费时代的个人、日常生活中的个人，表现社会转型中成功的青年、恋爱的青年、充满纠结的青年。作为成长在消费时代的中国 80 后、90 后青年一代，其所面临的挑战与吸引都是

---

① ［法］鲁尔·瓦纳格姆：《日常生活的革命》，张新木等译，南京大学出版社 2008 年版，第 3 页。

巨大的。"他们既面临个体从依赖家庭到成家立业的人生转折，又处在中国向工业化、市场化和城市化过渡的社会转型阶段，并且同时置身于全球范围向后现代社会迈进的风险和不确定性当中。"[①] 但世俗的日常生活、个人生活是他们的重心。

1979 年 12 月 6 日，邓小平会见了来华访问的日本首相大平正芳，就中国实现四个现代化的问题回答了大平正芳的提问，提出了在中国实现"小康"社会的发展目标。关于小康的含义，邓小平后来有过多次阐述，最概括的解释是"不穷不富，日子比较好过"。[②] 这实际上就是从温饱到现代化的中间阶段。当时，没有人料想中国的建设小康社会走向了"消费社会"。如今消费时代已经带来了价值观更深刻的转变。转向生活世界，是一种价值角度。在中国，转向生活世界，就是小时代、小主题、小清新、小感觉；就是自己的生活、自己家庭的生活。商业的场景被关注，宏大主题的叙事不再引起年轻一代的真正兴趣。

转向生活世界的方式不是回到农业时代，而是让人们更有权利选择、追求一种商业的个人的生活。"商业经济体系主要是从普及的消费中谋取更大的利益，而不是从生产中获益，它加快了从专制政治到市场诱惑的过渡，从储蓄走向消费，从清教主义走向享乐主义。"消费主义是承认人们用钱去购买快乐、享受的权利的。瓦纳格姆说得一句很生动的话是，"消费主义的商业模式横扫了所有古老的压迫，它建立了一种超级市场的民主"[③]。

日常消费生活的发展，是社会进步的重要方面，位于华盛顿的美国国家博物馆里面一个重要的内容是美国消费时代的形成过程。今天的中国也进入了消费时代，粮票、布票的生活已经一去不复返，在物质的东西轻而易举被满足时，青年人更多会思考自己的生活。中国 95 后有一句很走红的话："我很优秀，但我并不开心。"这是典型的这个时代个

---

① 李春玲：《境域、态度与社会转型：80 后青年的社会学研究》，社会科学出版社 2013 年版，前言。

② 《1979 年：邓小平提出建设小康社会》，人民网 2009 年 7 月 11 日 （http://news.qq.com/a/20090804/001230.htm）。

③ ［法］鲁尔·瓦纳格姆：《日常生活的革命》，张新木等译，南京大学出版社 2008 年版，第 4 页。

人化的语言。

2. 价值观转向了自我实现的多元丰富性需求

消费文化在一定程度上引导"人的自我实现"的丰富性、可能性。它是一定的经济发展阶段上社会财富发展丰富性的产物。这就是加尔布雷斯说的"匮乏经济"被"过剩经济"所取代的发展阶段。80 后、90 后是中国历史上告别饥饿、匮乏的一代，他们有可能追求自我实现的丰富性。他们充分享受到了物质的充裕所给予他们的满足。特别是 93 年粮票取消以后，"这种满足感具有极大的普遍性，即使是来自于一个普通平民家庭的 90 后，他所享受到的物质条件也已经远离了匮乏"①。

一些学者对中国"90 后"青年的思想特征进行研究。认为 90 后大学生价值观更务实，表现拟成人化；②思维独立，在"蹦极式"体验中寻找自我；③善于获取网络资源，利用网络展现自我。使其知识面迅速扩大，视野不断开阔，心智发展超前。④同时展现出的主体类型多样，比如"时装人""平面人""实惠族""新文化人""新理性人""新理想派"等⑤。这些都是消费时代特别有活力的原因，因为新的年轻一代在追求生命的丰富性、多样性。

和商品的丰富性相联系的消费文化的发展使人的主体性意识更多地被发掘出来。因为当消费文化唤起了重视人性、人的感性、潜意识的状态与需求时，"自我""个人""主体"就会变成一个新的领域被强调。从丰富的物质商品中产生的生存的可选择性，到物的丰富带来的精神生活的丰富性的选择，这是一个极大的变化。

在商业竞争与审美追求的双重动力下，文化的人工制品越来越多、商品的美学化越来越明显，各种人工制品的风格越来越多。在当下中国，城市商业中的波希米亚、布尔乔亚风格成为一种风景。商业装修不仅可以奢

---

① 荣剑：《中国代际现象》，转引自"北京东书房"公众号，2017 年 9 月 14 日。

② 唐源、冯文全：《当代大学生价值观的嬗变与重塑》，《四川理工学院学报（社会科学版）》2010 年第 2 期。

③ 张晓京、文书锋、金添：《"90 后"大学新生思想行为能力特点的调查研究》，《思想理论教育导刊》2009 年第 9 期。

④ 谈玉婷：《"90 后"大学生的思想特征及成因探析》，《黄石理工学院学报（人文社会科学版）》2011 年第 6 期。

⑤ 李一国：《当代大学生价值取向多元化研究》，《学校党建与思想教育》2009 年第 6 期。

华，而且可以很嗲、很艺术、很风情；手机里的各种电子表情包及图片可随心所欲、随心所美；数码手机摄影下的自拍、修图等，越来越是审美的日常体验与行为。按照大卫·哈维的观点，在这个阶段，就会产生把"审美体验本身当作终点来追求"，产生那种"极端主观主义""不受限制的个人主义"和"追求个人的自我实现"的浪潮。并且，这种浪潮在消费社会是以购买、欣赏不同风格的商品来实现的，是以追求特定风格的生活方式来实现的。从笛卡尔的"我思故我在"的格言，到当今"我买故我在"的信条，似乎是意味着"堕落"，但又是更现实、更舒适的美学战略，是享受当下生活的哲学。尽管，哈维也认为，此时，后现代主义的思维认同"在分裂和混乱的变化潮流中游泳，甚至颠簸，似乎那就是存在着的一切""偏爱那些积极的和多样性的东西，偏爱差异胜于统一性，偏爱流动胜于单一"，[1] 但这一切都推动了对自我选择的肯定，推动了自我论证的主体性，而不是向上一代了索取答案。

我们不能说中国的 80 后、90 后青年都是具有后现代思维的一代，但是，80 后、90 后青年存在方式的多面性是一个普遍的现实。他们"网络在线生活"的某种特征，代表了他们最具多样性、或后现代性的那一面。

消费社会，客观上是高技术、高情感、高度现代性发展的时代。从整体上说，消费文化并不仅是反映一个商业系统的运作、消费者的权益；消费文化，连带着了个人性发展的新时期。消费文化下的个体的自我实现，不是一个伦理过程，包括财富、职业成功、容貌、身体、性感及社会性别认同方面达到人的最佳的可能性象征、想象及实现过程。中国走出阶级斗争为纲的人格模式后转向哪里？转向了以日常生活的丰富性、自我实现丰富性的人格模式，这就是中国 80 后、90 后青年经历的变化。

2015 年国庆节，南京新街口德基广场的地铁过道上写着"生活方式进化论 Evolution of Life Style——德基广场 2015 年国庆节"的广告牌。南京莫愁路地铁口的进站口一则房地产广告，上面写着"爱她，就许她一世繁华"。这两则广告在价值观上似乎是非常模糊的、物化的，也非常情调的，它反映了一种生活在消费时代"成功""享受"的感觉，同时，其

---

① ［美］戴维·哈维：《后现代的状况：对文化变迁之缘起的探究》，阎嘉译，商务印书馆2003 年版，第 63 页。

价值取向呈现出不确定憧憬，走向奢华的成功，或陷入努力中的焦虑，这也是消费时代的人性、欲求的丰富性、多样性的状态。

3. "娱乐"的人生价值被提高

娱乐化需求、娱乐化状态，在消费文化下既是享受状态，又像是某种人的创造状态。就像坎贝尔所说，消费文化激发了某种"自由主义的浪漫想象"。马克思在《1844 年经济学哲学手稿》中曾经预想："私有财产的扬弃，是人的一切感觉和特性的彻底解放。""因为这些感觉和特性无论在主体上还是客体上都变成人的。"[①] 显然，马克思把私有财产下人性感觉的负面异化程度绝对化了。在今天，当物质财富丰富后，重要的是通过商业活动，人的娱乐性与选择性增加，依然也是人性可能的好的状态。购买活动把娱乐合理化了。"伦理的焦灼感被心理学上的宣泄感所取代"，购买变成了一个心理学上满足与快乐的活动，它不是对人性的否定。

中国从 20 世纪末开始，各大中城市兴建起的大型购物广场。各种旅游景点的重建与修整、各种饭店、小吃的兴起；各种精品屋、影院、体育馆、健身房、游戏机房的兴建；一家家商场变成为了一种购买与娱乐同在的地方。文化中心变成了商业中心的组成部分；或者商业中心也变成了文化中心。但我们不要以为这都是文化被糟蹋，那样想就太过于简单化了。实际上它被文化化了。就是在购买、消费、休闲、娱乐的享用过程中，它成为了一种生活方式的艺术。90 年代时青年人在麦当劳里坐一下，会觉得很有符号化的优越的感觉，而到了 21 世纪，年轻人可能到星巴克、哈根达斯里坐一下更有感觉。2013 年我国的咖啡及面包市场销售规模达到550 亿元左右，其中咖啡市场规模达到 360 亿元。大陆咖啡人均销量是 20杯。这个数字与欧洲地区相比还是很小的比例，但中国的各大超市、住宅区、车站、机场、学校周边、商业区都出现了各式各样的咖啡面包店。其消费者主要是青年人。汉堡、咖啡、面包的文化是把娱乐性、新生活的符号、兴趣放在一起的生活文化。如果不是这样，如果是中国此刻只是馄饨店越来越多、遍地都是，我们就不会有这种新生活方式的感觉。

"艺术和娱乐与日常生活混而为一。消费的神奇地位，不仅创造了物的选择中的满足感，而且创造了日常生活的一种娱乐的期待地位。人们随

---

① 《马克思恩格斯全集》第 42 卷，人民出版社 1979 年版，第 124 页。

时准备在商场娱乐中放松自己。这是一种决定日常生活的奇迹心态。"①
在每个周末、节日里，在工作 8 小时后的晚间，可以看到中心性的大商场
像一个被青年人塞满的空间。

　　娱乐时代也推动价值观念的私人化、私向化，个人与他人界限变得清
晰。在价值评价方面，90 后不像 50 后偏爱立场分明，而是淡薄化、宽容
化，采取被动评价及沉默、自我保护的态度。价值评价时的标准也相对模
糊，是非观念并不清晰，更多是遵从自己个人内心的感受。"90 后"大学
生对各种事件、行为的容忍度也空前提高，似乎不存在绝对的"真善美"
或"假恶丑"，对他人的价值评价取向给予充分的尊重，但同时保持自己
的价值评价取向②。这应该看成一种进步，一种时代的趋向，这些特征也
会部分地反映在 80 后的同学身上。这既是他们对社会环境的宽松度的要
求，又是他们对复杂社会现象的保留态度及自我保护。互联网是极具柔性
化的私人娱乐化空间。如表情包风靡。一言不合就"发表情包"，"不想
说话"，就发表情包。表情包已从早期 QQ 上系统自带表情，衍变成为包
括了流行的明星形象、语录、动漫、截图无所不有现象。表情包成为人们
用以传递信息或表达情感的重要选择。从 90 后开始，互联网的表情包及
互联网语言越来越具有娱乐精神。

　　从历史社会学的维度看，道德的进步是看其是否更符合人性的发展。
宽容、自由、平等、承认多样性，都是发展的尺度。在 30 多年前，当时
的中国年轻人必须要到农村去接受贫下中农的再教育，要接受"脚上有
牛粪、思想是最干净"的认同，要在"一不怕苦二不怕死"的劳动与生
产活动中苦练红心。他们日常的城市生活要靠布票、粮票、油票来维持；
靠读毛选、开讲用会、搞星期六义务劳动，来维持一种精神生活中的信仰
与追求。在唯革命政治的解释下，"日常性"，就是革命性，就是政治性，
就是学最高指示与斗私批修；就是"节约每一度电、每一滴水，为着战
争与革命事业的信念"。除了"革命性"的崇高，所有的私心一闪念都是
可耻的，都要狠斗。相比之下，现在的"娱乐性"，就是承认个人性、私
人性、承认身体本身的需求，身体本身娱乐、休闲的欲望，这无疑是一种

---

① 　［法］波德里亚：《消费社会》，刘成富等译，南京大学出版社 2000 年版，第 5、9 页。
② 　陈雨田：《论当代大学生价值取向的兼容性》，《理论导刊》2009 年第 10 期。

人的丰富化、是一种人的解放。

4. 价值观转向多元时空观的认同

时空，就是视野、就是价值。不同的历史时空，创造不同的思维尺度。"生物界只有一个传播信息的方式，那就是基因。人类创造了平行于基因的信息系统，那就是通过语言与文字，代代相传，称之为文明。回顾大历史，我们发现文化的主线，是能量与信息。"① 能量，包括我们可能借助的技术工具，所获得的信息资源。

传统时代的空间是乡村、家庭、街坊，手工时代式的劳作。日出而作，日落而息，时空在此时、在此地，都是静止的；以生产为中心时代，空间的标志是固定的，如城市、厂房、机器、建筑物，时间是线性的；在当今消费时代，时空是流动的、转换的、短暂的，多变的。笔记本电脑、移动互联网手机、ipad，代表了流动的现代性。此时的时空是开放的、不断拓展的，又是分隔的、复合的、交叉的、短暂变化的，同时是选择的、多元的。

时空选择，就是生活方式、生活格调、财富与能力。时空的选择能力，代表了个人的自由能力。80 后、90 年生活成长的这个时期，是中国乃至于世界的时空分隔性最大、时空跨度最大的一个时期。同时，中国在跨阶段的工业化、城市化中完成了新的空间规划。在新规划的城市空间里，多套间的住房、家用小汽车、多元购物环境、多种健身地；多元的旅游、休闲处的选择；更多的私人性、公共性的分隔（如公共卫生间、医院病床之间的帘子、家庭居室客厅卧房设计、银行取款台），还有在打开笔记本电脑、台式电脑、智能手机时，在打开微博、微信朋友圈，阅读微信公众号中，有被严格区分的个人时空；同时又是随时面对的外部"世界"。

消费文化的发展，建立在更多地时空的分隔与设计的基础上，增加了人对时空的要求与选择、强化了物与人之间的个体性、主体间性、选择性。消费文化的时空感也是一种阶层的区分。一般来说，一个时空转换能力很小的人，是在社会关系资源中拥有社会财物很少的人。所有的自我意

---

① 张首晟：《大数据时代感受物理、科技与人文的跨界之美》，《文汇教育》2015 年第 3 期。

识、亚文化、风格，都是在时空中实现的。你去哪儿购物，基本上就是你的身份习惯。

对于建立在货币化购买与交换的商品社会来说，消费文化的价值观又是一把双刃剑。中国社会科学院社会学研究所进行的"10 年来中国青年价值观取向的演变"课题研究表明：青年学生对物质的追求已经强于对精神的追求，对待物质待遇也经历了排斥——接受——看重的态度转变。有针对当代青年人生价值观的调查结果显示：36.3% 和 31.1% 的青年认为人生在世应该"过富足的生活"和"获得较高的社会地位"。在对 90 后青年大学生价值取向调查发现，有 49.1% 的 90 后青年大学生追求物质丰富、舒适安逸的生活，仅有 2.6% 的 90 后大学生把精神生活放在首位。①

这些恰恰是因为中国当下已转向了一个生活时代、转向个体的自我关注的时期。中国媒体不断爆出的明星吸毒问题，郭美美炫富、卖淫问题，电影《小时代》中显现出的物质崇拜、极度奢华，都和消费时代价值取向及可能生产出的人性之恶有关，和中国高速的社会转型带来的极不平衡的消费结构有关。

第三节 文化现代性：消费文化下青年文化身份的再建

一 消费时代个体感的建构

笔者在这里用了"文化现代性：消费文化下青年文化身份的再建"的标题，拟强调这种新的青年文化认同感、青年社会性格的再建及其影响。20 世纪六七十年代后欧美青年运动后开启了青年亚文化的特定方式，直接或间接地认同了波德莱尔解释中那种文化现代性的风格。这种文化现代性直接表现为一半是风格变化，一半是大众消费的艺术；一半表现为商业的、文化产业的生活方式生产，一半表现为与摇滚乐、牛仔裤、流行音乐等符号形象相联系的青春意义。这就是消费时代青年个体感的再建构。

20 世纪下半期欧美青年运动以来到如今，世界已形成一种国际化的

① 彭红艳、万美容：《当代青年价值取向物质化现象的成因及效应》，《中国青年研究》2017 年第 4 期。

青年文化身份、社会性格的特征。青少年时代不再仅仅视作为成人的预备期，而且意味着通过学习这种非正式的流行文化风格，建构起适应时代的青年社会性格。青年，作为追求"风格"地位的新族群，不断扩大其象征意义，不断享受这种个体的群际的文化身份。当今整个世界的新文化经济都在传播、创造这种生活方式。好莱坞大片中直接生产这种文化，并起着全球的前卫性、示范性的作用；全球流行产业经济依赖这种青年符号的意义；国际奥林匹克运动会的开幕式、闭幕式的表演中体现了青年流行文化的强有力的影响。在最近举办的韩国平昌冬奥会闭幕式上，韩国 EXO 男子团队表演了《咆哮》一曲，仿佛重现了迈克尔·杰克逊的风格与舞姿，令人震撼、非常有国际范儿。EXO，这个名字意为太阳系以外的外部行星，是从 EXO PLANET 一词中得来，蕴含了他们是从未知的世界来的新星的意思。《咆哮》一曲被 Billboard 榜单选为 2013 最佳 K‑pop，受到无数歌迷们的追捧，向世界展示了亚洲青年流行文化的国际水准。

　　从制度与结构层面揭示、关怀现代人生存境域，是社会哲学、现代社会学及社会理论一直关注的问题。从卢梭的"人生而平等而无不在枷锁之中"，霍布斯的"如何避免一切人反对一切人的战争"，到马克思的异化理论；从杜尔凯姆的失范理论，到韦伯的工具理性与价值理性的思考，再到齐美尔的"文化悲剧"等；再后来就是法兰克福学派的阿多诺、本雅明等对大众文化、文化工业、现代商业的思考，他们都对一个新的现代性的社会类型不断地进行理性判断，思考了现代人的生存处境。但是，我们现在讨论的青年文化身份、社会性格的认同，是另一个角度，即消费文化下青年人自己创造的文化现代性命题，它是把流行文化、大众消费、青年社会性格以及自我风格化联系在一起的认同结构。

　　20 世纪五六十年代后，许多学者开始讨论消费社会的青年的个体取向，讨论正在兴起的消费社会与青年性格的关系。如玛格丽特·米德关于并喻文化、后喻文化的分析是趋势性的，她看到了随着并喻文化、后喻文化的兴起，文化传递方式及青年社会性格变化的必然性。"我们实际上已经处在人类文化革命的全新的历史时代。"[①] 丹尼尔·贝尔对 20 世纪 60

---

① ［美］玛格丽特·米德：《文化与承诺：一项关于代沟的研究》，周晓虹等译，河北人民出版社 1987 年版，第 76 页。

年代现代性文化特征做了详尽的表述，他看到了消费文化下新的青年个体人格形成已经成为"经济在生产文化所需要的生活方式"，成为新的社会结构的一部分。

在青年社会性格方面，布迪厄把它与消费时代新型小资产者的形象联系在一起。认为他们是文化与教育资本方面的投资者。新型小资产者的个人感表现在"追求富于表意性的、自由的生活方式时，流露出对最为纯朴的贵族式的品质（风格、别出心裁、教养）的神往，这使他们与旧式的小资产阶级、劳工阶级划清了界限"①。

鲍德里亚把新的个体感当作从生产为主导的社会转向以消费为导的社会的新的价值体系的核心。他说："今天把个体当作不可替代的需要的领域，就是个体作为消费者的领域。因此我们可以预见到的个人主义价值体系将会有一部美好的未来史诗——这一价值体系的重心从个体企业主及个体储蓄者这些竞争资本主义的先驱转向了个体消费者，并且同时像技术官僚结构的扩张那样，拓展为个体的总和。"②

贝克尔强调了 20 世纪 60 年代西方新社会运动后的"个人重返社会"的亚政治。他说，个性化"首先意味着新的生活方式对工业社会的旧的生活方式的抽离，其次意味着再嵌入。在此过程中个人必须自己生产、上演和聚拢自己的生活经历。这才有了个性化之名"③。抽离与再嵌入不是偶然的。它发生于现代性的矛盾与不确定中个人选择。

这些阐释是对经验事实的概括，把我们带入日常经验的观察与情境体验中。我们可以在转型中国找到这样或那样的上述的青年个体类型及现象，以避免去作简单的道德评价。

笔者特别关注了斯科特·拉什提出一种自反性现代化的美学维度。拉什认为，自反性现代化是关于相对结构的一种社会行动者或能动作用的日益增长的权力的理论。其美学维度定位在始于波德莱尔，经由本雅明，阿多诺的传统。这种自反性的这种美学维度是当今消费主义日常生活中

---

① ［英］迈克·费瑟斯通：《消费文化与后现代主义》，刘精明译，译林出版社 2000 年版，第 113、50、51 页。

② ［法］波德里亚：《消费社会》，刘成富等译，南京大学出版 2000 年版，第 76 页。

③ ［德］乌尔里希·贝克等：《自反性现代化 现代社会秩序中的政治、传统与美学》，赵文书译，商务印书馆 2014 年版，第 18、140、169、173 页。

"富于表现的个人主义"。最为关键的是，较之早期自由资本主义时代的印刷语言的文化客体，现在的文化客体是视觉语言的，其摹拟性更加直接。比起书面语言的认知过程，摹拟则通过相似性"形象地"表示意义。对于个人的美学自反性来说，只要它的摹拟性作用于日常生活经验，它便具有自反性。在文化产业高度发展，互联网文化快速发展的今天，拉什强调在美学的自反性的发生不是概念性的而是摹拟性的。此观点可以解释当代中国年轻人如何从流行文化、消费文化的符号中、从走红的影视明星的摹拟、模仿中，找到个人建构的观念与形象，生产、聚拢、组合自己的个性化的能力与信心。

在讨论中国消费文化下青年个人感的再建时，上面的几个经典学者描述的特征，在最近十年的中国社会都重现了，并且它们并不能全从消费主义上得到解释，它们同时反映了青年个体的文化现代性的趋向。对于当下中国来说，有两个方面与欧美国家青年文化显然不同：一个是人口学上的代际文化特征——即中国消费时代的独生子女性格的亚文化。这是西方没有的。20 世纪 70 年代末开始，独生子女政策持续了 30 多年，形成了独生子女成长的家庭文化。从 80 后、到 90 后、00 后的独生子女的成长，转化为中国消费时代的独生子女性格的亚文化。据人口学专家易富贤根据人口普查数据推断，截至 2012 年，中国现有 2.18 亿独生子女。研究者认为，绝大多数独生子女和非独生子女一样，具有良好的人格特质。主要表现为乐观、富有精力、充实、自信、满足、开朗、喜社交等。[①] 由于这些年轻人自小没有兄弟姐妹，他们更重视自我感受与个人价值；更善于独处、独立选择，视野、思维更活跃；由于受到父母更多地关爱与呵护，他们往往受过较好教育，自信成熟、生活积极。城市独生子女被认为更爱在消费上表达自己。多为消费方面的"新新人类""月光族""年清族"。

另一个从历史时空特征来看，不可忽视中国经历过"文革"这样的灾难。消费文化下当代青年的个人感的重建，是中国日常生活革命的完成的一种标识。中国青年曾经历过极度扭曲的政治时代。这是另一个参照点。中国近三十年来青年个性的发展，是在结束"文革"，改革开放的

---

① 风笑天：《中国独生子女：从"小皇帝"到"新公民"》，知识出版社 2003 年版，第 13—19 页。

"后民族空间"展开的。整个国家包括年轻一代，重新获得个人感，有了"文化民族主义"意义上新的现代性认同。这方面在前面一章里专门谈到。中国改革开放前与苏联不一样。苏联解体前经济并未崩溃，和平号宇宙飞船还在天上。其经济发展水平、人民受教育程度都大大高于中国。许多具有世界影响力的古典艺术（像柴可夫斯基音乐作品等）在苏联时期依然保留；还创造出被世界公认的现代主义艺术（索契冬奥会闭幕式上还做了表演）。苏联解体前欧洲的流行文化的影响已经传入国内。中国"文革"十年，把经济、文化几乎都摧残至底谷。经济濒临崩溃，文化上只剩下 8 个样板戏、几部革命电影及语录歌。

中国改革开放后，消费文化兴起带来的青年个人感新的认同，就是一场日常生活革命。它形成了相对远离政治意识形态正统解释的日常生活消费风格及其认同。从 20 世纪 80 年代后期青年人开始穿没有纽扣的红衣服、牛仔裤、戴墨镜、烫头发、唱摇滚开始，到 21 世纪后，80 后、90 后、00 后的网络在线生活，基本上摧毁了单一性的价值标准。当下中国是多才多艺的青年人产生得最多的一个时期，如姚明、郝景芳、李宇春、武亦姝、王俊凯、王源等。当媒体展现这些青年的形象时，不仅象征着他们的成就，而且他们展示的是这一代年轻人丰富的独特性。当然，他们的成功与个性，还不能只从都从消费文化下的"个人感"上来说明，但他们身上都不缺流行文化的元素。消费时代是一个使个性丰富的时代。有关研究指出，与"40 后、50 后"属于"匮乏一代"、"60 后、70 后"是"温饱一代"大不相同，"90 后"如今已真正成为"丰裕一代"。① 在价值主体特征方面，他们表现出前所未有的自我意识。价值主体转向以自我为中心，崇尚"自我设计""自我承担""自我实现"。这是当代中国青年的大缩影。

同时，中国年轻一代也在经历全球化与过度个体化带来的风险与不确定性。日常生活的特性既变得去传统化、个人化，也变得具有转型中国的风险性特征。年轻一代正被中国社会的焦虑感围困。中国式的消费时代也

---

① 该报告由复旦大学国家网络传播研究协同创新中心、复旦发展研究院传播与国家治理研究中心共同完成。调查以随机抽样方式，从覆盖不同地域、不同办学层次（包含"211"、普通本科、大专院校等）的中国大学中抽取 1708 名微博大学生用户，通过对样本近两年间发表的所有博文进行内容分析，深度解读当代大学生的理想、追求、愿景和情趣。

在证实鲍德里亚的预言："消费社会状态下的政治与市民社会的深刻之处：系统被迫越来越多地生产出消费者的个人主义，以至于它自己同时受到束缚、变得越来越难以控制。"①

二　"他人指向型"的个体主义

消费时代"他人指向型"的个体主义，是消费时代的青年群体文化现代性的一种表现。他们重视个人形象，追随流行，关注流行风格与自己的关联，关注同辈群体的价值选择，努力与同辈群体保持一致。"他人指向型"的个体主义，提供了消费文化、流行文化在当代中国青年人主体性发展的一种样子。它主要是指新媒体、广告、电视剧中提供的他人指向。它的实质是个体主义的，是互联网经济、文化产业快速发展下生产的一种青年文化形象与风格。

这种"他人指向型"的人格特征，首先是玛格丽特·米德曾描述的同喻文化、后喻文化现象。米德认为，在社会转型时代，年轻人不再从父母那里索取生活选择、文化认同的答案，而是向同辈群体看齐；流行文化的前卫性方面是晚辈影响长辈。这就是消费文化下青年文化身份再建的一个缘由，就是他们必须完成同辈的寻找与模仿，必须向长辈显示自我认同、自我完成。在中国长辈看来一些很是无厘头的青春电影，如《后会无期》《从你的全世界路过》《微微一笑很倾城》等，在青年人中拥有大量的粉丝，并创造粉丝经济。正是在这些电影、电视剧中，我们看到了布迪厄所说的新型的小资产阶级形象；看到了"他人指向"的个体主义的生成：走红的电影、电视里的明星成为青年时尚的偶像，他们代言广告、引领时尚，推动了流行文化产业、商业经济的再循环。

其次，这种"他人指向的个体主义"是中国互联网经济的产物。整个80年代的中国是一个进口替代，打开国门迎接全球化的过程。50后、60后青年是在译制片里看到来自欧美电影中不一样的"他人"。进入21世纪以后，当代80后、90后、00后青年赶上了互联网经济。中国有超过7亿互联网手机用户，青年人成为最广泛的互联网人口。互联网交往方式使米德说过的后喻文化，即晚辈向长辈传播的方式，成为普遍趋向。长辈

---

① ［法］波德里亚：《消费社会》，刘成富等译，南京大学出版社2000年版，第77页。

（爸爸妈妈们）在看表现晚辈风尚及价值观的电视剧，穿晚辈认同的流行服装，看年轻人拍的网红视频。互联网革命的重要内容就是年轻一代引领变化。央视节目《经典永流传》中基本上都是由当下流行歌手来传唱的。00 后歌手王凯俊主唱了古典诗词《明日歌》，他在新浪微博上粉丝是 513 万，代表着他在年轻一代歌迷中的影响力、号召力。

其三，这种"他人指向的个体主义"是视觉文化、图像文化下的"他人指向的个体主义"。中国 40 年改革开放的一大结果，就是从印刷文化为主的传播结构（中国计划经济下的印刷文化也是极其匮乏的，因为禁书太多）转向了以电视、电脑为特征的视觉形象为传播结构的时代。当代青年的自我意识、自我体验越来越多地来自直接的图像信息的刺激；越来越简单地通过视觉形象被刺激、熏陶、启迪。走红的流行图像，包括广告、电影、手机里的游戏、音乐歌手、影视明星、艺术等，都是"他人指向"的内容，形成拉什所说的"美学自反性"的现代性的某些特征，即通过符号图像来自我认同。

拉什认为，在晚期现代性中，"概念符号在现代性中充当自反性的结构性条件"。"符号系统为美学自反性而不是认知自反性提供了可能性。"概念性符号，即信息和交流结构中的信息流，分为两路。一路是有资本、权力的方面，它们代表着一种资本家主导的新论坛，如与跨国公司相联系；另一路就是这些概念符号的流动和积累，构成了自反性的条件，即组成我们的符号系统的另一面的图像、声音和叙事等的摹拟符号。"它们属于典型的后传统权力集合体。它们为同一个知识权力综合体的美学批评的大众化打开虚拟空间和真实空间。"①

中国还不是处在晚期现代性阶段，但已经成为发达的媒体社会。青年个体在观看电影、电视剧、游戏文本时，会有自己美学化的体验与批评，会受到图像、声音、摹拟符号的潜移默化的影响。斯科特·拉什将此叫作美学的自反性。笔者认为，这种美学的自反性，就是霍尔所说的文本阅读中接受者的"解码与编码过程"。只不过拉什是从美学角度强调了"摹拟符号"越过理性认知的直接影响。他的这一看法并不被贝克认同。但是，

---

① ［德］乌尔里希·贝克等：《自反性现代化 现代社会秩序中的政治、传统与美学》，赵文书译，商务印书馆 2014 年版，第 168、169 页。

中国越来越多的年轻人是通过图像的、摹拟的符号阅读，而不是理论书籍的阅读来建立自己个体化认同。这是一个经验层面上的事实（尽管，这种美学的自反性可能引导了有多重的结果）。

"他人指向型"人格取向的概念最初是由里斯曼提出来的。里斯曼通过对都市中产阶级性格、消费取向和生活方式的研究，对社会性格的历史进程做了概括，即传统导向型人格——内在导向型人格、他人导向型人格。在他看来，社会性格是特定社会群体间共享的那部分性格，正如大多数当代社会学家界定的那样，它是群体经验的产物。

里斯曼认为，传统导向型下的人几乎不能把自己看作是独立的个体。他们从未想过个人的生活目标可以塑造自己的命运。然而，在过度增长阶段，内在导向型人格的人对自己的生活有控制意识，而且也能把子女看成独立个体，子女有自己的事业需要开创。同时，由于已步出了农业时代，孩子不再被认为是经济资产了，出生率下降后要求价值观有深刻的变化。人类生殖的宗教的神幻的观念让位于理性的、个性化的态度。里斯曼分析说，在新的条件下，内在导向型人的吃苦耐劳精神与进取心已不太必要了。"他人"而非物质环境，已渐渐成为问题之所在。人们接触越广泛，彼此之间就越敏感。

在里斯曼看来，所谓"内在导向"或"他人导向型"人格的差异，不是什么个人道德修炼的高下，而是环境造就的。他认为，许多内在导向者的匮乏心理在资本迅速积累的人口过渡增长期的社会顺承性良好。但目前必须让位于另一种能够享受奢侈、闲暇和富余产品的"富裕心理"。里斯曼前瞻性地看到：如果不是这样的话，除非人们想利用战争来减毁富余产品。为此，人们必须学会享受和从事更多精神享受而非物质享受的活动，如诗歌、哲学等。这似乎就是在提醒今天的中国学者及管理者认识到：那些能享受新奢华生活的年轻人不过是适应了一种丰裕时代的新德性，提醒我们要关注后物质时代的精神生活的选择。

里斯曼所说的"他人导向型性格"当时出现于美国大城市的中产阶级里。如同今又出现在中国的大城市。这种"他人导向型"人格的共同点是他们均把同年龄人视为个人导向的来源——无论是自己直接认识的或通过朋友和大众传媒间接认识的。他人导向型人格追求的目标随着导向的不同而改变。里斯曼指出了他人导向型性格与时尚的关系。他说，"在所有这些群体中，时尚不仅取代了道德与习俗的统治地位，而且其自身也在不断改变"。①

里斯曼写这本书的时候是 1961 年，美国已向后工业社会转型，但战后的青年运动还没有大规模爆发，互联网下的文化工业还没有发生，他已经看到了"他人指向型"人格的必然性，并且他是持肯定态度的。

"他人指向型"取向的形成，是消费时代中产阶级的扩展及社会价值观念变化的结果。在 20 世纪 50 年代，美国的消费社会的人格特征在大城市中产阶级中已很明显了。里斯曼说，他人导向者在对待饮食方面的态度，就如对待性经验一样，不断追求新异而特殊的东西，即所谓趣味道德的困扰。看看今天的中国，大中城市的商业广场里的美食餐厅里聚满了分享美味的年轻人。在美团网等网站轻轻点击，年轻人就能找点可心的美食及店家，并会晒到朋友圈里，我们不得不佩服这位学者的前瞻性论断。

消费社会的他人指向型人格是一种必然趋势与价值观的变化，而不是一种道德上的堕落。这是 20 世纪 60 年代初里斯曼阐述的观点。在当今中国 80 后、90 后生活的消费时代，社会价值观及社会宽容度的变化也是非常明显的。年轻人的婚前性行为、恋爱期同居、追求性感的穿着都是个人的事了。社会学家李银河认为，在当下"没小黄片，互联网什么都不是"，"色情这把堕落的武器，也是推动社会进步的利器"。②徐静蕾在 2017 年《圆桌派》的一次节目中说，"我把卵子冷冻起来，以后想生孩子时，再取出来。这没有什么不合适。我就是现在一点也不想生孩子。这家医院应该给我分红。因为后来很多人去那里效法我"。她的这段视频在网上被点击 1.7 万次。

"他人指向型"是和年轻人的"同喻文化"联系在一起，它产生了斯科特·拉什说的美学的自反性的能力，年轻人用自己的价值审美来自我论证。互联网、4G 手机成为美学自反性的条件。在如今中国的电视节目与网页上，普通青年人争相"表达"自己。他们渴望更大范围知名度、更大范围获得他人的认可，通过表演型的综艺才艺型的节目、相亲节目等展

① 参见［美］大卫·里斯曼《孤独的群像》，南京大学出版社 2002 年版，第 19、21、149 页。

② 来自李银河微信公众号，2017 年 3 月 21 日。

示自己的潜能；当网红挣大钱。一些上相亲交友节目的年轻人，并不是真的要上电视来找配偶，而是想要在电视上露个脸熟，展示一下自己。现在城市的 80 后、90 后都是独生子女。独生子女从小在缺乏兄弟姐妹的环境中生存，更多是得到与父母的直接交流，且具有个性、自我的自我认定的习惯，他们更渴望得到同辈群体的"他人指向型"肯定。

三　审美导向下"快乐主义"

文化现代性的重要方面，是现代性的文化、艺术的、美学的现象，尤其是审美现代性。消费时代在审美现代性上，一个非常突出的变化是艺术与生活的界限被打破，高雅文化与大众文化的界限被打破。这又被看成是后现代主义的趋向。对于有着古典文化与理性主义传统的西方社会来说，艺术与生活的界限被打破是一件非常重要的审美价值的变化。从 20 世纪 30 年代开始，关于高雅文化与大众文化的争论就在理论家们中一直在进行。英国文化人阿诺德把大众文化看成是"群氓"的文化。阿多诺将文化工业看成对启蒙理性的反动。但最终不敌新技术革命的社会影响。随着新技术革命的持续影响，物质财富的增加，社会保障制度普及化，社会中产阶级的增加，消费社会中大众文化的产业化获得极大的发展。

消费时代的审美现代性，是"新生活风格"的成功，其表现就是大众的快乐主义，购买的快乐主义，跟随市场流行的快乐主义。这种成功，一是得益于大众消费市场的形成。上层阶级时尚经由消费市场传到的中下层；二是得益于青年运动的亚文化变成了新生活风格、新的商业消费风格的旗帜，物品风格变成了文化生活方式；三是得益于它具有文化民主性的性质及其普遍的人性；四是得益于互联网技术，因为人人都有电脑、人人都能上网下载电影。人人都有手机，有自己的微信朋友圈。精英文化下的审美主导地位也不存在了。

中国年轻一代新审美取向下的快乐主义与中国的经济结构的变化、新的审美方式有关。中国的社会转型到了 20 世纪 90 年代中后期，制造业开始出现饱和，商业开始过剩，出现了互联网经济。"中国赶上产业革命的末班车，同时赶上了互联网革命的头班车。"进入 21 世纪后，"互联网经济、互联网文化的出现，改变了我们人和消费的关系、人和商品的关系、人和服务的关系"。① 今天中国很多的产业变革——金融产业变革、通讯产业变革、媒体产业变革，都推动了大众消费的审美风格成为新的行为方式，成为新的快乐主义的表达。比如场景体验的快乐主义出现了。越来越多的城市购物中心使人的体验、情感、娱乐和购物之间形成一种新的链接，青年人与消费、娱乐之间新的关系就出现了。购买的娱乐过程被强化，并被看得很重要了。随着互联网青年人口的普遍化，中国成为世界上在线的网络游戏人口最多的国家之一；中国的 4G 手机越来越普遍，WIFI覆盖达到世界的先进水平，数码手机的摄像镜头像素达到 800 万、1200万。"最直接、受到驱动的最强烈的指意方式越来越像信号。"一个做普通工作的青年，一个中学生、大学生可以不需要借助高社会地位，或高收入来达到享受互联网符号与影像，并创造自己的审美快乐。

在流行文化的共享上，原来的阶级趣味的壁垒在一定程度上松弛、模糊了。我在调查中，看到那些理发店的青年理发师用时髦炫酷的发型，表达自信、自在的某种存在感。他们言语中表达的信念是——年轻、时髦、有前卫风格、有钱花，就是快乐与成功。他们几乎都来自农村，是只有初中、小学文化的青年。还有那些在城市街头夜间摆水果摊的青年一边叫卖一边停下来玩看智能手机上下载的游戏、电影。他们都是城市里的边缘阶层，他们又都在经历艺术与生活界限被打通的时代，在此，他们需要得到哪位精英的教导呢？答案是"不需要"。

日常生活中艺术与美学界限的打破，新快乐主义的产生，是技术的胜利。由于媒体工业、互联网技术是普遍的，大众性的娱乐，高雅的古典音乐曲目可在互联网的百度、谷歌等引擎中点击下载，可在微信的诸多音乐公众号中不停地打开、收听。一首的巴赫在 1741 年创作的"哥德堡变奏曲"，可重复在手机"古典音乐"公众号里打开，反复聆听与欣赏，如同身处 18 世纪的巴洛克音乐风格中。这是互联网数码时代的审美现代性的体验。同样，流行文化的享受也更加普遍地通过文化大众在网上点击与选择完成。

日常生活中艺术与美学的界限被打破，新快乐主义的产生，也是商业

---

① 吴晓波：《未来五年在中国最赚钱的不是股市、房地产，而是……》，来源凤凰网 2018年 3 月 8 日（http：//house. ifeng. com/detail/2018_ 03_ 08/51399895_ 0. shtml）。

的胜利。中国大城市 80 后、90 后喜欢宜家、星巴克、必胜客的风格，喜欢一切变化的世界流行。随时在用手机在网上去订制美食，关注变化的时尚网站；他们不拒绝暴发户式的物质享受，但又热爱白色的亚麻衬衫、戴无镜片眼镜的文艺感；他们不想俗气的生活，又迷恋时尚大牌、喜欢郭敬明电影中的华丽。审美的"快乐主义"使各种人性经验都变得可以接受，愿意体验。所以，与 50 后、60 后相比，80 后、90 后的商业与艺术的快乐体验都大大地扩展了。

在审美的快乐主义方面，特别要提到的是反主流的嘲讽文学、文字风格的出现。20 世纪 90 年代以后，中国从王朔到韩寒的作品，包括一些影视、网络作品，都添加了一种嘲讽、"撕逼""痞子"式的文风，受到青年阅读市场的热捧。这从另一个角度说明社会的宽松。从文本、作者及接受者身上，可看到"使他们的个性得到最充分和最自由的表现机会"的侧面。这个现象也可以从现代性中反智文化的传统中得到部分解释，正如布克哈特所说，"无论他的攻讦是非常粗暴还是非常文雅，它们都同样具有一种滑稽的机智，它的美妙程度有时并不亚于拉伯雷的作品"。[1] 这类讽刺性作品削弱了正式意识形态的思维垄断。

消费文化下新审美导向的快乐主义追求，可以从生活风格、生活方式的个体选择中得到肯定。吉登斯探讨了现代性中的自我认同。他认为，在高度现代性的消费社会，个体的自我对生活风格多元化的需要，就会转向消费，而且这些本身是生活政治的一部分。自我反思性会拓展至身体，身体成为行动的一部分，而不是被动的客体。比如决定我们吃什么、喝什么。一个新的时刻和新的选择点就会来临，这样你就能改变你的饮食，你就有主动权。吉登斯把生活风格的观念看成是与自我联系在一起的。

"生活风格"这个术语，并不适用于传统文化，因为它隐含着对多种可能的选择。吉登斯认为生活风格的观念尤其可运用于消费领域。生活风格的选择，是因为存在着"生活世界的多元化"。特别是在谈到自我、高度现代性、生活风格、选择等这些概念时，吉登斯还把另一个理念也提了出来，即生活政治的理念。这是一个文化现代性的概念，因为"生活政

---

① [瑞士] 雅各布·布克哈特：《意大利文艺复兴时期的文化》，何新译，商务印书馆 1985 年版，第 162 页。

治是一个自我实现的政治"。①

在消费时代，在自我塑造与追求会渗透到消费文化的里面去，因为消费文化、流行文化里有趣味、品位这些东西。这些品位、趣味，又不能离开时尚的流行变化。根据吉登斯的思路再往下推，消费社会就是一个生活风格与自我延伸的文化现代性的时代。

这种对生活风格、自我发展、自我实现的肯定，是对消费社会中个体生存状态的一种新的发现；也激起了文化研究者在文化现代性方面的浓厚兴趣。一种审美现代性、文化现代性的魅力被"重新"反省。"现代性广义地意味着成为现代，也就是适应现时及其无可置疑的新颖性。"②研究者们为何重新认同19世纪后期波德莱尔的现代性概念？因为这个概念能够以一种有启发性的方式将"现代生活和现代艺术这样隔得很远（却又微妙相关）概念带到一起"。

消费时代的快乐主义的审美风格，在价值上是属于文化相对主义。它是以市场、观众为本位的"市场接受主义"。如此这样，审美评价的问题就提出来了——谁有资格评价文本呢？！或许有人会说，有票房在，你的批评对我来说没有任何影响。那么，市场票房就是审美标准吗？！

消费时代审美导向的快乐主义，在价值影响上是双重的。消费文化在审美取向上是追求个体快乐主义的。这种快乐主义通过流行文化、前卫风格达到一种心理上的再选择，获得此时的个体超越、颠覆与成功感，是一个心理的再组合过程。所谓流行文化中"阳光青年"，都被看作是快乐的人。对中国青年一代来说，最大的影响是塑造了一种以快乐主义为目的的人生态度。

但消费时代的快乐主义常常是浅薄的、平面的、碎片的。这种审美的快乐主义基于一种个人化的理想主义，追求激越与颓废、浪漫与怀旧、纯真与情色，暧昧与混杂的情绪，"他们要的是品味、变化不定中依然有的时尚的大牌风格、喜欢独立流浪、自由前行"③，他们并不关注、追问历

---

① ［英］吉登斯：《现代性与自我认同》，赵旭东等译，生活·读书·新知三联书店2000年版，第92—94页。

② 周宪：《文化现代性读本》，南京大学出版社2013年版，第99页。

③ 王文捷：《青年亚文化：作为80后和90后"文学生活"的延伸——从"小清新"与"杀马特"亚文化谈起》，《文艺争鸣》2014年第6期。

史感、苦难及价值问题，常常处于一种无意义生存与自恋之中。

贝克并不完全赞同斯科特·拉什提出的美学自反性理论，认为他混淆了反思（知识）和自反性（自我应用）。贝克说，"我没有把美学化的思想看作是把大生产、大众消费以及自我和社会的风格化联系起来的一种后传统的捆绑结构"。贝克强调，拉什论及的自反性现代化的美学维度只涵盖和描述了世纪之交的"现实主义乌托邦"。这是贝克对现代性的风险社会研究后一种强调。他认为，"社会早以转变为美学的试验室"。①笔者以为，斯科特·拉什提出的"美学的自反性"的命题，在年轻一代身上是存在的、普遍的，但这种美学上的自反性能力对年轻一代也意味着多维的后果。

以快乐主义审美为目的的市场产品，常常是非常浅薄、粗劣的快乐再生产。如果一个民族任凭一些粗劣文本的泛滥，就会逐渐丧失了我们对引导人类精神的审美境界的真正渴求与理解。如果任由低俗的消费审美的泛滥，中国年轻一代，会像当年"文革"造成的伤害一样，经历着新的市场化的感官主义、物质主义的伤害。学者阎云翔说，"这代人集享受的个体主义与实用主义于一身"，其深刻之处也在这里。

第四节　文化现代性：代际关系中的
"成功认同"与"意义认同"

中国已经具备了大众消费社会是有着诸多特征，如我们已建成了完整的工业体系，我们已经进入了一个产品过剩的时代，我们的产业结构中第三产业的比重不断提高，现代分期付款制度、甚至网上金融系统已经形成，但我们还不是个成熟的消费社会，表现为中国依然是个有着深刻的城乡二元结构、地区差异的社会，表现为社会保障制度、工商文化等都还很不健全。

消费文化的发展，客观上推动了文化现代性的发展。文化现代性强调人的主体性意识、人的个体发展中理性自我。它意味着梦想、更多的自我

---

① ［德］乌尔里希·贝克等：《自反性现代化 现代社会秩序中的政治、传统与美学》，赵文书译，商务印书馆 2014 年版，第 41 页。

实现，一种适应流行与变化的现在与未来。就中产阶级的发展而言，中国消费文化的发展，意味着走向一个更为宽松、多元化的社会；社会的分层流动可为更多地年轻人实现个人梦想提供选择。

而"消费时代"所依赖的社会结构又使更多个人与家庭看到了"阶层化的生活方式"的压力与选择。这就是鲍德里亚说的，"消费的真相在于它并非是一种享受功能，而是一种生产功能"。它指向对消费的符号地位追求，指向个体成功的地位与符号区隔，因而，由生产时代向消费时代转变，是个体社会地位的直接竞赛。

在中国，"消费文化"下美好生活向往与社会流动的可能性，也激发了代际垂直流动的空前愿望；激发了家庭改变现有生活地位，或维护中产阶级生活、不要输在起跑线上的愿望。因此，消费文化与中产阶层的研究，主要的也许不是中产阶级的数字，而是对社会分层系统的认同。青年人对积极的中产阶级家庭生活的向往、选择与努力，成为文化现代性的追求与动力。

中国汉民族没有统一的宗教信仰。"家庭"的传承就是一种不变的信仰，即望子成龙、望女成凤，子女的成功发达，就是无数家庭的动力与希望。中国社会转型及消费社会的到来，改变着所有家庭父母对子女，或对自身生活的期望。子女的腾达发展，从来都是光宗耀祖的象征，父母的财运、地位也是子女的荫福。家庭幸福、子孙兴旺、财运高照，从来是中国的一种"意义图式"。从文化上说，自有科举制以来，中国就不是什么真正的"重农抑商"的社会，而是崇拜"五子登科、财运兴旺""书中自有黄金屋"的社会。

涂尔干认为，"意义图式是由社会形态决定的。作为意义图式的社会形态，它就是现实社会的一个组成部分"，"因为社会并不仅仅那些组成社会的个体组成，还有他们占有的场所、他们使用的物，以及他们的行为，但首先是社会关于它自身的观念"。与历史唯物主义不同，涂尔干认为："世界的整体是由情感、观念以及形象构成的，它们一旦形成了，就会遵循它们自身的法则，它们互相吸引、彼此排斥。"[①]

---

① ［美］马歇尔·萨林斯：《文化与实践理性》，赵丙祥译，上海人民出版社 2002 年版，第 137、146 页。

这一分析是富有启发的。一个社会的文化传承中，有情感、意义图式的力量，深层结构是"作为意义图式的社会形态"。一个社会的运行是通过作为整体性的那些情感观念以及形象构成的。所以，中国的消费社会展开时，绝不可能像人们想象的那样，青年一代只是简单地追逐"物的符号"。

家庭富足、父辈的成功、儿女优秀，在中国是作为家庭荣誉的象征，它高于某一具体的时尚符号。列维—斯特劳斯指出，"人永远不可能像庸俗唯物主义和经验感性主义想象的那样直接面对着自然与物质的。他诉诸人类精神，并永远不会绕开象征"。"只要人类世界是象征地构造起来的，那么，不同群体借以构造或改变其文化方案的运算方式的任何相似性，都必然要归结到观念本身的构造方式上去。"①

笔者在作青年访谈时的一个深刻的感受是：面对中国的社会转型与消费时代，绝大多数青年人，无论是国企工人、大学生、中学生、机关干部，还是专业技术人员，打工青年，在谈到当下中国的消费时代时，他们首先不是对某个奢侈品牌、某个符号的兴奋，而是关注自己的奋斗努力与家庭、父母的关系、自己与小家庭的关系。家庭与社会，是青年人"体验世界的场域"。家庭关系在社会结构中，是人们想要得到，或改变的最深刻的落脚点。在访谈中，一个突出的感受是许多青年人成功、奋斗的动力来自家庭或对家庭的责任。

> 我刚刚考进电力部门。工作的时间还不太长。我是作为博士考进这个单位的。我和我的妹妹都读到博士毕业。其实我们家庭的条件很不好。我的爷爷是个有文化的人。但是，50 年代被打成历史反革命，后来一直被整。这样使得我的父亲中学毕业就去当工人，没能上大学。在印象中从小家里的条件非常差，没有什么钱。但父亲很乐观，一直让我好好读书。我就这样一步一步地走了过来，特别想让爷爷、父母亲高兴。我现在刚工作，经济情况还不好，因为家里没有底子，房子也买不起，但这些不重要，一切都会慢慢好起来。
>
> ——ZQing，电力自动化专业博士，1987 年

---

① ［美］马歇尔·萨林斯：《文化与实践理性》，赵丙祥译，上海人民出版社 2002 年版，第137、146 页。

　　我是 2006 年到市级机关工作的，不追星、也不关心明星。在网上只对 QQ 有点兴趣。只限我和我的朋友，不加陌生人，我没有和陌生人说话的需求。

　　现在媒体中负面个案太多、网络导向太多、丑陋的事太多。现在的政治教育、思想教育，往往是左耳朵进，右耳出，教育很失败。现在青年价值观很缺失，信仰缺失，没有共同追求的守则。我在团委工作。如果学生时代，不抓思想，只重视学习，年龄大了再教育，就晚了。现在连学前班都开始上网，到后来再引导，前面的是擦不掉的。

　　我现在就在想怎么教育我未来的宝宝。孝顺、自立、有好的习惯。我在有意识地读一些书。我是 81 年出生的大学生。小时候的偶像已经没有了，每个人自己都在经历与反思。结婚、生子，经历这两件事很重要，代表了基本人生责任。人是要变好的。

——WChen，机关干部，1981 年

　　我是华西本村人，在重庆上大学回到华西，学的是应用暖风。现在在将开业的龙西酒店做空调维护。村里给了我们很好的报酬。年收入 5 万。其中一部分给父母、一部分投资股票资金、一部分买书、社交。住房有 400 平米左右，有车子，很有一种富足感、满足感。平时每天上网大约一、二个小时。一般浏览一下身边的事情。如看看门户网站、去人人网，也去看看和专业有关的软件网。

　　社会越来越开放，我会用欣赏的眼光，欣赏自己喜欢的歌曲与艺术，不是看谁的粉丝多。我很孝敬父母，好像华西年轻人都是这样，每天我们工作八小时，每周休一天。自己的感觉是华西的青年，到这个酒店来工作，是被选来的。大城市节奏太快，我们这里都是一个村的，大家很熟，村民之间很热情、朴素、纯朴，没有什么代沟，都很善良，包馄饨、包饺子，都会送给隔壁邻家。我家旁边住一家张家港人，每次回来，村民对他们也很好。我不太关注名牌，这也是家里的传统，比较朴素。我的消费是经济实用型的，穿不讲究，主要受周围环境影响。在重庆上学时，同学消费条件好的也很少。我喜欢一些创业英雄，如马云、俞敏洪，他们原来的地位都不高，每个人的故事都特别让人振奋。坚持、勇敢、勇气，给我带来力量。我不大用信用卡

（在华西村接受笔者访谈的这几个青年好像都不用信用卡）。

——WQ 华西村，应用暖风专业，1988 年

中国的消费时代加大了中国家庭对孩子的经济、文化方面的物质投入与精神培养，中国的城市独生子女也使中国消费时代的风景非常独特。中国家长为了培养下一代不惜代价，尽其所有。这是欧美发达国家所没有的。

消费时代强化了家庭作为消费单位的经济地位，也加强了家庭在培养教育下一代方面专业艺术的技能培训。在我所调查的南京、镇江的一些重点学校的班级中，一个班上有近五分之三的同学，都学习过音乐方面的专门技能。这个现象在女生中更普遍些。这是家长为孩子未来的人生的提前预支。

我们这代人是独生子女，父母、长辈怎么说我们怎么做，是被安排的。被安排这一点听起来好像很不好，但是这就是我们的生活经历。有个性的经历很少，被安排的很少。

——Ju，中学生，1998 年

我是郁闷的 90 后，爱田园风格、乡村生活，仙剑族的忠实粉，喜欢董贞、可图的歌、我是古风控，喜欢做御姐。理想的话，我希望以后可以做一个古风作家。所以，对于中文还是比较偏爱的。我喜欢轰轰烈烈为人传颂的爱情。家长希望我以后出国，我听他们的，能出就出吧。

——Yang，中学生，1999 年

从理想上，我想当心理医生。平时只听纯音乐，我相对擅长古筝，对中国古典的音乐，以及古风味的音乐有兴趣。看的书大部分是漫画，也偶尔看些小说，自己也会写一些小说、日志之类的。比较偏爱悲剧，如《花千骨》。关于语言，我崇尚中文，又想去国外发展，我相对重视英文。大爱动漫，所有上网时间都在看动漫，喜爱国产的《秦时明月》，其余爱好全是日本动漫。现在学习是为以后的事业。今后我会出国留学再回国工作。妈妈规定每周只能有 1 小时上网，语文英语考进前 5 名、数学考进前 10 加 1 小时，否则倒扣时。有时一

周都不考试，急死我了，有时考很多，也不出分，也急死了。上网的
内容：除了动画片，几乎不看别的，不开微博。至于手机，上中学
后，妈妈买给我一个老式的旧手机。

　　　　　　　　　　　　　　　　　——Xue，中学生，2000 年

　　在我对青年的所有的访谈中，绝大多数人在谈及自己的成长与现状
时，都会涉及自己与家庭，自己与父母的关系，有一种强大的情感上的支
撑，不论是否是独生子女。他们会把一个年轻人今天的道路，归于家庭的
给予与支撑。在今天强大的媒体力量的情形下，人们内心最美好的东西来
自列维·施特劳斯说的那个深层的"亲缘结构"。

　　文化人类学家萨林斯非常赞同马克思关于"不断发展的物质生产力
与业已确立的生产关系的冲突，导致了社会革命。经济基础的转变，并最
终导致了整个庞大的上层建筑或快的或慢的转变"的论述。萨林斯赞同，
马克思的"这个社会结构变迁的阐述，在理论上这既是动态论的，又是
决定论的。它预先假设存在着一种高度分化的文化秩序"。①

　　人类学并未研究经济基础与上层建筑的变革。人类学认为社会是由一
个单一的牢固的关系系统构造，这个关系就是亲属关系。它被延展或图式
成不同平面的社会行动；它支配所有活动。它是"多向的""多功能的"。
萨林斯强调马克思的社会结构理论已"预先假设存在着一种高度分化的
文化秩序"。像中国的家庭结构这样的亲属关系在社会变迁中巨大作用，
很难简单用科层制话语与关系来解释。

　　"预先假设存在着一种高度分化的文化秩序"，是在社会秩序古老的
认同与序列中。消费文化的价值认同不是单独地发生作用的。它的影响是
在社会结构的综合作用下发生的。来自家族传承中的文化作用，始终是亲
子关系与社会环境中一种文化密码。在访谈中，80 后、90 后的年轻人对
于消费文化的亲近感或浓或淡，但对家庭中的认同，家庭所培养的认同，
是成长中的一种深深的价值嵌入。

---

　　①　[美] 马歇尔·萨林斯：《文化与实践理性》，赵丙祥译，上海人民出版社 2002 年版，
第 7 页。

　　我的曾祖父是民国时期到德国留学学医的。这在那个时代是很少的。我的爷爷、奶奶、外婆是民国时期的中央大学、金陵女大的。到我父母这辈就不行了，"文革"的原因，他们都没有受到很好的正规教育。上两代人吃了很多苦。我一开始无所谓一定要出国。妈妈特别希望我出去学习，说要把家里的房子换成小的、省出钱来让我留学。我说，"决不"！我一定要拿到奖学金再出去读书。后来我真得拿到赴美留学的全额奖学金，并读完了博士。妈妈说，这一切就像是一场梦。

——Pez，留美工学博士，1984 年

　　快大学毕业的时候，我突然想出国学习了。但我们家条件并不那么好。父母虽是公务员，但他们都是没有什么外快收入的老实人。他们全力支持了我的愿望。家里一直住在旧房子里。父母拿出了准备买房的钱送我去澳大利亚读硕士。加上学费、生活费，一年紧着过也要花 30 万到 40 万。班上的同学经济条件好得多，我是算穷的了。我是88 年的，妈妈说该交女朋友了。但是我很纠结，因为这里的女同学家境大都比我好。出手很阔绰，我是男生，按照中国人的习惯，我是买单的。在交往女朋友的时候，总会想到父母在家里的节省，我还是会把精力放在学习上的。

——YangY，澳洲留学生，1988 年

　　这两个同学都是独生子女，并且都出国了，他们两个都是欧美足球联赛（世界杯、意甲联赛、欧锦赛）的铁杆球迷，他们都很迷恋日美的动画片。同时，他们都不是富二代，他们的叙事中有一种来自家庭的内在力量。流行文化的影响只是生命成长的一个方面。

　　文化人类学是把古老的家庭、亲属关系作为整个社会关系、整个社会制度的。现代化的进程的一个变化就是工业组织成为代表人们正式地位的功能群体。职业地位就是人们社会身份——次属群体获得了支撑社会关系的地位。而家庭、亲属关系的首属群体地位下降，它属于人们私人生活圈、初级人际关系，变成于人们的私人生活关系。

　　萨林斯认为，从经典唯物主义的角度来看，亲属关系却是上层建筑。虽然在部落社会的结构中亲属关系实际上是基础。在那里，"父子、夫

妇、兄弟之间的亲属关系是最主要的生产关系。它俯首帖耳时也是法律—政治关系和仪式关系。他们的宗教就是祖先崇拜"①。

这些古老制度及文化的遗产，在现代化进程中，转化为一种深层秩序中隐含的意义，起着某种萨林斯说的"上层建筑"的作用，并建构起一个微观环境（家庭）中的文化秩序的统一性。它联结到宏观社会结构的适应中，更重要的是在宏观与微观世界中，还有一个被改变的主体性的需求——改变家族给予自己的先赋性命运。

下面这段叙事来自我对一个从河南贫困乡村走出来的博士生的访谈：

> 我应该算第一代留守儿童。从小父亲在外打工，我跟着母亲长大。在家是老二，母亲更喜欢我的哥哥，总拿我和别人比，我总想做得让母亲觉得好，所以，变得敏感、害羞。高中的时候，我就在假期里做各种小工，如在北京的高档小区里做过保安（每月六百元，12小时连轴转）。那时还没有从青春期走出来，干保安的时候有点自卑，因为我小，又总被其他保安忽悠。

> 五年级时，第一次去父母打工的地方，看到那些高楼大厦，（父母做保洁）我很自卑。一种莫名得被嘲笑、被歧视的感觉。为什么我们要用谦卑的语气和别人说话？原来在村里时，我们家挺受尊重，很有权威，在村里很骄傲的。五年级，青春期好像一下子提前了。那时，我对城市人的感觉很不好。

> 初中时我很听话，家里还点煤油。虽然穷，但在接触大城市的物质符号以前，我还是很快乐的。哥哥大我5岁，带我玩，偷鸡摸狗、打架，什么事都干，童年还是很幸福的，虽然没有电视。初中时，我们走着上学，砸梧桐树的果子球，很开心……流行文化的影响很少，初中看过《灌篮高手》，但也就是看过而已，谈不上多喜欢。

> 父母打工的收入，使我能把书读下去。我一直在尖子班、试验班，上初中时很苦。中考时，早上4：20起床，4：30就到校了，晚上，9：30睡觉。平时每天是三段时间学习（早上、中午、晚上）。

---

① ［美］马歇尔·萨林斯：《文化与实践理性》，赵丙祥译，上海人民出版社2002年版，第8页。

老师不能平和地对待每一个孩子，分数决定一切。这也是很深的记忆。总是有一种非常复杂的心态对待我的父母的命运。长大了，知道没有什么可抱怨的，除了自己变得有资格去改变命运，使父母得到安慰，没有什么更好的选择。我一直很自卑、害羞。但我可能更努力。我后来在一个名牌大学读完了博士。现在在大学当老师。曾经去父母打工的高档小区帮助做保安的经历与记忆，会激励着我奋斗……

——Wang，大学老师，1986 年

这段叙事说明家庭—亲属关系一开始就把青年人放在了特定的社会分化体系中。对于来自底层的青年奋斗就更是艰难。Wang 是幸运的。他读完博士，应聘去某大学工作，踏上了走向中产阶层的门槛。

中国式的消费社会的到来，对底层家庭只是了解外来世界的窗口与机遇。对于青年来说，最幸运是有可能接受好的教育，并能学下去，哪怕是在最贫穷的村落里，给人以新的乌托邦式的理想。对他们个人来说，改变自己的命运，就是改变家庭的命运，"自卑与羞耻感"的怨恨，间接地成为人生的动力，这是一个巨大的意义系统。

在这里又一次可以看到，真正支撑个体价值的，并非是那些高高在上的意识形态。对于个体的普通人来说，家庭，不仅是具体社会制度、日常生活设置，而且是代际传承中的意义系统。

这样的解释，可以使我们再次看到家庭及家庭教育给整体社会系统微观整合作用。即使在一个消费时代，那些大商场名牌的符号价值不会直接触动一个青年人的敏感神经，"因为功能性价值总是与既定的文化图式联系在一起"①。最重要的是，家庭的命运、父母的期待、自己未来的可能性及生活意义，这些是最触动个体生命、命运的东西。

---

① ［美］马歇尔·萨林斯：《文化与实践理性》，赵丙祥译，上海人民出版社 2002 年版，第 266 页。

第五章　"消费主义"社会—文化结构
对青年价值观的影响

消费文化不等于消费主义。消费文化的生活风格，能表现个体的文化现代性；但这个文化现代性，又处在"消费主义"的社会—文化结构中，没有一个外在于人的社会—文化结构的"文化现代性"。中国已经向"消费主义"的转型，进入了生产"消费者"的时代。"消费主义"的社会—文化结构是一个新的社会化过程。它主动或被动地推进了当代青年的个体化认同与选择。

第一节　向"消费主义"的转型，进入了
生产"消费者"的时代

按照吉登斯结构二重性的理论，结构既作为自身反复不断地组织起来的行为的中介，又是这种行为的结果；社会系统的结构性特征并不外在于行动，而是反复不断地卷入行动的生产与再生产。[①] 在结构二重性的基本立场观照下，社会理论的任务便在于考察行动是如何在日常的环境条件下被结构化。对消费主义的考察也是如此。

一　当代中国正在向"消费主义"转型的文化蕴意

中国正在向"消费主义"转型，是借用历史学者葛凯的话说的。他

---

① 参见［英］安东尼·吉登斯《社会的构成》，李康等译，上海三联书店1998年版，第89页。

认为，"消费主义已渗透到中国人生活的各个方面"。① 向消费主义转型，就是放弃原来极度节俭型的价值观。向消费主义转型的历史文化蕴意，是 20 世纪初西方消费文化来到中国时，中国人所面对的历史机遇与心理伤痕。当时中国青年所面对的选择是什么呢？葛凯在《制造中国——消费文化与民族国家的创建》一书中写道："当一个追求时髦的年轻人发现他最喜爱的产品都是从正在侵略自己祖国的国家进口的时候，他会怎么做呢？""他被要求抵制所有的日货。""20 世纪初期的中国，正在兴起的消费文化既界定了近代中国民族主义"，又帮助传播了这种近代的中国民族主义，把中国作为有着自己的"国货"的民族国家这样一个概念正在逐渐形成，对所有商品进行了本国和外国的区分。② 然而在今天，在中国最近四十年改革开放后，中国年轻人、中国人经历着没有任何顾虑地选择欧美商品的时期。在 21 世纪初，对欧美产品的认同，同样也在区分洋货与国货，但我们不再有选择"叛国的产品与爱国的产品"的心悸，而是充满全球性与民族性的新的认同。青年一代认同一些欧美品牌的消费风格，是对全球一体化的认同；甚至也出现疯抢洋货奢侈品、且毫无心悸的取向。一些中国自己的商品品牌，用外国语言表达，或是中英混搭语表达，如著名服装品牌"玛莎蒂尔"、名牌家具"红星美凯龙"。欧美产品，欧美符号、欧美品牌成为中国精英阶层、中产阶层自我表达的话语与标签，不会有任何恐惧，反而引以为自豪。

从进步与发展角度上说，后发展国家接受现代化、接受全球化，就会接受消费主义、消费文化，因为它是这种现代性的经济形式所伴随的生活方式。奢侈推动资本主义，与奢侈推动现代性、推动消费文化，有时是同一种意义的。所以，中国政府其实在一定程度上是认同"消费主义"的。中国的"黄金周"假日经济，地方政府的"老街经济"、文化小镇经济、旅游经济，都是经济新的增长点。特别是 2015 年中国经济放缓、严重产能过剩的情形下，推动供给侧改革、拉动更多的城乡消费者来消费，就成了"国家大事"。发展消费文化、消费主义导向，是国家、地方政府的追

---

① ［美］葛凯：《中国消费的崛起》，曹槟译，中信出版社 2011 年版。
② ［美］葛凯：《制造中国：消费文化与民族国家的创建》，黄振萍译，北京大学出版社 2007 年版，第 2、4 页。

求发展主义、进步主义的一种选择。

二　中国向"消费主义"转型，是进入生产"消费者"的时代

这是一个新的社会结构与文化现实。中国已是全球第二大经济体，经济总量占到了全球的 14.8%。40 年前中国人均 GDP 只有 384 美元。2017年结束，中国的人均 GDP 达到 9280 人民币。也就是说，我们正在成为一个中等收入国家。

"住房革命"、中国房地产的发展，具有极大的象征意义。它意味着中国人进入了"有产者"的社会。中国结束了自 20 世纪 50 年代以后实行的城市单位分房体制，打破了一切资源由"单位化"垄断的鸿沟，形成了通过货币、信用货款购买获得住房的可能。据相关研究，迄今为止，中国城镇居民的人均住房面积已经由 1978 年的 6.7 平方米提高到现在的30 多平方米，城镇户均住房达到 1.1 套（尽管分布很不平均）。这两个指标都已达到发达国家的水平。同时，从库存来看，按照有关学者的研究，现在在售、在建、已批的住房建筑面积已达 132 亿平方米。按人均 30 平方米计，广义库存的住房足够 4 亿人居住。按人均 20 平方米计算，广义库存的住房足够 6.5 亿人居住。按照现在中国人口变动的趋势，如果把已经批出的地也算上，我们已经把下几代人的房子都给盖完了。①

向消费主义转型，是和"商业革命"联系在一起的。中国在短短的30 年中建立了多元的商业形态、商业网点。从国际超市、国内品牌超市、大型百货中心、商业广场，到各种综合型的中下层的商铺，被外媒称为"打不垮的中国消费者零售业"。近十年来，中国信用经济的步伐越来越快。从银行信用卡到支付宝、微信支付，互联网金融正在形成越来越普遍的无现金交易的"电子消费"的链接与行动。

继 20 世纪 90 年代至 21 世纪初，中国电视机、电冰箱、洗衣机普及后，城乡耐用消费品的广泛普及并不断的换代升级。中国家庭私人汽车的拥有量不断上升。1985 年私人汽车的拥有量只有 28.49 万辆；1997 年达到 358.56 万辆；2000 年 533.88 万辆；2012 年 8838.6 万辆。其中私人小

---

① 孙立平：《以房子为中心的时代即将结束，也许就是这两三年的事情》，来源"社会学视野"公众号，2017 年 5 月 24 日。

汽车 2003 年，408.49 万辆；2012 年，达到 7226.8 万辆。到现今中国已是全世界第一大汽车产销国。到 2017 年年底，中国的汽车产销量将要达到 2940 万辆。每百户拥有量从 2000 年的 0.50、2005 年的 3.37① 到 2015 年的 22.7 辆、2016 年的 27.7 辆。② 在未来 10 年左右每百户拥有量将达到 60 辆。不仅是一、二、三线城市，很多县级市工作的年轻人都买了车。"轮子上的社会"这个似乎很遥远的梦想，竟成为中国的现实。

"休闲旅游"成为中产阶级生活的象征与追求。相对于从前的"小车不倒只管推，只要还有一口气就要干革命"的抓革命促生产精神，"休闲——旅游"的革命是真正有深远意义的生活方式革命，即"享受生活"的需求，而不是为"活着"而存在的时代开始了。"消费升级"成为提高生活质量的选择。出境旅游成为中国中产阶层"传统"。据英国金融时报报道：2017 年中国有逾 600 万人出国过年。消费逾 140 亿美元。③ 人们生活的框架不再受制于传统的制度。"作为一种生活框架，大众传播取代了传统。大城市人在竞技体育、大众媒介的偶像，以及其他娱乐机器中找到了新的寄托。"④

三　向"消费主义"转型，标示着中国"奢侈品消费"的需求与追求的时代到来

改革开放 40 多年来，我国城市居民的生活有了较大的改善，消费上出现了某些富裕国家的特征，但也在许多方面显现出快速转型时期中低收入群体对消费的热情与焦虑。消费品市场的买方市场特征已比较明显，温饱型的产品消费模式已让位于生活质量型产品消费模式。

从微观层面看，城市消费者的分化日益显著，这种分化表现在消费能力上，是居民收入差别扩大。一部分消费者的收入持续增长，一部分消费者的

---

① 参见《2013 年中国统计年鉴》，中国统计出版社 2013 年版。

② 参见《2017 年中国统计年鉴》，国家统计局官网（http：//www.stats.gov.cn/tjsj/ndsj/2017/indexch.htm）。

③ FT 消费官：《出境旅游成为中国中产阶层春节"传统"》，"FT 中文网"公众号，2018 年 1 月 27 日。

④ ［美］C. 莱特·米尔斯：《白领：美国的中产阶级》，周晓虹译，南京大学出版社 2006 年版，第 187 页。

收入则有些走低。分析显示，在现阶段的经济环境中，不同的经济能力表现
在消费形态上各具差异。经济能力等比较高的消费者，其购买力比经济能力
等比较低者来说，更多地对高级品有更高的需求。消费者本身也因经济能力
的不同正逐渐划分出阶层，形成差异性等级大、各在一端的消费群。

在消费时代，追求与抢购境外的奢侈品，成为"消费主义意识形态"
的象征，同时，也是社会流动、分化与自由度的象征。越来越多的中国年
轻人到国外旅行，并带回了大量免税的奢侈品。全球主要的境外旅游免税
店里都能看到大量的中国人，并且是以中国人为主的购买群体。在 20 世
纪 80 年代、90 年代初期，去香港、深圳旅游、出差都是极被人们羡慕
的。年轻人会从香港、深圳沙头角买各种内地买不到的香港产品。这在
20 世纪 90 年代是一件非常快乐的事情。现在的目的地是欧美国家、世界
主要风景区，竞买各种欧美大牌奢侈品，也已成了中国人的一种旅游文
化。据新浪财经 2017 年 3 月发布的财富品质研究院的一份报告，2016 年
中国人全球奢侈品总消费达 1204 亿美元，这意味着，中国人买走了全球
近一半的奢侈品。[①] 随着全球奢侈品价格一体化趋势、奢侈品零售渠道电
商化的发展以及高端小众定制品牌不断进入中国，中国本土奢侈品市场未
来的发展形势依旧值得看好。"在线下单，线下购买"将成为奢侈品购物
的主要模式。

社会学家李培林说，中国的发展动力正在发生深刻变化。2016 年，
国内消费对于经济增长的贡献率达到了 65%，这是过去从来没有过的。
以收入为标准看，按照世界银行的通常标准，2015 年中国中等收入群体
比例是 44%，涉及 5 亿多人；按照中国自己设立的标准，即家庭年可支
配收入 9 万到 45 万元定义为中等收入家庭，2015 年中等收入家庭占
24.3%，涉及 3 亿多人。2016 年中国的人均 GDP 达到 8000 多美元，是那
些陷入中等收入困境国家当年达到的天花板。[②] 尽管对中国模式学界还有
不同的看法，中国经济连续 30 年的增长，一个中产阶层人数不断壮大的
社会正在出现，呈现出是有希望的消费社会的趋向。

---

①　中国旅游新闻网 2017 年 3 月 9 日（http://www.cntour2.com/viewnews/2017/03/09/gLl-hJmhancL7HIUOLCqv0.shtml）。

②　李培林：《中国 5 至 7 年后进入高收入发展阶段比较确定》，"澎湃新闻网" 2017 年 3 月
18 日。

第二节　"消费主义"改变了以往社会化的内容

消费主义的解释具有认同与批判的不同视角。从认同的视角上看，消费主义，或者说是"现代消费文化"，是西方文化，或西方文明的一个发明。这个发明如同工业革命、现代民主、科层制管理，对现代社会发生持续的影响。这个发明的作用在于：它创造了一个"大众消费社会"这样一个社会文化结构，使之获得文化合理性。欧美在 20 世纪 60 年代逐步从以生产为中心的社会转向以消费为中心的社会。至少人类避免了用战争或经济危机中倒掉剩余物资来解决社会经济的平衡问题。"决定性的人性革命已经将悲壮的生产时代与欣慰的消费时代分离开来，人及其欲望的正当性获得了重建。"[①] 认同的角度认为，消费主义的时代为青年人赢得了一个丰富的生活时代，消费主义是消费者的权益。

批判的角度认为，"消费主义，是一种与节俭主义不同的欲望形态，它呈现为欲望的不断膨胀和无休止状态。人们不但不去对欲望进行自我抑制，反而不断地去探索自己的欲望，听任欲望的唤起，呈现出欲壑难填的状态"[②]。

无论从认同，或批判的立场，消费主义这些性质都使青年价值观处在新的自我塑造中。本章主要从后一种角度来探讨，消费主义改变了以往社会化的内容。

社会学的社会化理论，强调了人的社会性成长过程是不断发展社会性，去自然性、生物性，以适应社会生活的要求。社会化理论把建构合理的人格系统，完善自我、内化文化价值观念，看成是文化传承、培养社会角色极为重要的方面。韦伯的理性化、合理化的思想，帕森斯的结构功能理论，都强调了这种社会化的理性过程。从青年成长的角度上说，社会化是一个非常重要的问题。

消费社会的"消费主义"，是从生产者社会转向消费者社会转变过程中建立的一套价值秩序。从生产者社会转向消费者社会的过程，导致了许

---

① 陈昕：《消费文化：鲍德里亚如是说》，《读书》1999 年第 8 期。
② 王宁：《消费欲的符号刺激与消费力的结构抑制》，《广东社会科学》2012 年第 3 期。

多个体社会化的变化。其中最具决定性的变化是人们为了符合社会身份的要求而接受的训练和改造。在这种训练与改造中，消费主义意识形态变成了适应生存的一种选择，产生了"许多意义深远的变化"。在消费主义的意识形态下，过去的传统伦理（宗教的/革命时期）所激发的理想、信仰、信念的激情，被消费文化中的不断选择的状态——流行、时尚、品味、档次——一种消费者的理想主义所替代。这种消费者的理想主义在于，"消费者不应当固守任何东西，没有任何东西值得永久的风险、没有任何需求可以被视作完全地被满足"。"在一个正常运转的消费社会中，消费者会积极寻找让自己被诱惑的机会。"① 如小说《欢乐颂》就可以当作中国消费时代的城市青年社会化的文本来读。在消费主义的意识形态下，评价人们生活的不再是伦理，而是消费美学。消费美学变成个体的一种优越性的评价尺度，青年人的自我建构与身份建构围绕其中。

一　消费主义肯定了消费的权利，但强调了欲望的满足

当代消费主义生活方式产生于现代化发展的新阶段。其突出特点是摒弃了传统伦理的节俭观，肯定、强调了消费者的权利。不断的消费自己生存与发展所需要的物品，是消费者体面生存的条件与权利。但是，消费主义是一种社会—文化结构，在肯定消费的合理性的同时，强调了不断地欲望满足、并不断开发人的潜在的欲望消费，使消费成为一种无法满足，不断生成新欲望的痛苦。用过的物品，不再是文化的记忆，而是激起我们要不断扔东西的欲望。现代社会成为一个不断"扔东西"的社会。求新、求变成为欲望的不断满足的过程。青年在这种价值取向的诱导、激发，总是不断接受广告中他人的流行取向的暗示，不可遏制地去消费。

现代消费可以分为两种类型。一种为满足需要而消费，一种为满足欲望而消费。现代商业的消费是以满足欲望的消费为目的的，并且通过广告、媒体形成一种社会效应。欲望型消费的典型表现就是透支消费、攀比消费、感官冲动型消费。现在的信用卡的发行越来越多，青年人普遍使用它。一些青年人在其收入很低的情形下，居然还透支消费。攀比消费发生

---

① ［美］齐格蒙·鲍曼：《工作、消费、新穷人》，仇子明等译，吉林出版集团有限责任公司 2010 年版，第 67 页。

在同辈群体的模仿，或广告效应下。比如合肥高一学生郑安易想购买一台梦寐以求的 IPAD2，父母不同意。他到网上搜索了卖肾方面的信息，并设法去郑州卖掉一个肾，获得 22000 元后，即刻买了一部 IPAD 和苹果手机。这是消费主义的广告环境带来的青年欲望与攀比消费的很典型的例子。①

社会学家吉登斯非常关注社会生活现象被"结构化"过程。在他的"结构化理论"中，他从社会实践本体论的角度，强调"行动者创建、维持和改变社会生活的唯一能力。社会生活的因素是通过社会实践构成的"。"结构是社会实践的工具和结果"。结构"不是外在于行动者的某种东西的任何概念。"结构属性存在"嵌入深度和在时间和空间中的延伸"②。

尽管，中国正式教育中依然肯定"以艰苦奋斗为荣，以骄奢淫逸为耻，以辛勤劳动为荣，以好逸恶劳为耻"的荣辱观，但社会生活的结构已纳入了快速"市场化"生存方式。股票、黄金市场、证券市场是合理买卖与投机。一方面是住房实行货币购买后，利用"房价"起伏来买卖倒手，得到高额回报炒房者；另一方面是被高房价压力逼垮"理想主义"的青年。这些都是社会转型后的社会文化结构的深层变化。强烈的消费"欲望"，不全是个体伦理道德上的弱点所致，它是社会"结构"生产出来的。广告、电视、电影、明星、名人们所频繁展示高消费场景，变成了大众的期待。我们的潜意识已不再期待"一打开电视，便是劳动模范，革命英雄"，这就是吉登斯说得，社会生活结构中的强烈的"动力倾向"。这样消费主义的欲望就成为改变生活的动力与标志。

二　消费主义追求的是象征符号的消费

前面说到，中国消费文化的特征之一，就是向"消费主义"的转型，进入了生产"消费者"的时代。在社会转型的中国，文化现代性与消费主义，都是"生活理性化"的潮流与结构。流行服装与时尚的变动性、

---

① 《高中生卖肾买苹果，肾卖 20 多万他只得 2 万》，搜狐教育 2012 年 8 月 9 日。
② ［法］达尼洛·马尔图切利：《现代性社会学》，姜志辉译，译林出版社 2007 年版，第 404—405 页。

新颖性，新兴住宅、现代轻奢装潢的美感，以"生活品质"与"时尚的特性"的结构方向，引导、形塑着每个年轻人。事实上，文化现代性与消费主义，一同推动了人的主体意识发展，并建构着消费时代年轻一代的主体性的要求。

然而，消费主义所追求的消费，并不是物的使用的满足，而是一种象征符号的满足。时尚与流行的变化具有虚幻的梦魇，它并不能反映真实的生活。而时尚的新颖变化又是以象征符号为中心的。鲍德里亚认为，消费主义表面上以物品和享受为轴心和导向的消费行为，实际上指向的是其他完全不同的目标。即对欲望进行曲折隐喻式表达的目标、通过区别符号及等级来生产物的社会编码。时尚杂志、旅行杂志、女性生活杂志，以及互联网上关于流行文化的宣传，都是和明星的符号、明星穿着用品的符号等级联系在一起的。

消费主义的文化引导下，最重要的不是劳动和生产的"现实"，而是主宰价值之生产与流通过程的语言和符码，购买具有象征意义。消费最重要的是符号，而不是物品本身。

鲍德里亚指出，"这种对地位和名望的追求是建立在符号基础上的，也就是说，它不是建立在物品或财富本身之基础上而是建立在差异之基础上的"[①]。我们能够解释这些符号差异，是因为我们都了解符号的符码，而且也被符码控制。正是这些符号性的价值，创造了现代消费与传统消费不一样的地方，并带来了超真实、超美丽的感觉。消费是用某种编码及某种与编码相适应的竞争的无意识驯化。

用现在年轻人流行的语言来讲，你说你厉害，你的车是啥牌子？你在城里的房子是多少平方米？你买衣服都去哪里的商店？都是啥"logo"？年轻人对奢侈品消费的欲望越来越强，看一看中国人海外抢购奢侈品就明白了。买起海外的奢侈品大牌、化妆品，就像抢白菜。这种抢购虽然有着中国国内的同类奢侈品价格较高的原因，但这和消费主义的符号崇拜是直接相关的。生产商、广告商、与消费主义的美学心理的合谋，制造了年轻人的符号崇拜。如"苹果手机"的热卖，果粉成为一种潮流，提起"苹果"，不是它的"能指"是什么（声音与图像），而是指它的"所指"，

---

① ［法］波德里亚：《消费社会》，刘成富等译，南京大学出版社 2000 年版，第 85 页。

即美国的"苹果手机"及其他所代表的世界流行符号。果粉、"果粉吧"，遍布网页。品牌商品既提高了我们的生活质量，又是一种金钱权力的压迫。

一位第二职业收入能拿到 30 万的青年对笔者说："我就是想有个豪车，证明自己已经成为什么?! 一个连车都不会开，住在老的单位小区里的人，能说明自己很牛吗?! 我女儿现在动不动就要去高档名店吃饭。哈，她已养成习惯了……"认同有本事的人就意味着挣很多钱、拥有高档品牌，就显得尊贵，这无疑是消费主义风尚带来的社会化过程。如果真是这样，那些收入低、付出很多劳动的岗位及个体，就不会感到有尊严。国内连续发生开名车酒后撞人的事故，便是金钱的炫耀与财富暴力的另一种结果。

我们并不能简单地用个人道德善恶来评价青年人对金钱态度。"市场经济——消费主义"，本身包含着是货币文化对人们的引导。在齐美尔看来，"由货币引入的生活理性化运动不可分离地包含解放的因素和压迫的现实。事实上，通过货币，个体摆脱了传统的统治形式，但代价是生活的日益理性化，存在着最终完全变得冷漠的危险"。不只是冷漠，消费主义的追求，也有使社会跌进虚荣化生活的陷阱，易于导致社会"失范"。

三　消费主义把"消费"当作人生幸福，导致人生的空虚与无意义感

"幸福"，代表着文化人类拥有精神生活的态度与感受。幸福感，是人类独有的一种精神体验。伏尔泰说，"我不知道柏拉图是不是第一个谈到纯精神存在的人。这可能是人类智慧的最高成就之一"。[①] 在社会化的解释中，特定的信仰、道德、文化的归属感，都是人们幸福的来源。韦伯把这种传统时代建构的神圣性叫作"克里斯玛精神""克里斯玛意义"。

在现代化的上升阶段，韦伯所说的"克里斯玛"的精神，代表着古典知识、信仰、艺术、思想的精英文化，承载着对终极价值、对人类存在意义的解释。

在 20 世纪反抗帝国主义、殖民主义掠夺、压迫、争取民族独立、民

---

① ［法］伏尔泰：《风俗论》（上册），梁守锵译，商务印书馆 2013 年版，第 24 页。

族解放的过程中，革命，也曾成为一种克里斯玛精神。在匈牙利、捷克、波兰这样一些东欧国家旅行，到处可见抵御外敌的民族英雄的塑像。中国近现代历史中也曾发展起来"革命现代性"的认同、革命理想主义的人的精神；也正因为此，中国共产党的长征精神，大庆人、大寨人的革命精神，才可能成为一笔精神财富。

从理性上说，能够形成对青年思想指南的文本——哲学、艺术、宗教、历史、美学、社会学的经典，都应该和心灵、信仰、理想主义的启迪、期望相关。但是，消费主义是相反的。消费主义把消费看成是人生的幸福，于是，不停地购买便是人生的快乐与节日。鲍曼认为，应该"关注消费性质的重大变化，并接受下面的观念：消费社会和消费主义不是关于需要满足的，甚至不是更崇高的认同需要，或适度的自信。消费活动的灵魂不是一系列言明的需要，更不是一系列固定的需要，而是一系列的欲望——这是一个更加易逝的和短命的、无法理解的和反复无常的、本质上没有所指的现象，这是一个自我产生和自我永恒的动机，以至于它不需要找一个目标或原因来证明自身的合理性，或者进行辩解"①。这是个耐人寻味的阐释。

我们的时代正在陷入一个"更加易逝的和短命的、无法理解的和反复无常的"消费环境中。电视剧《欢乐颂》里的邱莹莹说："我发现要忘记一些做过的蠢事，最好的办法就是想钱。"今天，我们打开电视就会看到明星们的高颜值、好身材、时尚的衣服。我们在他们的引导下也在追求高颜值、好身材、时尚的衣服；因为颜值不够好，就不自信，就会整容。但假如认同高消费才是幸福，那么，普通人的工作与辛苦的职业、劳动本身就没有价值。我们在影视、广告里，一次次看到那些"高富帅"们都有很大的房子，都有专门健身、娱乐的地方，还有别墅，我们也希望这样效仿他们；之后，又发现他们在国外还有房子，他们的孩子都在国际学校读书，我们也想最好能去国外发展，送孩子上国外读书……这是无止境的。只要发现自己不如别人的时候，就会没有安全感。人的高贵，不过是尽在"奢侈品时尚"。这种视觉信息文本就是一种奢侈品消费的社会化。

---

① [英]齐格蒙特·鲍曼：《被围困的社会》，郇建立译，江苏人民出版社2006年版，第173页。

在新的消费社会中，消费本身就是目的，因而，它是自我推进的。消费的幸福，是一个不断地生产自恋的需要。正是这种自恋的、欲望的不断满足产生，使人限于一种不断渴望满足的生存方式中。欲望是一系列连续短命的物质对象，它是自恋的：它把自身视为首要的目标。

由于这个原因，它注定是永远无法满足的——不管其他的（身体或精神）目标提升到什么样的高度。最重要的生存，不是消费者身体或社会认同的生存，而是欲望本身的生存：恰恰是欲望——消费的欲望——造就了持续不断地欲望型生存的不可遏制性的要求。

把消费当成幸福本身，推动着年轻人社会化变成了高消费、高颜值、物化的高欲望的社会化，这将最终抛弃社会理想，"再生产"出低俗的富裕，粗俗的时尚人。歌手李代沫、柯震东吸毒，等事件，都说明一种富裕后"灵魂空洞"的社会现象。池田大作说，"现代人类更孕育着一种恐怖，是害怕会在物质丰富中灭绝。现代人在肮脏的富裕当中受到了一种新的意义的饥饿，即精神饥饿的威胁"①。

上述这样分析，也许有人会认为，中国不存在精神饥饿的问题。2016年上半年，国家统计局发布的数据显示：文化及相关产业的营业收入快速增长。其中广播电影电视服务业712亿元，增长16.4%；文化休闲服务业496亿元，增长17.8%。"互联网＋"为主要形式的文化信息服务业营业收入为2502亿元，增长29.7%。这是中国的文化经济快速推进，卓有成果的数字。但是，我们也要看到，几乎所有当下热播的都市电视剧大都是直接地反映着富人生活，中产之上阶层的生活；与大多数中国人的日常生活还是较远。在我的访谈中，90后的机关事业单位的女青年Liu曾对我说："我看《伪装者》是看脸，看《麻雀》是看脸，看《欢乐颂》还是看脸。"Liu在此处说得"看脸"，就是指看颜值、看穿着。

消费主义现象，就是现代性文化现象，是金钱文化现象在当代的反映。现代性的文化维度是自我实现的成功，但它是在货币经济、金钱文化及社会关系中实现的，不是在自然经济、小农经济下实现的。回到吉登斯的结构化理论，消费主义的产生及其作用，是工业化、城市化到了

---

① 引自［英］汤因比、［日］池田大作《展望二十一世纪》，荀春生译，国际文化出版社1999年版。

一定阶段后的"结构化"产物。社会生活的动力和循环特性始终处在中心位置，因为它已经从"生产"为主导的社会过渡到"消费"为主导的社会。

第三节 "消费主义"意识形态是一套新的编码系统

"消费主义"意识形态是一套新的编码系统。作为一种话语系统，它建构了关于高贵与普通、上等阶层、中间阶层与下层的阶级区隔的符号、信仰及解释。关于"消费主义"分析方法是很多的。笔者在此关注了布迪厄文化社会学的分析方法。他主要是从文化与权力的关系，指出所有文化现象都是一种与权力相联系的场域。"消费主义"意识形态的编码系统存在于文化场域中。

一 消费主义对青年的影响，是一种"资本""财富""权力"的价值影响

一个社会占主导地位的话语就是它的意识形态。中国的"文革"时期，对1949年前的资本家、地主、富农的抄家、批斗。其革命理由就是你们的财富是可耻的、是剥削劳动人民得来的。所以，要把你们打翻在地。但在当今，中国的消费时代有另一种话语解释，即资本、财富，获得一种新的合法地位，成为一种的权力地位、财富的权力。如果你没有很多钱、没有中上等的工资收入，你能奢谈什么消费与地位呢？2014年江苏卫视的"非诚勿扰"节目中，女嘉宾马诺说了一句话"宁在宝马里哭，不在自行车后面笑"，惊爆中国，被当作中国的物质化女孩的代表。但事实上"坐在宝马里的姑娘"，根本就不会哭。如果一个女孩子有机会自己坐在宝马驾驶位上，她自己就是一个有实力的人；如果她不是很有实力的人，但她嫁给了一个有实力的老公，她使自己的命运获得了改变，她有了物的幸福的体验。当中国走出了"剥夺富人、消灭富人"的以阶级斗争为中心的情境后，财富、资本转变成了一种重要的社会价值。同时，由于中国的社会转型太快了，社会分化太快了，消费品、物的符号等级更快、更敏感地与身份地位联系在一起，并转变成了一种"富人崇拜"、对"富裕炫耀"。消费主义的重要影响，是通过社会结构完成了新的编码，使财

富的经济权力与文化权力同时都显现出来。

与早期的工业社会不同，布迪厄强调经济资本、文化资本、符号资本等对个人参与场域生活的重要性。在他的理论中，普通的个体在消费主义社会中是被动性，即你除了选择增加自己的符号资本、经济资本、文化资本外，没有别的办法改变这个现实。"阶级的社会轨迹决定性地塑造着其成员的态度与实践。"①

布迪厄提出的问题是"为了社会区隔而进行的斗争，是所有社会生活的基本维度；而一个更大的问题是个体、群体以及机构之间的权力关系问题。他的研究焦点集中于；文化的社会化如何把个体与群体置于一个竞争性的等级体系中。怎样不知不觉地再生产着社会的分层秩序。"②

这些视角正是本人在做访谈与观察研究时所看到的社会现象。在我的调查中，不是所有的 80 后、90 后的年轻人都拼命追求消费主义的享受，也不是所有的女孩子都拼命要高档品牌的符号装扮自己。每个青年是站在自己特定的、可能的社会地位上的。或许他们的本性并不是一个嫌贫爱富的人，或许他们本来就不相信什么"高富帅"、"矮矬穷"的分类。他们也许是一个打工女孩、一个国企的工人；或者在研究所工作，但来自农村，收入不高，"啃老"啃不到……，他们只想通过个人的努力，过一份朴素的生活；然而，当代中国"消费主义"的影响，本身并非只是一个道德善恶的评价，不仅仅是道德本身的力量，而是社会结构的力量。消费主义意识形态是通过社会结构的安排，"魅惑"着、压迫着每一个人、完成着一个阶层化意识的社会编码。每个青年也被动接受消费主义的社会化过程，纳入到一定的秩序中。"阶层化编码"的意思是，你究竟需要怎样的符号资本、经济资本、文化资本、社会资本，才能适应消费时代的生活。在现实的阶层化的编码中，"消费主义"本身就是一个符号场域。

中国的 80 后、90 后的成长过程是中国社会转型的重要分期中。90 年代的市场化、城市化的转型推动，伴随着中国的股票市场、房地产市场、

---

① ［美］戴维·斯沃茨：《文化与权力：布迪厄的社会学》，陶东风译，上海译文出版社2006 年版，第 185 页。

② 同上书，第 7 页。

汽车市场、信用卡制度的快速发展。在这个过程中，中国的人均 GDP 分别从 2003 年的人均 1000 美元，到 2014 年的人均 6700 美元。2015 年的人均 GDP 达到 7990 元。2016 年中国人均 GDP 在 8500—9000 美元之间。中国的城市家庭在 90 年代以后的十多年时间中，基本的耐用消费品的积累基本完成。从彩色电视机、冰箱、空调、到台式电脑，再到 20 世纪 90 年代末 21 世纪初拉开大幕的家庭商品房的购买、家庭小汽车的购买，中国年轻一代的青年期，是在社会财富积累与分化最快的时段里长大的。在过去的 15 年中，中国住房革命、商业革命（信用卡、跨国超市）、小汽车革命等，他们在青春路上都赶上了。他们成长过程中亲身经历的"中国消费主义意识形态"的形成及社会化过程。

齐美尔 20 世纪初在《现代文化中的金钱》一文中提出，"什么东西有价值的问题，越来越被'值多少钱'的问题所取代。""金钱买到的东西越多，金钱就越具有这种特征。"我们的时代已经完全陷入了这样一种精神状态，"对纯粹计算多少的兴趣正在压倒品质的价值，尽管最终只有后者才能满足我们的需要。"① 齐美尔提出的金钱引导的趋向，也在成为我们的价值趋向。

国家的住房政策的改革，颠覆了几代人的关于"无产阶级"、"资产阶级"概念的执着。"有产者"认同取代了"无产者"的自豪。购房能力，成为幸福生活能力的标志，也是财富的标志，并且是我们对以金钱为基础的消费主义的肯定。国家对外资的引进，对跨国公司的引进，并在国家级、地方级的开发区里开始批量生产带有欧美符号标志的品牌，如欧美服装、饮料、电子用品等。一个真正的"全球地方性"的中国时代开始了，是从 80 后、90 后青春岁月的中国开始的。他们的"社会主义优越性"意识，不再是 50 后小时候经历的那样的阶级认同，而主要是一种财富意识、资本意识，还有国家富强的意识。学者费兹派屈克提出一种微观文化史的概念，认为"微观文化史可以说是一种日常生活史（Alltagsgeschichte），因为日常生活史本身就是一种微观历史"② 。微观文化史是理

① ［德］西美尔：《金钱、性别、现代生活风格》，刘小枫编，学林出版社 2000 年版，第 8 页。
② 徐贲：《苏联 1920—1930 年代的阶级斗争与假面社会》，"东方历史评论"公众号，2017 年 5 月 31 日。

解 80 后、90 后成长历史重要的方面，即他们日常生活体验的变化。在日常生活的价值观上被 改变了什么呢？

1. 改变"富"与"穷"的价值判断，形成了一种新的认同富裕、财富的文化

"富"与"穷"的概念与现象，自古就有，不是消费社会才形成的。但是，对富和穷的评价，以及时代所嵌入的价值观的社会化过程是不同的。在 50 后、60 后的童年时期，"无产阶级"的阶级话语是社会化的主要话语，或唯一可以被接受的话语。在这个绝对的阶级化解释的时代，富贵及富人是个否定性的概念，富人是剥削者、资产阶级、是剥削劳动人民的吸血鬼；穷人，是革命者、无产者、新世界的主人。"物质的极为匮乏"不是什么可耻的事，这是地主、资本家的剥削造成的，是旧社会的反动派造成的。劳动人民在新社会，只要发奋工作、努力生产就能重新创造出财富。强化"物质的欲求"是可耻的，至少是境界很低的。在"文革"的批判会、大批判文章中，经常说的话是"狗财主""万恶的地主""黑心的资本家""走资派"等，经典革命电影《白毛女》、《红色娘子军》中以喜儿、大春、杨白劳、吴琼花、洪常青代表的穷人；以黄世仁、南霸天代表着富人。他们所代表的是纯洁与黑暗的两极。新的改变也不是一蹴而就的。80 年代初期，路遥的长篇小说《平凡的世界》中，基本上还是这样一种理想主义的贫富观。小说中的青年主人公孙少平在贫困、匮乏中，在草堆上点着油灯，看苏联小说"钢铁是怎样炼成的"，一直看到天明，竟不知天亦亮也。孙少平所代表的"穷人"是有精神气质的"穷人"，是有革命理想主义精神的"穷人"，这是革命时代穷人的"价值层面"，是革命人的形象。这还不是"清贫"的概念。清贫，是指没有多少钱，但有教养、学养，能守住穷的生活，追求理想。一些知识分子家没有什么钱，但他们非常有文化。如经济学家、中国汉语拼音之父周有光先生家里，非常简陋，房子很小，围墙上刷着半截油漆，除了书，都是老旧家具。这就是清贫的概念。

20 世纪 90 年代末到 21 世纪以来，中国的市场化进程的展开。近十多年中，一种富人与穷人的形象话语被颠覆重塑了。关于富贵文化与清贫文化及其两者的认同似乎重新开始。中国在 1949 年以后，根本没有欧美国家那种尊重富人的文化，有的只是对富人的"仇恨文化"。当国家"让

一部分人先富起来"后，这部分"新富人"，与民国时期曾经存在的"富人文化"是根本不搭界的。如像张伯驹这样的民国富人捐出了半个故宫的文物。这样的故事，我们现在才重新体味到其深厚内涵。我们现在的文化根本培养不出这样的富人。它意味着一个缺口，即历史人文、风尚、习俗中断的缺口。20世纪的50年代至"文革"中，中国的大部分的曾为资本家、地主的人，都被作为旧的剥削阶级残余存在的；这些富人的孩子基本是在被"阶级耻辱化"社会心理中长大的。所以在让"一部分人先富起来"，之后，我们没有培养新的"富人文化"的文化准备，而对于"穷人"，其文化上也是可怜的。他们从"文革"时的泛政治道德化的优越感，即从"三代是贫农"的优越感，"工人阶级领导一切"的优越感，变成一种自贱、仇富的文化、屌丝认同的文化。如果他们碰巧变成了中产阶层，年收入在50万以上，那新的阶层"歧视链"又会被生产出来。

今天中国网络流行着"富二代""穷二代""高大上""高富帅"等话语，2009年至2010年网页上，一些90后喊出了"嫁人要嫁黄世仁"的声音，"宁在宝马里哭，不在自行车后面笑"的羡慕富人生活的文化，其实是包涵着"后文革"的文化景色（因为没有长期积累的文明社会的富人文化，也没有中下层的清贫文化）。① 产生的原因，来自社会快速转型带来的阶层分化、收入分化、财富分化，快速地解构了传统；又因为"文革"造成的文化断裂，生产不出有尊严的平等习俗、市民文化。

2013年，郭敬明执导《小时代》电影，成为金钱文化的一种普及教育，其票房大胜，观看"小时代"，像是观赏富人的节日。片中主角顾里是呼风唤雨式的大腕千金的时尚范儿，展示了一个消费主义的欲望世界，让人看到了"金钱的光芒照射到现代生活的许多具体特征中。金钱使个体完全满足自己愿望的机会近在咫尺，更加充满诱惑。"80后、90后年轻人的一个突出特点是不掩藏自己对财富的喜欢。在我所作的访谈中，一些年轻人并不掩饰地说"我就是拜金""我就是喜欢看《小时代》上那种炫富的画面"，"明明知道'小时代'炫富、拜金，我还是想看""我就喜

① 《90后女大学生要嫁黄世仁，勿把无耻当天真》，"四川在线—华西都市报"（http://cd.qq.com）。

欢顾里的女王范儿"，"这个时代说自己不爱钱，是假的。你难道不爱吗？"

2017 年因为一篇"成都小区里的阶级斗争"的帖子，网络、微信上大火了一阵子。其缘起是某高档小区的业主，对周边两个同等高档小区的业主发起号召，为保证对某小学的优质教育资源，共同抵制"年收入在 50 万以下的家庭的孩子入学"。"没有金钱也没有权利"是周边低房价楼盘业主的孩子必须接受的命运。这个富人业主的雷人言论是："如果因负担不起而拖后腿，反对这些项目，甚至举报乱收费，势必拖累我们精英业主子女的教育。你的收入比不上别人，那后代的素质肯定也比不上别人，所以你就应该放弃作为学区房的权利，安安心心做你的低素质人，别给高收入人群添乱；素质与成绩都是用钱堆出来的，一分钱，一分成绩，一分钱，一分素质。"[①] 这些观点是直接把富人归入高等人、高素质，穷人则反之的言论。所谓"成都小区里的阶级斗争"的标题有点恐惧，实则社会的深层价值观已经变了。

为什么会这样呢？就像齐美尔所说，"货币给现代生活装上了一个无法停转的轮子，它使生活这架机器成为一部永动机，由此就产生了现代生活常见的骚动不安和狂热不休。"[②]

2. 改变了关于节俭与奢侈的价值判断。奢华不再是"恐惧"的，而变成了令人羡慕的

在以往革命时代话语中，关于穷人与富人评价之外，还有对节俭的肯定，对富人的奢侈的鄙视与批判！当然，"节俭"，不能归于革命意识形态话语，传统文化，包括中国的儒家思想、传统宗教中，都包含着它。但在逻辑上引出了"越穷越革命"、越富越反动的政治伦理的价值判断，这是中国计划经济时代留下的意识形态烙印。在走出"越穷越革命"，"宁要社会主义草，不要资本主义的苗"的怪异之圈之后，好像没过上几年，奢华、奢侈不再是恐惧的，而变成了令人羡慕的。

继 1986 年中央作出关于社会主义精神文明建设的决定后，1996 年中

---

① 《成都学区房的'阶级斗争'，一场可笑的中产内部踩踏》，"中国经济学人"公众号，2017 年 5 月 17 日。

② ［德］西美尔：《金钱、性别、现代生活风格》，刘小枫编，学林出版社 2000 年版，第 8 页。

国共产党的十四届六中全会再次作出了《加强社会主义精神文明建设的决定》，强调"在发展社会主义市场经济和对外开放的条件下建设社会主义精神文明，是中国共产党人和中国人民一项艰巨的历史使命。""要在全体人民中提倡为人民服务和集体主义的精神，反对和抵制拜金主义、享受主义和个人主义"。2006 年胡锦涛明确在第十届政协第四次会上提出了"社会主义的八荣八耻荣辱观"中，明确规定要"以艰苦奋斗为荣，以骄淫奢逸为侈"。然而，在市场经济、消费社会中什么叫作"骄奢淫逸"呢？这似乎是一种未清晰定义的概念。

从政治意识形态上说，"奢侈""奢逸"都是不道德的词，艰苦奋斗是令人敬畏的。如今这些词汇不再像从前那样具有阶级属性的边界。因为中国大城市的房价已达到 4 万、5 万一平米的今天（深圳房价达到 6 万—7 万一平米）。于此，我们对青年人说"以骄奢淫逸为耻"，似乎是没有意义的。因为现实社会已经变成了一个十足的财富社会。公民财产的合法性高于"骄奢淫逸"的道德评价。1994 年国务院颁布了《国务院关于深化城镇住房制度改革的决定》，从此有了房地产交易市场；1998 年 10 月中国人民银行颁布《汽车消费货款办法》，允许各大银行办理汽车信贷业务。中国的小汽车进入家庭不再是梦想；中国信用卡开始发行，2002年 3 月 Visa 卡在中国大陆发行 540 万张，自动柜员机达 17000 台，中国银联 2002 年开始使用，现在已极为普及。如今银行卡绑定在手机的微信红包与转账功能上，没带现金、没带银行卡，却能用手机微信、支付宝付款。

2000 年以后，城市房价普遍飙升，使年轻一代的生存压力越来越大。"房奴"一词开始流行。所谓"房奴"，是指家庭月负债还款额超过家庭月收入 50% 以上的家庭。房奴（mortgage slave）一词是教育部 2007 年 8 月公布的 171 个汉语新词之一。"房奴"意思为房屋的奴隶，是指城镇居民抵押贷款购房。在生命黄金时期中的 20 到 30 年，每年用占可支配收入的 40% 至 50% 甚至更高的比例偿还贷款本息，从而造成居民家庭生活的长期压力，影响正常消费。

按照国际通行的看法，月收入的 1/3 是房贷按揭的一条警戒线，越过此警戒线，将出现较大的还贷风险，并可能影响生活质量。以国内目前的经济发展水平，居民住房消费支出超过家庭收入比重的 30% 就存在着过度负担。有关调查显示，目前约 31% 的购房者月供占到月收入的 50% 以上，已超过国际上公认的住房消费警戒线。很多国家将整套房屋总价与家庭年可支配收入的比例作为度量住宅市场的重要指标。但是目前我国大中城市房价与收入之比大多已超过了 6 倍，其中北京、南京、青岛等城市的比率超过了 10 倍，房价显然偏高。房价上涨导致生活满意度下降的群体不仅是低收入者，而且也波及了中等收入人群，并影响生活质量。与此相反，发达国家在进入大众消费社会的时候，并没有中国式的住房问题。因为他们有几百年的房屋私人继承与土地、房屋的租赁买卖制度，即有一个非常成熟的房屋租赁市场及税收制度。同时，其成熟的土地制度也不会产生像中国城郊地区因政府地产征收后产生的暴富群。

　　进入 21 世纪以后，中国社会形成的日益飙升的房地产市场及高房价的城市文化，已经形成了"住得起什么等级的房子"为中心的消费主义意识形态，由此派生出关于富裕与贫穷、社会安全感及身份认同，划分出中等阶级与下层阶级，富人与穷人、奢侈与普通的生活圈子。住房在中国已经远远超出其"居住"的自然属性，而涉及个人、家庭、阶层感受、公共伦理等等方面。历史地看，世界上没有一个国家的住房，能够像中国那样牵动着社会方方面面的变化。①

二　"消费主义"是现代生活方式的理性化与预期

　　在市场化的文化下，文化现代性与消费主义的意识形态是相通的。文化现代性里的生命体验、主体性选择、对变化与短暂的感受，对生活风格的审美追求，最终要通过"经济资本"的购买来实现，货币就是一个公分母，它会决定我们生活方式的等级、质量。

　　在消费时代，消费主义就是现代生活方式的理性化表达。消费主义是一个社会—文化结构，现代生活方式的普遍化、欲求化，就是其展开的"结构化"过程。现代生活方式，就是城市生活方式，是体面人的生活环境，是和优雅、高尚、品位、健美、旅游、好身材，追求品牌的生活联系在一起的都市生活。它伴随着都市生活环境改善，审美品质的提高，而另一方面，它又是消费主义的追求与实现。

---

① 郑永年：《房地产与中国社会命运》，《联合早报》2017 年 4 月 4 日。

在这个阶段，消费主义推动了新的道德。"消费主义的美德就是消费更多的产品和服务，鼓励所有的人应该善待自己、宠爱自己"，节俭就像是一种应该赶快治疗的疾病。我们很容易就能找到尽情消费的偶像、他人。我们的审美体验，开始和购买品牌有关，与减肥有关，与被社会看成有档次的人有关。我们都成了乖巧的消费者。各种节日都已成了购物节，都来关注各种跳楼大特价。在中国年轻人中，关注减肥、健身、美容、都是生活品质上升的重要方面。由此，就有了高档生活，低档生活、中档生活的差距。尤瓦尔·赫拉利说，消费主义伦理开枝散叶，在食品市场表现得最为明显。今日的富裕世界，一大健康问题却成了肥胖，而且对穷人的冲击更大于富人。"肥胖这件事，可以说是消费主义的双重胜利。"[1] 腾讯新闻 2016 年 8 月 5 日报道了姚晨挺着二胎孕肚健身，深蹲举哑铃的样子，让人瞠目结舌，明星富人挣钱多，还依然高颜值，四肢纤细皮肤白嫩。[2]中国当下的媒体新闻中每日都有大量的是明星轶事，他们的故事似乎是引导青年人从审美主义到消费主义的完成。

布迪厄研究的焦点集中于：文化的社会化如何把个体与群体置于一个竞争性的等级体系中。布提出了一种关于符号权力的社会学，这种社会学要解决的是文化、社会结构与行为之间的关系这个重要主题。一个中心的潜在前提是：分层的社会等级与统治系统如何在代际之间进行维持与再生产而没有受到强有力的抵抗与有意识的识别。[3]

布迪厄的阐述其实提示了消费主义是一种社会结构，是通过一种对生活方式的区分把人们分成不同的等级、阶级，从而，实现不同秩序中的消费活动。即在这其中人们的行动、文化、权力、分层，以复杂的方式相互交叉、相互缠绕。

50 后、60 后从小的教育曾经是"视金钱如粪土"、批判"纸醉金迷"这套东西，从心理到生理让人憎恶金钱。在我小时候的被教育的记忆中，那些穿绫罗绸缎的人，戴着礼帽的、家时里有人伺候的人，都没有什么好

---

① ［以色列］尤瓦尔·赫拉利：《人类简史》，林俊宏译，中信出版社 2014 年版，第 297 页。

② 《好拼！姚晨挺二胎孕肚健身》，腾讯新闻 2016 年 8 月 5 日。

③ ［美］戴维·斯沃茨：《文化与权力：布迪厄的社会学》，陶东风译，上海译文出版社 2006 年版，第 7 页。

人。那些家里曾经开店、开厂的人更是剥削阶级。这是过去的阶级斗争理论留下的印记，这是一种无产阶级的道德优越感的基础。与此同时，在计划经济的革命时代，年轻人被教育把自己当作革命的螺丝钉，参加星期六义务劳动，这都是心灵高贵的反映，是共产主义接班人的样子。

也就是说，中国过去的共产主义教育、社会主义教育，是把"有无财产"看成一个道德优越还是可耻的标识。"文革"中的老三篇，即毛泽东写的《为人民服务》《纪念白求恩》《愚公移山》，曾在中国50后年轻的时代被刻骨铭心地记忆学习过，这三篇文章都强调了做"为革命不计较名利得失的人""毫不利己、专门利人""为革命挖山不止、具有强大革命意志力的人"，于是，那个时候的雷锋、王铁人、大寨人的精神，支撑几代人的理想主义的工作精神。那时候好的生活是什么呢？好的生活，就是为人民服务，就是为革命、为集体贡献力量，而不是自己的小日子。

改革开放后，"文革"期间的宣传的"越穷越革命"这套价值观逐步走到尽头，80年代后期、90年代初，电影《小字辈》《新星》《人生》《平凡的世界》里，赞扬的依然是主要是为是为民族、为集体、为祖国而奋斗的青年人，与消费主义的取向完全没有干系。随着中国市场化改革——双轨制、原始股、房地产、国企改革等的大潮涌起，在金钱的吸引与社会分化中，80年代后期、90年代初那样的集体的理想主义很难满足、帮助青年面对现实的挑战。

在向消费社会的转变20世纪90年代末21世纪初，早期"工作精神"慢慢变成了与文凭、职称、收入相联系的个人文化资本与经济资本。用鲍德里亚的话，工作变成了整个消费系统的一个部分。"我的工资，能够付得起房价吗？""我的工作这么辛苦，女朋友都不会看上我？"这样的问题就在这代80后、90后面前提出来了。

"消费的真相在于它并非一种享受功能，而是一种生产功能。所谓工作的人不过是娱乐前的人"。[1] 中国进入21世纪后，电视剧、新青春电影中关于工作的职业叙事发生了很大的变化。2010年电视剧《奋斗》已改变了原来那种靠一种理想主义精神而努力奋斗，改变命运的形象。几十集看下来，年轻人创业的命运，与男主人公有一个忽然从国外回来的富人爸

---

① ［德］波德里亚：《消费社会》，刘成富译，南京大学出版社2000年版，第72页。

爸的背景有关。加上了这个叙事，文本的结构与意指就发生了很大的变化：如果你有一个海外背景的富人亲缘关系，如果你有拼爹的资本，奋斗的结果是大不一样的。这种叙事，也符合年轻人需要的创业"神话"，即年轻人不再靠努力工作的奋斗。

2010年的电影《杜拉拉升职记》中女主人公杜拉拉的职场奋斗，和她的个性魅力、美貌、大牌服装、对男性的吸引力联系在一起，完全符合消费社会的竞争逻辑。进入21世纪以后的电视剧、电影市场，再也没有80年代拍的那类青春剧《小字辈》《新星》的影子了。

2012年电视剧《蜗居》更是展现了另外一些消费时代的生存道理。没有显赫的职业业绩、没有钱的小贝，被女朋友海藻甩了；海藻是靠市委秘书情人的身份，成为拥有了房子、服装名牌的女人；名牌大学毕业的海萍与苏朋却因企业的工资低买不起房，过着很压抑的生活。

2014年青春爱情剧《何以笙箫默》大火，剧中最唯美的画面就是成功、帅气的律师何以琛。他有很显大牌的律师事务所，他有称得上是豪宅的住所。除了何以琛、赵默笙的爱情故事之外，《何以笙箫默》是一部温婉、唯美、大牌的消费社会的职业成功的叙事。它述说了一个成功的男性职业者的特征，就是要有与职业成功相匹配的房子、车子、财富、美女、爱情，财富的神奇。

这样一些电影、电视剧都包含着消费主义社会的理性化生活逻辑。除了拥有经济资本的权力外，还要拥有科层制的权力（体制的权力）。科层制的权力，是资本的权力的一种延伸，它是为作为消费者的个人增加经济资本、文化资本、社会资本的来源。个人的经济资本是其工资与财富的收入。文化资本，是个人获得文凭、专业能力及家庭传承下来的文化习性。社会资本，是一种社会关系的资源。科层制系统的等级也是由该子系统在消费社会的等级关系来决定。消费的社会欲求、个体欲求及可满足的可能性的结构是从外部建构起来的。职业生活提供的经济资本、文化资本及其所带来的生活方式等级——即在现行的消费物品可消费的等级中所占的位置。

迪尔凯姆在他的社会学理论中，强调现代社会的"有机团结"能够高于传统社会的"机械团结"。他坚信这个"有机团结"，源于社会分工带来的依赖性。

　　然而，在"消费主义"的发展进程包含着非常复杂的层面，它本身就是现代性自身的矛盾，以至于学者们会感叹说，"我们很难掌握在现代历史中金钱扮演了什么角色。成也金钱，败也金钱"。我们经历过贫穷社会主义，向往现代化的发达与强盛。我们也看到了"金钱如何为人类展开新视野。但"现代经济就像是一个荷尔蒙过盛的青少年一样不断成长，吞噬着它看到的一切，而且成长的速度叫人完全赶不上"①。问题是，在跨阶段的高速发展的转型时期，中国当下的转型经济及媒体工业也像"一个荷尔蒙过盛的青少年"，刺激着这个时代中国人、盼想着"住大房子、买豪车，嫁给富二代，找白富美做太太"的梦境。如果你做一个穷人，就不再有尊严。网上有一篇视频是在四川重庆采访几个女性。采访者问："给你一千万，把你的男朋友卖掉，卖不卖？被采访的女性几乎无一例外地回答说，'卖'！我的男朋友挣不到一千万！"尽管，此视频带有幽默搞笑的性质，但也反映了当下的某种价值观。可以说，消费主义的负面现象的再生产随处可见。

　　现代消费主义也就是现代化的理性化、专业化发展到一定程度的产物。消费主义不生产古典主义、精英主义意义上的深刻，消费主义是把消费当成幸福本身，"高消费、高颜值"追求，成为年轻人日常生活的社会化，它产生了"精神的饥饿""肮脏的富裕"。这是社会的"有机团结"吗？显然，正是现代消费主义包含着理性世界的缺陷。

第四节　个体化："消费主义"结构化下的自我认同与选择

一　个体化的定位及现代消费的多重功能

　　文化现代性与消费主义的问题都是和个体性联系在一起的。其根源是现代性发展与社会分化的一种结果。

　　对于现代性与个体化的必然性。经典学者早已做了非常深刻的分析与理论想象力。迪尔凯姆的对现代社会团结的类型的阐述，就是个体化与现代性的发展方式的预期。他看到了社会劳动分工即使不是关于现代社会结

---

　　① ［以色列］尤瓦尔·赫拉利：《人类简史》，林俊宏译，中信出版社 2012 年出版，第 297页。

构分化分析的一个中心源泉，也是一个重要源泉。法国学者达尼洛认为，这个概念远远超出了经济领域。基于现代的社会分工，一种社会类型是基于有机团结的分化的社会，我们称之为现代社会。基于个体人格的结构，个体的人格才能在每一个成员特有的行动领域中行动。因此，集体意识必须让一部分个体意识显露出来。换句话说，社会分化是迪尔凯姆关于现代个体的概念的起源。

基于社会分工联结起来的现代人遇到了现代性的问题。"在现代社会中，个体的人格有了肯定的道德提高。个体被迫发展其独立而负责任，并使自己的行动相容于其他人的发展。"同时，迪尔凯姆又是希望在社会分化过程中和通过这种过程找到关于现代社会固有的整合问题的答案。达尼洛提出，迪尔凯姆的"伟大功绩是把现代性和社会分化过程等同起来。迪尔凯姆思想的最初框架不可分割地联系于社会分化的现象"。① 这段阐述既表明，现代性、社会分工、社会分化的必然性，也表明了现代性与个体性的必然性。

20 世纪 80 年代初，中国青年潘晓在《人生的路怎么越走越窄》一文，提出了"人生的路怎么越走越窄？"的问题，如同打开了潘多拉之盒，引起强烈反响。重要的是，当时中国的个体意识与现代性之间的合法性没有确立起来。僵硬的政治化的"集体主义意识"还像紧箍咒一样统治着每个国人。但随着中国的改革开放的现代化进程，旧的集体主义的弱化，个体主义的兴起就成为必然。在迪尔凯姆看来，个体在通过现代性被构成后，始终体验到许多社会不一致的现象。② 中国式的青年焦虑可在此找到一种解释。进入消费社会的中国青年所面对的房子焦虑、职业及财富收入的焦虑、颜值焦虑，是现代人自身所处的已被"社会类型化"的结构形成的。

对此，齐美尔早有阐述。齐美尔的现代性思想，重心就是阐述了现代主体（个体）面对客观世界的选择、压抑与无奈。齐美尔预示了后来戈夫曼后来所说的东西，他认为，个人外貌不是社会人的特殊性及其自然主

---

① ［法］达尼洛·马尔图切利：《现代性社会学》，姜志辉译，译林出版社 2007 年版，第22、23 页。

② 同上书，第32、302 页。

义的完整性，因而需要以某种谨慎和一种风格模仿为代价。现代人处在这种紧张之中：他必须扮演各种角色，利用各种社会形式，但始终不能完全与社会形式一致。个体在任何时候都可能抛弃一切外在形式，退缩到他自己的直接主体性中。在齐美尔看来，社会可能性的概念基于自我和他人的社会类型化的需要。①

现代性及其焦虑使个人有了自我表达、自我发展的可能与欲求。现代消费不是一个伦理问题，而是一种社会结构的生产功能。消费主义，是以消费为中心的社会结构生产出文化运行、社会运行的状态，它提供了一个个体表演的舞台。

"消费主义"在实践上具有极大的个体社会化的号召力：一是无处不在地媒体不断地宣传个体成功的故事，强化"自我实现"的标签与象征；二是电视媒体、广告上的"他人生活"不断展现出来的超量的、让人上瘾的、被定义为高尚、高贵的舒适生活。在这里，消费文化表现出文化现代性与消费主义追求是一致的，有魅力的。它在社会流动（垂直流动、水平流动）的奋斗中，展开个体化的梦想与追求。

"个体社会化"，是一个社会转型的必然过程。埃利亚斯认为，在现代化进程或转型中，会"出现人的个性结构的变化在其社会中地位的改变"。于是，会形成从我们认同向自我认同的转移。他提出要探讨"国家形成过程的某一个阶段如何促进了个体化过程，如何促进了对单个个人的自我认同的更多强调。并且帮助他们脱离传统的集体组织"。他认为，这些问题是社会转型本身所具有的最重大的问题。②

鲍曼从后现代角度分析了消费时代的个人化社会，他认为后现代状况首先标志着一个逐渐自我意识的社会。它的最大特点则是个人主义和多元主义的。"把整个生活当成一个延长了的大买特买的自由，意味着把这个世界看成是一个消费商品泛滥的大型零售商店。""资源丰富不仅意味着有挑战和选择的自由"，还意味着"他们可以摆脱最没有滋味的生活选择

① ［法］达尼洛·马尔图切利：《现代性社会学》，姜志辉译，译林出版社2007年版，第32、302页。
② ［德］诺贝特·埃利亚斯：《个体的社会》，翟三江译，译林出版社2003年版，第205—207页。

的自由"。①

乌尔里希·贝克认为个体化是第二现代性的表现。现代化在 21 世纪初取代了第一现代性时代。"第二现代性及其非线性个体主义，是经典制度消退的产物"，他说，"我们既有全球化，也有个体化，二者是平行的，都是第二现代性的基本特征"②。在全球化背景下，个体性及个体社会化被强化，应是我们应特别关注的问题。

中国社会转型下的消费文化，与城市化，市场化、产业转型、非农化趋势、网络消费、奢侈品购买合法化等多种新的结构元素相联系，加快了"个体社会化"趋势，推动了城市"新消费空间"的出现及发展，体现了"文化变革以复杂形式同社会结构发生交互影响"。③

从经济层面看，它显示消费主义的合理性完全被社会体制所吸纳；从文化角度来说，消费文化中的文化现代性、消费主义都起着塑造青年人格的社会化作用。它导引出了该时代正式的整体社会化之外的个体社会化（无论在质上或是量上）的扩展，这同时也是青年个体价值观的形成与再生产的过程。

所谓"个体化"定位，主要是从主体（主观、自我）社会化的角度定义的。个体社会化的研究并不排斥整体的社会化的存在，只是更关注作为主体自我的社会化需求，包括关注更多的个人选择的满足，更多的个性多样性、异质性被承认；包括在同辈群体示范下的自我论证、自我认同；以区别以往的革命社会、匮乏社会那种集体的、强制的、高度标准化、同质性的社会化。

从个体社会化来看，消费文化，本身就意味着一种价值认同，它是个体的文化现代性认同的一部分。在当今，个体社会化的发展，部分源自消费文化的性质及社会塑造。

当代消费主义的性质，在于它是符号、想象、娱乐与欲望的集合体。

① ［英］齐格蒙特·鲍曼：《流动的现代性》，欧阳景根译，上海三联书店 2002 年版，第137 页。

② ［德］乌尔里希·贝克等：《个体化》，李荣山等译，北京大学出版社 2011 年版，第16—17 页。

③ ［美］丹尼尔·贝尔：《资本主义文化矛盾》，赵一凡译，生活·读书·新知三联书店1989 年版，第 33 页。

"购买"具有符号的象征意义，我们能够解释这些符号，是因为我们都了解符号的符码，"我们处在被符号、符码控制的社会"①。其秘密在于，我们的文化现代性的需求与消费主义的需求似乎同时被满足。

新的消费空间——巨型商场是符号、欲望的"诱惑者"。它的影响不是集体的、政治动员式的，它是由个体与符号、想象、欲望、他人的互动完成的。

当代消费主义的另一性质在于，它不只以"贵族主义"为标志，它与大众的、流行的文化相结合，被浸染出一种既定不变的年轻性格与心态。在大牌的时尚杂志封面与面容中，占据主要位置的不是什么世家显贵，而是走红明星，李宇春、赵薇、胡歌、黄晓明、汪峰、舒淇、范冰冰、唐嫣、杨幂等等。他们的男神、女神形象，和大牌时装、首饰的装扮搭联在一起，显出时尚贵族的大腕范儿，并在消费空间中建构着消费认同与社会文化心理的关系。

吉登斯强调社会系统的"结构二重性"，行动者与结构二者的构成过程并不是彼此独立的两个既定现象系列，对于社会系统来说，结构是中介，又是它的结果。对个人来说，结构不是什么外在之物。结构是记忆痕迹，具体体现在各种社会实践中，内在于人的活动。而不像迪尔凯姆所说的是"外在"的。

在新型消费场所，物的符号的、流行的个性，是结构给予的记忆与体验，它变成了年轻人的个性。这是以往的购买场所不可能提供的。不是只有富裕阶层才成为它的光顾者、主体。所有的顾客，不论是上层的人、还是中下层，都成为体验者。一般来说，"中产阶级"是消费文化的主体，但只有在大众消费时代，青年群体，才可能表现出某种"年龄阶级"的力量。新的青年文化影响、引导后来城市生活方式的进程。② 埃德加·莫兰说，"青年作为一个年龄阶级出现在 20 世纪中叶，这无疑是充满了表演和想象的资本主义不断刺激的结果"③。青年，也变成文化年龄。玛格

① ［美］乔治·瑞泽尔：《当代社会学理论及其古典根源》，杨淑娇译，北京大学出版社2005 年版，第 218 页。

② 扈海鹏：《中国消费时代的"阅读"与思考》，《学习时报》2010 年 3 月 16 日。

③ ［法］艾德加·莫兰：《社会学思考》，阎素伟译，生活·读书·新知人民出版社 2001 年版，第 217 页。

丽特·米德曾用"后喻文化",里斯曼用"他人指向型"的概念分别表达了青年、流行与文化传递的关联。这些理念代表了青年在文化分化、多元化中的不可忽视的作用。

消费主义性质中也深藏着生活方式中的区隔与优越。消费文化就是消费主义的价值观与文化生态。由于消费关系是一种人的关系。我们消费不是因为需要,而是为了让我们与别人有所差异。这导致我们在消费货物的过程中,我们是在定义自己。结果是生活品位的竞争,成为个体的社会地位的竞争。

当下中国城市消费主义现象的实质,是市场成为社会与文化的交汇点之后,"经济逐步转而生产那种由文化所展示的生活方式",[①] 个体社会化在适应这种生活方式。在全球化背景下,中国社会转型中的消费产业、商业场所、消费空间,不断扩大,强化了个体性的"表演、想象、刺激",青年个体"被拉入"了消费文化符号的认同中。笔者认为,所有的商业消费空间都在进行消费文化的价值建构。

二 适应消费时代:为自己生存与发展的选择

(一)"消费自由":个人主体意识的发展

个体社会化是从新的"消费自由"的主体意识开始的。它是一种社会性格的变化。新消费空间,是新商业秩序的展现。"人的个性特征在形成过程中发生变化的关键就是,伴随着消费文化的发展,人们已从宣扬自己美德转变为宣扬自己的个性人格。"[②] 它影响不同阶层。

笔者首先关注了新型服务业的青年群体(打工青年)在城市消费空间中的感受。对他们来说,新消费空间就是城市商业空间,这是他们接纳城市文化的场所,又是他们打工、获得日常收入的地方。在此,他们会有了转变身份、"去边缘化"的体验与愿望。他们在这里工作,即换上跨国连锁店的得体服装(统一的),有了与品牌相"类似"的符号感觉。他们最易改变的是发型。剪烫一个时髦的发型,染成黄色、酒红色,然后买一

---

① [美]丹尼尔·贝尔:《资本主义文化矛盾》,赵一凡译,上海三联书店1989年版,第35页。

② [英]迈克·费瑟斯通:《消费文化与后现代主义》,刘精明译,译林出版社2000年版,第167页。

两件另类的、不贵的流行衣服。因为年轻，怎么打扮都是青春的。他们中的一些成员慢慢地培养了一个习惯，不是为实用，而是为打扮、心情去花钱。①

新型商业广场中，有不同层次的密集状的名牌店，服装、百货、工艺品、装饰品、西式面包、西式冰激凌、化妆品、个性化电影院、体育用品、儿童用品等，对打工青年来说，这是一个体验、观赏城市生活的地方。新商业广场都是灯光堂皇、装修高雅、有干净的卫生间，久而久之，他（她）们有时觉得自己和这里的文化是一体的。和自己农村家里简陋的住宅、用水、如厕条件相比，会觉得这儿是天堂，每次回老家都不习惯，待几天就想回来。好像城市更像自己的家。有时又觉得自己是这个天堂外面的，除了廉价的工资与服务岗位，他们不属于这里。

这些来自农村，或贫困地区的打工青年，因自己从事美发、美容、服装等领域的工作，变成更有个体需求、欲望的人。他们有时会说，"现在年轻人都想得开，拿得不多，但都敢花"。他们（特别是女性）开始买化妆品，逛超市，体会"选"与"看"的自由感，或去便宜的大市场，下狠心买一件小有感觉的衣服。学着城市青年去网吧，下载电影与歌曲，在手机上包个30小时的上网费，什么流行语都了解。越是年轻，越容易学会这些。有的女孩子回农村老家时，包包里总是装着各种瓶瓶罐罐（补水的、面护的、隔离的化妆品），她们觉得已离不了这些"罐罐"，感觉自己和乡下姑娘不一样。在日常风俗方面，他们会"惊世骇俗"，因为远离家乡、父母，他们常常是早恋、同居者的群体。因为"消费自由"，是涉及个体的选择自由，它是一种个体世界的打开。

作为个人，这些打工青年似乎没有条件创立一种独立的生活方式。他们既不是白领，也不是体力劳动的蓝领青年，但他们的存在就是中国消费时代的独特景象。他们没有把自己当作城市人，也不再把自己当作乡下人，他们身上有更符合大众社会一般特征的一面，即原子化生存。这些青年中一般有初中以上文化程度，少数还上过大专、中专，但绝没有任何家庭的权力符号，他们只代表自己，颇有几分本雅明笔下的"游逛者、流

---

① 此部分是笔者的一个访谈调查。参见扈海鹏《新消费空间下的青年个体社会化——一种消费文化视角的分析》，《上海社会科学》2012年第12期。

浪者、看客"的景致。

　　笔者关注的另一类青年是年轻中产阶级，或者叫中间阶层的消费群体（他们是公务员、垄断部门的青年）。对这一类人群来说，消费文化，就是中产阶级文化。新商业空间是他们的消费与闲暇之地。

　　在访谈中，我听到了这样的自我表白："我爱用信用卡购物。刷卡的当下，就像不是用自己的钱，花得多还有奖励。""和别人相比，我有自己常去的专卖店、会所，我喜欢品牌。""一个老师问过我信仰是什么，记得我当时毫不犹豫地回答：品位！""原来我开别克车已七年了，最近换了个宝马，有能力换，为什么不换呢？""去一次专卖店，就花了近万元，挺爽。记着张爱玲的话啦，钱要乘早花。开心就好！"

　　也就是在这十多年中，中国年轻的中产阶级用"消费自由"个性态度，重新写就了自我意识的新叙事。他们认为在合适的场合，穿合适的衣服，展示着装的符号力量，是个体、私人性的表达。一些中等收入，又有父母辈经济支持的青年，住高档小区、去会所健身、练瑜伽，有跑步机，用钟点工，定期开车去超市采购、穿品牌服装。时尚消费无疑是中产阶级得以与非中产阶级区隔的主要方面。虽然中国中产阶级的薪酬在国际上，还处于比较低的水平，但在时尚消费和奢侈消费上却丝毫不落后。① 他们已把购物、汽车、住所已经转变为和等级、地位、品位和认同相联系的纽带，把参与"象征符号竞争释放出大量的能量"，看成自信的表现。他们是书写"中国城市中产阶层青年形象"的一群人。

　　中产阶层青年在新消费空间中关注生活风格的感觉与设计。像南京德基广场、金鹰商厦有很多高端品质的产品，提供中高收入阶层寻找、选购表达"自我生活情调"的东西。生活风格是中产阶级生活状态的体现，它意味着过一种更带有个性风格、品质的生活。个体所生存环境越是优越，生活风格就越多的关涉自我品位与舒适度认同。而这些都能在新消费空间中找到。

　　在今天的大众消费社会，自我是和风格联系在一起的。"风格"是以个性的方式选择生活，它不一定和奢华联系在一起，但一定是某种流行的

---

① 李松柏：《中国中产阶级消费文化研究》，《福建行政学院学报》2009 年第 5 期。

"符号"。① 消费文化塑造着青年中产阶层行为方式，也影响了"半穷人"对中产阶级风格的模仿。这些存在改变了、组成了当今城市消费空间中新的生活节奏和人生体验，负载着我们时代青年分层景象与心理特点。

（二）工具理性是个人社会化的重要认同

消费时代开发了个体的工具理性。工具理性是新的个人社会化过程的重要认同。"成功"的定义不再限定在以生产为中心的劳动，而是推向了消费生活方式的享受性获得。越来越多的来自农村的、来自第二产业的打工青年为了挣更多的钱、得到相对更自由些的工作，进入了饭店、宾馆、会所、美容院、高尔夫球场、商业连锁店。他们还是工人阶级的一部分，但已不代表传统工人阶级的那种诉求。进入了消费时代，他们的追求更带有个人性，不再是集体的阶级意识。不论对于中产阶级的梦想，或想成为中产阶级青年来说，工具理性都是重要的。

从访谈来看，新消费空间里的营业员，都以 80 后、90 后的年轻人为主。90% 的年轻人都是来自农村家庭或外地的乡镇。他（或她）们正所从事服务业，多半曾在制造业的流水线旁。由于营业员、美容师、美发师等工作，要和不同人打交道，每天时间过得很快；不必在上厕所前领牌子、不必单调地盯着流水线上的零件，新商业的工作环境也很体面，还能学到技能与知识，这些是他（她）们的满足感。如果她（他）们还没有结婚，会为自己买一、二件"奢侈"商品。"那些上过大学的城里人就是和我们不一样。她们有很多钱买贵得衣服。"当他（她）们接触到那些受过良好教育的、买得起奢侈品或中高档商品的城市中产阶级顾客时，会强化对这个社会的工具理性的识别。从工具理性角度上说，他们觉得从事城市商业的工作，虽然辛苦，但比在农村、工厂时挣钱要强。

与父辈相比，他（她）们基本没有做过什么农活，没有苦难生活的体验。在新商业场所熏陶了他们的生活欲求和自我期待。与国有商场中年女营业员相比，来自农村的打工女性的优势是年轻；但和受过较好教育的城市女性相比，她们没有多少优势。她们在城市职业选择面很"窄"。生存意识使她们会这样教育下一代："我跟我的儿子说，不好好学习，就像你爸一样，去做苦工。"她们是当代就业结构中接受工具理性熏陶的一

---

① 扈海鹏：《消费文化影响下大学生自我建构》，《中国社会科学文摘》2011 年第 11 期。

极。"一方面生活的理性化和大城市固有的神经刺激的增强，个体对差异，特别是对从一个时刻到另一个时刻的体验差异的意识和敏感性始终在增加。但是，另一方面，生活的理性化产生了一种主体性的防御原则，因为人成为越来越理性的精于计算的人，受数值的支配，甚至对纯属于个人的一切东西无动于衷。"①

在中国，由于城乡的二元结构，以生产为中心与以消费为中心的社会结构同时存在，里斯曼所说的"内在指向型人格"（勤奋节俭且具有个体奋斗精神的）与"他人指向型人格"（受同辈人流行文化影响的）也同时存在。他们行为是理性的，个人风格是趋向流行的；是职业奋斗者，也是流行时尚的认同者。一些男青年当高尔夫球场的练球员、高档会所的游泳教练、美发店的发型师，他们的工作时间长、很辛苦，工资也不高，但"满足感"高于工厂车间的工作。他们会说："很苦，但前景很好，我充满信心。这也许是能给我带来转机的职业。""我的业余爱好是在中山陵风景区骑单车（山地跑车）……"他们不是父辈那种"苦行僧"类型的。时代对他们的改变，不只是职业、收入，还是性格及气质。

在当下中国，中产阶层的职业气质与自我形象，是通过衣着、汽车、居住等来体现的。我们不能假设生活风格只在工作之外。"工作选择和工作环境形塑着生活风格定向的基本因素。"正如布迪厄所强调的，群体之间生活风格差异，也是分层的基本结构特征，而不仅仅是生产王国阶级差异的结果。②它意味着消费文化背后的青年阶层的分化，以及个人社会化背后利益驱动、生活方式分化。在工具理性下，生活方式的分化是很残酷的。

在已是中产阶级群体的青年中，其工具理性体现在快速晋升欲求。他们拼命做业绩，以让家人有更好的生活品质；为此，会去竞拼新职位，奔走各种交易场合、善于说话，应酬交际、会喝酒，懂得职场上的消费规则。出行都是小车，会包装自己。如男性的车子、西装、手表的牌子，女性的着装、皮肤的保养，都是他们特别关注的自我形象。在笔者访谈的青

① ［法］达尼洛·马尔图切利：《现代性社会学》，姜志辉译，译林出版社 2007 年版，第306 页。
② ［英］安东尼·吉登斯：《现代性与自我认同》，赵旭东译，生活·读书·新知三联书店1998 年版，第93 页。

年白领职员中，女性会花钱买一线国际品牌的化妆品，像兰蔻、倩碧等，男士则会买欧米伽、浪琴表，并认为这是社会身份的需要。有些青年的父母就是中产阶层，这使他们轻易地得到这个时代的稀缺资源——"房子""车子"、职业及他们的自信、舒适生活。

新商业模式在城市的极大发展，把大量的打工青年从农村、从第二产业转向第三产业。他们从生产者变成产品推销者、消费者，体会到"自由自在"的城市品格。在饭店、在宾馆、在理发店、花店、小工艺品店打点工，便能养活自己。就生活方式而言，他们再也回不到农村的土地上。但在巨大的工具性竞争与消费文化塑造下，他们又发现自己不过是吊在半空中的"城市化"——很难融入城市文化。他们做的属于这个社会中的"次要的工种"，都是临时性的、不固定的、体制外的、边缘的。在城市中，他们也是消费时代的新穷人。那点仅够生存吃饭的工资，使他们在大城市里买房、恋爱、结婚，过体面生活，成为难题。

打工青年的身份分裂感，不仅是城乡二元结构、本地人与外地人的差异，而且来自这个社会新的社会等级标准——文凭制度，即"毕业文凭的高低决定工作的好坏，这就是英才管理制度"。文凭既是个人向上流动的文化资本，又是社会区隔的手段。霍布斯鲍姆说，这种制度是人为的，它是由教育机构制定的。"英才管理制度就是要改变人们的阶级意识，使人们从反对资本家，继而转向反对各种各样的有钱人。"[1] 怨恨与仇富开始成为文凭式身份区分下的一种伴随状态。文凭本身既是工具性目的的动力，又是这个社会个体化的突出特征。没有文凭的新穷人的境况，在被老板解雇时变得很明显，他们什么都没有，只能回农村老家，或再在城市里重找一份工作。

工具理性下区隔的另一方面，是权力与消费的结合对身份的区隔。在科层化的合理性、工具性的装饰下，体制内的一些权力阶层拥有的更多消费资源，包括多种灰色收入，闲暇消费，及分享消费社会果子的多种资格。不客气地说，中国的消费经济发展出一套对权力阶层服务的机制与潜规则。一些青年人为尽快晋升，应付各种的应酬、考核，他们常常麻木于消费主义影响下体制内的负面景色。（在2013

---

① ［英］霍布斯鲍姆：《论当前世界趋势》，《国际理论动态》2012年第4期。

年中国全面反腐败之前，中国职场生活中的这种情形非常明显。） 现实中国的阶层分化，是与单位分化、行业分化联系在一起的。这就使"如果你获得博士学位或是硕士学位，你就有机会成为中产阶级"的情形变得更加复杂。

快速的社会转型，使青年个体不再相信以往教育中伦理的完整性。"我看到一束光，我想抓住它""我喜欢看的书是《坏蛋是怎样炼成的》""胜者为王，是我们的现实体验"。转型中短暂无序与资源流动、机会与交换，需要他们同时在几套规则中生存与表演。

理查德·梅尔说，"新型的自主者将是一个受周围合理的果断行动和可利用的社会制度巨大影响的人，与机器打交道时，他是一个设计者或诊断者，而不是一个被动的奴隶。他看问题或行动的逻辑包含着多元的价值观"。① 在当下中国，其"新型自主性"也发展起来。年轻人有更强的工具理性及对生活方式的多样性追求，为改变自己的、家族的社会地位而更加努力奋斗。"他的道德观是实用的、好奇的"，旨在获得更大的生活方式、生活品质的满足。

（三）消费美学的统辖与整合

在消费时代，把工作伦理与日常生活联结在一起的，不是信仰，而是对消费美学的认同。鲍曼说了很关键的话，"现在是消费美学占据了过去由工作伦理曾经统辖的位置"②。消费美学的传播在中国是一个全新的个人社会化过程，就像杨绛先生写《洗澡》一文，表达革命时代对人的洗脑过程一样；21 世纪的社会化是消费时代的符号话语，是另一种洗脑过程。全球化把西方商业模式中的消费审美，变成一种消费符号的认同与想象。诸如你的职场与生活中的魄力，来自你怎么穿、搭配，怎么理解色彩，怎么化妆、保养，住什么房子，开什么车，怎样表达气质，怎么认识与表达符号。

从个人社会化角度理解消费美学的传播，它就是一种个人体验、经验，是生活风格的学习与模仿。即新的消费空间创造的"假想的中产阶

---

① ［美］大卫·里斯曼等：《孤独的人群》，王昆等译，南京大学出版社 2001 年版，第 31 页。

② ［美］齐格蒙·鲍曼：《工作、消费、新穷人》，仇子明等译，吉林出版集团有限公司，第 76 页。

级"，"美满生活的符号想象"。

在 21 世纪的中国大中型城市里，年轻人去商场购买东西的时，如果营业员说，"这是品牌是上海产的、北京产的、广州产的"，中产阶级购买者一般不会兴奋起来；如果说"我们这个品牌是意大利的、法国的、美国的、韩版的，只是在中国生产的"，或者她说，"这是地道的外销原单、是意大利原版的"，青年消费者会立刻"激动"起来，好像找到了"档次"。号称台湾地产一线品牌的哥弟、采轩、奇威等服装连锁店，被解读为"中档价位、高档消费、奢侈感受"的特性，也很有诱惑性。在如此消费话语的灌输下，青年消费视野越出了本土性，他们是全球的、跨文化的。在消费审美取向上，这样的青年往往是中等阶层的青年。他们会被看成这样一种人，"不大注重对国家的忠诚，相反他追求国际主义的理想，他的想象活动更加丰富灵活，他的未来计划占有更重要的位置"①。

消费审美被设计成一个体现社会同质性、独特性和差异性的混合体。为了获得社会的赞同，保持生活风格领先性，就得关注流行潮流与时尚变化，消费时代的个人社会化，是一个动态的、不断接受其审美熏陶的过程。

在我所采访的采轩、奇威、涵沛、超妍等服装与美容店中，清一色都是女性店员。她们多半不是从专门的商业学校毕业的，而是在被招工后，速成培训的。在工作中，她们每天都在向顾客重复"消费审美"的劝导："女人就是要对自己好一点""女人的美，一定是花钱保养出来的""姐，你不觉得你穿了这身衣服，有大牌的感觉吗？""三分气质，七分打扮""不同的年纪有不同的美，不要放弃自己，要给自己加分，不要做减分。""打开衣柜，不觉得衣服像自己的战利品吗？"

这种"被告诫"的社会化过程，既是商业从业者（打工者）的学习，又是购买者（中产阶级青年）的学习。在色彩、面料、款式、搭配的生活风格修炼中，"被传递的经验的无处不在，毋庸置疑地以明显的也以更

---

① ［美］大卫·里斯曼等：《孤独的人群》，王昆等译，南京大学出版社 2002 年版，第 31 页。

为精细的方式影响着选择的多元性"①。

并不能把这一切看成是可有可无的变化。按照吉登斯的说法，随着现代性的发展，身体外貌和行为举止，都成为个体社会化的重要方面。吉登斯说，在高度现代性的后传统环境中，无论是外貌还是行为举止都不是作为给定物而被组织的。但"外貌已成为自我反思规划的核心要素""身体直接参与到建构自我的原则上之中"。② 在这个意义上，可以说，中国年轻阶层的审美品位、生活风格的培养，并不源于父辈的传承，而是对当下消费美学的学习、对现代性的体知。因为他们的父母辈是在批判"封资修"的氛围中长大的。

对生活风格、消费美学的某些特性的识别，最终都嵌入到这一代人的个体自我意识、性格中，变成他（她）们不同于父母辈的社会化习性。这是过去时代所不可能的。从积极角度说，消费美学的普及与认同，展开了日常生活文化化、审美化的过程。越是进入中等收入阶层的青年，生活品位的意识就更强。布迪厄一直是把"习性"是文化资本的一部分的。在中国当下，一种新的习性的培养，是从消费品位开始的，这是个体社会化的一个过程。

从分层视角看，消费美学的统辖与整合就是一种生存压力。一些在体面商业空间（如豪华商场）中工作的打工青年，处在多个审美处境的"两栖状态"：上班时在星级宾馆式的环境里工作，下班去郊区没有洗手间的、狭小的、租用的房子里生活。有的青年要面对从工地上、家庭装修现场回来的满身污垢的丈夫。她们没有可能去遵循职场上中产阶层生活风格，也不能规划其生活。这些方面都有着个体社会化中很私人、很无奈的部分。

那些来自医院、公务员、事业单位、企业、垄断部门的中产阶层青年，是有能力把"品位追求"正当化的。他们是以选择多元、有个性的生活为目的的。但靠工资收入来维持国际大牌的消费依然有困难。想要得到"大牌份儿"的生活格调，依然常处在纠结与割裂中。

---

① ［英］安东尼·吉登斯：《现代性与自我认同》，赵旭东译，生活·读书·新知三联书店1998年版，第96页。

② 同上书，第112—113页。

当他们没有实力买一线的国际大牌时，"替代性的生活风格"的策略出现了：这就是买仿制的大牌。她们会这样说，"我穿的衣服就是有大牌的感觉，哪怕是仿制的大牌，所穿出的效果也绝不比上海南京路上穿正牌的女人的感觉差，我有这个自信与实力"。"我是品牌控。有的人用正牌的包也像假的，有的人用假的包包也像真的。我显然属于后者。"

　　有些体制内中产阶级青年，看似有强大的购买力，其实来自父辈的经济支持（房子、车子）。当每月花上万元去做美容、买服装时，常是用 N 个信用卡来延迟压力，或用啃老的方式来满足奢侈消费。"被迫行为变成了上瘾行为"，自我满足本身包含某种病态——不间断的焦虑感，对接受刺激的依赖，形成某种无序、混乱的消费追求取向。在消费时代，消费人总是有正常人、病态人的两面。"如果一个人只成为一个消费者，那就是病态的。"[①] 尤其是这种新的消费美学变成个体自我整合的方式。新商业消费空间强化了娱乐化与自我休闲的乐趣。消费美学轻松地把匮乏时代的道德归属感变为富足时代的心理满足感；把职业竞争的焦虑感化解为消费生活中随意与夸张。"分裂了，我们去购物"，是消费时代自我拯救方式。

　　消费文化的娱乐与休闲乐趣，并不在于个人偏好，它也是一种商业的空间结构设计。如南京德基广场是南京一线的高档时装购物广场。它位于新街口东南面。在新街口地铁站处，有直通南京顶级商厦——德基广场的出口。虽然德基广场里有价值上万元的一线国际时装品牌，但德基广场并非因"大牌"林立而驱赶平民顾客。其地铁通道与商场一楼间集中了几十家知名小吃、甜点面包等店铺，七楼有大众可光顾的新潮电影院，2 期 B 座还增加了溜冰场，在最拥挤的电影院旁增加了像杭州"桂龙美"这样的百年老店、南京特色的大排档、具有跨国特点的"西贡花园餐厅"等等，这样就大大增加了德基广场作为综合的"主题公园"广场的集合性、娱乐性。21 世纪后中国新造新型商业广场通常都是个购物、娱乐、玩耍、餐饮的综合体。主要的购物者是青年人。一家三口，青年情侣们、在校大学生，中产阶层年轻夫妇们，可在商业广场花上一天时间慢慢享

---

　　① ［法］艾德加·莫兰：《社会学思考》，阎素伟译，上海人民出版社 2001 年版，第 210 页。

用，或在看电影前，先去采购，让整个消费时间变得像出远门旅游一样流连忘返、待上一整天还津津有味。随着消费文化的发展，大中城市的周末充满着消费空间里的娱乐式狂欢。包括吃饭、K歌、打游戏、泡吧、看周末夜场电影等。玩够后，下次会再换一个巨型消费空间去休闲。

从文化民主的角度上说，在商业消费空间游逛，是现代人的一种情趣与生活方式。是不是真得很有钱，并不重要，只要你心态好，开心就行。这种自我肯定的价值观取向，似乎是不再需要以往时代集体意识中的倾诉、依赖、被救赎（归依）。①

从另一方面来看，在接受消费美学的话语、符号的熏陶中，支撑人的生命本真持续性的原来的那种朴素的、神圣价值被替代了。装饰、模仿、财富、娱乐的价值被崇尚。就像舍勒说的，"价值序列最深刻的变化是生命价值隶属于有用价值""一切可以称为有用的东西，都变成产生舒服的手段"。② 这就使所有道德的命题，服从于可用性、实用性的命题。装饰"形式"大于修炼"内心"。如潮水般兴起的新的商业模式，扩大了消费的引诱性、强迫性。它不是集体式的、强调意义世界的；它是个人式的、娱乐排解了一切。

对于中国这样一个后发展的国家，又经历过漫长的商品匮乏、战争、阶级斗争运动的浩劫。现在，消费文化来了，商品经济的富裕社会来了，每个青年个体都会经历"文化现代性"与"消费主义"这两个方面的文化经验。消费主义，是一种社会文化结构，或主动，或被动。"结构作为记忆痕迹，具体体现在各种社会实践中"③，消费主义所带来的价值体验是多向的。

---

① 参见扈海鹂《"新消费空间"下的青年个体社会化——一种消费文化视角的分析》，《社会科学》2012年第12期。

② ［德］马克斯·舍勒：《价值的颠覆》，生活·读书·新知三联书店1997年版，第138、139页。

③ ［英］安东尼·吉登斯：《社会的构成》，李康等译，生活·读书·新知三联书店1998年版，第89页。

第六章　亚文化：消费文化中"文化现代性"的经验研究

消费文化下的青年价值观的建构，就是特定的亚文化风格的建构。当代中国青年亚文化的独特性，是通过流行、时尚风格的接受与趣味的发展，建立与主文化不同的生活格调、亚文化价值。它成为当代青年个体化的重要的方式。青年亚文化的传播既是兴趣的培养，又是风格、个性的形成。它是个体文化现代性的体现，依存于商业化的社会环境。

第一节　亚文化、文化现代性、后亚文化实践

一　主文化、亚文化与文化现代性

主文化、亚文化是社会学建立的一对很有价值的分析范畴。其价值在于，它强调文化结构是一个动态的阶梯，强调文化结构本身就可能是一个矛盾体。主文化是一个社会占主导地位的价值观，主导的意识形态。一个社会主文化的价值观是青年社会化的主要内容。亚文化是不占主导地位的价值观，但在特定的社会中是与主文化并存的一部分，成为主文化的一种补充，一种枝蔓，是一种相对独立的文化现象。

最早对亚文化群体进行研究的是芝加哥学派。芝加哥大学的社会学家自20世纪20年代始，就对移民、犯罪青少年等亚文化群体展开研究，最终形成了关于"越轨亚文化"和青少年犯罪的一系列成果。后来米尔顿·戈登在1947年《亚文化概念及其应用》一文中，将亚文化的概念的出现追溯到1944年在纽约出版的《社会学词典》中的"culture – sub – area"。意指"一个更大的文化区域当中那些有独特而完整的文化特征的亚区域"，与"亚文化"一词

很相近。1955年，美国社会学家艾伯特·科恩在其著名的《越轨男孩：帮伙文化》一书当中阐述了亚文化的观念，深入探讨了越轨青少年亚文化现象。[①] 20世纪60年代英国伯明翰研究中心对青年亚文化的符号象征、风格、意义进行了研究。他们关注了文化与阶级的关系，其两个主要研究方向是工人阶级文化和青年亚文化研究。这两个方向其实殊途同归。因为当时的青年亚文化研究的对象，也正是作为工人阶级后代的青年群体。研究者把当时离经叛道的青年亚文化，视为对资产阶级主流文化的叛逆和挑战。伯明翰研究中心的学者努力从风格当中发掘出处于弱势的青年亚文化所蕴藏的"仪式抵抗"潜能。[②] 人类学家玛格丽特·米德没有使用"亚文化"一词，但她在《文化的承诺》一书中，用了"时间上的移民"这样的话说明了今日的年轻人是如何站在复杂的文化环境与现实之中面对选择。她针对美国20世纪60年代的青年人特征说：第二次世界大战前出生和长大的每一个人都是时间上的移民，正如他们的祖先是空间上的移民一样，在新的世界中，他们正同种种陌生的生活环境进行着艰苦的抗争。这些时间上的移民都是旧有文化的承受者。唯一不同的是，他们代表着今日世界的各种不同的文化。[③] 玛格丽特·米德提出的同喻文化、后喻文化的概念，改变了人们对文化传承的一般概念。从此，文化反哺现象被人们关注。它也成为文化现代性的现象，这些研究提供我们对中国青年亚文化发展的思考。

（一）关于中国青年亚文化与文化现代性

20世纪80年代以来的中国青年亚文化的兴起是社会转型与全球化的产物。本书想表达中国青年亚文化与文化现代性的独特关联。20世纪80年代中国社会转型之后，青年亚文化的出现，即流行歌曲、迪斯科、摇滚乐、蛤蟆镜（墨镜）、喇叭裤……最初它们不只是作为时尚，而是作为一种青年亚文化对自由空间的选择。这种青年亚文化是超越革命意识形态边界的外来文化来的东西。世界范围的青年亚文化的兴起是20世纪60年代，欧美的青年运动的发生使摇滚乐、披头士、爵士乐、迷你裙、牛仔

---

① 安迪·班尼特等编：《亚文化之后：对于当代青年文化的批判研究》，中国青年出版社2012年版，第7、9页。

② 同上书，第11、13页。

③ ［美］玛格丽特·米德：《文化与承诺：一项有关代沟问题的研究》，周晓虹译，河北人民出版社1987年版，第81页。

裤，嬉皮士风格、朋克扮相，成为欧美国青年的文化符号，这些符号传到中国本身就是一场文化冲击、新文化革命（此书的第二章第三节中已有阐述）。中国20世纪八九十年代以后新的青年亚文化，与中国电影《阳光灿烂的日子》、电视剧《血色黄昏》中描绘的大院青年文化不同，与电影《老炮儿》中老北京胡同里的江湖文化也不同。从文化经验上说，后两者都是本土化的、"文革"后期的青年亚文化。而新的青年流行亚文化包含了欧美消费时代生活方式的接纳、对欧美20世纪70年代后青年流行文化成果的接纳。它是中国改革开放后的产物，是一种自由主义的精神态度。这就是经过"文革"后我们在此谈论文化现代性与中国青年亚文化的一种意义。电影《芳华》中有着70代后期文工团的青年人在宿舍里给灯上蒙上布，偷偷听邓丽君情歌的片断，记录了当时军队高干子弟的傲慢，记录了那些父亲受莫须有的审查、劳改的青年的压抑。与《芳华》《阳光灿烂的日子》相比，新的流行文化是另一类东西，它和人性、自由、小资情调联系在一起；和一种外来的新语言编码联系在一起。其实质是对欧美自由主义、多元化的生活风格的表达与接受。我在做青年访谈时，都能感受到青年人这样的需求与态度。

新的青年亚文化是和全球化下的消费生活方式联系在一起的。如革命民歌《社员都是向阳花》："公社是棵常青藤，社员都是藤上的瓜，瓜儿连着藤，藤儿牵着瓜，藤儿越肥瓜越甜。社员都是向阳花，公社的阳光照万家，家家爱公社，人人听党的话，幸福的种子发了芽。"其中有中国特有的革命现代性在里面。中国1949年以后的民歌，基本都是革命红歌。尽管它可能被转义为红色流行的经典，但它本质上不是此处我们讨论的青年亚文化。邓丽君的歌曲《月亮代表我的心》："你问我爱你有多深 我爱你有几分；我的情也真 我的爱也真，月亮代表我的心。你问我爱你有多深 我爱你有几分，我的情不移 我的爱不变，月亮代表我的心。"则是一种城市的、商业的流行文化。与"社员都是向阳花"相比，两者的情境是完全不同的。同时，因为与社会转型联系在一起，摇滚乐出现的早期，无论是在苏联与中国都是被贴上西方意识形态标签的，或资产阶级精神污染的恶名，但今天已不再有这样的标签。

（二）关于后亚文化实践与文化现代性

在青年亚文化研究中，自20世纪90年代后期以来伯明翰当代文化中心对亚文化的经典研究受到了广泛的批评。[①] 批评者认为他们夸大了工人阶级后代的文化作用，忽视了中产阶级的作用。一些研究者认为，亚文化群体在组织成员和风格上正日益变得更具多样性和流动性，这就是"后亚文化研究"的开始。新一代亚文化研究者在质疑和批评伯明翰学派的"阶级""抵抗"等理论观点的基础上，提出了"生活方式""新族群""场景"等后亚文化研究理论关键词。"后亚文化理论主要是依据西方'文化生产'中的青年文化实践而提出的"，它关注生活方式的实践。由于全球文化工业的传播，以及中国快速展开的全球本土性的城市化、商业化进程，新的亚文化实践也在中国都同时展开。

1. 对西方文化工业、流行文化风格的借鉴与模仿，形成新的青年亚文化风格的生产。这种亚文化风格形塑了当代中国青年的生活方式。中国当代的青年流行亚文化中，包含"各种关于西方青年的形象，青年表述西方的实际形象，以及日常的青年文化实践对于全球和本土的展现"，并且"已越来越多样化了"[②]。这种亚文化通过都市商厦、电视媒体的广告不断叙述与再现。所谓"后亚文化实践"，如果在中国也可以称之为"后"的话，那么，在于它不同于革命时代的样板戏、文艺小分队演出、群众文艺演出的风格。它是带有全球流行的、商业的、与欧美文化工业接轨的流行风格的再生产。尤其是在中国，它更大量地表现为与政治意识形态无关的个体化追求的流行风格，且更具有多样性、流动性、商业性。既包括了对欧美亚文化方面的模仿，又有与之交汇、再创新的过程，以至于我们常常分不清西方的与中国本土的亚文化的绝对界限。因为在生活方式的风格上是一体的，而且都与商业的运作、媒体的宣传紧紧地连接在一起。

2. 后亚文化实践也涉及中国在消费生活方式满足上的巨大不平衡性。伯明翰文化研究学派所讨论文化与权力、文化与风格问题，在中国依然是非常有意义的。如霍尔对"仪式抵抗"进行了深入的研究，关注了文化与阶级的关系。他一方面看到了青年成为流行音乐、风格等最为常见的现

---

①　安迪·班尼特等编：《亚文化之后：对于当代青年文化的批判研究》，中国青年出版社2012年版，第95页。

②　同上书，第149、11、13页。

象方面的表达；另一方面他运用了意大利理论家安东尼·葛兰西的"文化霸权"、后结构主义的符号学的观点，对青年亚文化所展示的符号、风格进行分析。伯明翰研究中心的学者努力从风格当中发掘出处于弱势的青年亚文化所蕴藏的"仪式抵抗"潜能。中国是个后发展的东方大国，转型中的巨大不平衡性，不同步性形成的社会与阶层的不平等性、不完善性，给青年亚文化的发展留下了空间。如中国的打工青年亚文化、大学生北漂一族的亚文化、快递小哥的亚文化、农村大学生的亚文化，事实上都是存在的，并不断通过媒体报道与学者研究中反映出来。尽管在主流意识形态语言中，有些底层青年的亚文化存在，我们是看不见的，但他们是存在的。如打工青年亚文化是被忽视的。一些青年打工者的诗歌是对主流话语、日常城市秩序的反抗、批判的声音。90后打工诗人许立志写下了《流水线上的兵马俑》《我咽下一枚铁做的月亮》等诗。他在《一颗螺丝掉在地上》中写道："一颗螺丝掉在地上，在这个加班的夜晚，垂直降落，轻轻一响，不会引起任何人的注意，就像在此之前，某个相同的夜晚，有个人掉在地上。"① 充满着对过于工具化的现代性秩序与血汗工厂体验的批判，反映出下层青年的权利需求与反抗。又如诗人余秀华的《在摇摇晃晃的人间》等诗反映农村女青年的苦闷。

从转型社会存在更多的流动性、主体性、文化性来说，中国的城乡二元结构的存在，二元性不平等制度的存在，会随着中国城市化、商业化进程存在下去。城市商业化的巨大发展，消费社会的繁荣场景越来越多，会掩盖下层的青年亚文化，但它依然还会存在下去。它们会是被政治意识形态及体制、被消费主义的时尚浪潮及商业制度同时忽略的东西。这是文化现代性的一个领域。尽管这些现象也呈现出碎片感，但它还不能简单归到后现代性的碎片、边缘感、漂浮感中，因为在打工青年诗歌亚文化里，在农村青年向城市流动的文化生态中，他们所要求的是基本的社会权利、是个人自我发展的体面人权利。

3. 后亚文化实践也体现在中国青年的网络批评作用。作为文化与权力的一种关系，当代青年人通过网络进行公共生活的参与，表达权利意

① 曾被誉为打工文学接班人的90后深圳诗人许立志，于2014年10月1日坠楼自杀。信息来自观察者网2014年10月5日。

识，并对社会权力不公正发出制约性的批评话语，这是从前所没有的。进入 21 世纪以后，中国青年人通过网络互动建构起"表达空间"的亚文化话语风格，以互联网特有的虚拟空间展示青年亚文化的表达政治。如打酱油、躲猫猫、草泥马、河蟹等网络神语，以恶搞、山寨等娱乐化方式扩展网络表达空间①，起到了对现实社会及政治的批判作用。另外，"屌丝"这一网络术语流行及"屌丝"网络亚文化风格的风行，其实质是网络亚文化的中下层青年的精神狂欢与草根式幽默，具有"边缘性、批判性、娱乐性与开放性"②，表现出对传统精英文化和权力的颠覆与抵抗。网络时代的青年亚文化的风格也是分散的、复杂的、包含着"隐藏的文本"③的风格反抗。如弹幕视频网站建立起来的弹幕网络亚文化，通过网络等技术手段以及独特的语言等符号主动将自己与主流文化区隔开来，在实现对主流文化抵抗的同时，又在具有共同喜好的小圈子内寻求相互认同和自我价值实现。④ 当然，我们很难用一个简单的评价来概括网络青年的亚文化风格。

二　青年亚文化：个体社会化与后亚文化实践

青年亚文化与消费文化（流行文化）具有相互结合的性质。流行文化因为有了青年亚文化的参与，具有了某种新的合理性，并更多生产出流行与市场相结合的新价值。这种结合大大扩展了"经济生产文化所需要的生活方式"的现实性与大众时尚性。在本章下面的第二、第三节中，笔者将分别讨论了 95 后大学生的校园亚文化、00 后中学生的亚文化状态，这两方面的研究都反映出青年亚文化是个体社会化的情境与舞台。总体上，它们不和改革开放前的革命现代性相联系，它们与消费文化视角下的文化现代性状态相联系。强调这个文化现代性，是强调一种

① 李春玲、［俄］科兹诺娃等：《青年与社会变迁：中国和俄罗斯的比较研究》，社会科学文献出版社 2014 年版，第 262 页。
② 李礼：《网络亚文化的后现代逻辑——对"屌丝"现象的解读》，《青年研究》2013 年第 2 期。
③ "隐藏的文本"一词，是美国社会学家 James C. Scoutt 用于阐释统治群体和从属群体之间的支配与反抗时采用的一组概念。
④ 陈一、曹圣琪、王彤：《透视弹幕网站与弹幕族：一个青年亚文化的视角》，《青年探索》2013 年第 6 期。

新的主体意识的自我认同、自我发展的状态。在一定意义上，消费文化的生活方式，也是一种亚文化生活方式。对于青年人来说，它是个体社会化的境域与舞台。

亚文化与个体社会化有相互结合的性质。个体社会化与制度社会化的区别在于：制度社会化是宏观的、结构的、科层制度的社会化，是特定职业、社会群体的社会化；个体社会化常常是小的、境域的、理性加感性的，亚文化帮助个人对付日常生活的各种境域。伯明翰文化研究中心的早期研究也主要是发现了这种青年亚文化行为给个体行为的张力，即亚文化创造了新的风格的意义。新的风格的意义就是青年流行亚文化的意义。新的风格的生产，是青年亚文化与商业文化的结合。它既是对成人世界的道德规矩与习惯的超越，又是自身的亚文化风格变成生活方式中最活跃的东西。赫伯迪格在他《亚文化：风格的意义》中说，"亚文化的意义一直是有争议的。而风格是一块领地"。① 亚文化，作为风格再次被赋予意义的过程，在这里，越轨可能显得不足一道，诸如一缕头发的打点，以及怎样弄到一辆踏板车、一张唱片，或一款服装。但是这一切最终构成一种风格，在微微一笑或嗤之以鼻之间，显示反抗和蔑视的姿态。它表征了一种"拒绝"。这些姿态具有一种意义，那些微笑和蔑视，具有某种颠覆性的价值。② 赫伯迪格在这里描述的风格的意义，并且主要是指那些用奇异风格挑战社会的工人阶级的后代。

后亚文化研究与消费社会的到来、消费文化的生活方式有关。现在比较热的"后亚文化研究"一词，强调关注消费时代下的生活方式、生活风格，不再是只指工人阶级的逆反的后代。在当下的流行文化与青年亚文化结合中，风格依然越来越显示出个性魅力，具有普遍的青年生活方式特点，并显示出与社会共享（商业的、时尚的、创新的）青年个性力量。它甚至已经是个人的符号资本与文化资本的显示。随着现代制度的复杂性及社会分化、不确定性的加快，"有组织的现代性"已不能帮助人们完成自我成长过程。消费社会的社会地位竞争，影响到一种从集体主义的社会

① ［美］迪克·赫伯迪格：《亚文化：风格的意义》，陆道夫等译，北京大学出版社 2009 年版，第 3 页。

② Dick Hebdige. *Subculture*：*The Meaning of Style*，Routledge，1979，p. 3.

化到向私人化消费模式的转变①。它反过来又为个人消费的亚文化学习提供了需求。

当代后亚文化实践有两个方面可以重新聚焦：第一个方面是亚文化与自反性的自我认同；第二个方面是亚文化与游牧式、离散式的自我认同。

从第一个方面看，个人社会化的实质是一种自反性的自我认同。这是文化研究者们新近关注的。依照吉登斯、贝克等理论家的观点，全球化下人们的身份已变得更加具有自反性，并且通过私人化的消费模式正在被主动地建构起来，这是很深刻的。贝克认为，"个性化首先意味着新的生活方式对工业社会的旧的生活方式的抽离，其次意味着再嵌入，在此过程中个人必须自己生产上演和聚拢自己的生活经历"。个性化意味着标准生活经历成为"选择的生活经历、自助生活经历、或者吉登斯所说的自反性的生活经历"。② 所以，青年人对流行亚文化的学习会转而成为个人文化资本的存储、成为自助生活经历、自反性的生活经历。在现代社会以前，人们认为身份是被赋予的。在革命时代，人们的有组织的现代性中身份是相对稳定的。然而，在新近的、高度发展的现代性中，或自反性的现代性不断发展中，身份变得越来越模糊，人们必须在充满可自由选择可能性的环境中以单个人的方式去努力获得。从这个意义上讲，甚至于文凭、组织、单位、收入，也只是人们获得他人认同的"部分的现代化"。

随着传统纽带的衰落，以及个性化消费模式的兴起，身份日益成为一件事关选择的事情。"去传统化"意味着传统惯例的他者监督已被晚期现代性"必然出现的自我监督或自反性"所替代，而且所有个体现在必须从社会出售的大量的可能性中选择他们个人的身份。③ 自反性的自我认同，具有文化现代主义的色彩。即不循旧常规的路，试图寻找出为自己而活的新的路径。

我们以青年流行音乐的亚文化发展为例，流行音乐的发展在当下中国

---

① 参见安迪·班尼特等编《亚文化之后：对于当代青年文化的批判研究》，中国青年出版社 2012 年版，第 97 页。

② ［德］乌尔里希·贝克等著《自反性现代化》，赵文书译，商务印书馆 2014 年版，第 18、20 页。

③ 参见安迪·班尼特等编《亚文化之后：对于当代青年文化的批判研究》，中国青年出版社 2012 年版，第 97 页。

既是一项文化产业，又是一种青年亚文化的存在。自从湖南台 2004 年"超级女声"电视选秀竞赛以后，中国电视流行音乐越来越火，它形成了独特的"青年亚文化"。它常以青年选秀为特点，以青年流行趣味为特色。在电视上创造一种被观看的青年亚文化。参选歌手多半在体制外生成，成功者则在青年中，发展出粉丝文化圈。2005 年"超级女声"比赛的总冠军李宇春，同年登上了美国的《时代》杂志封面，并在新浪微博上拥有 450 万粉丝。之后，各种青年流行音乐歌手在电视竞赛中不断产生，演绎为青年人寻找个人发展机会的自反性选择。

我们以浙江卫视的《中国好声音》节目为例。此节目在 2012 年 7 月 3 日开播，到今天已有了第四季①。在《中国好声音》的四季节目中，流行亚文化已成为参赛青年的个体追求、个人音乐梦想与人生价值的个体社会化过程：其一，所有参赛的青年都有自己的"奋斗自我"的叙事，他们组成了现象学意义上的青年文化存在。和过去央视的"青歌赛"不同，《中国好声音》参赛歌手不存在组织推荐的问题。《中国好声音》是青年人自发报名，经过竞争、盲选被推荐上来的。《中国好声音》节目做成了一个青年亚文化的团队。导师与青年参赛歌手组成的竞选战队。所有参赛青年都有自己的"奋斗自我"的叙事。他们会在唱歌时表达与思考自己的梦想是什么？他们的歌是和他们的梦想、他们的故事的一个集合。他们中绝大部分由 80 后、90 后青年组成。其中有火车司机、乡村青年、出租叫车的青年、流浪歌手、酒吧歌手；有开小商店的小老板、也有在校大学生、大学老师、幼儿园老师、建筑工地的材料管理员、工厂打工青年、自由职业者等，职业很分散、具有草根性，大部分是体制外的青年。他们共同特点是喜爱流行音乐，怀着音乐梦想，在追求音乐的路上留下了他们人生奋斗的故事。90 后歌手李文慧长得比较胖，但唱歌的时候很自信，她说，"对摇滚乐有一种信仰式的爱，是永远充满激情，永远满含热泪"。在美国读书赵大格才 19 岁，她是学画画的，爱上了唱歌。她在《中国好声音》中唱了一首《在人民广场吃炸鸡》。她自己解释说，这首歌讲了我们年轻人喜欢的两件事，一个是健身，一个是恋爱。（人民广场，是指健身；吃炸鸡，就是指谈恋爱）这就是青年亚文化。长辈们不会这样想的，

---

① 2016 年，因侵权纠纷，《中国好声音》节目改名为《中国新歌声》。

她这样回答很符合 90 后的性格。其二，青年人所选择的歌曲风格建构了一种个体化的自我认同。张赫宣唱的"像梦一样自由"，贝贝的"花火"，李文豪唱的"思念是一种病"，梁博的"私奔""存在"，关诗敏唱得"自己"，黄凯唱的"yellow"都是带摇滚色彩的歌曲，或情歌，这些歌曲有很深的青年亚文化特色，是青年人自我内心的诉说与宣泄。歌手演唱时，还把中文歌与英文歌交叉着唱，歌被改编又改编，变成了一首首新风格的歌。这些歌词中个人情感诉求很强；忧郁、自我，变成青年人喜爱的个体化情愫。从歌词社会学角度，我们看到一种文化营养的转换，上几代年轻人从马列、毛泽东著作中，从革命英雄的事迹与豪言壮语中获得精神养料的时代，似乎已经过去了。新的文化养料是片断的、小叙事的、情感的，但又是流行的、生活的，与个体文化经验相同感的。其歌词是对生活的阐释。歌手许哲唱的"生来彷徨（Live）"。歌词的大意是：

> 每天走在疯狂逐梦的大街上/我们精神褴褛却又毫无倦意/徘徊着寻找着那虚空的欢愉/奔波着抗争着那无常的命运/朋友啊 这生活会把你的心伤烂/可它从来就不会有一丝怜悯/再也别像个傻瓜一样的哭了/因为像我们这样的人生来彷徨/路上散落着花朵般受伤的英雄/如同我们一起挣扎着的那些片段/明天我们是否活着却依然不在/明天我们是否存在却迷惘依然/朋友啊 这世界会将你的梦破败/而它从来就不会有一丝同情/再也别像个疯子一样的拼了/因为像我们这样的人生来彷徨。

歌手张赫宣唱的"像梦一样自由"。歌词的意思是：

> 你是否还会牵挂我 /我最亲爱的朋友啊 /当我决定放下所有 /走上去自由的路 /你是否还会陪着我 /我最思念的亲人啊 /都已经告别昨日 /驶向去未来的路 /我要像梦一样自由 /像天空一样坚强 /在这曲折蜿蜒的路上 /体验生命的意义 /你是否还会陪着我 ……

狄尔泰认为，"理解人的存在就要理解他们的文化表达"。① 重心就在

---

① 赵一凡主编：《西方文论关键词》，外语教学与研究出版社 2015 年版，第 3 页。

对语言表达的阐释上，"表达"可追问到主体的原初的经验、生命经验。所有的歌手都有自己的故事，他们的演唱中，歌词都代表他们自我个体社会化的认同与解读。其意境体现了一种深刻的趣味与心灵价值的结合，并且代表了中国年轻一代已从"集体化情感"的趣味价值转向了个体的趣味价值。与过去时代的进行曲相比，流行音乐、摇滚音乐更个人、更自我、更私人、更加诉诸感情、感性，也更加具有个人叙事的风格。

流行歌曲中的逆反风格，不是真正的对抗社会，而是个人风格与心理自由空间，这成为自反性现代性的选择。参赛歌手贝贝在盲选时唱了摇滚歌曲"花火"，非常有激情。导师问她为什么选这样的歌，她说，"有一种逆反的状态，特别有劲"。导师又问，"你平时工作中很逆反吗"？她说，"不是，遇到不愉快的事，唱一唱会超脱"。

类似这样的感受，青年歌手表达得很多。接受亚文化是一种生活风格，喜欢摇滚是一种生活态度。它意味着主观的、主体的心理世界对外来世界的变化、挑战的准备、超越及永远满心欢喜的生活追求。从中我们可以看到，青年亚文化发展已和青年一代自反性的选择有关。

第二个方面考量，是亚文化与游牧式、离散式生存的自我认同。后亚文化实践很大程度上与青年网络亚文化的兴起有关。这是个体社会化过程中的一个更为多元的虚拟化存在，也表现了网络时代的游牧与离散状态及自我认同。在当下，几乎所有的青年亚文化门类都有网络亚文化的版本，如流行歌曲、粉丝、影视明星、动漫、流行小说、游戏、Cosplay、鬼畜、购物、影视剧、网红、体育、汽车、骑行亚文化等，都是网络联系在一起的。互联网成为一种新部落状态、新游牧式状态，一种"能走多远就走多远"的网络式游牧。1980年"潘晓来信"时的青年状态基本上是一种固定化的封闭生存。人们和固定的组织单位、行政化约制联在一起，个人没有其他的自由空间。然而，互联网时代带来了流动的现代性。鲍曼的解释这种"流动的现代性"，包括了"突然中断、前后矛盾和出其不意，是我们生活中的普遍情况"，是让身体在"感受的河流中漂浮，将自我沉浸在不进行思考的快乐体验中"。① 对许多青年来说，这些东西甚至已经成

---

① ［英］齐格蒙·鲍曼：《生活在碎片之中：论后现代道德》，郁建兴译，学林出版社2002年版，第130、128页。

了他们的现实需求。片断、零散、漂浮状，另类的感受成为一种网络青年亚文化状态。苏州大学新媒介与青年文化研究中心"青少年网络流行文化研究"课题组发布的报告指出："大多数被调查对象平均每天上网时间约为 4 小时，远超中国网民 2015 年上半年平均每周上网时长的 25.6 小时，与 2014 年发布的《青少年上网行为研究报告》的周时长相比，青少年上网时长继续呈增长趋势。"①在马中红主编的《中国青年亚文化研究》著作中，对中国青年的网络亚文化现象作了全面的研究。

从我和我的学生所做的访谈②来看，游牧型的网络青年亚文化现象提供青年人某种自我漂浮、自我快乐的新的可能性。

> 我其实从玩游戏的经历中学到挺多东西的，像很多关于电脑或者网络的知识、技能，还有游戏圈子里的一些规则等等。以前我其实不怎么懂电脑，刚玩游戏那会儿要到处找地方下载资源，像软件破解、光盘镜像安装这些都是那时候学会的。我经常泡在论坛和贴吧里，慢慢从一个小白成长起来。还有现在流行的直播，也是因为要看主播玩游戏才了解的。我以后想从事游戏制作方面的工作，这也是长期玩游戏的经历对我的影响。
> ——M5 男，20 岁，高校公共管理专业学生、游戏公司实习生（资深电脑游戏爱好者，从初中起接触游戏，现为游戏公司实习生）

> 我觉得现在网上玩的内容都不会引导我们去思考一些比较深刻的东西。我不爱去想那些高大上的东西，想了也想不明白。而且像我们这种小人物，就算想明白了又能怎么样呢。每天下班回来都累得够呛，就想看点轻松的，有意思的，不用动脑子，躺在床上抱着手机就是我一天当中最幸福的时刻。
> ——F10，女，26 岁，从事人力资源管理工作（从高中开始接触韩剧和韩流偶像，喜欢韩国偶像组合东方神起。在下班后会看当前热

---

① 中国青少年研究中心，苏州大学新媒介与青年文化研究中心"青少年网络流行文化研究"课题组。马中红：《媒介空间中的青少年文化新特征——青少年网络流行文化研究调研报告》，《中国青年研究》2016 年第 7 期。

② 此访谈是从我的研究生张轩原所做的访谈中选取。

播的韩剧）

为什么要在动漫和游戏里寻找真实？要我说这样的人就是脑子有病。本来就是想逃避现实才来游戏和动漫里寻求慰藉的。我当然知道现实中没有天天围着你转的美少女，没有动漫里那么美好的青春，也没有奇幻的世界。可是那又怎么样？现实中只有无聊的大人们，只有唯利是图，钩心斗角，大家都戴着一模一样的面具死气沉沉地生活。就是因为有现实中不存在的美好，所以才更加宝贵。我觉得现实世界中的自己并不是真正的自己，游戏和动漫才是我真正的归属。

——M4，男，17岁，小城市高中生（喜欢日本动漫及轻小说，最常浏览的网站是二次元弹幕网站，每周末回家时会用电脑看新的动漫）

可能在别人看来，我们穿着打扮都挺夸张的，毕竟一般人都不会穿成这样出门吧。可是 Cosplay① 就是要最大限度地还原模仿对象，从外表到神态都要尽可能的像，越像越好。Cosplay 的基本上都是动漫里的角色，她们的装扮本来就是和现实中的装扮不一样的。其实我认为每一套 Cosplay 的装扮都是有象征意义的，对我来说它代表了我所扮演的角色身上蕴含的精神吧。我选择去 Cosplay 一个角色首先肯定是喜欢这个角色，对这个角色的精神有一种认可和欣赏，所以我才会想去扮演她，希望自己能够再现这个角色。比如我在 Cosplay 中的这个是楪祈②，喜欢她为了集③默默奉献甚至可以牺牲自己的精神，也很欣赏她的勇气，为了爱敢于和全世界为敌。说起来我经常会因为 Cosplay 时穿的衣服太过特别而受到别人的非议，所以我觉得楪祈的勇敢特别能给我鼓舞。

—— F4 女，19岁，北京某高校大学生（初中起接触日本动漫，喜欢动漫、游戏，热衷 Cosplay）

---

①　Cosplay 是英文 Costume Play 的简写，指利用服装、饰品、道具以及化妆来扮演动漫作品、游戏中的角色。玩 COSPLAY 的人则一般被称为 Cosplayer。

②　笔者注：日本动漫《罪恶王冠》的女主角。

③　笔者注：日本动漫《罪恶王冠》的男主角。

我们吧里的成员都特别团结，大家都是怀着对鹿晗的爱来到这里的，这里就像一个大家庭。在这儿你不会被歧视，也不会被排挤。每个人都根据自身的实际情况为鹿晗、为这个贴吧做出贡献。吧主和吧务制定了发帖规范和管理规则，维护负责每天的运营管理事务。一些有资源有能力的人大都会把自己的资源分享出来，或者用自己的能力做一些很牛的事。像我这样的小透明也有很多，但我们都会去做自己力所能及的事，比如支持鹿晗的专辑，为他的新歌打榜，这都是最基本的，谁都可以做。大家相处很和睦，因为不管你有多少其他身份，在这儿只有一个身份，就是鹿晗的粉丝。不管我们有多少不同，有一点是相同的，就是对鹿晗的爱。

——F2 女，16 岁，西部某省份小城市初中生（鹿晗的粉丝，每天都会用手机去鹿晗贴吧签到，经常参与贴吧组织的活动，用零花钱买鹿晗的专辑及商品）

从以上的几个青年访谈，我们可以看到青年人在网络上找到自己的世界或群体。他们是从属于兴趣的，又是分散的。这种分散性带来了游牧式的自选型的生活方式的特点。上面提到的鹿晗贴吧，就是一种新型的游牧型的生活方式。鹿晗贴吧关注的粉丝达 3514488 人；粉丝的贴子有 44770611。鹿晗贴吧里主要是关于鹿晗获奖方面的最新资讯，鹿晗微博更新，鹿晗其公益活动，娱乐导航、鹿晗影像等，及关于鹿晗及与粉丝的互动。其活动不同于任何一种社会组织。他们组织了一种以对明星热爱的感情为基础了网络人际空间，是不带功利性、不带政治色彩的忠诚、投入与纽带。英国学者保罗斯威特曼、马弗索利探讨了新的网络部落亚文化。他们认为新部族群体是松散的、不断变化的、通常比较短暂的联盟，以部族成员共同的生活方式和趣味为中心，以情感而不是以对某种意识形态或信仰的拥护为纽带。研究者强调，"新部落主义最终可以被视为一种带有美学色彩的社交形式"，① 热衷于表象和形式，也可以被视为一种基于共同情感和体验——或者信奉某些具体的（意识形态）信仰的表达。

---

① 参见安迪·班尼特等编《亚文化之后：对于当代青年文化的批判研究》，中国青年出版社 2012 年版，第 104 页。

本节把"中国新歌声"中青年流行音乐爱好者的追求，看成一种自反性的亚文化；并呈现了90后青年网络化生存中的态度、他们对一种游牧化、零散化的网络亚文化生存的肯定、追求与喜好，使我们看到了自反性自我认同、自反性现代性的扩展。以往既有的亚文化分析已经不能再完全适用今天的时代。

第二节　校园亚文化：大学生"文化接受"中的自我转变

"文化接受"研究是跨学科的。它直接来源于文学研究中的"接受理论"。接受理论认为作品是被审美主体感知、规定与创造的文本，强调重视读者的经验。接受理论也是来自解释学的方法与思想，伽达默尔认为"意义总是他或者她在阅读一个文本时由个人创造的某些事物"。文化社会学的"文化接受"研究从早期"接受理论"对文学文本的研究转到广泛关注传媒、消费文化产品的文化接受过程，重视其中的"高级和低级的"产品被生产、接受的文化情境，重视发现其经验的、亚文化的群体"接受"过程及意义。①

经验，也是文化研究的一个视角。经验既是理解文化与社会变迁的路径，又存在于社会互动之中；经验可以带来理解文化与社会变迁的"情境化知识"。经验里存在着主体间认同与主体性的形成，"经验涵盖了社会形式"。②

从2004年到2013年间，笔者基本上采用个体访谈的方式，对以江苏为重点的、包括外省的大学生、硕士生有关的生活方式转型问题进行了探讨（与本文作者访谈的时间有关，文中所指的当代大学生主要是指80后的大学生、研究生。而不是泛指当下在校大学生），力求获得有关消费文化对当代大学生影响的直观、深入的印象。在这种研究的倾听中，笔者发现"消费文化对当代青年的影响"是一个感性的、体验的、多元的、个人化的、允满成长式叙述的话题与领域。

---

① ［美］戴安娜·克兰：《文化社会学——浮现中的理论视野》，王小章等译，南京大学出版社2006年版，第196—197页。

② ［英］安·格雷：《文化研究：民族志方法与生活文化》，许梦云译，重庆大学出版社2009年版，第40页。

作为一种"经验"层面的消费文化的影响，其实是大学生群体在消费文化影响下所经历的社会化进程，它也是社会转型期青年大学生的成长进程，其突出点是"自我"的转变。①

一　"自我意识——语言"发展

"从一种文化走到另一种文化"的过程，是新"自我"的开始。社会学意义上的"自我"概念是文化内化过程中形成的个体人格。它是社会成员在社会性发展的同时形成的独特个性及自我认同。

中国的社会转型与全球化带来了与革命文化完全不同的很多新符号，及符号冲击，如流行音乐、日本动漫、欧美球星、世界杯、奥运直播，时尚的韩服、明星写真、财富大亨的广告形象等，还有许多新的品牌，如麦当劳、肯德基、耐克、阿迪达斯等等，这些在"都市生活——大学校园"中构成"符号"景观，在一定程度上形成了"城市——校园"的软环境，代表了社会转型中新的开放性与意义，并成为青年人新的自我意识形成的社会背景。青年个体被置于一系列新的知识、语言、习性的认同、表达中。这种开放性"总是包含着将其他意义带入了我们自己所有的意义之中"②。也就是说，当青年大学生喜欢看电影《钢铁侠》、迷上 NBA 明星赛的时候，会附加、联结出许多新的意义。如西方叙事中英雄主义、个人感、新潮娱乐、成功想象等。

尽管，消费时代的品位、风格不在主流意识形态视野中，看上去是某种非正式的社会化过程，但它却是被体验的、潜移默化的、无意识的，同时又是互动的、跨文化的、主体选择的。这些新符号的存在及其被解读中的意义、氛围与认同，成为影响新一代青年人心智形成的重要部分。

与此同时，他（她）们"从一种文化走向另一种文化"的显著方面也在于其用新的语言来表达自己。在文化研究中，看待"怎么说"是很重要的。语言变化和许多新文本相联系。由于更多的复杂性、多样性、开放性的文本被阅读，不断被附加、解释的新的意义，改变了当代大学生们

---

① 参见扈海鹂《消费文化影响下大学生自我建构》，《中国社会科学文摘》2011 年第 11 期。

② ［美］戴安娜·克兰：《文化社会学——浮现中的理论视野》，王小章等译，南京大学出版社 2006 年版，第 42 页。

的语言特征。

　　一个大四女生在谈到她所喜欢的日本 XJPAN 乐队时说："我特别喜欢 XJPAN 的摇滚。摇滚是很累的，他们做的不是流行，他们是要创造。日本 XJPAN 的摇滚，比欧洲更唯美。他们的表演似乎是要拼命抓住这个世界某种永恒的东西，但这个世界不确定的东西太多。看 XJAPAN 演出是一种享受。"

　　作为符号和象征体系的语言，常常建立在某种修辞之上。这是文化研究的一个观点。德里达认为，"所有的语言都是修辞性，因为所有语言的一个显著特征就是意义的流动性"。①

　　2007 年年底，美国"后街男孩"演唱组合在中国演出，一位"硕士生花 1000 元钱买票观看。在谈到观看的感觉时，他说，"真是圆梦！我最早接触的欧美文化就是'后街男孩'的演唱。那是什么感觉呢？那是一种很自由的想象。他们的歌词里都是爱情。他们总是在思考人生。'后街男孩'里有一种对梦想、精神世界的理解。"

　　语言的改变是心理结构、思维方式变化的结果。在访谈中，笔者经常感到的是他们的思维关注点，以及他们话语所表达的出乎意料的阅读解释。

　　80 后大学生的成长过程不断面临各种各样的社会变革，所以，他们内心一直在面对"个人和集体之身份的文化建构"。社会开放、英语水准的提高（当下大学生一般都有四级以上英语水平，研究生有六级到八级英语水平），使其可能在更大范围地进行文本阅读。许多同学休闲的方式就是唱英文歌曲、看英文版电影、小说。良好的外语水准参与"主体性"建构，并可能了解、接受了陌生的"他性"。由此，"自我"从统一化、同质化的形象中"偏离"出来，这种"偏离"意味着独立思考。

　　在今天的大学校园中，"语言"有时也成为调侃自己与他人、宣泄压抑的游戏。如校园网上曾经流行的"爆笑新东方老罗语录全集"中的语言片断。如"彪悍的人生不需要解释！""大家都是出来混的，都不容易！""人生总有几次踩到大便的时候。""直面惨淡的人生，正视淋漓的

---

　　① ［英］丹尼·卡瓦拉罗：《文化理论关键词》，张卫东等译，江苏人民出版社 2006 年版，第 33 页。

鲜血，彪悍地活下去！""令人愉悦的忧伤！""就是这么彪悍！就是这么硬朗！""这个题目是在侮辱我们的智慧。"这些语言深受大学生们的喜欢。

　　文化研究理论认为，经验是透过语言而得以表达与构连的。[①] 语言与经验反映了我们在特定社会、文化世界内所占位置。这样一种非精密的、开放的、自讽的、失语式的、粗糙的语言，使得以往的精密言语型形式（中产阶级、上层阶级的体面的书面语言）界限被打破，带有着亚文化的反抗性质。它也属于当代大学生借助语言表达的一种自我特征。

　　"语言"的亚文化表达有两个突出的方式，一是流行音乐的吟唱。像小虎队的"爱"，张雨生的"大海"，刘若英的"后来"，羽泉的"深呼吸"，梁静茹的"会呼吸的痛"等等，都是80后喜爱的校园歌曲。其歌词、情调都是属于"如何看待我们自己""我们如何诉说自己的故事"的语言叙说。一位80后的大学生谈起成长过程喜欢的流行歌曲时这样说："那些歌曲记录了我们过去那个时代。让我们在迷茫中长大，让我们了解了什么是爱情、友情、亲情。记录了我们的酸甜苦辣，教会了我们很多好的与坏的事物。每一首中都有一个故事，那是我们的故事！"

　　二是网络空间的语言交流。互联网使当代大学青年表达找到了语言表达的新的场所，并且更加丰富化、个性化。在那里，他（她）可能是一个本雅明笔下的那种城市"闲逛者"，不过不是在巴黎拱形长廊里，而是网上。他们可以在网上随意闲逛、闲聊，随意发泄、表达自己。在线阅读、网络游戏、观看在线电影、下载流行音乐、观看"欧冠"、意甲"联赛"、"英超"联赛等，每天或定期去 QQ、MSN、校内网（目前是微信）成为他们的生存方式。并且，他们是通过这种方式来激活自己的生活、包括价值的寻找。在与网络文本的互动交流、对话中，他们建构了父辈们所没有的新的意义感，不仅是网络创造了更加平等、自由、多元、匿名的、可选择的语言交流方式；而且，他们依赖这样一种公共空间、私人空间中的话语氛围。青年人可以任意地和陌生人、恋人、友人，和远距离的人交流。只要他们愿意就可使自己成为"生活在此地"、又是"生活在他处"

---

　　① ［英］丹尼·卡瓦拉罗：《文化理论关键词》，张卫东等译，江苏人民出版社 2006 年版，第 37 页。

的人。米德曾用"概念化的他人"表达社会化的一种成熟阶段。如今，青年大学生们是通过符号、语言的学习，形成"一般化的他人"的多元性形象。

一个硕士生在被访谈时说："我们需要自己的空间，也给别人以空间。我们更加独立、更加单独，我们只喜欢和自己喜欢的人交朋友。我们更快乐、也更挣扎。重要的是拥有自己的生活空间，我们关注自己想做与能做的事。我们会觉得这是我的生活、这是我的空间。"没有其他时代的青年人拥有如此的自我意识的表达。

二 "身体"：文化形象的认知

从代际文化传递角度上说，当代大学生"自我"转变的另一个方面，是身体意识与形象的再认知，他们走出了父辈文化的给予他们"格式"。父辈文化是节俭的、朴素的、以传统工农兵形象为基础的。今天，在与消费文化的符号互动中，身体已被重新定义。新的身体意识是自我意识的一部分。身体形式不仅是一个自然的实体，也是一个新的文化概念。

身体形象首先是服饰，即"我的穿着"。装饰身体是建立知识、意义、欲望、性情结构的重要手段，并也成为性别社会化过程。从大一、到大二，再到研究生阶段，会看到同学不断地选择服装，改变自己。尤其是女生间，学习打扮，几乎是"大一"的宿舍里一定会发生的故事。不同于从小学、初中到高中的校服时代，到了大学，"身体"从他人、督导者、家长的"规范"中"逃离"了出来，显示出更多的个体感、差异感。

一位学经济管理的来自北方农村的女同学说："大一的时候，我总是努力学习。熄灯后还中被子里看书。早上她们还没起来，我就出去自习了。但同宿舍的同学总是会笑我衣服太丑、太土。我跑到商店里去买衣服。回到宿舍穿给她们看时，她们又笑我不会搭配。"于是，校园生活的另一个过程，即学习打扮与衣服搭配，成了她的功课。

消费文化的"接受"，也是"影像"的接受。"影像"是形象的、感性的、身体的。如小虎队、摇滚乐手崔健、欧美明星贝克汉姆、巴乔、迈克尔·杰克逊、麦当娜、小布兰妮等，带来了跨文化认知中的身体的"他性"。特别是他们的身体形象建构了某种文化标准：即快乐的、自信的、个性的、健康的、包括性感的。这些塑造了一种对身体的社会态度。

一位学国际政治的硕士生回忆说："研一时，S 同学总是穿着西装与皮鞋，是那种没有牌子的最蹩脚的西装。他从不穿青年人的休闲装，而且也没有这种衣服。我一直很奇怪，这年头怎么还有这么古怪的人。哈，原来他读研前是一个某镇上的小学教师。研二的时候，我感受到的一个突出变化，就是 S 同学也穿 T 恤衫了。"

身体包含着社会的物质符号和社会情感。就像"所有的社会都创造理想的身体意象来定义自身"一样。在今天的时代，"社会身份有很多就是关于我们怎样察觉我们自己和他人的身体的"。①

在世界新潮体育时尚的影响下，具有流行标志的运动，是篮球、足球。观看世界杯、美国 NBA 联赛，并是其球迷，在今天的校园具有时尚的符号，有这运动天赋的男孩子似乎更有魄力。女同学也有自己独特的身体语言，如瘦身、得体的饰物（耳环等）。还有那些纷繁异彩的少女装、韩式的、日式的、淑女的、休闲的。女生中也有世界杯及联赛中的"铁杆球迷"。

在日韩剧、港台偶像剧的影响下，大学生们对"身体"的审美越来越多元。一位读社会学的男生喜欢 WAT 歌唱组合的小池彻平和台湾明星唐禹哲的身体形象。他说："他们代表了当下比较流行的审美观，即中性化。在他们身上感受到一种男孩子的可爱，一种女孩子的恬静与柔美。很奇怪。很多学者在解释这个现象的时候，总是在说现在的男孩子缺少一种历练，缺少磨难。但是我并不赞成这种说法。我觉得这恰恰是多元文化的特点。"

身体形象认知进入自我意识，是习性变化的过程。布迪厄在解释"文化资本"时，说到它也是以身体化形态沉淀下来的性情结构。他强调的文化资本里有着"由家庭传承而来的性情结构与习性"。在当今中国文化产业及消费文化巨大扩张中，消费文化的审美取向也在培养当代青年对自己身体形象的美感。一个正读硕士的来自农村的 80 后青年说："对于我的孩子（以后的）来说，我就是拓荒的第一代，因为我们从此与父辈

---

① ［英］布莱恩·特纳：《社会理论指南》，李康译，上海人民出版社 2003 年版，第 96、449 页。

的生活不一样。"

全球化提高了身体形象在生活中的审美价值。它启发了当代大学生、当代中国青年的性别审美、身体审美、气质审美。其实质就是鲍德里亚所说的"消费社会将经验和商品美学化或者文化了"。[①]

三　体验"风格"亚文化及"自我"

在今天的大众消费社会，自我是和风格联系在一起的。"风格"不是贵族情结，"风格"是以个性的方式选择生活。它不一定和奢华联系在一起，但一定是某种流行的"符号"。它应该算是消费文化下的都市情感、校园情调。

青年群体的"风格"，在文化研究中，是在和父辈文化的比较中被区分的，并且是指一种亚文化风格。风格的感觉，是特指一种亚文化体验。文化研究非常关注青年亚文化中"被编码的体验是怎样在各种不同场所中得以成形的"。例如现今男生、女生爱去咖啡屋、茶社、日本料理店、韩餐馆、酒吧；爱去包括像肯德基、麦当劳、必胜客、快餐店等新型饮食休闲处；女生们还爱去大学校园附近的小时装铺、小精品屋，小饰品店等。"这些场所各自将其独特的结构、规则与意义、价值体系强加在亚文化的体验之中。"[②] 它们既是符号的，又是情调的；既是自我的，又是互动的。这类亚文化风格就是这个时代青年人情感生活不可缺少的地方。

亚文化风格中既有休闲小时尚的热爱者，又有超级球迷式的表达。一位来自湖北的女生说，"每个周末，我都会想去香港城（商业区店名）的'淘淘巷'或莱迪广场，去看那些有趣的饰品、衣裳，我其实什么都不缺。看上去十分不理性，但每一次去都带来极大的满足感"。另一位来自南方省城的硕士研究生，声称自己是英国利物浦队的超级粉丝。他说"我喜欢收藏该球队队员的球衫，并不是为了穿。那球衣平时不能穿，闷得很，一点不实用。只是在看国际性球赛时，我偶尔穿一下。我会不停地买它、收藏它。一件都要五六百元。我不仅自己买，还给我的女朋友买，

---

① ［英］布莱恩·特纳：《社会理论指南》，李康译，上海人民出版社 2003 年版，第 96、449 页。

② ［美］迪克·赫伯迪格：《亚文化：风格的意义》，北京大学出版社 2009 年版，第 106、98 页。

给我老爸买。这让我经济上压力很大、很苦恼，但我没有办法摆脱，就像拥有着某种宗教信仰一样追求着。"

"风格"可以是多种状态：一种是随意的。模仿一下大多数同学如何穿，在群体中不太突出；第二种风格是浪漫的。风格的表达，不完全是一个价格概念、也不是一个实用的概念，只是种情调。如20元买一对耳环，花2元钱买一个挂着一串韩星像的手机链，50元的夸张的休闲裤，用很少的钱就能把自己修饰得独特又有品味；第三种极张扬个性的。比如男生用剃光头来表示自己的不同一般，有意制造一下自嘲式的场景。穿某一大牌的球鞋与球衣、休闲装，表达自己品位与实力。当然在大多数情境中，即使是风格的追求也会是现实的理性的。一位女硕士说："我们不会傻到为了一个名牌商标去浪费血汗钱。'喜欢'才会考虑。不会做一味追求名牌的'败家女'，买单的唯一标准就是'喜欢'。要符合自己的品位，体现自己的风格，最好不会跟别人'撞衫'。追求时尚与新鲜的事物不一定具有什么现实的价值，似乎还有点儿'喜新厌旧'，但却能给我们带来时时不同的新鲜感觉与美好心情。手机可以更换外壳、MP3、'随身听'可以变换背景的颜色、家具可以自由组合，发式可以随着心情变换，这一切就是注重个人感受的时尚宣言。"

雷蒙·威廉斯认为，"一个文化的情感结构就是该文化对自己拥有的连续性和深刻性所具备的那种直接而精微的感觉"[①]。当代青年大学生的"穿"的风格，常常来自这个时代的情感结构与生活态度。

亚文化风格研究的另一个触角是关注阶级的差异。即权力与抵抗。学者威尔·莫特得出的结论是："一个全然没有阶级属性的青年文化，是不成熟的，是没有意义的。"他观察到，"适宜年轻人的休闲风格，通过阶级社会的内在矛盾与分裂，发生曲折的变化"。

在分层的视野中，我们可以看到不同家庭背景的阶级与文化符号的再生产。如大学校园中的准"汽车族"景象。父母会在开学或学期中间、假期接送他们的孩子离校或到校，这些车可能是私家车，也可能是掌管权力的父母单位的公车。亚文化风格会以不同编码的方式回应着同一年龄群

---

① ［英］布莱恩·特纳：《社会理论指南》，李康译，上海人民出版社2003年版，第444页。

体阶层化的生活。来自富裕家庭的校园子男生，他们若喜好体育运动，便会有更多的"发烧友"行头。凡不是国际品牌的衣服和鞋子，他们决不会穿，并会花千余元赶往某城市去看国际比赛。来自农村的同学大都不会"发烧"或没有条件"发烧"，只能通过自己或同学的电脑观看比赛，他们有时会被嘲笑为假球迷。那些穿着耐克、阿迪达斯、皮尔卡丹品牌的同学，和那些在廉价商场买来的球衣球鞋的同学内心感受是不一样的。他们是以不同身体"符号"在校园交往中传递，这是社会结构分化的一个现实。

　　当然，在开放时代的中国大学校园，这些无形的符号互动，通常也是包涵着善意沟通与理解。大学校园提供了来自多阶层的、城乡青年的彼此接触、了解、交流的场域。大家都接受社会现实，即认可别人的现实与自己的现实。穿着几百元时尚球衫的城市青年和穿十元钱文化衫的同学一块打球，彼此照样可以很快乐。尊重与不刺激他人，保持自己的尊严，这是如今校园中可见的平等与宽容。

　　与此同时，也存在另一种亚文化态度。即对时下的城市或校园的消费文化符码的漠视、回避、甚至于抵触，拒绝城市或中产的符码；并把回避、淡然的态度，看得很正常。它来自多种情形：一种认为是自己的家庭虽不是社会上层，但绝不是下层。自己从小到大的生活"不算匮乏"，用不着去羡慕那些显摆名牌的同学；另一种淡漠的态度是缘由自信与能力。他们的参照系是自己在乡村的中学同学，及当下的同班同学习。他们会感叹自己人生轨迹的转换，不敏感城市富裕同学的穿着与用品。也有些同学会认为自己经济上是社会下层，但"精神上是中层"；第三种态度是怨恨。即反感来自城市、城镇的那些条件优越的同学。他们往往来自农村贫困家庭，自尊与自卑的情结的交织在一起，并转化为焦虑、忧郁、不安全感，这种情绪在他们思考自己大学毕业后的前景时会更为强烈、不安。这种态度让我们看到城乡间"贫困的亚文化"与"富裕的亚文化"的共存。

　　对消费文化的"接受"，带来了当代大学生群体的"自我"的转变，是一种必然的现实。笔者想强调的是，这种"自我"的转变是在一个新的经济、文化空间中。自我的转变，不仅是一个接受"流行"符号的过程，而且是在被"压缩"的，空前开放化的文化空间中去感受、识别、体验的过程。"自我"转变是一个复杂的过程。它不仅包含了一个开放社会的民主的因素，即社会下层有可能获得向上流动、学习中产阶级的风格的文化经验，包含着新的符号的学习过程，也包含着布迪厄所说的被"区隔"的经验过程。分层中的差异"构成了同一社会形构的不同层面。①这些经验依次变成了个体的分层认同，建构着现实与期待中的"自我"。这种自我，有消费时代的浪漫元素与分层社会分化中的现实感。可见，即使是在青年亚文化互动中，消费文化的影响，也直接参与到同学的自反性现代化中。

第三节　"娱乐至死"的可能性？流行亚文化影响下的价值取向——基于对中学生消费与流行喜好状况的调查

一　流行文化的社会化问题

（一）"风格化"与"娱乐至死"的提问

流行文化的快速发展，在于现代都市的文化现代性是通过风格化来显现的。风格化本质，又是都市商业化的生活方式的生产。在齐美尔看来，日常生活的背景或者基础一定要风格化。他看到了"风格化"是一种社会调节的力量，即将极端的个体性转化为某种一般的、更普遍的东西。风格化使物（商品）也进入了审美层面。"在审美层次上，货物也是现代性的象征，货币经济的发展构成了现代性体验的历史起源。在主观文化和客观文化之间不可避象的冲突和永远扩大的鸿沟时，达到高峰，而个体被锁闭在对现代性的永恒现在的体验中"。风格化在金钱文化的推动下，"生产过程式的沉闷被消费的人为刺激和愉悦而弥补"。齐美尔认为，风格的社会化中包含了个体化的疏离、逃离。作为现代生活风格客观性，一部分的消费的客观性。个体不仅越来越与广阔的文化环境相疏离，而且越来越与我们日常生活更个人的层面疏离。②风格化，也是流行的大众化过程，它包括了从众化与"逃离"，即个体化。

在今天，"风格"的社会化已成为趋势。流行文化的风格化，就是消

---

① ［英］布莱恩·特纳：《社会理论指南》，李康译，上海人民出版社 2003 年版，第 106 页。

② ［英］戴维·弗里斯比：《现代性的碎片：齐美尔、克拉考尔和本雅明作品中的现代性理论》，卢晖临等译，商务印书馆 2013 年版，第 133、135、124 页。

费时代"风格的普遍"。消费时代流行文化的风格化，是以文化工业、媒体工业的发展为路径与支撑的、它进入青少年的全人格的社会化过程。这种"风格"的社会化的结果，带来社会风尚与习性的"娱乐化"，也形成了一些学者们对青年一代成长的担忧与批评。

"娱乐至死"，就是尼尔·波兹曼提出的一种假设与警世危言。他认为，我们的文化正处在以文字为中心向以形象为中心转换的过程中。媒介的形式偏好某些特殊的内容，从而控制文化。① 在美国，现实社会的公众话语日渐以娱乐的方式出现，并成为一种文化精神。我们的政治、宗教、新闻、体育、教育和商业都心甘情愿的成为娱乐的附庸。

波兹曼的阐释引起了学术界与教育界的关注。他指出，当代电视的一般表达方式是娱乐，一切公众话语都日渐以娱乐的方式出现，并成为一种文化精神。这是波兹曼对 20 世纪后半叶美国文化中重大变化的阐释。他认为，所有的人，包括我们都爱上了充满感官刺激的文化。一切文化内容都心甘情愿地成为娱乐的附庸；而且毫无怨言，甚至无声无息，娱乐快乐，是现代性的状态，但"其结果是我们成了一个娱乐至死的物种"。

美国作家约翰·格拉夫在《流行性物欲症》一书中，指出人们对物质的过度渴望造成的病态心理。流行性购物狂症会造成极强的影响和后果，但它们往往是隐蔽的。倘若得不到及时的治疗，这种病毒会引发人们无止境的贪欲。

美国大学教授的鲍尔莱恩认为，数码时代正在使美国的年轻一代成为知识最贫乏的一代人。"技术并没有打开美国年轻人向往文明、科学与政治的心灵之窗，相反，技术限制了美国年轻人的视野，使他们只关注于自身以及身边的小小世界。""他们思考的问题很少，或者他们根本没有掌握足够的词汇来讨论这些问题。他们没有从历史中学到任何东西，他们不崇拜任何英雄，20 世纪 90 年代之后风靡于流行文化领域的名人除外。"② 而随着全球化的发展，鲍尔莱恩认为，美国

---

① ［美］尼尔·波兹曼：《娱乐至死》，章艳译，广西师范大学出版社 2009 年版，第 9、10 页。

② ［美］尼克·鲍尔莱恩：《最愚蠢的一代》，杨蕾译，天津社会科学院 2011 年版，第 15、234 页。

青少年和年轻人"进行的所有这些因特网的活动，以及他们所拥有的数码领悟能力并没有转换成对过去和现在的世界事务的了解，或是他们的生存所需要的技能"，并且这种现象也正在变成一个全球化下的青年现象"。

波兹曼、格拉夫、鲍尔莱恩的论述都是非常值得反思的。"娱乐至死"是个可能性的风险假设。在中国年轻的中学生的成长过程中，是怎样接受这个社会的呢？笔者以为，重要的是对青年社会化的反思。教育本质上要引导心灵成长，要有基本价值观的培养，只是听凭流行文化的商业化塑造的发展是非常危险的。

（二）流行文化影响下的青年社会化

1. 社会化的问题

社会学理论把社会化看作是文化延续和传递的过程，认为社会化的实质是社会文化的内化，是社会学的一个重要的文化思路。这种被传递的文化当然是一种理性文化、精英文化的安排。社会学家 C. 库利在《人性与社会秩序》一书中，把"自我"的概念引进了社会化的研究。S. 萨金特、T. 帕森斯把角色学习、角色承担当成社会结构的微观基础和一种单元。帕森斯在 20 世纪 50 年代所写的《社会系统》一书中，把社会行动系统为分四个子系统，即行为有机体、人格系统、社会系统、文化系统。其中，人格系统体现着个体的动机愿望和目标；社会系统表明、体现着某种制度化关系；文化系统被看成是"保存价值规范为整个行动系统提供着基本模式，从而实现维模功能。"传统社会学的文化思路到帕森斯阐述中达到某种完满。

也就是说，经典的社会学理论是把文化看作一种主导价值观的表达、起着引导人们行为的教化功能。它暗含着一种关于"应该"的文化假设——个人行为"应该"与社会的理性文化、精英文化一致化。也正是由于这一点，确立起并贯穿于 20 世纪以后主流社会学的线索。社会学家认为，社会与文化的概念应该是有界限的。"文化是由社会所共享的产品构成，而社会则是共享某种文化的相互作用的人构成。"① 它们之间的相对区分构成了某种可以称之为文化秩序、社会秩序的东西。文化秩序强调

---

① 　[美] 尹恩·罗伯逊：《现代西方社会学》，河南人民出版社 1988 年版，第 66 页。

某种文化结构、价值观念的构成，社会秩序强调某种社会结构、社会关系的构成。

2. 流行文化的社会化

流行文化又称流行亚文化，是消费文化的一种。消费文化是流行文化、媒体文化、商业文化、消费者文化的复合体，是新世纪之交的重要的青年文化现象。波兹曼关于"娱乐至死"的可能性的提问，向我们提出了重视"流行文化"的社会化的现实。

在中国改革开放后，在经济全球化的深入下，中国青少年成长、青少年教育遇到的一个全新的挑战，就是在正式的意识形态、正式的思想教育之外，面对流行亚文化的发展。它是青少年成长的伴随物。

00后中学生处在人生的成长阶段，又是中国文化产业、媒体工业快速发展的时期。越来越多的高雅艺术与流行文化的结合，产生更多的跨界艺术、跨界音乐一样，消费文化（流行文化）对青少年的影响，产生新的社会化学习的"跨界的经验"，这是本书想去发现的，即一方面当代中国城市中学生的社会化学习已不属于"以阶级斗争为纲的时代"，媒体工业越来越发达，社会环境越来越开放；另一方面，人的"社会化"又要求通过文化的内化来实现的，依然是培养社会价值观的重要方面。

消费文化的发展，消费文化的全球化，使青少年教育、中小学生教育受到挑战。当代90后大学生，是在一个中国改革开放进入新世纪的丰裕时代长大的，在物质生活没有温饱之忧的情形下，这是一个长身体、长知识的时期。21世纪的中国又是文化产业大发展、流行文化产业大发展的时期，流行文化，借助多媒体技术，电脑、互联网、智能手机，获得空前传播，这就是一个"消费文化""流行文化"大爆炸的时期，它对青少年、中学生身心成长产生巨大影响。对消费文化、流行文化的研究不少，但目前对中学生的研究还不是很多。

3. 流行文化的"文化扩张"对中学生文化经验的影响

费瑟斯通提出了文化扩张、文化分化的问题。他说："当代西方社会中的文化领域的一般性扩张，不仅是文化商品与信息市场的扩大，而且也表明，商品的购买与消费这种假定的物质行动，不断被弥散的文化影像（通过广告、商品陈列与促销）所调和、冲淡，而商品记号与符号方面的消费，反倒成了消费的主要源泉。"文化与闲暇消费的可能性范围的扩展，不仅扩大了可行的闲暇生活方式的范围，而且导致一些性质上的转变。特别是年轻人"追求自己的生活风格"①。

从 20 世纪 80 年代中国流行文化开始兴起，经过几十年的发展，已经形成成熟的流行文化的产业。近十年来，中国流行文化的发展经历了进入全球流行文化市场、本土电视媒体工业、青年流行歌曲综艺节目发展、互联网的多媒体的发展，特别是手机数码 4G 手机的发展，青少年收听、收看流行音乐、欧美大片、国内连续剧已非常容易了。中国经济已形成了非常强大的流行文化产业能力，这是一个巨大的文化扩张过程，又是一种代际间的文化分化的过程。由于数码时代的流行文化发展太快，新一代流行文化是以数码电子游戏、网络小说、新型动漫、以流行文化为背景的动漫流行语，流行文化下的新表情符号包等为代表。当下的代沟，未必表现为父子、母子的反目、断绝关系，而可能是代际间的文化经验的巨大差异。即因代际间文化经验差异，彼此难以交流，这是现阶段"代沟"的表现。同时，我们应该思考的是当流行文化已是中学生成长不可缺少的一种文化陪伴，并且是他们青春经验不可缺少的东西。这其中积极性或消极性的因素是什么呢？

二　访谈、问卷与思考

这篇研究是笔者在 2013 年间对当下中学生消费与流行喜好状态做的一个调查。笔者分别对南京、泰州、扬州、宿迁的部分初中与高中的同学进行问卷调查。900 份问卷，回收 836 个有效样本从年龄分布上看，出生于 1997 年的人数较多，达 318 人，占 38.1%，其次为 1996 年出生人数为 204 人，占 24.5%。基本上是处于初高中阶段的学生群体。在性别比上，男女比例分布为 45.6% 和 54.4%；也就是说，被调查者当时都是 95 后中学生。从被调查的 836 个有效样本的文化程度上分析，基本上是处于初高中阶段的学生群体，其中初中文化占总调查对象的 24%，高中文化的占 73.3%。

在一般性问卷调查的基础上，笔者在南京、镇江、泰州、扬州等地对中学生进行了座谈、访谈，关注流行文化对当代青少年的影响。主要有以

----

① ［英］迈克·费瑟斯通：《消费文化与后现代主义》，刘精明译，译林出版社 2000 年版，第 141 页。

下几下看法：

（一）"消费主义式的普遍奢华"是媒体广告生产出来的现象与想象

在笔者所访谈的中学生中，没有表现出对奢华的羡慕，甚至没有什么追星的铁粉。很多同学说自己是"听歌但并不追粉"，"我们有自己的人生目标"。他们普遍重视自己在高中、或初中的这个学习阶段。很多来座谈的同学显现出充满自信，虽然学习辛苦，但见识较多、表达流利、有独立思考的特征。所以，以为年轻的中学生都在深深迷恋、追求郭敬明《小时代》式的生活，似乎是错了。或许他们在小说中看过，一时迷过，被培养出某种朦胧的美感，但只是一阵子而已。文化工业生产的诸多电视剧、流行歌曲，对于他们来说，只是读书读累以后的休息。很多中学生说自己根本没有多少时间来追剧。

消费主义的"奢华"离不开媒体广告的制造奢化。"奢华"不全是在现实中，它是不断被媒体生产、再现着，成为一种象征性文本。每个青年人在人生的特定阶段、在特定的家庭中会选择自己现实的生活。我调查后的印象是，中国"消费主义的奢华与想象"，可以和一个青年、一个中学生具体能够怎样生活没有太大关系。

在访谈中，当笔者问到同学："应试教育的学习是否让人生很压抑？"一位高一的女生回答说，"也不能这样说，我们在为明天奋斗，是为了自己的人生。我们在承担。面对父母、也面对自己"。年轻的中学生们，特别是重点中学的中学生有一种强烈的自律感，他们认为自己背负着家庭、父母、自我人生的很高的期待，这是一个总体的印象。

今天中国的中学生是生活在中国商业化发展最快的时期。他们的学校周围被各种小吃店、商场、游戏间、面包零食店所包围。90后几乎是接受消费文化社会化的第一代人。他们还没有收入，他们还是学生，但中国消费时代的所有疯狂运作及商业之举，包括明星趣事、粉丝经济、媒体广告的冲击，他们全都知道。消费主义的社会环境与媒体环境，构成了"今天所有社会生活的一个含蓄的特征部分，构成了社会互动所依赖的潜在的假设和期待"①。

---

① ［美］戴安娜·克兰：《文化社会学——浮现中的理论视野》，王小章等译，南京大学出版社2006年版，第2页。

当笔者和中学生接触、聊天时，知道他们绝大多数人对穿得要求基本由母亲来安排，都是妈妈买给他们，基本不大提要求，父母的收入与眼光就是他们的消费风格。

> 我的衣服都是妈妈买的。而且，我从来没空和母亲一起去商店。我总有很多作业。妈妈总是给我买休闲的风格的，我的舅妈是做外贸生意的。别人都夸我的衣服又便宜又好。　　——W1

> "我在中学阶段从不去商店，妈妈买啥穿啥，连零食都不愿意自己买，压岁钱就存起来"。　　——M1

> "平时大家穿着校服，无所谓谁穷谁富，但心理都知道谁家更有钱一些"。　　——M2

> "我妈常在比较高档的金鹰店给我买东西，我没有要求她这样，但她就爱给我买好看的衣服"。　　——W2

在独生子女的格局下，家长往往都是尽力使自己孩子的生活比较完满，所以，在采访的中学生中，没有人涉及关于"穿"引起的什么痛苦。

消费主义的"奢侈化"命题，对大多数中学生只是一个未来的符号，是对富裕想象中关于未来的一个意向。在更多的方面，怎样消费是与家长联系在一起的。与家长的标准及其家庭的经济收入相比，媒体扮演了"他人"的角色。在问卷中发现，同学们的消费要求基本是与经济条件相吻合，他们普遍认同价廉物美、性价比高的商品。

这里面还有一个问题，是城市中学（特别是重点中学）的家长极其看重孩子的时间，希望为他们分担掉更多的后顾之忧，分担掉所有的影响学习的杂事，所以，像买衣服这样的事是不需要同学自己去操心、去做的。

在访谈中，也遇到一些家庭条件很好的同学。其物质观很淡漠，过随性的生活。

> 我的父母是大学老师。他们愿意我比较快乐的生活，不太强求我一定成为什么好学生。

> 我一直保持天真。别人稳重了，我还是这样胖胖乎乎的开朗样

子。健康快乐，有一大帮朋友、不求顶峰状态。只要学习不被落下，有一些钱，过普通人的生活就行。平凡是福、平庸是福。消费观吗？钱重要，够花就行了，满足需要。人生有很多值得做的事，对自己，开心舒心就行，未来不能多想。

——W9

事实上，就大多数中学生的生活，与媒体的奢华相比，非常普通，总体上是理性的，这是我在调查与访谈中看到的。在"父母陪伴下购衣"的频率分析方面，852 个有效样本中，64.5% 的人表示经常这样，21.3% 的人表示很少这样。这表明，整体上看，父母与孩子在选购衣服方面，绝大多数是陪同父母一起购买，互动较多。但也不乏一部分人希望独立、自主决定衣服的选购。在问及"买衣服标准"这个问题上，在被调查的 852 个有效样本中，有 44.4% 的中学生选择购买价廉物美，性价比高的衣服；26.9% 的中学生在选购衣服的时候要求"不要太贵，但是要有流行的元素"；另外还有 13.3% 的学生选择"父母买什么就穿什么"。这些说明新时期 90 后学生总体趋向是理性的消费观念。

（二）流行音乐引导了生活方式与习性的转变

哈维有段论述重温起来很是经典。哈维认为，"战后的福特主义必须被看成较少是一种单纯的大规模生产的体制，而更多的是一种全面的生活方式。大规模生产意味着产品的标准化和大众消费；意味着一种全新的美学和文化的商品化"。战后的福特主义，就是美国消费社会的标志，商品生产由"过剩经济"取代了"匮乏经济"。

对于当代中国的中学生来说，其亚文化之一，就是流行歌曲的风行。流行音乐引导了中学生新的美学化的文化，同时也是商品化的生活方式与习性。他们生活在一个文化工业、媒体工业超级扩张的年代。这种转变，即"全新的美学和文化的商品化"是为经济结构所引导的，它是 90 后生活格调的重要特征。21 世纪以后，中国以政治的名义"围剿"流行文化的事件基本没有发生过。与"小时代"主题、语言相关的青春电影、连续剧非常火爆；流行音乐的电视综艺节目进入国际购买相关软件与版本，大手笔制作的媒体工业的时段。于此，流行音乐产业化、综艺电视专题节目的播出，已引导了青年生活方式与习性的认同与转变，形成了中国的独特市场、独特风格，及与世界流行市场的更深的连接。我们可以把其看成是一种文化现实，也可以把它看成一种经济的生活方式的社会生产。

亚文化消费与 90 后学生最接近的一个热点，是流行文化、流行音乐。流行音乐的传播、风靡是苏东解体以后的文化与生活方式全球化的一个最大的现实。在改革开放的 40 年中，流行音乐的生产成为越来越专业化、市场化；并通过互联网的电视、智能 4G 手机的普及，商业公司的经营，形成巨大的产业链与粉丝经济。它成为千百万青少年的音乐社会化过程，最大的青年亚文化部落。

在笔者的问卷调查中，在选择什么样的途径听流行音乐，从被调查的 852 个有效样本中，62% 的人选择网上在线收听，57.9% 的人选择网上下载，47.3% 的听 MP3，59.4% 的人选择手机里的音乐，另外 28.9% 和 16.3% 的人通过电视、广播进行收听。在问及被调查者一般在什么时候听流行音乐的问题上时，58.2% 的人表示在上网时；54.1% 的人只要有空，想听就听；47.3% 的人选择坐车时听；另外，32.7% 的选择睡觉前听流行音乐。

从被调查的 850 个有效样本中，30.2% 的人表示喜欢各种风格音乐，34.7% 的人表现喜欢中国流行音乐，12.2% 的人表示喜欢欧美流行音乐。也有一些同学喜欢日韩音乐。在对听流行音乐的"状态"自我定义方面，40% 的人定义为娱乐，25.4% 的人表示听流行音乐是为了排解苦闷，22.5% 的人表示听流行音乐为正常习惯。在回答"流行音乐中的哪些文化元素吸引了你？"的问题时，在被调查的 850 个有效样本中，25.6% 的人表示只要好听，没有别的考虑；23.8% 的人表示喜欢古典音乐的恬淡意境；另外 21.6% 的人表示喜欢音乐中好的歌词吸引了他。

对于"是否与他人交流对流行音乐的看法？"在被调查的 852 个有效样本中我们可以看到，52.2% 的人表示与同学、朋友交流；24.8% 的人选择与有同样爱好的人交流；18.7% 的表示不与别人交流，喜欢自我享受。在问及被调查对象对自己喜欢的音乐主要是哪些歌手时，852 个有效样本中，53.4% 的人喜欢大陆歌手，15.4% 的人喜欢欧美歌手。

在问及喜欢听英文歌曲的原因时，在被调查的 851 个有效样本中，52.9% 的人喜欢它的风格与旋律，12.5% 的人认为英文歌曲自由的个性感染。在问及流行音乐对其生活的影响时，在被调查的 841 个有效样本中，81% 的人认为"听流行音乐让自己快乐，对调整心态帮助较大"，25.8% 的人表示"听流行音乐让自己有了青春偶像及欣赏的人"，21.2% 的表示"像喜欢体育一样，促进同学间的交流"，21.5% 的人认为"流行音乐塑造了的新个性"。此外，18.7% 的人表示"说不清什么帮助，但已离不开它"，仅有 10.3% 的人认为听流行音乐有时候干扰了他的学习生活。

以上回答说明当今中学生对流行音乐喜爱与参与度很高。这种回答本身是"经济—文化结构"的一种结果，它已经成为生活方式的选择与习性。

哈维探讨了美国从福特主义向后福特主义转变中新现象时，曾提出："在消费领域的众多发展中，有两项发展因特别重要而显得很突出。调动大众（与精英相对）市场的时尚，提供了加快消费速度的一种手段，不仅在服装、装饰品和装潢方面，而且也在整个生活风格和娱乐消遣活动的广泛领域中。第二种趋势是一种脱离商品消费、向着服务消费的转变。——不仅是个人、企业、教育和健康服务，而且也进入了娱乐、表演、即兴表演和消遣。"[①] 中国当然不是美国那种严格意义上的从福特主义向后福特主义的转变，但中国是一种跨阶段的发展。随着媒体工业的发达，数码通信技术的普及，都市化发展下生活水平的普遍提高，使上述的趋势也在中国呈现。互联网的技术发展，使"服务消费"越来越多、越来越方便。

流行文化可以从很多角度去研究，作为青年亚文化传播角度，流行歌曲不仅是一项巨大的文化产业，而且得到上亿年轻人的喜爱，起到了某种"新文化运动"的作用，替代了革命时代"红歌颂"的教化作用。只有了解了"从一种脱离商品消费向着服务消费的转变。不仅是个人、企业、教育和健康服务，而且也进入了娱乐、表演、即兴表演和消遣"，才能更深刻地感受到，新的文化经济的服务消费，包括娱乐、表演、消遣，已经完成了它的潜在、显现地开发青少年心理与市场的准备。

（三）流行亚文化催生了"个性"方面的认同与发展

在青年社会化的研究角度，流行音乐是中国与欧美青年文化、大陆与

---

① ［美］戴维·哈维：《后现代的状况——对文化变迁之缘起的探究》，阎嘉译，商务印书馆 2003 年版，第 356 页。

台湾、香港青年人文化交流的重要通道。很多优秀的欧美歌曲通过电视、网络的传播到中国来，欧美电影中的主题歌被广泛传唱，许多欧美歌手及歌曲深为中国年轻人所喜欢，建构了青年人的个体化的内心世界。

在访谈中，不止一个年轻人提到过周杰伦。他的歌曲、才华、人生故事，成为很多年轻一代自我励志的故事。笔者曾分别参加过周杰伦在江苏常州的个人演唱会、刘若英在南京的演唱会，场面之壮观、热烈之超出想象，很多观众看上去就是中学生与大学生。除了歌手本身歌曲为青年观众所喜爱，这两个歌手的人生故事、人格气质也为年轻的歌迷所爱，由此产生这个"小时代"的精神链接。

哈贝马斯认为，从历史角度上说，审美现代性是广泛的文化现代性的一部分。"审美现代性的特征体现为在变化了的时间意识中探寻共同焦点的态度。"① 流行音乐、流行文化都是在变化的时空中，新一代人审美取向，是当下审美现代性的重要反映。

在问卷调查中发现，在对穿着个性的、时尚的看法上，同学有自己的独特理解。个性、衣着夸张都是他们在日常学习、社会生活中开始面对的问题。流行的"风格"，开始变成一个从小的社会化过程。

1. 个性是一种气质与性格，与时尚没有太多的关系

很多90后学生认为个性是一种气质与性格。从被调查的849个有效样本中，44.2%的同学认为个性是一种气质与性格，与时尚没有多大关系；27.7%的人认为"有思想的人才是有个性的人"；19.8%的人认为"个性是一种追求，体现在学习与工作中"。有三成多的中学生认为自己不追求时尚，但基本上都认为"流行、衣着潮流就是时尚"。

同时，学生们对"时尚"概念的理解有明显的差异性态度。从被调查的848个有效样本中，我们可以看到，33.6%的人认为流行就是时尚，33.8%的人表示不关注，15.1%的人表示不清楚什么是时尚，33.6%的人认为衣着潮流就是时尚。

在学生对"穿着就是个性"的看法上，被调查的852个有效样本中，42.7%的人表示很难说，26.8%的人表示赞成，30.5%的人表示不赞成。由此可见，"穿着就是个性"，大多数情况下并不是一个统一的结论。

---

① 周宪：《文化现代性读本》，南京大学出版社2012年版，第177页。

上述表达的这样一些看法，也代表了学生的一种主体意识。95 后学生并不把消费主义的衣着奢侈夸张看成就是个性。他们喜欢郭敬明小说的风格，也不等于他们会追求里面的生活。看完《小时代》，又拼命做功课，只是一种消遣。

> "在我印象中，那些喜欢看'小时代'的人，也是学习很拼的人，看小说只是消遣，不会傻到看了就想立刻得到那样的生活。只是休息一下。"
> ——M3

这种解释与 50 后父母害怕《小时代》教坏了 90 后过于物质化的追求，也不太一样。在调查中发现，很多 90 后中学生似乎不把屏幕中的"物质生活"当成真实的生活。但是作为消遣，一种审美趣味的变化已代表新趋势，这是媒体工业下的潜移默化过程。卡西尔说过："随着人们象征性活动的进展，物质现实似乎成比例地缩小。人们没有直面周遭事物，而是在不断地和自己对话。"① 在这个转变中，媒体的明星成为共同的话题。

2. 丰富的时代扩展了 90 后的个性心智

中国的消费社会是个媒体社会。物的丰富、电子信息的丰富、思维方式的丰富，使当代中学生生活在一个丰富的时代。每个时代青年人都会有不同的娱乐习惯，都有不同的娱乐爱好。这个时代的特点就是丰富，它扩展了 90 后的个性心智。

在问及调查对象"完成学习任务外，是否愿意待在网上？"在被调查的 851 个有效样本中，37.1% 的人表示有时是这样的，26% 的人表示自己越来越"宅"了，另外 16.1% 的人表示很难说，13.3% 的人喜欢与朋友交流，仅有 7.5% 的人明确表示喜欢和同学一起。这表明，网络文化改变了青少年的生活方式，绝大多数青少年沉迷在网上。

除了学习功课以外，新的娱乐习惯的培养，是每个青年人重要的事情。上网、看美剧、看国产剧、喜欢日韩动漫，都是新的习惯。一些阶段会非常喜欢某些内容，过了某个阶段又会新喜欢另外一些新内容。在这其

---

① ［美］尼尔·波兹曼：《娱乐至死》，章艳译，广西师范大学出版社 2009 年版，第 10 页。

中，流行文化、上网，会更普遍地成为自我世界的一种延伸与调适，变成很重要的生活构成。

在问及与日常的穿着相比，更喜欢做的事情是什么？在被调查的850个有效样本中，62.9%的人表示更加喜欢上网，36.9%的人表示更加喜欢美剧、美国大片，24.7%的人表示更加喜欢国内电视剧。

在问及被调查对象是否喜欢日韩动漫、服饰时，在被调查的853个有效样本中，50.2%的人表示谈不上喜欢，但接受它们；34.3%的人表示曾经很受影响，现在依然很喜欢；12.9%的人表示从来没有喜欢过。因为他们看过的动漫、动画很多，在笔者访谈中，让同学说自己印象最深的是什么时，有些同学竟然说不出来，因为太多了。“《火影忍者》《柯南》《圣斗士》啦……反正男生爱看有漂亮女生的、有惊险、悬疑的。女生爱看有长得帅的男生的。”

网购、听歌、看美剧、日韩动漫，都强化了文化消费的“即刻性”。年轻人在消费的同时，也在不停地扔掉被看作过时的商品，包括意味着可以扔掉价值观、生活习惯等。中国的95后在中学时期就已处在不断地吸纳各种新文化元素，又不断扔掉一些价值观的阶段了。这个过程是伴随着他们看过的电影文本、网络文本发生的。

在与学生的访谈中，一种强烈的感受是，被这个时代的丰富扩大的95后的个性心智。他们会有出人意料的见识与语言。他们喜欢课外的选择性阅读。他们开始思考自己“成为什么样的人”。

> 人生就是正反合：期待、挫折、淡泊。这是我看了《呼啸山庄》后懂得的。
> ——W9
> 我们90后有什么特点呢？除了学习之外，我们喜欢表现自己，作为重点中学的学生比较有优越感，比较OPEN。我们喜欢享受，喜欢吸收国外好的东西。我们对国外有了自己的看法。美国比较开放，日韩的氛围好，主要在人的素质、环境方面。我们现在对外边的事有自己的分析能力。
> ——M4
> 尽管学习很紧张，我每天挤一小时间看王小波的书。我寻找智慧、有趣，有意义的东西。看过之后会有感悟，感同身受。也看韩寒的东西，只要觉得有意思的都看。

　　　　现在的语文教材里的名著很多。高中教材里，有十本中外名著，因为要考试就看得很细，这就和平时的兴趣不一样了。语文教材对人文学习还是起了很大的作用。

　　　　　　　　　　　　　　　　　　　　　　　　　　——M5

（四）在个人成长方面，认同"现实"的价值观

　　在个人成长方面，认同现实性的、"小时代"的价值观。即认同财富、享受、舒适，认同家庭、轻松的生活，就是小时代的价值观。

　　95后的学生生活在一个富足时代。他们享受了父母、祖父母们都不曾享受过的舒适、不匮乏的生活。但同时，他们又处在一个激烈竞争的时代，他们为了赢得更好的未来，一面拼命学习功课，应付竞争残酷的应试教育；一面也不忘记享受小时代的舒适与快乐，比较现实，听妈妈话。

　　95后的价值观是纠结又理性的。他们知道自己要什么，又乖又叛逆。尽管这一代人的人生活境域都比较浅显，但又非常执着自己的信念。这本身是一个特别矛盾的方面。

　　"小时代"的价值观表现为做父母的"乖孩子"。在对当代中学生的访问与问卷调查中，也深深感受到90后独生子女的生长情境，他们是在父母的百般呵护下长大的。尽管心中常有小的叛逆的情调，与父母的关系总体上是平和、依赖、听话的。

　　在问及"您的个人爱好是否常常与父母发生冲突？"在被调查的853个有效样本中，53%的人表示很少出现这种情况，22.7%的人表示很难说，仅有17%的人表示肯定，另外7.3%的人表示从来没有这个情况。

　　中国的文化传统更多通过核心家庭的父母之爱来反映。很多同学都认为没有什么代沟。

　　　　　　因为妈妈会把我们当朋友。下一代生活上对上一辈的依赖，上一代人精神上对下一代的依赖。其实因为只有一个孩子，就比任何时期这种依赖都强。

　　　　　　　　　　　　　　　　　　　　　　　　　　——W6

　　　　现在的年轻人其实很纠结，不甘平庸，但父母又希望我们平稳安定。我有个表哥在银行工作，一个月8000多，但他辞职了。想自己做点什么，但其实不知未来？父母都希望我平稳一点，去当公务员。

　　　　　　　　　　　　　　　　　　　　　　　　　　——W9

出不出国是一个问题。父母是希望我出去的。小时候想出去，现在不想了，因为美国比较乱，如华尔街的枪击案。也许，我会出去看看再回来。

　　　　　　　　　　　　　　　　　　　　　　　　——M8

我们95后很情绪化，并常常通过网络表现出来。95后像拉风一样，情绪时强时弱。我们中做家务的人很少。喜欢享受生活、睡觉，不压抑自己。父母只是希望我们学习好，家务方面不会对我们有要求。

　　　　　　　　　　　　　　　　　　　　　　　　——W9

由于近十年来城市化、商业化的发展，消费主义意识形态潜移默化的影响，90后同学价值认同的"小时代"到来。他们在心底深处渴望"小时代"的舒适、惬意，又充满着不确定的生活断想。

就算成绩好，又能怎样呢？不知道，现在中国社会的未来，还是讲不清。比如腐败。大家都在找关系。对未来，还是会有迷茫。有时，同学之间也交流，2B青年欢乐多。呵呵，回忆往事呢，我们和00·后还是不一样，我们毕竟被改变过，如被文艺过、文学过，只是这样了。

　　　　　　　　　　　　　　　　　　　　　　　　——W11

家里特别的呵护。一弄就让你吃水果，吃什么东西，我们的娱乐在网上、在连续剧中。我们会挤出时间来娱乐，周日上QQ，听一些好的歌曲，看美剧。像《好运查理》《吸血鬼故事》，都很喜欢。看片子与听外语放在了一起，很不错。国产电视剧是吵架电视剧，一开始就吵，我有时也跟着我妈妈看。

　　　　　　　　　　　　　　　　　　　　　　　　——W12

中国社会、中国的家庭生活，都是一个很现实，看看《虎妈》《小别离》的连续剧，就能看出了。流行文化的亚文化的影响，只是文化经纬线上的某个阶段的一、二维上，不是全部。

我一直希望以后学医，当个医生，像我舅舅一样，但现在总发生医患冲突。妈妈说现实点，不要当医生了吧。我现在想当大学老师，当不太辛苦的大学老师。我爸就不是很辛苦。

　　　　　　　　　　　　　　　　　　　　　　　　——W10

害怕老的感觉，这是被消费时代的广告宣传洗脑子的结果。在访谈中，发现90后的中学生对"老""年龄"很敏感——"怕老"。笔者在镇江一个外语学校与初中学生的座谈时，偶尔喊了一下"小王"，该同学立刻说："别喊我小王，喊我名字吧，一喊就感觉老了。"

　　　　我对自己崇尚的价值观说不清楚，或不想说，我是不是有些老成。我崇尚什么价值观是什么？力量！现在集体意识太少。
　　　　小时候总关心大事，现在想，我那么关心要国家领导人干啥呢？对自己了解得越多，自己的能力、责任越多。但过去是大我、现在是"小我"，虽然关心国家大事，但实际不是我们看到的那样简单。

——M9

因为执于"小时代"的价值观，90后的中学生会对某些僵化的意识形态宣传说"不"，会用仪式主义来"对付"。这是中学生中也在发生着"消费前卫、政治后卫"的取向。但同时他们不大愿意得罪别人，所以，不愿意分清是非，只要不影响个人的利益，都可与我无关。

　　　　我们都很有是非观，但为什么要表达出来呢？还是希望明哲保身好。享受生活，不做没有意义的事。远离那些对人有伤害的事。

——M10

他们说，"我们是Q奋斗，不要太轰轰烈烈、不要太张扬。小小地面对独到的生活，我们95后是很文艺的"。流行音乐、日韩动漫、欧美片中的个人化美学的作品，已在他们的价值观中反映出来。但大的方面，他们的价值观上又不是那么坚定、清晰的。

（五）流行亚文化的宽松氛围，带来多元化的价值选择

亚文化最大的特点，是不同于主文化的正式性。流行亚文化更大范围地认同人的自由、平等、多元性的生活方式。多元化价值观体系，就是对多样的人性、多样化选择的认同。

对当代中学生的问卷调查中有几道开放性的主观题。分别是"请用一句话表达你想成为怎样的人？""请说出你印象深刻的某段歌词？""请说出

三篇你喜欢的语文课文？"这三个题目分别考察当下中学生在对自己的理解与期待，对媒体产业的接受与选择，中国语文教学对同学人格建构的可能的影响，从中看到了今天的青少年在心智上已经是个多元复合系统。

首先，在回答"请用一句话表达你想成为什么样的人"时，共有130个同学做了回答。从他们的回答来看，90后中学生是多样性、开放的、差异地看待、设计自己的生活的。他们写道：

> 成为一个自由，有思想，不会被工作、生活所累的人
>
> 成为一名 ACG① 成员，白领
>
> 成为一名医生
>
> 成为有个性，时尚潮人，但人品要好
>
> 成为有理想，有道德，有纪律，有文化的四有公民
>
> 成为有钱人
>
> 成为正直、善良的人
>
> 成为自己满意的人
>
> 吃得苦中苦，方为人上的人
>
> ……

在130个已做回答的同学中，其答的题目大致是这样几类：

第一类是向往平凡、平静的生活，追求、认同家庭的幸福。回答者显现出有自己的人生底线的标准，或某种不太清晰的标准。如"安稳""快乐就好"，做"干净、温暖的人"，做"好人、简单、善良的人"。"平淡一点，享受生活的普通人。""随遇而安""顺其自然""听天由命""事业由成、家庭和睦、万事顺心。"做"孝敬父母、尊老爱幼、为社会做贡献的人。"

第二类是做追求个人舒适、快乐的人。如他们写道：要做"快乐无压力的人"，"快乐有稳定生活的人"，"快乐、有文化修养、在社会生活中如鱼得水的人"。做"自由奔放的人"，做"理性、懂得自我，不会迷失

---

① ACG 即指动画、漫画与游戏的英文字母缩略字。ACG 界则指包含动画、漫画与游戏的相关业界。

自己，可以勇敢面对一切的人"，做"快乐，无忧无虑地做好自身的人"。还有的写道要过"不为生活所累的小资情调的生活"，"不一定要多荣耀但要活得快乐"，"成为我喜欢的人喜欢的人"。做"幸福美满没有纠结事的人"。要做"能够看清自己，不再迷茫的人"。过"上品生活"，"随心所欲""为自己而活的人"。"成为霸气十足的有爱的人"。当"小文艺、小清新的画手"。做"小资、幸福、健康的人"，做"自由、温暖、自由、自主"的人。当"资本家"，做"有个性，不为世俗左右，有想法的人"。还有的写了"当宅神，工作去百事可乐，周末在家当宅神"。以及"有钱，能给家里带来幸福的人"这类回答中，能看出消费社会、娱乐时代的氛围对95后同学影响是很大的，已经包含着多元的当代性的价值选择。

第三类是做理性、责任、对他人、社会有用的人。如"成为对社会有用的人""对社会有责任贡献、有才干的人"，"多爱好、不奢求，只求身边的人不讨厌就行"，做"善良纯正的人"。要"有一个稳定工作，去孤儿院当志愿者"。

第四类是做有抱负、被社会承认的成功的人。如"想做心理医生，为很多人解决烦恼""想去日本开演唱会，当摇滚歌手"。做"成功，赢得别人尊重的人"，"做名人、明星"，"改变世界的人"。做"改变一个时代的人"，做"推动世界科技进步的人""受人尊敬的人"、当"思想家、教育家"等，都是一种个体成功的现代性梦想。

第五类是偏激，或茫然的回答。如成为"把日本人与美国人关进动物园的人"；"不是坏人就行"等。茫然的回答如"不知道""零，玻璃杯""不是一个温柔的人，但温柔起来不是人"等。这里不乏故意搞笑的因素，其中也包含了青年中学生中可能兴起的民粹主义的思想萌芽。

从他们的回答中我们可看到总体趋向是都是代表消费时代亚文化风格的。我们并不能从他们的答案中简单得出"娱乐至死"的结论，但可以看出当今中国的年轻的一代心中的未来图景是多样的。

不管我们是否愿意，年轻一代的内心已经发生了变化。他们伴随着这个时代成长，其追求的重心从过去那种崇尚阶级斗争、意识形态向关注生活方式、生活态度的转变；从生产为中心时代的英雄主义变成了消费时代的舒适主义；从革命时代的集体主义变成了消费时代的个体主义。同时，也存在少数偏激、搞怪幼稚的不成熟的回答，这和中学生的思想还不成熟、喜欢另类幽默有关，也与社会大环境中的不稳定国民心理及一些负向的社会现象有关。

笔者以为，在一个全球化下的消费时代，社会环境中的一个重要变化就是有关人性、文明、文化、美、交往、他人的各个层面都被打开了，社会层面的教育引导要跟上；青少年个体的理解能力与判断能力、选择能力要跟上。如果想依靠流行文化建构青少年完整的思想世界，是根本不可能的，或者是模糊不清的。如他们中有人写下的"想做一个'不是一个温柔的人，但温柔起来不是人'的选择"，虽很搞笑，确是大众文化下的一种状态——混乱感；另一方面流行文化中包含的美好人性的东西，流行歌曲里有很多关于友谊、爱、自信、奋斗的主题，也需要更深入层面的东西加以审美的引导。同时，一个中学生想做一个安稳、安静的人，并没有什么错。从热衷阶级斗争的红卫兵，到想做快乐的人、做好人、简单、善良的人，是时代进步，教育理念的成果。我们的教育、我们的社会环境，应该多让年轻的一代感受到人性与世界的正面的、好的东西。问卷回答也反映出，很多同学是很有志向与抱负的。他们的想法应该被家长、社会来肯定、支持。

其次，在问卷调量的开放式答案中，一些同学们写下了自己印象深刻的中学课文：

"《狼与羊》《我做主》"；"《老人与海》《藤野先生》《雪》"；"《老王》《拿来主义》《祝福》"；"《雷电颂》《再塑生命》《列夫·托尔斯泰》"；"《雷雨》《从百草园到三味书屋》《祝福》"；"《雷雨》《我的母亲》"；"《离骚》《劝学》《师说》"……

我们从中看到了"古典文学"在中学时期社会化的印记。一如布迪厄所说，只要是美的熏陶，"对作品的感性之爱能够在一种心智之爱中得到实现"。①

再其次，在问卷中开放式的提问"你所记得的某段歌词、广告词"的回答中，同学们写下了非常丰富的内容。例如：

"你若离去，后会无期"；

"千秋落　缘起缘灭"的所有歌词；

---

① 参见［法］布迪厄：《艺术的法则》，刘晖译，中央编译出版社2011年版。

"2012 世界末日纯属虚构，但头皮和头屑的末日就是现在"；

"361 度，多一度爱"；

"Always and forever you and me, that's the way our life should be I don't know how to live without your love I was born to make you happy"；

"Always beat in my heart, I won't let us apart"；

"Always in my love to you"；

"Angel 是否记得我"。

商业化、流行文化的社会化印迹——商业广告、英文歌曲、古装剧主题歌，对这一代中学生有深刻影响。显然，它也是这个时代对审美趣味的无形塑造、对潜意识的开发。为什么 90 后的中国年轻人中对小清新、小萌态、小鲜肉、高颜值的审美风格特别偏爱，这是很多跨文化的歌曲、电影、动漫画面、影视歌曲长期影响的结果，是媒体工业的图像爆炸的结果，形成了超验的、想象的、跨文化的视觉经验。这些同学在很短的时间内，在问卷表上写下上面的这些字词，就像 50 后青春记忆中的"语录歌"一样，广告词、流行歌词、古装剧是这个时代特殊的经验与记忆。

布迪厄曾经说过，"不可表达的经验无疑与爱情的经验性质相同"。这也是现代消费主义及流行亚文化最厉害的地方。你还没有花钱消费我的产品，我已经驻足进入你的心理世界了。伽达默尔解释说："艺术作品对我们的理智是一种挑战，因为它无限地逃避了一切解释，而且反对试图将它表达为概念的同一性，这种反对是永远无法克服的。对我来说，这个事实恰恰是我的阐释理论的起点。"布迪厄接着这位 20 世纪解释学大师伽达默尔的话说："我只是感到困惑那么多哲学家如此热心地鼓吹艺术作品是不可言喻的，而且根本逃避理性认识。"①

研究这些同学喜欢的歌曲、歌词、广告，最大的一个触动就是我们需要有灵魂的教育，我们需要关注人性及人性美好的解释。现今的教育太多简单化的说教与灌输、太多应试教育的怪圈。加上网络、媒体、广告上的金钱拜物教，负面的信息防不胜防，使教育走进了心灵空洞及逆反，我们需要研究当代中学生的心理、生理发展的特点，研究教育对人性启蒙的重

① ［法］布迪厄《艺术的法则》，刘晖译，中央编译出版社 2011 年版，第 2—3 页。

要性。

阿尔温·托弗勒曾阐述了第三次浪潮的文化特征。他指出第三次浪潮是多样化的传播工具，瞬息即变的文化，人类经历的智能环境。第三次浪潮培养的性格可能是：对长者不那么顺从，对消费不那么计较，对享受不那么耽溺……通讯革命给每个人一个更为复杂的自己的形象，进一步把人们区别开来，加速了人们尝试塑造自己不同形象的过程。① 当代中国正在成为一个文化产业的大国。中小学生在基本社会化的阶段就伴随着媒体产业、广告产业成长。事实上，一个庞大的非正式的文化灌输、文化冲击，一个巨大的媒体亚文化系统是中国教育生态的一部分。教育管理者要了解这个文化的、教育的现实生态，加强针对性的青少年思想分析与教育管理。

---

① ［美］阿尔温·托弗勒：《第三次浪潮》，朱志焱等译，生活·读书·新知三联书店 1983 年版，第 445 页。

第七章 "文化现代性"与"消费主义"的影响下的社会性别意识

　　嵌入性别社会化中的"文化现代性"与"消费主义"是个新的题目。把文化现代性与女性主义放在一起讨论增加了人的、性别的、时间的视角。消费文化对社会性别意识的影响是多层面的。中国社会转型及消费文化的发展推动了对社会性别意识的再认同。消费主义对性别审美取向的影响是双重的。社会消费生活方式的变化影响着青年婚恋观。青年消费观、婚恋观充满着个体生命历程的叙事。

第一节　嵌入性别社会化中的"文化现代性"与"消费主义"

一　文化现代性、个性意识、社会性别的认同

（一）文化现代性与女性主义解释

　　现代性，强调了新的变化、不均等的时间观念，它涉及现代性生活的根本性质。把文化现代性与女性主义放在一起讨论，就增加了人的、人类的、性别的变化与时间的视角。在现代性的时间观上，马克思指出了："生产的不断变革，一切社会状况不停地动荡，永远的不安定和变动，这就是资产阶级时代不同于过去一切时代的地方。一切固定的僵化的关系以及与之相适应的素被尊崇的观念和见解都被消除了，……一切神圣的东西都被亵渎了。人们终于不得不用冷静的眼光来看他们的生活地位、他们的相互关系。"[①] 马克思的这段话不断被文化现代性的研究者所引用。在社

---

① 《马克思恩格斯选集》第1卷，人民出版社1972年版，第253页。

会性别认同方面，马克思在《1844年经济学哲学手稿》中指出："拿妇女当作共同淫乐的牺牲品和婢女来对待，这表现了人在对待自身方面的无限退化，因为这种关系的秘密在男人对妇女的关系上，以及在对直接的、自然的、类的关系的理解方式上。""人和人之间的直接的、自然的、必然的关系是男女之间的关系。……从这个关系就可以判断人的整个教养程度。从这种关系的性质就可以看出人在何种程度上成为并把自己理解为类存在物、人。"① 马克思的这两段话应该是我们理解文化现代性与女性主义社会性别观不可忽视的观点。

在一定意义上说，现代性就是启蒙理性，启蒙理性解释了现代性。在马克思之后，齐美尔完成了一种现代性的文化维度视角的建构，在齐美尔对的释义中，现代性始终是一种以客观文化（货币文化）为基础的、并且是主观文化（经验性感受）与客观文化相对应（矛盾）的状态。

哈贝马斯认为，文化现代性的观点源于韦伯。韦伯认为，文化现代性的特征就在于，原先统一于宗教和形而上学的世界观的本质理性，被分离成三个自律的领域，它们是科学、道德和艺术。由于宗教与形而上学的世界观瓦解，它们逐渐被分化。这样就形成了文化领域的三个层面：认知—工具理性结构、道德—实践理性结构和审美—表现理性结构。后者就是审美现代性。② 哈贝马斯强调，这是由启蒙哲学家在18世纪精心阐述的现代性规划。审美现代性是广泛的文化现代性的一部分。但是，哈贝马斯在谈及启蒙思想家的理性规划与文化现代性不同层面的内在结构时，并没有提及这个"文化现代性"里是看不见女性的。

笔者想强调补充的是，在齐美尔的现代性的思想里，女性文化及其作用已被肯定性阐释。他在1902年就提出了这样的认识，"人类文化可以说并不是没有性别的东西，绝不存在超越男人和女人的纯粹客观性的文化"。"由于人们习惯将现存的、也就是男人的文化当作唯一可能的文化，就产生了这样的两难困境：女人要么放弃创造性的文化成就，要么放弃自身。"齐美尔在他那个时期就肯定地提出："精神或者经济上独立的女人，她们的培养、活动和位置都必须经历史上既定的、也就是男性文化的阶段

---

① 《马克思恩格斯全集》第42卷，人民出版社1979年版，第119页。

② 周宪：《文化现代性读本》，南京大学出版社2012年版，第182—183页。

（笔者认为这是指市场的平等竞争方面），尽管这只是一个准备阶段，为了使她们从一个确定的点出发转而步入自己的路线。人们不需要借助想入非非的幻想就能够看到，臻于极致的女性文化会超越人类生活迄今所有的一切基本事实和基本任务。"①

马克思、齐美尔的思想中包含着肯定女性地位的人文诉求与阐述。这在当时的思想家当中是极为少见的。他们所表达的社会性别平等的思想，超越了像卢梭、叔本华、尼采这样的大哲学家，成为现代性思想的一种财富。这种思想，"是一种对男人也对女人，都是全新的和更人道的生活方式"②。

从历史角度看，自有私有制以来文明的书写，都是男权为主导的文化，它构成文明史的组成部分。这种男权制，也叫父权制，就是把男性看成是主导的、支配的、刚强的、勇敢的、强壮的；女性被看成是被支配的、弱小的、依赖的、在家里的。现代化的早期阶段这种观念依然在延续，直到法国大革命的《人权宣言》，在美国革命中的《独立宣言》里，依然沿用这种观点，《人权宣言》《独立宣言》中的公民权益是不包括女人的。

在男权文明的主导下，长期以来，文化史中的妇女一直有两种形象符号：一方面是贤妻良母的形象（基督教信念中的圣母玛丽亚的形象）。在中国，有节妇、烈女、贞女、贤惠的形象；另一方面女人又是邪恶的诱惑物，如古典神话中的潘多拉和犹太—基督教中夏娃的形象，中国文学作品中的潘金莲形象。第一种形象导致把女性形象（特别是母性的）的完美化——西方文学作品与绘画中把女人看作是抽象的"偶像"，是生命之本。一切美好的象征都和女性相连：女人是宝石、珍珠、天空、春风、大海、花朵、鸟儿、星星、月光、胜利女神。在中国的诗歌、绘画中，也有这样的把女性完美化的描述；第二种形象导致把女性妖魔化。女人是欲望的根源，淫荡的祸根，因而是魔鬼、阴谋家、是搬弄是非之人，她给男人带来恐惧。这两种形象都从属于是男权社会对于女人形象的不同需要，是

---

① ［德］西美尔：《金钱、性别、现代生活风格》，顾仁明译，学林出版社，第141、151、152页。

② ［美］洛伊斯·班纳：《现代美国妇女》，候文惠译，东方出版社1987年版，第287页。

一种完全不平等的文化解释。①

　　女性主义的兴起，是现代化运动进入一定阶段的伴随物，是对文化现代性的一种伸展与补充。女性主义理论反对男权本位，主张男女平等；强调社会性别，反对基于生理性别的"本质论"。它是对以女性为主体的关于社会生活和人类经验的概括。女性主义认为，女人出现在大部分的社会情境中。在看不到女人的地方，不是因为女人缺乏兴趣，而是因为有许多故意的力量将她们排除在外。女性主义的反问是：为什么会这样呢？我们要如何改变并改造社会世界，让它变成对女人及对所有人而言，都是更公正的地方。女性主义所挑战的是曾经建立起来的知识体系。瑞泽尔说，这种挑战的结果，"不仅相对化了已经建立的知识体系，而且也解构了该知识"。与以往的性别等级体系的解释完全不同，女性主义认为，女人的隐而不见性、不平等、角色差异——这些大致可来描述女人的生活方面——深刻地受女人的社会位置的影响。② 女性主义批评了现代社会中的男性的英雄主义叙事。"英雄生活所颂扬的，本质上都是男性的牺牲、高贵、节制庄严、自我否定、自我约束和投身于事业的美德"，而女性是消极且软弱无力的女性形象。缺少力量就会产生脆弱感、依附的欲望，被别人爱的想法。而男性的形象"最终解决问题后其实需要的只是承认与荣誉。"③

　　女性主义的理论反对把文明史以来所形成的把女性与男性的差别本质化，反对把女性作为第二性；强调社会性别是社会塑造的。女性主义理论为我们对世界的了解带来了革命性的转变。女权主义学者在 20 世纪 70 年代初期发展了"社会性别"的概念。女性主义者提出社会性别是人类组织性的活动的一种制度，同任何文化中都有经济制度、政治制度一样，任何文化中也都有自己的社会性别制度，即种种的社会体制习俗把人组织到规范好的"男性""女性"的活动中去，社会性别是人类社会的一种基本组织方式，也是人的社会化过程中一个最基本的内容。"社会性别"

　　① 扈海鹏：《解读大众文化——在社会学视野中》，上海人民出版社 2003 年版，第 170、171 页。

　　② ［美］乔治·瑞泽尔：《当代社会学理论及其古典根源》，杨淑娇译，北京大学出版社 2005 年版，第 178—179 页。

　　③ ［英］迈克·费瑟斯通：《消解文化——全球化、后现代主义与认同》，杨渝东译，北京大学出版社 2009 年版，第 92、93 页。

（Gender）的范畴，被看作是在西方第二次女权主义浪潮中出现的一个分析范畴。在当代女性主义学术发展了 30 多年的西方，"社会性别"已经与"阶级""种族"一样成为研究人类社会与历史的一个基本的分析范畴，在各个人文社科学术领域被广泛运用。

但是，女性主义理论不是一个统一的理论板块。它有很多不同的角度与流派。在后现代女性主义理论里，倡扬的潜在的多元主义、多种可能性混融一处，其间的生理性别、社会性别和性本性都不再以整体的、固定的方式结合在一起。①如酷儿理论反对异性恋与男权制这两个术语，引入第三个概念'性本性'。这样就有了第三种角度，不仅反对与男权制相连的异性恋，也反对把异性恋本质化，主张多元的性本性的存在。

（二）文化现代性、个性意识、社会性别的认同

从社会性别意识的角度上看，文化现代性、个性意识与社会性别的认同的核心是女性群体自我意识的建构与自觉。从 18 世纪法国《人权宣言》发表后，英国女性沃斯通克拉夫特的《女权辩护》到 20 世纪 50 年代初西蒙·波娃的写得《第二性》；从 20 世纪 60 年代美国女性贝蒂·弗里丹写的《女性奥秘》，到 80 年代科塞尔·希拉里的《跷跷板上的女人》，这些都是女性群体不断自我认识的过程。在欧美妇女运动中，"女性作为曾经失落的人类群体，从没有'自我'到意识到'自我'，从不成熟的自我到成熟的自我，是一个漫长而艰难的自我认识过程"②。从美国来看，20 世纪 20 年代社会解放的大门不断向妇女敞开，大批女性进入高等学校受教育，并获得有声望的职业，女记者、女律师、女医生、女教师、女专业技术人员等知识女性的队伍逐步壮大。但到了 20 世纪的 40 年代，"女性奥秘论"骤然风行起来，向追求解放的女性发难。女性奥秘论声称，女子的最高人才和唯一职责是实现女人的本性，因此，做妻子、做母亲是实现女性完美的唯一途径。按照这种论点，女性就业、女子接受高等教育导致了女子男性化，这对家庭、孩子、丈夫、女人自己都带来极其危险的后果。20 世纪 60 年代，贝蒂·弗里丹向"女性奥秘论"者反诘

---

① ［英］布莱恩·特纳：《社会理论指南》，李康译，上海人民出版社 2003 年版，第 386 页。

② 姬冰、海丽：《美国妇女美国妇女在寻求自我完善中的困惑的思考》，《国外社会学》1989 年第 6 期。

道:"如果高等教育、职业生活阻碍了女性气质的发展,抑制妇女的智力程度,控制她们的社会生活而培养女性气质的发展,那么,女性气质究竟是什么呢?""当教育不是促进妇女的全面发展,而是集中发展她们的生理功能,那么,在人格意义上,女人究竟是什么呢?"她说:"如果一种文化并不期待妇女达到人类成熟状态,那么,它也不会感到不成熟状态是一大浪费。"贝蒂·弗里丹的发问及《女性的奥秘》一书,成为六十年代美国第二次女权运动浪潮的标志。二十年后,希拉里·科斯尔的《跷跷板上的女人》一书,则是以一个职业女性,并且是已经获得了独立人格的女性的独特视角,倾吐了成功的职业女性的新的欠缺感。作者通过自己的亲身感受,详实的调查与理性的分析,披露了那些处在成功之端的职业妇女们感到的难以忍受的孤独、空虚和人格撕裂。[①] 她指出美国妇女经历着"渴望成功"与"避免成功"的双重期望中陷入两难境地。尽管,科斯尔的《跷跷板上的女人》一书不如弗里丹的《女性的奥秘》一书有名,但她所提出的思考依然是有价值的。以为美国女性只追求个性解放,要甩掉家庭包袱,这其实是表象,甚至也包含着假象。她们依然希望获得职业与家庭、女性身心满足的完整幸福。这对转型中国同样具有意义。在贝尔的解释中,文化现代性是与经济、政治现代性维度相对应的文化个体的自我实现。在这个解释中,文化现代性与个体的自我发展是统一的东西。文化现代性表达着个性意识。这个个性意识,笔者认为,是带有性别内涵的。

从 20 世纪 80 年代以后,中国开始经历一个新的社会转型时代,从社会学学理上说,这个时代是从传统的农业社会向现代工业社会的转型时代,从计划经济向社会主义市场经济转型的时代。走向市场经济体体制,参与市场化的改革,这是 20 世纪最后三十年(一直延续到今天的)中国社会最深刻变化。20 世纪 90 年代到 21 世纪以来,中国在向工业化、市场化、城市化社会的转型,同时又在向全球时代、信息时代、消费时代转型,文化现代性、个性意识、社会性别认同一并发展的时期。新的性别文化处在一个大尺度的时空背景下,社会性别意识出现新的趋向:

---

① 参见 [美] 希拉里·科斯尔《跷跷板上的女人》,扈海鹂、姬红译,中国妇女出版社 1990 年版。

　　其一，社会转型与社会性别意识的反思。

　　80 后的中国女性，也包括男性，在更大程度上从一个政治的、革命的时代走向一个生活的时代。对中国女性过去所储存的"铁姑娘""女劳模""女英雄"的集体形象与记忆来说，20 世纪 80 年代后兴起的新的女性文化，无论是女性的流行歌曲、女性文学、女性杂志、女性化妆品、包括女性美容、女性健美，都在展现多种女性美的形象。作为性别群体的女性自我主体意识从封闭型走向开放型。20 世纪 90 年代后，随着市场化的深化，性别权益再度被关注，女性性别群体正在开始成为利益群体，并在社会转型中经历着社会分化，阶层分化。

　　这个时期的中国女性研究十分活跃。李小江主编的女性研究丛书（共 11 本）对重新认识中国与世界的女性意识、女性文化史的介绍、梳理与解释，产生了极大的社会影响及女性意识的再思考。从改革开放之初，到 20 世纪 90 年代中后期，中国女性意识的思考，带有后革命时期的反思的特点。从对"文革"的再思考开始，重新意识到妇女解放不仅是在政治革命意义上的，而且是"一场复杂的文化变迁"。表现为，一方面从前被政治色彩模糊，被"蓝色""灰色""草绿色"衣装淹没的女人变得清晰可爱了；另一方面，20 世纪八九十年代的经济改革又使女性陷入不安全感的自我危机，重新处在职业、家庭、心理的多重冲突中[①]。

　　20 世纪 80、90 年代，欧美的女性主义的经典著作被译为中文。西蒙·波娃写的《第二性》在中国知识女性中产生巨大的影响，"世界上竟然还有人写这样的女人的书！""波伏娃研究妇女的立场和气魄，也包括她特立独行的生活方式，追求自由是其中的关键。"女性学者闵冬潮在研究中写道，"作为一个人可以选择自己的生活方式，这对我们这一代人是个很大的影响"。[②] 20 世纪 90 年代中后期，"女性主义""社会性别意识"的理念被介绍到中国来，成为跨文化互动中的新理念、新的知识话语。女性主义与公共政策成为女性研究新的思路。女性主义，成为一种新的文化视角与文化语境，推动了中国平面化的政治思维与多方位的文化思维的对

---

　　① 李小江：《中国妇女分层研究 2》，河南人民出版社 1991 年版，第 81—90 页。

　　② 闵冬潮：《全球化与理论旅行：跨国女性主义的知识生产》，天津人民出版社 2009 年版，第 95 页。

话，民族话语与世界话语的对话、女性发展视角与多学科的对话，推动了对中国女性现实生存问题的关注。① 社会性别意识的认同度不断提升。妇女研究中出现了"文化转向"，"女性主义"文化认同，更多取代女权主义、男女平等的话语表述，它代表了全球化下跨文化知识生产、女性话语互动的新的可能性，它意味着在理解"文化现代性"方面的新的思维、新的性别反思、新的女性实践认知的开端。如 2011 年疯狂英语创始人李阳家暴事件，在法院被起诉、宣判。在全社会受到的关注并谴责，是中国社会从来没有过的。女性权利即人权的观念，被赋予了社会的意义。

非农化、城市化、工业化的人口流动中，"有成百上千万人宁肯到城里去试试运气，也不愿意继续当自给自足的农民"②，女性群体在大规模的社会流动中，其个人地位、家庭地位也处于不断分化中的。女性地位与社会权利的问题不断被许多女性学者所关注。张彤禾的《打工女孩》、潘毅的《中国女工》《我在富士康》等书，揭示了城乡二元结构下改变命运的底层女青年的境域。在这方面很多学者的研究都关注了底层的女性阶层的命运，建构起了与世界接轨的知识界的话语立场、社会关怀的行动。

其二，消费时代的"文化现代性"展开，社会性别认同的多样性。

1. 首先是社会性别中新的个性认同。消费文化与女性的关系是近年来在女性主义文化批评中引起激烈争论的一个领域。进入 21 世纪以来，随着中国走向消费社会、媒体社会，在新媒体氛围下长大的 80 后、90 后更多地受到消费文化下的文化现代性与消费主义的影响。他们的社会性别意识，首先是新的个性认同。

在文化工业的持续刺激、影响下，流行音乐、流行电影中、时尚明星的偶像气质影响了普通人日常生命活动中审美视野，影响了青年人对艺术与现实的感觉。消费文化下的"文化现代性"，再次被诠释：即增加了个性认同，增加了个性中的性别认同。消费文化及全球文化工业不断推出新的英雄形象。银幕上的"英雄生活在这种文化中仍然是一个重要的形象，消费文化还推出的超人与兰博等神话形象"，还有"007""速度与激情"；

① 扈海鹏：《女性主义：一种新的文化视角与文化语境——关于女性主义在中国存在方式的思考》，《天津社会科学》1997 年第 3 期。

② ［美］张彤禾：《打工女孩 从乡村到城市的变动中国》，张坤等译，上海译文出版社2013 年版，第 343 页。

中国的"集合号""战狼"等，都大写了男性的英雄主义。在我采访的一些大学生、研究生、公务员中，很多人都有过因为流行音乐的某个歌手、某个歌词而被感动，如感动于周星驰作品中小人物的无奈、迈克尔·杰克逊一生艰难与完美。流行文化重建、扩展了一种叫作"文化现代性"的东西。这些"英雄"再现中，不仅呈现出明星偶像取代从前的生产的偶像，而且间接地作用于社会性别中个性意识。不论是男性、女性，尤其是女性更会通过性别认同，表达自己的独特性，独立的意识更强；也更爱打扮自己，重视日常生活中的审美。

　　2. 社会性别气质的丰富性认同。社会性别理论反对把男性气质与女性气质的本质化，传统文化中的性别形象认同，是在一个固定的二元模式下。随着近十多年，随着互联网及其视听文化的火爆，中国媒体工业生产了更多的多元气质的女性及男性的气质的形象。"现代性"的文化维度在性别气质上越来越丰富。2016 年超女李宇春上全球顶尖时尚杂志，其扮相就是一个中性的帅气，标题是"任性的一代"。从 2005 年湖南卫视超级女声评选开始，李宇春的"中性"扮相，成为一个性别形象多元化、丰富性的一符号。同时，男性形象也开始变化，即传统式的男性阳刚英雄形象滑落，帅气秀美的男生形象被喜欢（即小鲜肉）成为银幕上美男子的代名词。女人也早已不能用是否是贤妻良母来概括了。《小别离》电视剧中男主角是个会哄太太、会烧饭的贤惠的丈夫。李易峰、杨洋等演员则以"美少年"的高颜值在屏幕形象让女性惊艳、热捧。这些类别都不是传统的性别角色形象。

　　应该承认，过去的 40 年来，通过媒体、电视、网络，商业的运作，女性形象、男性形象都越来越丰富，推动了整个社会的社会性别表达的丰富性。这种丰富性，在一定程度上，是社会性别的非本质化。男性可以很阳刚，也可以很温情。与之同理，女性也是一样。

　　中国改革开放 40 年来，现代性、个性意识与社会性别认同是不断建构与转变。"两性之间的权力平衡出现的长期波动变得越来越醒目，并出现女性力量上升的趋势。其中一个表现是她们在公共领域提出男性统治、家庭暴力、虐待儿童等问题的先决权和能力都大大提高了。"[1] 许多过去

---

　　[1]　［英］迈克·费瑟斯通：《消解文化——全球化、后现代主义与认同》，杨渝东译，北京大学出版社 2009 年版，第 95 页。

未曾定义的领域,如单身、婚前性行为、同居、家暴、性侵等,都被给予了更多地来自社会性别方面的反思与再定义。

3. 社会性别气质变化的世界化方向。由于青年流行文化进入了消费文化,拓展了消费文化、流行文化方面更多的层面。它把"酷、帅、前卫、叛逆、萌、牛仔风格"这样一些青年文化风格被放入消费生活;全球文化产业发展与参与,推动了全球消费生活方式及社会性别(两性)气质变化的世界化(在流行风格上)。所以,今天欣赏中国的青年流行文化,就是欣赏当代中国青年社会性别气质的世界化走向。他们代表的不是早年中国富人的样子、不是"文革"中红卫兵的符号,他们具有当下世界青年流行气质的开放性符号。消费文化的发展,重新推动了青年人、大学生自我的新建构。"在这个意义上,'自我'的转变,带来了自我成长的丰富性。"[1]"性感"这个词在中国当下变成褒义词,它是个体性别魅力的象征,并且是国际范儿的。

齐美尔在讨论"现代文化矛盾的回应方式时,他不仅提出了高贵、美学的方式,以及将生活转变成一件艺术品的超然,也提出了另外一种相反的方式,那就是沉浸在愉悦的社会交往当中"。即在经验中享受自我沉浸的感觉、享受平凡性、普通性与日常性的美感。[2]齐美尔的这个文化现代主义角度,可使我们对消费文化下娱乐性的流行风格多一些理解。

社会性别气质越来越向着世界化方向发展,还表现为国际流行服装、色彩、打扮搭配的国际范儿对中国年轻人、明星艺人的影响。这是四十多年来经济全球化、全球消费生活方式传播的结果。在此,我们看到,消费时代的社会性别气质发展,经由全球时尚工业、流行文化产业、全球文化工业打造而形成链接、传播的一面。中国社会转型中的产业转型的标志就是媒体工业、时装工业、电视剧工业等诸多文化经济产业门类的发展,其结果就是社会性别气质方面的国际化方向。其中韩国流行时尚、韩剧与美剧、日本动漫等,都极大影响了中国青年对性别气质的理解。很多年轻人还去韩国学唱歌、学打扮自己。女性的服装打扮、色彩、款式的搭配越来越朝

---

① 扈海鹂:《消费文化影响下的大学生的自我建构》,《中国社会科学文摘》2010 年第 10 期。

② [英]迈克·费瑟斯通:《消解文化——全球化、后现代主义与认同》,杨渝东译,北京大学出版社 2009 年版,第 94 页。

着某种国际范儿、欧美范儿发展。如90后的中国男演员鹿晗。18岁到韩国留学，后又进入韩国首尔综合艺术学校。2013年7月在EXO专辑《狼与美女》中开始了音乐之旅。2016年，凭借《Reloaded（重启）》数字专辑累计销量，成为IFPI国际唱片业协会权威认证的内地首位获得"白金唱片"的歌手。鹿晗的形象与明星生涯就和韩版的国际范儿联系在一起，并影响了国内青年的审美。英国学者弗兰克·莫特曾指出认为，20世纪后期英国青年男性气质在商业形式中扮演着重要角色，"消费是雅皮士生活方式的重要内容"，"在80年代的英国被公认为将在未来商品社会中极为重要"。① 其重要性就是，它重新创造了男性气质的审美风格。这种角度分析对当代中国也是有启迪的。全球文化产业的视觉形象冲击、推动了两性文化气质日趋开放化、个性化、中性化、双性化、选择化。从穿着打扮来说，中国女性与男性也正在经历更为多元化、世界化的性别气质表现阶段。

这种社会性别气质的国际化，主要是就时尚、流行文化的世界潮流影响而言的，它已是日常生活的青春审美。同时，在资本的商业化运行下，中国90后青年也成长于"造星工业体系"下。"被互联网培育的粉丝在数量上的增长，共同形成以偶像为中心的粉丝社群。网络粉丝社群已经被描述成'粉丝帝国'、'无组织的组织'、'粉丝天团'等，成为粉丝聚集并展现粉丝力量的主要平台。"② 它使社会性别认同带来更多的复杂因素。

社会性别气质国际化的另一个方面，是社会性别的女性主义批评国际化。这是女性主义运动从欧美到中国的对接，是女性主义社会性别认同从理论书本走向大众认同、社会行动的过程。近年来，在反对性骚扰、反对家庭暴力、反对性别歧视方面，国内的女性主义学者及妇女组织努力落实联合国的有关文件，推进中国两性平等与女性权益，女性主义的社会批评已成为网络媒体社中的一种重要声音与社会民主的潮流。

从2012年到2017年，中国社会科学院新闻与传播研究所、中国妇女报社和中国妇女发展基金会妇女新闻文化基金连续六年中发起对本年度社会性别新闻大事件进行评定。2017年被评选的十大新闻事件，包括成都双流

---

① ［英］弗兰克·莫特：《消费文化——20世纪后期英国男性气质和社会空间》，南京大学出版社2001年版，第92、214、10页。

② 王艺璇：《网络时代粉丝社群的形成机制研究——以鹿晗粉丝群体"鹿饭"为例》，《学术界》2017年第3期。

区人民法院发出针对同居暴力的人身保护令；国务院办公厅印发《生育保险和职工基本医疗保险合并实施试点方案》，让更多职业妇女享受生育保险待遇；国务院妇儿工委办实施"中小学性别平等教育项目"，让性别平等理念扎根青少年心田；山东明确提出土地权证和登记簿上要有妇女的名字；"女德"言论频现，引发公众批判；北京地铁八条线路现反性骚扰拉手，呼吁公众"不做沉默羔羊、不做冷漠看客"；《中国妇女报》发布性别歧视类禁用词，网友点赞媒体素养；"妇女权益保护"成天津九万领导干部"必考题"；厕所革命"新三年行动计划"推出，倡导建设第三卫生间、开设女性专用厕所；全国人大常委会法工委审查并推动解决《婚姻法》司法解释"第24条"中存在的问题。① 这些是对消费时代社会性别发展的一种社会限定与社会反省，即保护女性的合法权益，不能何为。

二　消费主义的审美观强化了性别审美取向

1. 消费主义的审美观把身体作为最美的消费品，推动了两性重新发现身体的过程

在消费时代，消费主义的审美观是商业化文化模式的一部分。中国的市场化、城市化过程中，发展起都市商业化的运作系统，这个系统一定是要建构消费主义的审美观的。并且由于中国媒体工业、媒体广告的快速发展，使得消费主义审美观及其性别取向获得极大传播。在经历计划经济时期的禁欲主义传统之后，消费主义的商业浪潮"对身体和性解放的符号重新发现"，具有解放的因素，唤起了时时萦绕心头地对青春、美貌、阳刚、阴柔之气的追求，重塑了性别认同中自我肯定的合理性，提供了众多维持、保养身体完美化、年轻化的商业途径。但与此同时，消费主义的审美设计是用偶像的身体吸引你去欣赏，也用资本的身体引诱你去投资去消费。"这种双重实践，包含着经济投入与心理投入。"②

消费主义的"身体化"形象，已被内化的"他人"视野。当代中国的消费时代已经进入一个手机互联网的时代，视觉文化得到了全景式的发展，地铁、高铁、公交上、车站，随处可见低头看手机的人。视觉阅读、

① 2017年度性别平等十大新闻事件揭晓，参见《工人日报》2018年1月22日。
② ［法］波德里亚：《消费社会》，刘成富译，南京大学出版社2000年版，第140页。

视觉娱乐加快了性别身体的无形的新的社会化过程。前 30 年中的"大庆人""大寨人"的身体形象已在留在革命博物馆的记忆中。视觉形象新的身体化的参照点，主要来处欧美影视文本的影响。美国大片《速度与激情》共七集，在中国上映时，票房一路飘红。剧中男性演员有着极为粗犷、强健的身体特征。片中也强调了家庭、爱情的因素，但更加被彰显的是迪拜奢华海滩的情色，舞会的脱衣舞女；豪车速度、冲撞、格斗中的暴力感、财富的炫耀等，影片摄制中共毁豪车 2000 辆，提供了好莱坞式的身体与感官强刺激。在消费主义的价值标准下，娱乐工业引导人们看重是商品消费中娱乐与狂欢，不再关心人生在信仰、精神生活层面上的追求。

2. 成为更有气质的时尚先生或时尚女士，是消费时代最有魅力的价值引导

认同、追随时尚流行被看消费时代的生活品质。凡是达到一定地位的人，都会去追求这种"有品质的生活"。波德莱尔认为，现代性意识的美在时尚中最显著。"现代性就是过渡、短暂、偶然；它是艺术的一半，另一半则是永恒与不变。"现代性的性质就是现代变动性、时尚性、不确定性。① 这样看来，在与时尚的关联中表达男人气质与女性气质，就是文化现代性的个体表达。而且，在消费时代，追求时尚与流行也是"向内心世界的求索，发现和接受自我，心灵和情色"的内在需求②。今天的中国，气质偶像不再与英雄、劳动模范联系在一起，而是和消费时代定义的女性气质、男性气质联系在一起。时尚品位的高贵具有极大的社会赞同。在有了地位与财富后，向外表达就是外形得体，穿着优雅。"高颜值""小鲜肉""男神""女神"已成为时尚气质的赞许。几乎所有的中高层精英，都是用时尚界的规范语言来穿衣服，这已成惯习。中国《时尚先生》杂志上曾有一句定义性的话：时尚先生"他们定义和塑造了今日的文明景观"，"创造一个时代的教养，这就是顶级，这就是先生"。

当代消费文化的这种取向体现了性别社会化中美学化、商业化的转变。它号唤着青年人不断更新自己的变化，在短暂、流行的、艺术的自我

---

① 周宪主编：《文化现代性读本》，南京大学出版社 2012 年版，第 2 页。

② ［法］艾德加·莫兰：《社会学思考》，阎索伟译，上海人民出版社 2001 年版，第 216 页。

满足中创造身体的感受。于是，消费主义的身体化实践，也像是满足一个文化现代性的个性挑战。青年人似乎不断感受到实现自我发展的召唤，接受着新的使个体更加年轻态的动力与压力。

现代性的时尚性、完美性也是一个资本霸权与金钱的叙事。一位90后女性在微信说，"有人问我一个小姑娘家每天那么忙做什么，又不像男的需要赚钱养家，干嘛拼命挣钱。我的天呀，我不养家，但我要养YSL的唇膏，SK-II的水，CHANEL的新眼影。DIOR又出限量了，压力比一个男人肩膀沉得多"。其语气幽默中，可见消费主义审美压力已变成女青年买美容产品的金钱压力及对身体化的焦虑。

2016年的8月26日，央视播出"天价片酬"专题新闻，提到《如懿传》两位男女主角周迅与霍建华片酬加起来合计1.5亿，而圈内好几个当红小生的片酬动辄一部戏8000万到1.2亿的片酬，制作经费严重被占用。编剧、后期配音等其他工作人员的酬劳极低，导致影视剧故事情节越来越难看，也没钱实地取景①。当今中国时尚明星达人的天价片酬，提供给我们消费时代的资本叙事。它把穷人、中下层阶级是区隔在外的。时尚，或流行，不可能单独创造一个时代教养的顶端。教养的顶端，永远是灵魂与信仰而积淀而成的习惯。

3. 功用性美丽及美的碎片化

功用性美丽、功用性色情的合理化，是商业广告的普遍应用，用以吸引众人的眼球。而低俗化则是这种商业效应泛滥的结果。当一个社会中教育空洞与道德秩序匮乏，时尚明星、时尚气质又被商业媒体过分打造时，必然引导青年对表层的功用性美丽与情色的追求。美的碎片化，就是个体没有完整的审美观、就是社会审美引导的混乱、审美氛围的零碎感。

教育工作者常常会注意到消费时代的文化出现碎片化的状况。最易于被感知被体验的"碎片化"恰恰是广告中的视觉性别形象。对"高颜值"的过度渲染，弱化、迷惘了人们对心灵与内在修养的需要，导致很多负面价值观及后果。在当下都市广告、网络广告中，随意可见的情色、性感的图像，甚至于上网时已到视觉上避之不及的程度。都市主要街区的公交、地铁的站台整容、美体广告非常之多。"瘦的文化"、减肥的文化，在转

① 《央视批演员天价片酬 霍建华周迅"躺枪"》，《西部商报》2016年8月28日。

化为商业化的路径，变成功用性美丽的符号，变成了商业产业。女性的容貌、乳房、臀部、体形、眼睛、眼睫毛、鼻梁、眉等方面的完美被放大，鼓励引导人们去追求超真实、超美丽的完美，商业审美成为人性完美的尺度。一些电视综艺节目又总是把女性外形美强化又强化，似乎人人都应该把自己炼成女神或男神，不然就是一种失败。

如果中国文化产业的成功的另一代价是使教育停留在功用性"颜值"的崇拜上，那就是教育的失败。它会使整个一代年轻人的审美生活沉溺于心灵空洞的自恋之中，其盲目追求外在表面符号的取向会引起连锁的离轨行为。90 后青年郭美美网上炫车、炫包。不惜制造假干爹、假冒红十字会董事来捞钱的真实故事，就是某种社会环境氛围下产生的。郭美美不缺文凭、不缺美貌，缺的就是灵魂与尊严。据《大河报》2015 年 11 月 18 日报道，河南西平县的一个 15 岁的少年因染了紫色的头发，竟被七个少年以"我还没染这种颜色的头发，你敢染这种头发"为由，围殴致死。这个很悲惨的故事，它反映了青少年穿着打扮流行化了，但并非与道德水准的提高成正比。由于追求表面虚荣，贪图享受，又不愿意付出劳动，人们会采取越轨、甚至犯罪的手段获取对时尚、流行的满足。这也是出售裸照、卖淫嫖娼、吸毒人群存在的一个缘由。这方面是另外一个需要专门研究的社会问题。

三八国际妇女节，在最近几年中，已经在不知不觉中改名为"女王节""女神节"。在城市街头、商店、网络、微信的种种广告、图像、文字中，女性成为被消费的、或消费商品的"女神"。三八国际妇女节原来的女性社会解放的意义已被消解，我们不得不承认这是消费主义的成功，女性的接受心理已经被"功用性美丽"的商业宣传所改变。与"女神""女王"的剧增相反，越来越多的年轻女性对容貌的不自信与恐慌。笔者在对大学生、硕士生，和商业员工的访谈中，很多女性都认为，当下中国是个"看脸"的时代。长得不够好的同学内心会有一种恐慌。一位女硕士生对下届学妹说，"找完工作才知道，读研时不必写那么多文章，只要有张漂亮的脸就行了"。在中国妇女解放经历了一个多个世纪之后，在物质财富、个人选择已极大丰富的中国消费时代，是否又是女性对美丽最不自信、对外在的颜值看得最重的时期？从妇女解放的角度，上述这些是进步，还是倒退呢？

鲍德里亚认为，在消费主义的商业逻辑下，美貌不并不是自然的效果，也不是道德品质的附加部分，而是时尚的逻辑，是身体的具体价值、实用价值向唯一一种功用性交换价值的蜕变。① 单纯追求"功用性美丽"的后果，是社会道德习俗的浅表化，社会趋向于以貌取人，朴素与单纯的品质被丢失。消费穿着的审美气质能反映生活水平与生活审美意识的提高，但并不完全代表一个社会人文价值的审美意识水平。

消费主义审美逻辑是双重的。随着生活水平的提高，它客观上推动了人的审美期待、审美气质的提升，但同时青年人也经历了对身体解放的商业化运作过程。在资本化、个性化的身体形象推销中，被"变本加厉地汇集了各种自我关切和祈祥祛邪、满足与压抑等祭祀导向"。只看美貌、性感，不看伦理的取向，取代了传统的、古典的灵魂的自省与超验性，导致了社会的粗鄙化。笔者在地铁站里见到这样一条广告，"追星总被质疑，不用理睬，用力爱就是了"。媒体充斥着男神、女神的完美形象，推动了一种自恋式的追求，像是要解放自己，这种"自恋式解放成功地抹煞了他们的真正解放"② 不会在青年人的内心深处获得信仰的或古典精神的人文启迪。

第二节　对当代青年的消费观、恋爱观的变化的分析

一　当代青年消费观对恋爱观的影响是整个消费生活方式对恋爱观的影响

（1）青年消费观冲击社会婚恋伦理。鲍德里亚、费瑟斯通等学者在给消费下定义的时候，都不是简单地从道德善恶上做判断。他们都看到现代消费是一种象征符号，其中包含着人们对社会地位的追求。如西莉亚认为，消费文化是意义渗透的文化。消费文化是当代信仰的某种根源，即"自我认同是一种文化资源、资产或占有"③。当消费文化、流行文化与青年文化相结合，年轻一代从大众消费的流行文化中获得了"他人指向型"的个体主义，这是走向消费时代的年轻一代自我意识的变化。

到了21世纪的当下中国，城市化、市场化、商业化的持续发展，以消费为中心的社会经济结构已具有控制着日常生活的趋向。新的社会消费观影响

---

① ［法］波德里亚：《消费社会》，李成富译，南京大学出版社2000年版，第69、70、144页。

② 同上书，第151页。

③ ［英］西莉亚·卢瑞：《消费文化》，张萍译，南京大学出版社2003年版，第228、6、7页。

着青年消费观及婚恋观，其突出表现在青年人从苦行僧式的禁欲主义生活中解脱出来，享受新的消费生活方式。新的私人生活、个人生活、新的家庭生活得以展开。中产阶级与劳动阶级的生活开始分化，对中产阶层生活方式的向往、学习、模仿，表现为新的消费观及婚恋观。它是私人的、个人的、物质的、利益的，也是浪漫的、现实的。而婚姻家庭是社会的初级群体，是重要的社会制度；是爱情、生育、性、日常生活相结合的社会设置，因而，它也是中产阶级生活方式的社会载体。消费观影响婚恋观是必然的。

　　青年消费观对恋爱观影响源于整个社会的消费生活方式对恋爱观的影响。市场化的、消费主义运行具有"社会结构"方面现实利益与价值导向。房子、车子、家具、装修，结婚的新式婚礼排场等，它使消费水准与阶层品位变得越来越明显。它通过同辈群体的"他人导向"传播，也被中国传统的家庭文化所认同（传统文化中家庭消费就是社会等级的象征）。

　　从总体上看，80后、90后一代出生在国家计划生育政策之下，他们中独生子女众多，生活在经济资源充裕的时代，在消费方面，具有"乐观消费""理想消费"[①] 的心态，具有"有钱就花，行乐及时；崇尚品牌，追求时尚；个性自我，享受人生"等消费特征。从代际角度上，80后、90后青年具有较高的消费能力和消费欲望，又有较多的个性意识。他们注重享乐生活、容易攀比、或虚荣心重，这都会促使青年人、特别是女性超前消费加强。当代青年往往被看成中华人民共和国成立以来"最物质、最功利、最现实"的一代人。

　　中国在80年代结束阶级斗争为纲的社会，向市场化、全球化方面转型后，在财富认同、阶层认同方面与世界发达国家有了某种相似性趋向。英国作家劳伦斯曾描述20世纪初期的英国与欧洲时说，中产阶级的欧洲是同一的。"今天，全世界只有两个阶级：中产阶级和劳动阶级。"他们之间的罅隙不是垂直的，而是横向的，而且只有一条界线，即将人类分成两层：上层和下层。[②] 如同劳伦斯所言，中国社会转型的结果之一，就是使中产阶级和劳动阶级的区分明显了，中产阶层生活方式的合理性与优越感分化出来，并被看成社会地位追求与体面家庭（个人）的象征。如体面住房、化

① 郭怡然：《中国独生子女现状》，《商业文化》2012年第3期。
② ［英］D. H. 劳伦斯：《劳伦斯散文选》，黑马译，人民文学出版社2008年版，第85页。

妆、红葡萄酒、中高档汽车，高档女包、运动服装、温馨的家居设计、宠物狗等，这些"雅皮士情结"带来对服装的爱、修饰、保养皮肤、健身运动、旅行等一系列中产阶级家庭生活重新被认同与追求。这是青年人向往的消费观与婚恋观相连接的日常生活场景，并且它也是与国际接轨的。

青年消费观对婚恋观的影响最主要的是以财富为基础的社会地位的认同。它冲击着社会婚恋伦理，容易形成负面的婚恋引导。媒体广告对高消费的引导及发达的营销手段，使青年人过度消费、超前消费的欲望与行为大大增加，给婚恋者双方带来较大的经济压力，也给婚姻埋下不稳定的隐患。以高房价为基础的婚姻刚性约束下，拥有一套好住房成为最大、最起码的谈婚论价、成为体面人的成功，金钱易让婚恋变味。2012年8月21日《纽约时报》尖锐地指出，"中国式相亲胜似一桩买卖"，约会沦为了商业交易。"人们不仅要寻找迷人的微笑或爱情的火花，还要追寻金钱和缔结连理的承诺。"① 当代青年择偶标准越来越世俗化和功利化。在择偶过程中越来越注重收入、房子等经济因素，甚至是择偶首要考虑的。由于社会的拜金主义的盛行与主导，青年男女择偶过程中在"经济理性"的指导下，来算计青春、时间与婚姻和幸福的关系。② 问题在于，是不是精心算计就能够抵达幸福的婚姻殿堂？金钱和财富是不是能真的决定一个人的幸福？据中国"世纪佳缘"婚恋网站的《2010—2011年中国男女婚恋观调查报告》显示，"对于'拜金女'这一社会现象，女性认为正常、无所谓的比例高达63%"。在该报告中，对"无房无车无财"这一物质条件，被认为是女性更不能忍受的"男性缺点"之一。

以财富为基础的社会地位的认同，与地域、文凭等因素的结合，可能出现更为功利性现世选择。传统婚恋意识，如门当户对、干得好不如嫁得好、夫贵妻荣等意识重新强化，并显现新的时代特色。2017年7月，北京中山公园相亲异常角火爆。"门当户对"是铁律：户籍、收入、房产、学历等条件都成为了交易筹码，形成在网上流传的相亲鄙视链。女博士和属羊女性被狠狠地"黑"了一把。③ 相亲鄙视链在内地其他城市也不断出

---

① 李莎、陶韵西：《金钱让中国婚恋变味儿》，《法制晚报》2012年9月30日。

② 张再林、王建华：《功利婚恋观的价值逻辑及实现困境》，《理论学刊》2014年第8期。

③ 姚遥：《相亲鄙视链的反面：明码标价却与幸福无关，北上广深离婚率全国前四》，《时代周报》2017年7月18日。

现，呈现出非常物质化、带着封建性印迹的婚姻市场。过于物质化的消费观、择偶观，降低婚恋的安全感。女性的安全感往往跟现实的物质条件有着密切的关系，一旦物质基础动摇，婚恋中的双方存在的不安全因素被放大，加剧不安全感的涌现，婚姻恋爱关系不稳定。一组来自北京一中级法院发布的数据显示，80 后已成为离婚主体。[①] 自 2014 年 4 月至 2017 年 6 月的离婚案件中，女方主张男方存在婚外情或者家庭暴力的比例分别占到了 70% 、85% 以上，反映出女方在感情生活中还处于相对弱势的地位，但维权的意识在不断增强。[②]

（2）青年消费观对婚恋观的影响不是一个简单的线性影响过程。消费时代、当代消费主义是和后工业社会、信息时代联系在一起的。社会财富的丰富、人的选择性、独立性的提高，影响着社会的家庭婚恋观。托弗勒在他的《第三次浪潮》一书中，把第二次浪潮（工业时代）看成是结束家长制的大家庭、小家庭化的时期，把第三次浪潮的信息时代看成是存在着电子家庭、小家庭化、非小家庭化的多样性趋势的时期。[③] 这也预期了中国当下某些趋势，我们可从实证调查与我们的经验观察中发现。

中国社会转型具有"三级两跳"的特点。即在从农业社会向工业社会的转型中，同时又向消费时代、信息时代转型。在这种赶超式的转型中，无论是消费观与婚恋观都是跨阶段、多时空的复杂产物。中国城市独生子女化的小家庭，与大部分农村非独生子女化的家庭环境是并存的。独生子女文化与城乡二元结构（大部分农村家庭的多子女化）的事实，都是发达国家所没有的。但是，发达国家信息化阶段的婚姻家庭方面的特征也在中国出现，如离婚率上升、非传统家庭增多、婚龄推迟、单身人群增多等特征。大批的城市80 后、90 后们结婚后是由两个没有兄弟姐妹的男女组成的新家庭，这在历史上从未有过，并且他们遇到了高房价时代。独生子女家庭以及以孩子为中心的代际关系，大批独生子女成长的生命体验及心理成长过程，是独特的。这些都影响这代独生子女婚恋选择及组成家庭后的情感生活。

---

① 张尼：《涉家事纠纷专业化审判白皮书》，中国新闻网 | 作者 2017 年 9 月 15 日（http://www.china.com.cn/news/2017-09/15/content_41590445.htm）。

② "80 后成为离婚的主要群体。家暴、婚外情是离婚的重要诱因"，《中国妇女报》2017 年 9 月 14 日。

③ 阿尔温·托弗勒：《第三次浪潮》，生活·读书·新知三联书店 1983 年版。

　　从社会流动角度上看，转型中国有上亿青年离开农村进城打工。社会流动中的新生代打工者（80后、90后）的消费期待与婚恋期待是随城镇化变迁而变化。从笔者做过的一些访谈和一些学者的经验研究来看，新生代打工者的消费观与婚恋观发生快速变化。与上一代相比，他们具有前卫性，如自由恋爱婚姻增加，非婚同居现象较为普遍。他们的消费不再追求节俭，在一些女性中更为明显。在两性关系中，他们比上一代更追求平等性。笔者在对打工青年访谈中发现平等与尊重是普遍的认同，女性对家庭暴力零容忍。同时，他们的生活也具有不确定性因素。因为城市打工者的收入、社会地位较低，受教育程度低，工作不稳定、获得社会保障低等因素，直接影响他们的消费生活与婚恋质量。由于缺少社会支持系统，打工女性常常易受伤害的群体。新生代打工群体婚恋问题已是受学者们呼吁关注的领域。[①]

　　（3）消费时代是一个更加多元化、宽松化、个人化的时代，青年消费观对婚恋观影响，充满着不同生命历程的体验与叙事。这样看法是避免简单的道德主义结论，这是通过大量的青年访谈中让笔者体会到。因为"青年的生命历程嵌套在特定的国家和全球化的背景下"。[②] 在代际时空上，当代年轻人是全新文化实践的感受、接纳者。无论是他们的消费观，还是婚恋观，都更加具有个人化、差异化、多样化的意义（哪怕是不成熟的经历），代表着一种新的社会实践、社会试验的性质（如大批青年独生子女自己组成的家庭，即如此）。他们在婚恋方面，存在婚前性行为、试婚、离婚、婚前同居、婚前怀孕等现象。对于单身、大龄晚婚、同性恋取向，事实上，都在被青年接受（不管是主动或被动）。她们成为母亲后依然重视个人形象。化妆、美容、健身、重视生活品质，讲究服装与体型，这是和上一代人完全不同的。在消费与婚恋领域，一种真正的私人生活、家庭生活的发展正体现出来。"总体上，这是一个生活方式和价值观多元化的时代，每个人对自己的选择负责就可以了，别人用不着大惊小怪。"[③]

　　消费观就是价值观。社会价值观在影响、塑造婚恋观。80后、90后的青年价值观都是在社会转型的大背景下被生产。在这个阶段，文化现代

　　① 陈雯：《新生代农民工的婚恋困境》，中国社会科学内部文稿，2017年第6期。
　　② 李春玲：《境遇、态度与社会转型——80后青年的社会学研究》，社会科学文献出版社2013年版，第3页。
　　③ 吴小英：《解析社会变迁中青年人婚恋观的变化》，《中国社会科学报》。

性与消费主义的因素，都会多方位地推动更加个体化的选择与体验，个性意识与社会流动的增强，影响着消费观，也影响了婚恋观。但从访谈来看，生活的现实感、婚恋的现实感依然是很强的东西（对于房子与金钱的看重，重视门当户对地择偶，操办有面子的婚礼；孩子满月请客，听父母的话、"啃老"、接受父母资助等，都是很现实的东西）。在这个没有战争的"小时代"，所有的幸福、痛苦、不确定、不安全、孤独、中断、轻奢、归属感等，都是消费与婚恋生活中重要的生命历程，具有真正的个体性叙事与意义。

二、对青年消费观、恋爱观的访谈及分析[①]

序	被访者及其背景	消费观	恋爱观
1	L：1983年，独生女，研究生，家庭情况不错。已婚，为公务员。	个人的消费观："消费是平衡压力和调整生活心态的重要手段，不愿意为了省钱而受苦，有基本的节俭观念，也不是购物狂，但仍然会以个人的舒适为首要，偶尔奢侈换取愉快的情绪。" 消费文化对青年的影响：消费文化鼓动了青年人的欲望，人都有欲望，但欲望的投射或者说轮廓在一开始都是模糊的，你不知道要去追求名还是利，金钱还是美貌，浮夸还是平静。消费文化打造出了具象的欲望，给人们提供了投射的载体，于是青年人才知道，哦，原来我想追求这个，我想要的是这个。当然，这种认知是经过偏差的。	对爱情：恋爱前觉得可有可无，当时拥有的生活、朋友、家人已经够完美，所以并不特别憧憬，但恋爱后发现爱情很美好，会让你的生活更加美好。所以很珍惜现在的爱情，希望能和对方手牵手一直走到最后。 对性的看法：20岁以后有合适的对象可以发生，不禁欲，但不能滥交，偶尔的放纵可以理解。总之，在理论上支持每个人的性自由，比如换妻，一夜情等，但针对具体事例时难免会从道德角度苛求，情感使然。社会本身对性自由的容忍度是文明程度的体现。对婚前性自己愿意就可以，没有什么特别的看法。

---

① 本访谈是我与我的研究生在 2012—2015 年间完成的。由李莉整理。被访者当时都为 80 后女性，受过大学教育。

序	被访者及其背景	消费观	恋爱观
2	Z：独生女，1984年，本科。来自甘肃，幼年丧父，母亲是小学教师。中兴公司白领，未婚。	Z年薪16万。高收入的背后是高强度的工作。Z是一个有消费能力但缺少消费时间的人。因此，Z消费生活的重心即是——网购。"网上商城卖什么的都有，网购方便又快捷，通常价格也便宜，鼠标轻轻一点，上午买的东西，下班的时候快递就送上门了。" 对生活用品，Z选择品牌，因其质量可靠，能省去维修的麻烦。穿衣饮食，一切从简。 "衣服够穿就好，吃的东西能填饱肚子就行，没时间讲究。"由于家庭条件一般，Z收入所得大部分存进银行，用于未来购房。 Z对自己的外表并不满意，工作三年以来，最大的开销就是整容，目前做过割双眼皮、光子嫩肤和隆鼻，接下来打算做眼睛。只要与整容相关，价格是次要考虑的因素，技术过关最重要。 只要有休假时间，Z很乐意用于与朋友相聚及旅游。	Z本人思维敏捷，观点独到，知识面广，表达能力很强。因此她对理想中的另一半要求也颇高，"家庭背景不重要，有没有钱不重要，但人要好，谈得来，有能力，懂得的东西多，最好有共同的兴趣爱好。" Z目前单身，前男友"劈腿"，娶了一个美女。这使Z倍受打击，从此点燃了Z整容的热情。"我憧憬真正的爱情，怀有希望也相信爱情，但在久寻不获后必须开始寻求自身的改变了。" Z曾与前男友同居近一年，一方面是两人都在深圳租房，同居可以大大节省开销；另一方面，Z认为"试婚"很有必要，"相爱是同居的最佳理由，而且只有真正住在一起，才知道两个人适不适合。""不觉得是女生吃亏，只要懂得保护自己，女生一样可以享受性爱。"
3	D：独生女，1982年，本科，安徽马鞍山人，家境富裕，公务员，现离异。	D以小资著称，生活开销主要用于美容养生、购物、泡吧、旅游休闲。喜欢购买各类时尚杂志，了解最前沿的时尚资讯，追赶时尚的脚步，并据此来安排自己的日常生活与消费。	作为一名不折不扣的小资女，D对另一半的要求是：时尚、自信、有品位、懂生活。同时要求对方必须是从小在城市长大的，坚决不嫁"凤凰男"，不做"孔雀女"。

序	被访者及 其背景	消费观	恋爱观
		由于居住在马鞍山，D 每隔两周会专程来南京购物（主要是衣服和配饰），用她的话来说，是"与时尚零距离接触"。但 D 并无意搬到大城市居住和生活，她喜欢马鞍山相对安逸舒适的生活，无法忍受大城市的快节奏。同时，D 并不盲信大牌，购买前会货比三家，通常能买到价廉物美又适合自己的东西，是朋友心目中的时尚顾问和砍价高手。 　　尽管如此，D 并非月光族，反而是个很理性的消费者。D 每月会将收入的 30% 存到银行，对投资也很有一套，不用信用卡。	虽然符合她要求的另一半从未出现，但 D 并不急切，她很享受目前的生活状态，担心另一半的出现会破坏现有的惬意。 　　D 最最小资的观点就是——"半糖夫妻"，她认为每个人都应该有私人空间，即使结婚了也不例外，周一至周五个应该是私人时间，周末聚在一起就可以了。
4	R：独生女，1983 年，研究生。甘肃人。家境普通，父母均为工薪阶层。在北京工作，编辑。已婚。坚定的不育一族。	R 是文艺女青年，成长环境单纯，博览群书但不擅长与人交流，喜欢沉浸于个人的世界，对艺术有强烈偏好。 　　每月生活费在条件允许下进行消费，尽量不透支。除满足基本的生活需要外，主要用于满足精神层次的消费，比如买书、影碟，看话剧，演唱会，逛书店、旅游等。R 同时也是网购高手，只要能上网买的东西，绝不在现实生活中解决。 　　在无聊空闲的时候容易受广告鼓动，不理性消费。几乎不受电视广告影响，但对于淘宝这一类网店广告有时会受影响。	R 当前状态是异国恋，"爱情方面我比较理想主义。" R 认为婚姻还是应该基于爱情，但需要用心的经营。真爱肯定是存在的，取决于个人对爱情的相信程度，但也不可完全脱离现实。 　　爱情对于生活是锦上添花，人还是应该有自己生活的其他重心，比如家庭、工作、朋友作为共同支撑。 　　不反对婚前性行为，甚至认为试婚是必要的。性是人的生理本能，所以没什么值得羞耻的。但是过早开始性行为或者滥交都不可取。在决定与他人发生性关系时要有足够的思想准备，不要以给予的心态去做，不要把它当作重要的人生筹码，这样承受能力也会更强一些。

序	被访者及其背景	消费观	恋爱观
5	W：独生女，现居广东，1984年，本科，银行工作，家境富裕。已婚。	W是个很有主见的消费者，从不随波逐流，从不受广告影响，很清楚自己真正要的是什么。平时的消费支出，除了供房，主要用于旅游和吃方面。对一般女生热爱的购物逛街缺乏热情。 W热衷于饮食文化，平身最大的喜好就是吃！最大的理想是吃遍天下美食。认为人生苦短，应及时行乐。平时极为注重养身，目前热衷于户外活动，每周末和驴友爬山露营。 W认为世界瞬息万变，唯一牢靠的只有自己和金钱，因此极为重视储蓄。现有两套房，经济压力不大，消费水平较高。	W父母曾离婚，后又复婚。她认为自己是极度缺乏安全感的人，对人也缺乏信任。 W喜欢的男生的共同点是：家境贫寒或是身世坎坷，能吃苦，敢担当，艰毅，隐忍，"得是个大男人，不然管不住我"。 W对爱情的态度是及时行乐。"很难专心投入的爱一个人，因为最爱的人始终是自己。""爱的时候要轰轰烈烈，不爱了就绝不拖泥带水。"另外，"谈恋爱和谈婚论嫁完全是两回事，结婚找个踏实的，恋爱则一定要保持新鲜感"。"爱情，只有鲜活的爱情才能让我感觉到自己还活着，哪怕是暗恋一个人也是快乐的。" W初中开始恋爱，至今有过四个男朋友，每个都发生过关系。W认为"相爱的人发生关系是很美好的事，女生同样可以享受性爱"。
6	H：独生女，广东人，1981年，本科。父亲是大学教授。自由职业，离异。	消费观超前，冲动购物。"一天不花钱心里就难受""心情好时喜欢出去逛逛，难受时更需要靠购物来发泄。""除了花钱，我找不到其他健康安全的发泄渠道，总不能去吸毒吧？"家里曾安排她进高校当辅导中，她不愿意。现在在做代购。	爱男友更爱家人，用朋友的话来说是"还没断奶"。理想中的另一半是和爸爸一样的男生。 和男友有婚前性体验，但不敢告诉家人。觉得婚前性行为很正常，但没必要让家人知道。

序	被访者及其背景	消费观	恋爱观
7	F：独生女，1984 年，本科，幼年丧父，随母亲长大，家境富裕，性格独立。基金经理。未婚。	身为月入过万的基金经理，F 最大的嗜好就是赚钱，消费欲望不强。吃穿用一切从简，只要没破的衣服，不管过没过时，一律穿到现在。对潮流、时尚嗤之以鼻，再好看的东西也无法勾起她的购买欲。 "赚钱后花掉，形同杀鸡取卵，赚钱的目的在于赚更多的钱，是为了投资，我现在钱又不多，花掉了就没有了，等我赚到一个亿了再考虑消费的事吧。" F 的这种性格源于幼年丧父，母亲在独立抚养她的过程中吃尽苦头，因此她最大的愿望就是赚很多很多的钱，出人头地。	F 是"拉拉"，即女同性恋者，家人和亲戚一直蒙在鼓里。由于工作稳定又始终独身，一直倍受相亲的困扰。 F 自幼年起就目睹母亲在这个男权支配的社会里受尽欺辱，这使得她极为厌恶男生，更乐意去亲近女生。 目前对恋爱没有任何憧憬，认为别人都是靠不住的。"人是自己的主宰，你是你自己的神。" "到了该嫁人的年龄，会考虑相亲，找个有钱人结婚，或是'形婚'，让我妈放心就好。"
8	X：1981 年，家中长女，研究生，有兄妹四人，农村长大。现在自己的公司工作。已婚。	迫于家庭经济的压力，X 很少有尽情消费的时候，但比较难以经受住诱惑，常有冲动消费行为。虽为家中长女，但由于从小学习成绩好，所以最为受宠。大学期间拿到不少奖学金，但都在不知不觉中挥霍掉了。有钱的时候就多花，没钱的时候只能省，反正都一样过。"我也不知道自己喜欢什么，反正选贵的买总没错。"容易受广告宣传的影响，觉得别人的东西比自己的好，喜欢和别人买一样的东西。 心情不好的时候会选择购物发泄，"管它那么多，反正有信用卡，我总不能活活闷死吧"。	爱情长跑 7 年，不顾亲人的反对终于步入婚姻殿堂，最终还是得不到一个完美的结局。 缺乏物质基础的婚姻难以持续，X 从最初那个认为"爱情大过天"的小女生，慢慢变成了一个对生活颇有怨言的人。 现在的 X 认为婚姻禁锢了自己的自由，让自己失去了本色，后悔结婚。 但有了孩子以后，观念又发生变化，因为爱孩子，而爱家庭。

序	被访者及其背景	消费观	恋爱观
9	G：1984年，家中长女，研究生，兄妹三人。公务员。已婚。	G与X同样来自农村，但G很会省钱，从不冲动消费，平时很少去逛街，即使看到很中意的东西也会再三考虑，"以前是因为弟弟妹妹都要上学，家里条件又不好，不敢乱买东西；现在家里条件好了，但已经形成习惯了，除非很有必要才会买"。 喜欢自助游，不仅省钱，又很自在。心情不好时会选择出去走走。	G和男友已经订婚，目前两人异地，只有假期才能见面。"异地恋很辛苦，容易产生问题，还没办法好好沟通，几次都差点分手。""他人很老实，对他比较信任，所以来读研的时候先订了婚，毕业后找到工作就结婚。" "如果有机会应该先同居再结婚，这样才能了解对方的生活习惯，不然很难磨合。"

从上文的表格里的访谈，由此可做出一些价值取向的分析：

（1）个人化的小家庭理想代替了宏大的理想主义。中国青年的消费观、恋爱观总的变化是从前那种宏大的理想主义追求，转向了小的具体的现实的个人的理想主义的追求。年轻的 80 后、90 后的社会气质发生了巨大的变化：他们关注自己的生活、自己的家庭，并非宏大的社会政治目标。他们认为，"消费主义打造了具象的物质生活"，给我们提供了消费的欲望。各种传播媒体提供的形象，就是各种美丽、富贵的年龄人形象，它们会潜移默化地影响 80 后、90 后对生活的期待，年轻人对物质生活越来越有要求。"不愿意为了省钱而受苦，又有基本的节俭观念；不是购物狂，但仍然会以个人的舒适为首要，偶尔奢侈换取愉快的情绪。"但是，在很多访谈中发现，年轻的女孩子"钱花得总是越来越多，无法控制，即使不到大的商场去，就是网上的购物欲望总是很高"。

（2）拥有更开放、宽容的爱情与性观念。与上一代父辈的生活相比，对物质的要求与对爱情的要求都在上升，年轻人对性的态度更开放、更重视自己的感受，突出表现在接受婚前性行为的比例在上升。这也意味着年轻人所面临的是一种新的个人境域与风险。每个人对自己的行为负责，变成一种新的性与性别的伦理，如上文中受访者 L 的情景。他们在其他人的交往中，无论是校园里，或已工作，在自己的利益没有受到影响的情形下一般不会主动干预别人的行为。

（3）恋爱还是婚姻更加具有开放性与不稳定性，拥有更多地是一种个人化的情境与选择。在追踪调查中，受访的九个青年中，有三个已离异。同时，我们还在上表中看到，试婚、婚前同居、婚前性行为是普遍现象。上文表中受访者 Z，与前男朋友同居一年，她自己认为试婚很重要。但是遇到了前男友不忠，Z 倍受打击后，选择的是整容，并认为，"我憧憬真正的爱情，怀有希望，也相信爱情。但在久寻不获后必须开始寻求自身的改变了"。这和过去那种"嫁汉嫁汉，穿衣吃饭"的稳定的婚姻观已相距很远。这是一个受过很好教育又很开放的年轻女孩在爱情受挫后的独立承担。在这个看脸的时代，姣好容貌，对女性是一个普遍性的压力。鲍德里亚所说的"功用性美丽"在消费时代带动了巨大的商业链，包括服装、化妆品、美容、美体、健身、整容等。对于个体来说，就是一种参与、观看、压力的体验。

（4）主动或被动接受一个金钱的、物质化时代，是恋爱与婚姻观所不可回避的。城乡二元结构使消费时代的择偶恋爱更带有中国特色。一方面，年轻人更愿意接受这个时代丰富化的选择，如网络、各种视听产品、各种舒适的消费品；另一方面，在消费时代，青年个体只有挣更多的钱，才能追求有品牌的生活。这是很多年轻人的梦想。中国巨大的城乡差距、地区差距，给青年男性带来更大的压力。在访谈时发现，有来自农村的男青年（硕士生）表示，愿意找一个大十岁的富姐，少奋斗 20 年；也有因家庭经济的原因，使恋爱过程最终中断。这样类型的青年本来很有抱负，如喜爱历史、喜爱文学，希望自己过简单的生活。他们说："我们渴望的生活本来是只要能养活自己与家人的生活，有一个安静的住处，有一份喜爱的工作就可以了，但是现实能有吗？"高房价的中国让所有的年轻人都活得非常现实。一个男孩子必须拼命挣钱、赚钱，然后去贷款买房子。凤凰男与孔雀女的词汇产生便是一个证明。"凤凰男"这个这个词，多少带有对低社会地位、低家庭背影的男青年的一种轻蔑，但这正是这样二元结构的深刻分化造成的。这一点让很多受过教育的男青年心灵深处很受刺激，他们被这个金钱时代拖着走。"刚看了阅兵后很激动，转而又想我的生活在哪儿呢？每月就拿 4000 多元钱，交完几险后，再交房租，就剩不下什么了。"这是在访谈当中一位刚刚工作的 90 后大学生说的。

（5）浪漫主义情调依然是 80 后消费观、恋爱观中的一种追求。消费时代是一个新的"浪漫主义"的时代，这种浪漫与古典时代不一样的是，它处在新的情境中，它并非追求古典式的完美、深刻。它是片断的、某一方面的、不完全连贯的。上文表中的访谈者的 R，家境普通，但不愿意按照父母的安排去工作与恋爱。她在去英国旅游中恋上了一个英国青年，然后一起回到中国。这位英国小伙子并没有多少钱，他和一个普通的中国女孩子共享了一段恋情。然后他们又是因情感的原因中止。R 后来去北京工作，又爱上了一个没有多少钱的自由撰稿人。结婚后是个坚定的不育一族。访谈中的 D 以小资著称的浪漫，是带有较强现实感的浪漫。生活开销主要用于美容养生、购物、泡吧、旅游休闲。喜欢购买各类时尚杂志，追赶时尚的脚步，并据此来安排自己的日常生活与消费。D 对另一半（男友）的要求是：时尚、自信、有品位、懂生活。同时要求对方必须是从小在城市长大的，坚决不嫁"凤凰男"，不做"孔雀女"。①D 最小资的观点就是——半糖夫妻②，她认为每个人都应该有私人空间，即使结婚了也不例外，周一至周五个应该是私人时间，周末聚在一起就可以了。这是"半糖夫妻"的浪漫。但在现实中，D 的婚姻只维持了两年多就结束了。

（6）现实情感及经验的多元性。市场化社会，加快了职业、阶层的

---

① 凤凰男与孔雀女：分别指集全家之力于一身，发愤读书十余年，终于成为"山窝里飞出的金凤凰"，从而为一个家族蜕变带来希望的男性。生活的残酷与艰辛，给他们的心灵留下了深刻的烙印，这使得他们普遍具有家境良好的人所不具有的吃苦耐劳的精神以及拼搏的狠劲，也给他们带来了事业上的发展，但是，当他们选择了孔雀女（城市女孩的代名词），过上了城市生活，由于原先的农村身份打下的烙印，使得他们与孔雀女的爱情、婚姻和家庭，产生了种种问题。

② 半糖夫妻：又称为周末夫妻，指周末才在一起住的夫妻，是另一种形式的婚内分居，即同城分居的婚姻方式——两个人婚后并不完全生活在一起，而是过着"五加二"的生活——五个工作日各自单过，周末两天才与"另一半"聚首。在非团聚日子里，他们会利用这个资讯发达时代的各种通讯方式（如手机、互联网等）联络，偶尔也像恋人约会般地一起吃饭看电影，但随后他们又像朋友般友好告别各自散去。如果在不该见面的日子里，一方要到另一方的住处去，还必须"提前预约"。他们笃信距离产生美、小别胜新婚。

分化，也使个体的经验世界的差异越来越大。

　　访谈中笔者发现，中国社会的个体化的一个重要表现就是情感体验与选择的多元。访谈中的 F 是个身为月入过万的女性基金经理，F 最大的嗜好就是赚钱，全然无消费欲望。吃穿用一切从简，只要没破的衣服，不管过没过时，一律穿到现在。对潮流、时尚嗤之以鼻，再好看的东西也无法勾起她的购买欲。"赚钱后花掉，形同杀鸡取卵，赚钱的目的在于赚更多的钱，是为了投资，我现在钱又不多，花掉了就没有了，等我赚到一个亿了再考虑消费的事吧。"这种态度，也算是一个消费时代的奇葩。F 是"拉拉"①，即女同性恋者，家人和亲戚一直蒙在鼓里。由于工作稳定又始终独身，一直倍受相亲的困扰。F 自幼丧父，就目睹母亲在这个男权支配的社会里受尽欺辱，这使得她极为厌恶男生，更乐意去亲近女生。这种经历使之在性取向上成为"拉拉"。F 后来的异性恋婚姻，只维持了半年，就离异了。

　　上文表中的 W，是个很个性、很现实的自恋主义者。与爱别人相比，她更爱自己。这是她从小的生活经历所致，也是当下中国的一种婚恋现象。波伏娃在《第二性》一书中曾认为，被看作第二性的女性"总是把男人当作一切，把爱情供奉在自己设的神坛上"。如今，以男人为中心轴的生活观、爱情观在中国年轻一代人身上突然"不在"了。她们常常是个"很有主见的消费者"。W 认为世界瞬息万变，唯一牢靠的只有自己和金钱，因此极为重视储蓄。现有两套住房，消费水平较高。W 对爱情的态度是及时行乐。"很难专心投入的爱一个人，因为最爱的人始终是自己。""爱的时候要轰轰烈烈，不爱了就绝不拖泥带水。""谈恋爱和谈婚论嫁完全是两回事，结婚找个踏实的，恋爱则一定要保持新鲜感。""爱情，只有鲜活的爱情才能让我感觉到自己还活着，哪怕是暗恋一个人也是快乐的。"

　　消费观对婚恋观的影响，是由很多具体的个性体验构成的。在这个意义上，很难用一个总体性的结论概括所有的个体经验。以上访谈主要是几个 80 后女青年的消费、婚恋的体验，不包括她们后来结婚后的生育、育

---

　　① 拉拉：拉拉，女同性恋的别称，从 LESBIAN 引申而来。女同性恋者。简称 LES。本来 les 是少女的意思。但是在中文网络就渐渐被异化为女同性恋的意思，也叫蕾丝边。

儿的体验，但反映出当代青年，特别是受过教育的女青年日常消费、婚恋生活多元的、个体的价值轨迹及其时代趋向。

　　"文化现代性"与"消费主义"的影响下社会性别意识，是多层面的。早期的现代性思想里是"看不见女性"的。女性主义运动的发展使社会性别意识变成新的文化认同与分析方法。中国社会转型，推动了对社会性别意识的反思。同时，也促成了中国消费时代的"文化现代性"的展开及社会性别认同的多样性。女性在消费文化中拥有了更多主动的姿态。消费主义的审美观强化了性别审美取向。消费主义审美逻辑是双重的，它提高了人们的审美期待与提升，但同时也操纵了对身体解读的商业化运作过程。消费时代是一个更加多元化、宽松化、个人化、私人化的时代，青年消费观对婚恋观的影响不是一个简单的线性影响过程，且是充满着生命历程的体验与叙事。

第八章　消费文化的阶级基础与
中产阶层生活方式的认同

消费文化是以中产阶级为基础的，文化现代性中的"阶级图景"也是中产阶级。现代消费生活方式与中产阶级生活方式是联系在一起的。由于独特的社会转型，中国中产阶层的形成具有后革命时代的文化特点。中国消费时代的发展带来了"中产阶层生活方式"的扩展与焦虑；并影响着青年人对"中产阶级生活方式"的价值认同。

第一节　文化现代性与消费文化的阶级基础的讨论

一　文化现代性中的"阶级图景"

波德莱尔描绘的现代性的图像：即"现代性就是过渡、短暂、偶然；它是艺术的一半，另一半则是永恒与不变"。他的诗文被学者们看作其阐述了现代性中的文化或审美的层面。现代性现象的变动的、时尚的、不确定的一面被看成是现代性的主体体验的表达、文化现代性的表达。"文化现代性"在当代被重新关注，是欧美学者对现代主义运动的反思。在以现代主义为主题的审美现代性追求中，学者们发现现代性的特质是"破坏性的创造"和"创造性的破坏"。

文化现代性中的阶级图景是什么呢？戴安娜·克兰认为，新文化社会学"主要研究各种不同类型的记录文化"。[①] 如果我们借用波德莱尔的这段名言为视角，在现代性的过渡、短暂、偶然，或永恒与不变的审美经验

---

① ［美］戴安娜·克兰主编：《文化社会学——浮现中的理论视野》，王小章等译，南京大学出版社 2006 年版，第 2 页。

中，也记录了阶级流动图像。因为现代化是一个城市化、市场化、商业化的巨大转变过程。社会学认为现代社会是一个开放的社会关系的流动系统，存在着先赋性角色与自致性角色的不同类型。社会流动与分化，改变着无数人传统生活方式的过程。它是客观的社会分化与流动过程；也是主观个体参与体验的现代性过程。

文化现代性的阶级图景，应是一个中产阶级的图景。古典思想家早有描绘。亚里士多德在他的《政治学》著作中就写道，在一切城邦中，所有公民可以分为三个部分——极富极贫和两者之间的中产阶级。唯有以中产阶级为基础才能组成最好的政体。中产阶级比任何其他阶级都较为稳定。① 古希腊历史学家希罗多德在《历史》一书中写道："吕底亚国王克洛伊索斯问梭伦，怎样的人是最幸福的？梭伦回答：许多最有钱的人并不幸福，而许多只有中等财产的人却是幸福的。"②

齐美尔没有像马克思那样研究纵向的社会结构与阶级图景，他以大都市为基础描绘了关于时尚的阶级现象学。这也为中国当下快速的都市化、商业化进程所展示。他认为，时尚同时体现了社会均平化的趋向和社会分化的趋向。时尚总是阶级的时尚，是一种阶级区分的产物。在上层阶级，总是要通过时尚来体现自己的地位，而中下层阶级向上层仰视的过程中，也在努力接受时尚符号。同时，时尚本身是流动的。"在其自身的传播和最终消失过程式中，时尚是从一个阶级向另一个阶级扩散，通常沿着自上而下的方向。"时尚的流动，如同阶级地位的流动一样，有着自上而下流动的作用。时尚的拥有，既是特定阶级的标志，又是跨阶级流动的标志。由于时尚具有的审美力量，它还代表了某种意义的东西。齐美尔认为，为什么时尚在今天强烈地支配着意识？原因之一是，重要的、永恒的、公认的信念日渐失去力量。这样，生活中短暂和变化的因素获得了更多的自由空间。③

本雅明在他的巴黎百货商店拱形长廊的观察中，描绘了现代都市生活中的边缘阶层形象，即都市闲逛者。他们是自由的市民，是巴黎拱形长廊

① ［古希腊］亚里士多德：《政治学》，吴寿彭译，商务印书馆1965年版，第205—206页。
② ［古希腊］希罗多德：《历史》（上册），王以铸译，商务印书馆1959年版，第16页。
③ ［英］戴维·弗里斯比：《现代性的碎片》，卢晖临等译，商务印书馆2013年版，第126、129页。

的风景，但他们是城市边缘阶层。

拱廊街为游手好闲的人增添了一道亮丽的风景线。游手好闲的人将街道作为他的居所，他安然自得地依靠在房屋之间的外墙上。真正的闲逛者是一个受大众和生产商品化威胁的临时现象。他的英雄姿态，"他的懒散式的闲逛可能是对劳动分工的一个示威，但他不得不面对泰勒及合作者和成功者的困扰"。本雅明描绘了这样的既边缘，又充满新的自由个性的阶层，给人很强的现代人都市生活的想象——现代竞争会甩出很多的人，他们是孤独的，又是自由的、等待机遇的。"如果大众消费威胁了闲逛者，那么，同样地，它也改变了大众不断变幻的构筑方式。"① 这也是为什么现代性现象中充满着惊人之举或惊慌失措的"惊愕"。

齐美尔、本雅明的研究，都关注了现代都市中的个体位置，他们好像都不是直接在做阶级分析，但都揭示了与阶级现象相联系的现代都市生活、现代时尚现象、拱形廊门闲逛者现象。

文化社会学的研究，非常关注齐美尔、本雅明对城市文化独特的观察视角。因为他们的研究强调现代性的个体体验，及现代性中个人经验与客观文化间的依赖与断裂，并认为这种经验是文化的、个体的、心理的。

同时，文化社会学也关注文化与权力的关系。马克斯·韦伯在他的分层理论中，用财富、权力、声誉的分层方法来对现代社会阶层现象进行解释，强调了社会的经济结构、政治结构、文化结构对个体经验的塑造与制约。财富、权力、声誉的获得与分化，加上个体的性格、个性、欲求，成为现代性的短暂、变化、不确定现象背后的东西。也就是说，在现代性的变化、不确定、或短暂，或永恒之间，人不是完全被动的。人们对财富、权力、声誉的期待与向往，使其参与其间。同时，财富、权力、声誉等方面资源的占有，又是个体作为有能力、欲望的主体，参与现代性活动的条件。

当"文化现代性"与中产阶级的社会地位要求联结在一起时，中产阶级发展的持续的历史就发生了，同时成为中产阶层"体面人"的"紧张"与"焦虑"也发生了。

---

① ［英］戴维·弗里斯比：《现代性的碎片》，卢晖临等译，商务印书馆 2013 年版，第335、337 页。

英国学者劳伦斯·詹姆斯在《中产阶级史》中认为："中产阶级缔造了现代英国。这个阶级所具有的独创性、进取心和坚韧是英国之所以能成为 18 世纪贸易帝国以及进行之后的工业革命的源泉。"他同时也指出了"社会紧张贯穿整个 20 世纪。它们既存在于阶级之间，也存在于阶级之内，这包括形式不同的紧张和程度不同的紧张"。他所指的"紧张"，既包括中产阶级自身的紧张，又包括中产阶级与工人阶级的利益冲突。这也就是马克思在《共产党宣言》中所指出的现代资产阶级与工人阶级的阶级冲突。但劳伦斯·詹姆斯的重心不在说两大阶级冲突的对抗，他认为，"中产阶级是一个不断扩展的大众群体"，"几乎所有的政治和个人自由都是通过中产阶级的抗争来加以确保"[①]。所谓"文化现代性"下个体追求的自我发展，是通过"中产阶级""大众"的方式发展、对抗实现的。

美国学者约翰·斯梅尔吸取了汤普森、布迪厄、安东尼·吉登斯、萨林斯、格尔兹等学者所明确表达的文化概念，将文化看成是一个社会集团理解其经历的方式。他探讨了 18 世纪英国中产阶级文化的起源，强调"阶级是一种文化，不是一个事物。一旦阶级意识的一套文化概念得以产生，一旦阶级作为一种理解世界的方式被人们接受，时钟便难以倒转。"[②]

瑞典学者奥维·洛夫格伦认为存在一种"文化定义背后的文化"，"我们感兴趣的是阶级界限和文化界限在多大程度上趋向重合"[③]。他探讨了 19 世纪至 20 世纪初瑞典中产阶级世界观和生活方式的形成过程，以及中产阶级文化如何转变成为一种主流生活方式，一种现代社会的主导文化。

这些论述打开了一种思路：文化现代性的发展，必然与中产阶级文化的结合。中产阶级文化的今日世界观、生活认同与想象是被文化的现代性建构、或发展出来的。

以生产为中心的时代被以消费为中心的时代所取代，是一个重要的时

---

① ［英］劳伦斯·詹姆斯：《中产阶级史》，李春玲等译，中国社会科学出版社 2015 年版，第 1、397、511、512 页。

② ［美］约翰·斯梅尔：《中产阶级文化的起源》，陈勇译，上海人民出版社 2006 年版，第 19 页。

③ ［瑞典］奥维·洛夫格伦：《美好生活：中产阶级文化史》，赵丙祥等译，北京大学出版社 2011 年版，第 1、3 页。

间分界。消费时代的个人并不仅仅处在经济结构的变化中，同时又处在新的文化革命、感觉革命（丹尼尔·贝尔语）之中。消费时代又是一个后工业社会、媒体社会，个体在生活方式方面所要求的丰富性要比之过去多得多。笔者不想用"后现代"来定义中国的这样的一些发展现象。因为改革开放才 40 年，结束"文革"，经过自上而下的社会动员与组织，我们经历了中国现代性的快速发展阶段。就像德里克所言，中国当下不过是带着中国特色的"后革命时代""后民族空间"的现代性。新媒体技术普及，使中国的文化影像、文化体验呈疯狂地、"折叠式"地发展、堆积起来。遍及每个阶层的是城市化中社会经济的快速发展与分化、及快速开放带来的变化与体验。其体验的重心是中间阶层的生活方式（如都市电视剧里的场景与街心广告中表达的）、中产阶级的期待、分化及获得身份的焦虑。

　　这些都表明在生活方式的客观引导下，文化现代性是与阶级身份期待是连接在一起的。它就是一个齐美尔式的问题。齐美尔当年就理性看到了客观文化与主观文化的冲突，指出了现代都市生活使时尚普遍化与阶级化的区分及其所引起的现代性的碎片化。

二　消费文化的阶级基础是中产阶级

　　从历史角度看，消费文化形成的阶级基础是什么呢？那些具有多种社会功能的商业购物场所、流行广告，是为哪个阶级设计的？现代消费文化的形成，绝非以一切阶级为基础，而主要是以中产阶级为基础的。消费文化以中产阶级为基础而形成，无论是产品的广告形象，还是时尚风格，都是以中产阶级为对象的。

　　从欧洲历史上看，中产阶级的共同文化与工人阶级在争取自身权利过程中形成的阶级文化显然有着巨大的差别。如果说，工人阶级具有某种共同的文化，那么，这种文化只是产生于生产过程及工人阶级争取自身权利的斗争过程；而中产阶级的这种共同文化却是在消费过程中产生、形成的。这是值得我们思考的。而这一点又是资本主义发展过程的一定阶段社会政策形成的社会经济原因。

　　现代消费，是工业文明，特别是发达资本主义社会的独特生活方式。"我们可以把消费视为工业文明的特殊方式，而不再像流行的观念那样只

把它视为满足需要的过程。"① 现代工业文明创造了一种生活方式，消费
时尚与流行成为中产阶级生活格调的象征符号与体现。

随着工业化的发展，无论在西欧，还是在美国，在国家机构和企业中
都形成了一个数量不断上升的专业化的阶级，即后来被称为白领工作者的
中产阶级，同时，小资产阶级的数量也不断上升。这两个阶级构成后来的
研究者称之为新中产阶级的社会群体。他们具有购买力、闲暇时间，教育
素养；同时，他们又是愿意追随消费时尚、关注生活风格变化的社会
群体。

当然，在这一中产阶级形成以前，时尚这个概念已经出现很长时间
了。追求时尚首先是 16 世纪时英格兰宫廷的贵族热情。从那时开始，消
费具有了一种新的价值。新奇与时尚成为地位的标志。其后又扩散到新兴
的资产阶级。在 18、19 世纪，资产阶级开始模仿贵族，启动了新的奢侈
品生产和消费。②

如果追求时尚一直仅仅是宫廷和上层资产阶级的消费行为，现代消费
文化就难以形成。消费文化形成的社会前提，是将时尚文化从上层扩散到
整个社会，使之成为一种广泛的社会行为。在新中产阶级兴起之前，将时
尚扩散到社会缺乏必要的阶级基础。而一旦新中产阶级形成，时尚扩展为
普遍的社会价值、新的生活方式的认同，便有了坚实的阶级基础。

一位学者经过研究得出的结论是，19 世纪后期西方出现的"百货商
店是专门针对中产阶级消费者而建立起来的"③。中产阶级是一个在经济
上处于上升阶段的阶级，他们正在花费更多的金钱购买各种各样的商品以
展现自己的成功。这个阶级有更多的钱可以花费，而百货商店则以较低的
价格为中产阶级提供过去仅为上层阶级提供的商品。所以，"百货商店实
际上是一个中产阶级的世界：一个中产阶级文化得以展示的世界，一个与
中产阶级的服饰、中产阶级的需要和中产阶级的雄心相一致的世界"。中
产阶级生活方式的各个方面都可以在百货商店得到充分的展示。百货商店
向所有人展示了他们应该怎样穿戴打扮，装饰家屋、度过闲暇。它为中产

---

① 童星：《现代社会学理论新编》，南京大学出版社 2003 年版，第 118 页。

② 参见 [美] 约翰·R. 霍尔等《文化：社会学的视野》，周晓虹等译，商务出版社 2009
年版，第 167、144 页。

③ Douglas J. *Goodman and Mirelle Cohen*, *Consumer culture*, Sage, 2003, pp. 15 – 17.

阶级社会展示了理想和生活目标。"百货商店向人们描绘的是，如果已经获得成功，或者即将获得成功，哪怕仅仅是希望获得成功的人士，应该如何生活。"①

　　如果说百货商店是针对中产阶级生活方式而建立的商业场所，那么广告这个对消费文化的形成与传播都起了巨大作用的制度，无论是以往消费文化形成时期，还是在今天，完全是以中产阶级生活建立起的叙述，不是针对社会下层。广告暗含着阶级间的区隔，强迫中产阶级意识到"优雅的人们不像他那样生活"。

　　广告是中产阶级认同的提供者与创造者，不自不觉地将消费观念从潜在需求转变为实现梦想。此变化是资本为中产阶级量身定做的，又是以中产阶级的形象展现于世的；也是其多数成员孜孜追求的。通过广告、百货公司，不同城市之间、城乡之间的中产阶级形成了大体相同的关于生活的想象，"中产阶级享有了共同的文化"②。

　　消费文化以中产阶级为基础，这种阶级基础是以商品经济结构与运行方式所必然。资本生产中追求效益最大化、利益最大化，为此就需要不断地扩展消费市场，把人们不断变成新的消费者、变成新的消费时尚的追随者。也就是如同凯恩斯所说，现代市场经济的特点不是以满足需要为目的，而是以欲求的满足为特点，而需求一旦变成欲求，就不是在满足生存的层面上，而是在心理层面上。因此，现代经济及生活方式的一个理性化功能，就是它带有一种"溢出效应"——在广告、时尚、流行的驱动下，把所有人变成"消费者"，不断生产更大的消费欲求，再生产出资本主义的生活方式。鲍德里亚认为，在二十世纪消费领域所完成的事情正是十九世纪发生在生产部门的生产力的理性化过程。将大众融入劳动力大军的社会化完成之后，工业体系为了满足其自身的需要，还必须进一步通过社会化（即通过控制）使他们成为消费大军。③

　　长期以来，工人阶级获得的只是维持劳动力的工资，他们在资本主义生产方式中产生一种非常朴素的限于基本需要的生存境况。马克思对工人

① Douglas J. *Goodman and Mirelle Cohen*, *Consumer culture*, *Sage*, 2003, p. 19.
② Ibid., p. 20.
③ 参见［法］波德里亚《消费社会》，刘成富等译，南京大学出版社 2000 年版，第 74 页。

阶级特性的揭示，基本是基于现代大工业的生产过程、生产关系中的特性进行描述的。如剩余价值的创造者，在集体大生产中的纪律性等，以及由于资本家对劳动的剥削产生的纵向的阶级对抗关系。

从欧美国家的历史过程来看，消费文化的兴起与形成，使得工人阶级成员持续面临消费困境，导致了工人运动重心转向对工人阶级成员消费权利的关注。其不断发展的结果，是工人阶级的消费问题的政治化。

美国工人运动首先提出了民主公民权的概念和消费在政治中的作用问题。他们认为，通过自己的购买力体现的工人阶级消费将有助于工人阶级社区内部的团结。受到美国工人阶级的启发，促进了英国工人阶级的消费合作运动。其结果之一是工人阶级的女性消费者出现了广泛的政治化倾向，其消费意识不断增强，"而这仅仅是更为广泛的消费政治化的一部分。""消费主义"这个今天中国容易被看成是消极的概念，在英国工人运动中，表达的曾经是工人阶级要求体面生活标准，而不仅仅是最低工资标准的理想。"仅有面包和黄油是不够的"①，几乎为所有工人的呼声。工人们通过对自己既是生产者又是消费者的作用的认同，积极参与到政治组织和政治活动之中。这种认同清楚地阐述了工人阶级贫困者的消费政治学。"二战"后，工人阶级后代不再信仰工人阶级的意识形态，而羡慕中产阶级的消费生活方式，这成为战后英国文化研究者关注的问题，它导致了对消费文化学的探讨。

消费文化以中产阶级为基础，以消费文化为符号的消费社会又不断把工人阶级拉进消费大军。劳动与资本的对立，转化为生产与消费之间的恶性循环及资本主义经济危机。1929 年的资本主义经济大危机就是如此。于是我们看到这样一个与消费联系的阶级化运动的线索：工人运动的目标至少在 20 世纪初的英国和美国的走向是如何保证工人阶级的消费水平和购买消费品的能力。生产与消费脱节的经济危机导致了 20 世纪 30 年代罗斯福新政。"二战"后，西方政治家、思想家对市场经济弊端及法西斯主义危险的反思，推动了欧美的社会保障制度形成。它说明大众消费社会形成的一个条件，是以社会保障为特征的社会权利的完善。壮大中产阶级，

---

① Matthew Hilton, *Consumerism in Twentieth – Century Britain*, Cambridge University Press, 2003, p. 30.

也基本成了各国的共识，欧美国家致力于把基尼系数控制在警戒线 0.4 以下，讲究自由主义经济政策的美国，在 20 世纪下半期，中产阶级人数也占到总人数的 70%—80%（"二战"后，大多数学者将美国年收入在 3 万—10 万美元的群体称作中产阶级）。

与此同时，还有一个理解消费文化与经济结构、阶级运动的历史线索。19 世纪末 20 世纪初资本主义已经进入了一个新的阶段。资本积累的主要来源从生产资料逐步过渡到生活资料的生产。大规模的商品消费就构成了资本主义发展的重要环节。福特主义的小汽车流水线的产生，工人可通过"分期付款"制度买小汽车。这被看成向消费时代的转型的标志。随着福特主义的生产方式的发展，又形成生产与消费之间"僵化"的结构危机。在 20 世纪 70 年代后，适应晚期资本主义的更加灵活积累的模式形成，被叫做后福特主义。

学者哈维认为，福特主义大规模生产意味着大众消费、劳动力再生产的新体制、劳动控制和管理新策略、新的美学和心理学，简言之，意味着一种新的理性化的、现代主义的和平主义的民主社会。他说："自 1973 年打破这种体制以来，已经开创了一个迅速变化、流动和不确定的时期。以更加灵活的劳动过程和市场、地理上的流动性和消费实践中各种迅速变化为特征的生产与市场营销的新体制是否应当得到一种新的积累体制的称号。加上文化上的后现代主义的转折。"[1] 消费文化经过福特主义与后福特主义的运作之后，就是一个培育中产阶级消费习惯，及适应中产阶级多元趣味的过程。哈维指出，"战后的福特主义必须被看成较少是一种单纯的大规模生产的体制，而更多的是一种全面的生活方式。大规模生产意味着产品的标准化和大众消费；意味着一种全新的美学和文化的商品化"。[2]

20 世纪 60 年代末，以青年运动、民权运动为先导的新社会运动的兴起，阶级、种族、性别、年龄、少数裔的平等问题，促成社会政策新的理念与行动。这是消费时代发生一场非经济过程的事件。新社会运动的主要参与者是"二战"后出生的青年。新一代青年运动，"以左派的名义进行

---

① ［美］戴维·哈维：《后现代的状况——对文化变迁之缘起的探究》，阎嘉译，商务印书馆 2003 年版，第 167、179 页。

② 同上书，第 356 页。

了一场资产阶级文化革命"，又"充分享受着革命的成果（消费主义、享乐主义等）"。一学者评论说，"60 年代的中产级阶级孩子先是群起反叛中产阶级，继而又群体回归中产阶级，并成为其中坚力量"之后，[①] 他们不再遵循"谨小慎微的父母的生活方式"，开始了"自己周围的另一个世界的生活"，[②] 集体表达了自我实现的"生活政治"[③] 诉求。这些诉求后来都一步步地变成了社会政策的细节。从此，大众消费文化，也打上了青年的社会梦想。它不仅以中产阶级为基础，而且以多元的、选择性的、流行的青年亚文化为风格。大众消费社会的发展，也推进着社会民主性的发展。

第二节　中国中产阶层的形成及后革命时代的文化特点

一　关于中产阶级及其生活方式的分析

对中产阶级及其生活方式的研究，可以追溯到亚里士多德对古希腊城邦生活的描述。他说："在一切城邦中，所有公民可以分为三个部分——极富极贫和两者之间的中产阶级。大家既然已公认节制和中庸常常是最好的品德，那么人生所赋有的善德就完全应当以中间境界为最佳。处在这种境界的人们最能顺从理性。中产阶级的人们还有一个长处，他们很少有野心。据我们看来，就一个城邦各种成分的自然配合，唯有以中产阶级为基础才能组成最好的政体。中产阶级比任何其他阶级都较为稳定。"[④]

马克思在《共产党宣言》中，把中产阶级看成介于资产者与无产者之间的第三种人。对资产者，马克思没有用 Middle Class，而是用了 Bourgeois。马克思的名言是："我们的时代，资产阶级时代，却有一个特点：它使阶级对立简单化了。整个社会日益分裂为两大敌对的阵营，分裂为两

① 程巍：《中产阶级的孩子们——60 年代与文化领导权》，生活·读书·新知三联书店 2006 年版，第 18、15 页。
② ［美］丹尼尔·贝尔：《资本主义文化矛盾》，赵一凡等译，上海三联书店 1989 年版，第 115 页。
③ ［英］安东尼·吉登斯：《现代性与自我认同》，赵旭东等译，生活·读书·新知三联书店 1998 年版，第 251 页。
④ ［古希腊］亚里士多德：《政治学》，吴寿彭译，商务印书馆 1965 年版，第 205—206 页。

大相互直接对立的阶级：资产阶级和无产阶级。"① 马克思把第三种人排除在外。

　　荷兰马克思主义者潘涅库克在 1909 年就指出："中产阶级是处于社会中最高和最低阶层之间的一个阶级。在中产阶级之上的是大资本家，在它下面是无产阶级，即雇佣劳动者阶级。它构成了具有中等收入的社会集团。"② 潘涅库克认为，这个中产阶级就是小资产阶级，他们包括小企业主、小商人和小店主。潘涅库克将这个时期的中产阶级分为工业中产阶级、商业中产阶级和农业中产阶级，并根据自己的研究认为，"工业中产阶级已经经历了长期的衰落，失去了自己的独立，其大多数已经下降为无产阶级"。

　　到 19 世纪末，中产阶级这个概念的内涵再次发生变化。这个新变化的标志之一，就是出现了当时所说的"新中产阶级"。按照潘涅库克的分析，这个新中产阶级具有中等收入，他们不是原来的小资产阶级，而是由各个领域的专业人员和管理人员组成。教授、医生、律师、作家、工头、工程师、熟练工人、部门管理人员等都被认为属于中产阶级。潘涅库克比较早地看到了大工业的发展要求有庞大的发挥中介作用的专业人员，而新中产阶级正是由于出现了这样的需要而产生的。潘涅库克将这个新中产阶级与大资本家和无产阶级的关系比喻为："大资本家是将军，中产阶级是各级军官，而工人是普通士兵。"

　　这个在 19 世纪末 20 世纪初形成的新中产阶级与此前的那个中产阶级的区别是什么呢？从经济角度考虑，老中产阶级实际上也是资产阶级，只不过是小资产阶级，"新中产阶级则是无产阶级，尽管具有更高的收入。老中产阶级依靠自己掌握的生产资料维持生活，新中产阶级通过出卖劳动力维持生活"③。新中产阶级的经济特点是，他们是具有高度发达素质的劳动力，获得高得多的工资收入，但并不能改变他们是雇佣劳动者的基本事实。

　　潘涅库克的分析已经非常接近于后来社会学家米尔斯的观点。社会学

---

① 《马克思恩格斯选集》第 1 卷，人民出版社 1972 年版，第 252 页。

② Anton Pannekoek, The New Middle Class, *International Socialist Review*, 1909.

③ Ibid..

家米尔斯是比较早地从社会学视角来分析中产阶级问题的。经过研究，他发现在 1870 年到 1940 年之间，白领工人从占中等收入等级的 15% 上升到 56%，而老式中产阶级则从 85% 下降到 44%。他认为"消极地说，中产阶级的转变是从有产到无产的转变；积极地说，这是一种从财产到以新的轴线——职业——来分层的转变"。社会学家米尔斯在 1951 年写下了《白领——美国的中产阶级》一书。他的这本书可以看成对潘涅库克在 19 世纪末所进行的研究的另一种承续与回应。在书中，他全面分析了中产阶级的生活方式及多种特征。米尔斯认为，现代的劳动分工包含着一种迄今对人们还很陌生的技能专门化趋向：从整理一些抽象符号每小时即可收入 1000 美元，到用铁锹干活一年才能收入 1000 美元。职业的主要变化呈现出这样一种趋势：作为劳动力的一部分，处理各种事情的个人越来越少，而管理人和符号的越来越多。他前瞻性地提出，正是在这个白领世界中，我们才能找到 20 世纪生活的主要特征。① 他说，新的白领人群，"无论他们有怎样的共同利益，这利益都未能将他们结成一个整体；无论他们有怎样的未来，这未来都不是经由他们自己之手缔造的。……就其内心而言，他们是分裂的和支离破碎的；而从外部来看，他们则依附于更强大的势力。作为群体，他们没有威胁到任何人；作为个人，他们没有创造一种独立的生活方式"②。米尔斯对中产阶级的生活方式困境的分析，对理解今天的中国也是有启迪的。

英国学者劳伦斯·詹姆斯撰写的《中产阶级史》是一本对中产阶级及生活方式进行社会生活史描述的著作。时段跨度从 14 世纪到 21 世纪初，他的研究涉及了英国中产阶级的形成、发展史的细节。包括中产阶级在语言修养、日常生活爱好、家庭用品、旅行休闲、居住偏好、文学取向、社会地位、道德伦理、消费主义态度、政治的抗争方式等各个方面，都做了系统的描述。詹姆斯不是用社会学方法与理念来分析的，但此书有着对中产阶级社会地位、生活品质、日常生活史形成的独特阐发。他认为，"中产阶级缔造了现代英国。中产阶级还把自己的伦理道

① ［美］C. 赖特·米尔斯：《白领——美国的中产阶级》，杨小冬等译，浙江人民出版社 1987 年版，第 85、1 页。
② ［美］C. 赖特·米尔斯：《白领——美国的中产阶级》，周晓虹译，南京大学出版社 2006 年版，第 1 页。

德观也镌刻在了这个首个实现工业化国家的人民心中"。他指出："中产阶级致力于打造一个较贵族阶级更有用且在道德修养上更胜一筹的自我形象时，它会向在它之上的阶级寻求相关娱乐、品位和举止方面的引导。"① 这段描述对我们理解、定义中产阶级及与中国的差别是很精彩的。

　　美国学者约翰·斯梅尔的《中产阶级文化的起源》与瑞典学者奥维洛夫格伦所写的《美好生活：中产阶级的生活史》这两部著作，也是对中产阶级生活方式研究的经典之作。斯梅尔是通过对 17 世纪到 18 世纪英国哈利法克斯地区的考察，发现了一种由独立呢绒工匠生产占统治地位的乡村纺织业，转变为由商人和工场主的大型企业支配的工业的过程，与其相伴随的是文化上的转型。它催生了哈利法克斯地区中产阶级文化的起源。他强调了中产阶级文化的地方性、中产阶级与中产阶层的区别。认为，"文化最好被看成是一个集团理解其经历的方式"。② 奥维洛夫格伦研究了 19 世纪至 20 世纪初瑞典中产阶级世界观和生活方式的形成过程。探讨中产阶级文化如何转变成一种主流生活方式，一种现代社会的主导文化。他的提问是："在何种程度上可以说，被重新塑造的现代人在历经和感知这个世界时具有完全不同于以往的方式？我们的思想、感情和反应与前工业时代、前资本主义时代的人有根本不同吗？"③ 使之与中产阶级生活方式、中产阶级文化及其文化体验的探讨直接联系了起来。

二　俄罗斯学者的提问与中国中产阶层的形成

　　2005 年笔者在关注中国中产阶级问题时，注意到了俄罗斯学者看待"中产阶级"问题的一个情结。他们认为，"中产阶级"，有一个西欧式的"原型"。俄罗斯学者阿林娜·萨京娜说："中产阶级是一个神话，就像一个世纪以前一样。"她说："近年来，中产阶级是俄罗斯学者及人民喜欢讨论的神话。在这些讨论中，中产阶级有两方面的含义：第一，它是指所

---

①　[英] 劳伦斯·詹姆斯：《中产阶级史》，李春玲等译，中国社会科学出版社 2015 年版，第 1、3 页。

②　[美] 约翰·斯梅尔：《中产阶级文化的起源》，陈勇译，上海人民出版社 2006 年版，第 11 页。

③　[瑞典] 奥维·洛夫格伦：《美好生活：中产阶级文化史》，赵丙祥等译，北京大学出版社 2011 年版，第 1、3 页。

有俄罗斯公民的一个确定的中间点；第二，它指的是本土原生的资产阶级，是西欧式现代化成功的证明。"这个提问有意义吗？在经历了1989年东欧剧变，及90年代市场化改革后，萨京娜的这段话表达了一个非西方学者对中产阶级问题的反思。

萨京娜认为"中产阶级是公民中的一个确定的中间点"，这是无疑的。但她说的第二个方面，即"本土原生的资产阶级"，就遇到了一个"结构问题"，即中产阶级存在的社会结构环境。现今中国与俄罗斯的中产阶级，没有那种西方式的"本土原生的资产阶级"；都不是"西欧现代化成功的证明"，而是20世纪90年代市场化改革后的产物。[①]

西欧"类型"的中产阶级有一个特定的内涵。它大体上指在17世纪到19世纪中期以前，存在于大土地贵族和雇佣工人之间的一个人数不多的城市企业家集团。这是一个基本定义，但又不仅限于此。这个时期的"中产阶级"同时又被看成那个特定时代新近苏醒的精神群体。当代许多著名思想家都把这个时段的西欧"中产阶级"作为启蒙传统的承担者、实践者。中产阶级，作为一个被理想化的西欧"类型"，其意义在于：中产阶级曾被看作支撑启蒙运动、自由主义传统的一个文化阶级。20世纪末21纪初，西欧中产阶级"类型"继续被理想化，因为前社会主义国家在发生社会转型。它们均没有重现西方现代化中的中产阶级"结构"。俄罗斯学者日德拉沃梅斯洛夫说，俄罗斯中产阶级在过去的十年间，并不是保持不变的，它仍然没有显示出它已经完成了形成过程，成为一个定型的群体。他说，俄罗斯流行的名言是，俄罗斯有市场，没有资本主义。[②]

21世纪的最初几年，中国学者刚刚探讨"中产阶级"问题时，也不清楚中国的"中产阶级"应该怎样定位。在西方英语语境中，middle class就是"中间阶级""中等阶级"。它的形成是欧美国家早期现代化的产物。如果按照俄罗斯学者萨京娜的提问，中国的中产阶级的定位缺少了相应的西方式的历史氛围。在由陆学艺先生主编的《当代中国社会的阶层研究》一书中[③]，中产阶级，是被叫作"中产阶层"，它们是按照经济

---

① 扈海鹏：《中产阶级：视角与反思》，《中国社会科学文摘》2006年第2期。
② 扈海鹏：《关于中产阶级的比较与思考》，《江海学刊》2005年第5期。
③ 参见陆学艺主编《当代中国社会的阶层研究》，中国社会科学文献出版社2002年版。

资源、组织资源、文化资源来划分的。

经过 40 年的发展，这个答案已经很清楚了。中国的"中产阶层"，即中等收入群体的形成、扩大，已毋庸置疑了。它是和中国的改革开放，持续推动向工业化、市场化、城市化的转型联系在一起的，并且是和向全球化、消费时代的转变联系在一起。

一些数据已显示了中国中产阶层的发展。2000 年之后，中产阶层崛起的速度在加快。根据 2005 年全国 1% 人口抽样调查、2005 年中国人民大学、香港科技大学中国综合社会调查数据（CGSS）、2006 年 中国社会科学院全国综合社会调查数据（GSS）的综合分析，目前 中国中产阶层的规模比例为 23% 左右，约 3.2 亿人。[①] 欧睿信息咨询公司的研究显示，到 2020 年，中国的中产阶层将达到 7 亿人。而根据国家人口发展战略研究称，2020 年中国人口将达到 14.5 亿。那么，马上我国的中产阶层人数将占到总人口的 48% 以上，到那时候中国人近半数成为中产阶层。[②]（欧睿信息咨询公司，2010）而亚洲开发银行在 2010 年发布的题为《亚洲中产阶级的兴起》的专题报告中依据自己的标准认为，中国的中产阶级人数已经达到八亿人，数量超过了亚洲其他所有国家中产阶级数量的总和。在中国中产阶级上升的这一期间，中国的人均 GDP，从 2003 年的人均 1000 美元到 2009 年中国人均 GDP 达 3744 美元[③]（The World Bank，2010）。亚洲开发银行认为由于中国中产阶级数量庞大，因此具有比其他国家更大的购买力。如果国家继续采取有利于中产阶级成长的政策，中产阶级的数量还会继续增加。而且，如果中国采取提高家庭收入在 GDP 中的比重来支持中产阶级的发展，将加快中国经济实现从出口导向和投资导向的发展向消费导向的发展的转变。[④]

尽管中国的中产阶层自我评价很不平衡，但一些数据还是支持了中国

① 扈海鹂：《消费文化下中国中产阶层的发展与社会政策——以青年中产阶层的发展为视角》，《人文杂志》2013 年第 4 期。

② 欧睿信息咨询公司：《中国中产阶层研究报告 2010 年》，中国商业情报网（http://www.21cnci.com）。

③ The World Bank，GDP，per capita（current US $）2010（http://data.worldbank.org/indicator/NY）。

④ Asian Development Bank，*Key Indicators for Asia and the Pacific*，*The Rise of Asia's Middle Class*，Asian Development Bank，2010.

中产阶级持续发展的事实。2015 年 10 月 13 日瑞士信贷（Credit Suisse）研究院发布的 2015 年度《全球财富报告》，声称中国的中产人数为全球之冠，高达 1.09 亿人，比居于第二位的美国多 1 千 7 百万，比居于第三位的日本多 4 千 7 百万。虽然报告指出，中国中产占人口比例（约 11%）远低于美国和日本，但中国是中产人数增长最快的国家。从 2000 年至今，中国中产的个人财富增长了 6 倍，人数增长了 3 千 8 百 50 万。2015 年 10 月 21 日，马云在随同国家主席习近平访问英国期间的中英商业峰会上的演讲中表示，中国在未来 10 到 20 年将拥有 5 亿中产。约一个月之后，2015 年 11 月 27 日，西南财经大学中国家庭金融调查与研究中心发布 2015 年调查数据，采用瑞士信贷定义的中产标准，估计中国中等收入家庭成年人口数量为 2.17 亿，占成年人口比例为 21.4%，中国中产的规模和财富总额均居世界首位。[1]

如此看来，中产阶层为主体的社会不仅在中国将逐步成为现实，而且也是当今全球秩序下中国崛起的象征。中国消费时代的发展的阶级基础是什么呢？显然是中国中产阶层的发展，或者说是中国的"中间阶级"的发展。中国中产阶层在中国快速社会转型中形成，他们具有怎样的文化特征呢？

1. "中产阶层"在中国是作为新的中等收入群体出现的

中国的社会转型与全球化进程，在过去的 30 年中走了西方 400 年的路。它在工业化、市场化、城市化尚未彻底完成之时，又进入了消费时代。随着中国经济的发展，中国人的个人财富也在飞速积累。瑞信的报告显示，2000 年到 2016 年，每个中国成年人的财富从 5670 美元上升到 22864 美元，十七年翻了 4 倍多。[2] 中国市场化改革的深化，带来了一种完全不同的生存状态。最突出的就是韦伯所说的财产、收入的分化中新的中等收入群体的形成，前面提到的数据就说明了这一点。它是作为改革开放以来的中等收入群体出现的。

2. "中产阶层"，在中国代表了社会转型中市场化分层时代的开始

在阅读了约翰·斯梅尔的《中产阶级文化的起源》一书后，笔者深

---

① 李春玲：《中国中产阶级的不安与焦虑》，《文化纵横》2016 年 8 月 11 日。

② 数字来源：《瑞信全球财富报告 2016》。

深感受到"文化变迁与经济发展过程存在着双向互动性质的联系"，从历史传统来理解中产阶级是重要的。中国根本没有欧洲式的工业化传统，不必照搬西欧中产阶级的标准来"折磨"自己。经过 40 年改革，中国原来完整意义的政治性分层结构解体，市场化时代分层结构开始了。自 1949 年以后，社会成员的政治出身、政治表现、政治面目等政治因素是其获得社会地位的条件。而在 80 年代的改革开放后，随着市场化社会分层的逐步形成，中国当下的中产阶层，与市场化下社会分层有关，即按财富、收入、声誉、教育等，而非政治性身份进行分层。它包括新的民营科技企业的创业人员和技术人员、受聘于外资企业的管理技术人员、个体户、私营企业主、中介组织的从业人员、自由职业人员等社会阶层。① 中产阶层，或中等收入群体出现的意义，就是中国新的商业文化的展开，这是中国市场化下分层结构的必然性与合理性。1973 年《青松岭》这个影片在全国上映，其内容是强调"割资本主义尾巴"，反对农民把自家自留地里种的东西，拿到集市上卖，今天看来特别荒唐。"文革"十年中主张是打倒一切"封资修"，其《青松岭》的情节，就是一种当时的社会文化现实。"文革"，是一个不需要"中产阶级"，只需要工人阶级、贫下中农的社会结构。40 年后，中国"中产阶级"的发展，代表了新的社会身份群体。他们是在专业分工结构与理性竞争秩序中发展起来的，而不是像从前那样基于政治出身、政治觉悟的划分。个体的经济资本与文化资本，对个人身份起着重要作用。

3. 中产阶层，是具有一定教育水准与消费能力的中间群体

中国 1977 年恢复高考，1997 年以后高校扩招，高等教育获得极大的发展。随着市场化、都市化的快速发展，"文化的多样化和精英教育向大众教育的转变，为中产阶层尤其是新中产阶层的出现和成长提供了文化和精神基础。"② 在全球市场经济与消费时代，中产阶层，总是以受教育阶层为特征，这是世界趋势，也是中国当下的趋势。像"文革"时期奉行的"三代是贫农"便受到信任，"工人阶级管理学校、进驻上层建筑"的荒谬逻辑一去不复返了。

---

① 参见江泽民在庆祝中国共产党成立八十周年大会上的讲话。
② 周晓虹主编：《中国中产阶层调查》，社会科学出版社 2005 年版，第 12 页。

中国中产阶层的形成，也是中国快速城市化、全球化下消费生活方式的发展的结果。他们是快速城市化中的都市生活方式的享有者。住房、汽车、旅游、流行时尚及奢侈品的拥有，都是中国中产阶层生活方式的突出特征。以《欢乐颂》为例，中国当下都市电视连续剧的剧情、演员着装、出行的符号，都是中产阶层特征、中上阶层生活特征的写照。中产阶级生活方式不再是布尔乔亚式的原罪（如苏联电影《钢铁是怎样炼成的》中的冬妮娅，在中国，曾被看成贬义的资产阶级小姐），而是主流的生活方式。

4. 中国的中产阶层内部具有很大的差异性

给中国的中产阶层下一个统一的生活水准的收入定义，是很困难的。中国的一、二线城市与三线、四线城市的生活成本差别很大；而且"主观中产阶级"的认同差别也很大。近来网上及微信朋友圈里说的中产阶级焦虑，大多是大城市中产阶级的焦虑。一对青年夫妇自曝年收入70万还嫌不够花，不仅因为他们生活在上海，还因为他们的主观期待较高。[①] 广义的"中产阶层"，应是"中间群体""中间社会"，应包括依靠家庭（家族）的能力（经济资本，文化资本）能达到中等收入群体生活的人。在满足吃饭温饱之后能够有余钱，买衣服、买休闲就是中产阶层。亚洲银行也把温饱以后有余钱叫作中产阶级。可见中产阶层的底钱标准是不高的，它带来中产阶层本身巨大的差异性。贺雪峰认为，中国存在农村中间阶层。他们的状况不再是李强说的"倒丁字型"社会结构最底下的长长一横。随着中国经济的不断成长而不断扩大，以城市中下收入阶层与农村中间层为主的中间阶层相对庞大，而城市上层也注定比较小，而形成一种纺锤形结构。整个中国社会就可以分成为四大阶层，即城市高收入的上层，城市中下收入的中间阶层，农村中间阶层，以及城市低收入的底层。[②] 在最近十年中国财富分化加速，中等阶层队伍快速扩张，出现了多元发展、多元组合与分化。笔者在调查中遇到一对都市打工的80后年轻夫妇。他们的月收入加在一起大概7000—8000元，还有一个2岁的孩子。

---

① "工资多少你才不焦虑？一个中产自曝账单，年入70万不够用"环球网2015年11月19日（http://opinion.huanqiu.com/opinion_china/2015-11/8011025.html）。

② 贺雪峰："中国是倒丁字型社会结构吗？"，"中国好学者"公众号，2017年4月3日。

他们俩都没有受过高等教育，女性在一家私企上班，男性在一家校外培训公司打工。这个收入在南京这样的大城市生活本应应该是很难的。但这位青年女性的公公、婆婆在城郊拆迁中得了三套房子。老夫妻自己住一套，出租一套、给小夫妻俩住一套。孩子由婆婆帮着带，婆婆烧饭。由此这对属于工人阶级家庭的小夫妇并未感到在南京生存艰难。这位青年女性经常会在网上买衣服，自称不属于节约型。在访谈时，她说："为什么要省呢？想穿就买呀！"他们俩显然就成了城市的"中间阶层"的一部分，只是他们属于中下层群体，他们反而没有高学历的中产青年的焦虑感。

中国的现代化进程，是在一个幅员特别辽阔、人口众多、地域化差别明显的巨型国家进行的。中国社会的"中间群体""中间社会"应当有一个更广泛、更多样的特点。有很多个从"低点"走向"中间点"的过渡性的中间生活。这里包括农民阶级后代走向工人阶级、中产阶级的过程。他们的生活品位还不符合学者们定义的"中产阶级"经济收入与教育素养时，他们自己感觉到已经在离开曾经的"底层"。这也是进行了很多访谈后，使笔者得出的结论。笔者想强调中产阶层的形成是一个长期的成长、发展过程。它不是一个刻板的固定标准，它有一个在原来生活风格基础到现在的生活风格的区间。即使在收入相距不大的中间群体，在生活方式上会有很大差别的。劳伦斯·詹姆斯认为，给中产阶级下一个定义是一个很困难的事。在英国，"从14世纪到18世纪涌现出来的'中间社会'，在19世纪成为中产阶级"。在中国也应该有这样一个长过程。

三　后革命时代的中国中产阶层特点及其文化来源的探讨

"后革命时代的中国"[①]，代表了一个从20世纪80年代"文革"结束到今天，一直持续着的转型社会特征。中国"中产阶级"的存在，是中国后革命时代的中产阶层的文化特点。表现为：

（一）"后革命时代"是中国中产阶层群体成长的政治背景

这是中国政治意识形态的特征，即改革开放后，中国依然在中国共产党的领导，依然在中国共产党领导下走中国特色社会主义道路。中国政治

---

① "后革命时代"，这个概念来自于美国学者阿里夫·德里克的《后革命时代的中国》一书。

意识形态的本质是中国共产党的领导地位，并强调马克思主义为主导的意识形态。"中产阶级"一词，从未见之于执政党的正式代表大会的文件中。中国共产党的十六大报告最初提出"中等收入群体"一词。之后，正式文件都是沿用了这一说法。中国共产党的正式文件中，从未说过要扩大中国的"中产阶级"的人数，而只提扩大"中等收入群体"。《中华人民共和国宪法》上明确规定"中华人民共和国是工人阶级领导的、以工农联盟为基础的人民民主专政的社会主义国家"。作为政治意识形态的原因的考量，中国"中产阶层"，在政治生活中不具有明确的身份地位。或者说，从政治上看，它只是一个不断扩大的中间层面的消费阶层。陆学艺、周晓虹等知名学者们在其专题研究中，也都根据政治上的要求，一律将"中产阶级"的研究，称为"中产阶层"研究。

（二）当代中国的中产阶层是中国当代社会转型过程中产生的，它不具有欧美社会的那种历史文化传统

后者的历史文化传统，主要来自18、19世纪工业革命的影响及工商业阶层的不断发展。但中国是个后发展的工业化国家，还没有产生与欧洲式的工业革命相联系的工商文化。约翰·斯梅尔探讨了17世纪晚期至18世纪中叶，随着英国工业革命影响的发展，英国的哈利法克斯教区社会经济支柱发生了变化。原来由独立呢绒工匠生产占统治地位的乡村纺织业，日益转变为由商人和工场主的大型企业支配的工业，这个变化对于哈利法克斯中产阶级文化的起源来说，是极其重要的。经济的发展产生的财富造就了一个具有创立中产阶级文化能力的集团。我们看到的是"中产阶级是从工商业的发展与分化中产生出来的"，"呢绒匠只属于中产阶层，只有新的工场主、大商人才是中产阶级"[①]。与经济发展相联系的中产阶层、中产阶级的出现，是长期的工商业的历史发展，特别是工业革命的经济文化影响下发生的。

但中国不同这样的逻辑。中华人民共和国成立以后，新生红色政权对前政权进行了全面的革命改造。从镇压反革命，土地改革、对资本主义工商业、农业、手工业的三大改造等，建立起社会主义计划经济的结构与地

① 参见［美］约翰·斯梅尔《中产阶级文化的起源》，陈勇译，上海人民出版社2006年版。

位。在基本取消商品经济的前提下，建立了全民所有制、集体所有制的社会分配机制。这个机制与欧洲的商品经济文化没有什么关系。社会关系主要依据户籍制、单位制、行政制运行，代际社会流动极低、且垂直重叠。也就是说，在20世纪50年代到70年代的中国社会主义计划经济体制下，既不需要现代市场经济，也不需要相对应的中产阶级。改革开放后，随着中国社会从计划经济体制向社会主义市场经济体制的转型，从传统的农业社会向工业化、城市化、商业化社会的转型，中国才有了与现代分层结构相对应的"中产阶级"概念，并逐步形成当下中国的中产阶层，且在代际关系上，还没有超过三代的工商企业家的文化传承。

（三）中国中产阶层至今没有形成自己成熟的文化传统

经过40年的改革开放，"文革"时大行其道的以阶级斗争为纲、去商品化的文化对今天的影响还有多大呢？其深刻的影响之一，就是中国还不可能快速的形成自己的中产阶层文化。笔者的看法是，中国中产阶级文化还在酝酿中，还是不成熟的。这不仅在于"中产阶级"一词，还没有被正式意识形态所接受；还在于与社会转型相关的文化转型还没有完成。

斯梅尔的中产阶级文化起源研究中，是严格把"中产阶级文化"与"中产阶层文化"分开的。这种区分恰恰说明在英国，其工商文化转型有着非常成熟的分界。在他看来，中产阶级文化是高于中产阶层文化的更成熟的文化。斯梅尔在《中产阶级文化的起源》一书中明确地认定，英国中产阶级的文化起源应当在18世纪工业革命刚刚开始的时期，其间的商业文化有一个从工场手工业，到工厂主阶级、土地精英的这个转化过程。在此间中，与造就这一富裕商人和工场主集团的经济转型相并列的是文化转型催生了中产阶级文化。他强调，中产阶级的形成，与中产阶级文化的形成是并行的。他接受了汤普森的观点，强调阶级是一种文化，不是一种事物。阶级——即包括经历也包括意识——最好作为文化来看待。

中国处在结束社会主义计划经济，走向社会主义市场经济的"后革命时代"，体制转型又是文化转型。在这场文化转型中，有关中产阶层文化的内涵、话语、机制与整合还没有完成，所以，我们在这里借用中产阶层文化的概念，而不用中产阶级文化。

思考中产阶级的文化是重要的。在约翰·斯梅尔的研究之前，英国学者汤普森就强调，"阶级是社会与文化的形成，其产生的过程只有当它在相当长的历史时期中自我形成时，才能考察"。他在《英国工人阶级的形成》一书中，研究了影响英国工人阶级形成中的四种传统（过去继承来的主要遗产与文化）：即清教非国教派的思想与组织传统；人民群众自发而无组织的反抗行为的传统；英国人对"生而自由'"强烈认同及自豪感，以及法国大革命所激发的英国雅各宾传统等。① 汤普森的这个思路是很有启示的。既然阶级是在社会与文化的形成的，阶级意识是认同意识，那么，影响中国中产阶层（中产阶级）形成的文化传统可能是什么呢？这是我想思考的一个问题。中国中产阶级不可能仅仅是中等收入群体？在"后革命时代"的中国，我们的"中产阶层文化"的形成，将来自哪里呢？我们大致可以看到这样几个方面的影响：

（1）来自对欧美文化及生活方式的价值影响。这是现代性的全球化的一个必然过程。这种影响自鸦片战争后就发生了。只是在当代我们在接纳这种影响中越来越主动。欧美国家现代性观念及其消费生活方式，对改革开放的中国有着巨大影响。中国工业化、城市化、商业化、信息化过程，包含了对发达国家现代性经验的诸多认同，它已成为中国年轻一代的文化价值的参照系。电视剧《欢乐颂》里安迪、老谭所代表的海外留学回来的生活方式与理念就是这样。这种中产阶层的文化传统是改革开放后的中国重新获得的、来自外部世界的中产阶级的文化意识（尽管，可能不是欧美中产阶级文化的全部，但却是重要的一部分）。而在改革开放之前，中国人被告诉的是"世界上三分之二的人都生活在水深火热之中"。

（2）来自改革开放后打拼者创业与奋斗的文化。这是一种改革开放后形成的工商精神，即创业奋斗精神。由于中华人民共和国成立以后经历了土改、三大改造，即对所有私人资本经营与积累的限制与剥夺的历史过程，这种新的工商创业与奋斗精神是在 20 世纪 80 年代后重新发展起来。《欢乐颂》电视剧中曲筱筱的父母、小包总的父母，大概就是这样从 20 世纪八九十年代开始起步创业的。他们是"文革"结束后最早经商成功者。从富一代，到他们的孩子，不过两代人。像《欢乐颂》剧中的成功商人魏渭、老谭等，也是新一代获得中上层地位的年轻人。

---

① 参见［英］汤普森《英国工人阶级的形成》，钱乘旦等译，译林出版社 2001 年版，第998—1000 页。

在现实中，他们就是马云、刘强东、俞敏洪等创业者。这种打拼精神在代际传承中会显现得很强烈，它和中国重视家庭、重视子女、光宗耀祖、荫福后代的传统也有一定关联。

（3）来自中国高等教育快速发展后积累的文化资本与教养文化。高等教育中蕴育的文化精神将成为青年中产阶层基本的教养文化。教养文化是一种肯定性的中产阶级的形象。改革开放后中国高等教育的发展，培养了数千万大学生，全民族教育的极大发展，推动了基本人文素质的提升，将成为中国中产阶层的文化来源，并将重建以普遍尊重为基础的有教育素养的公民。中华人民共和国成立后，1957年反右运动后，约55万人被错划为右派。他们基本为知识分子和爱国民主人士，包括几十万家属被牵连，受尽政治伤害，对整个民族的人文传承危害巨大；而"文革"十年，提出在"打倒封资修""打倒帝修反"中，把知识分子叫作"臭老九"，采取了批斗、抄家、游街等手段，进行迫害，使一个巨大的、以知识界、艺术界为基础的中间阶层的尊严几乎丧失殆尽；它也是中国文化传统的人文尊严的丧失。

四十年来，随着中国高考的恢复，出国留学成为中产阶级家庭的选择，风气蔚然。高等教育扩招后，新一代大学生群体的形成与成长，在全球化、互联网多媒体的氛围下，形成并创造了新的中产阶层风尚。接受大学教育、学习人文风尚成为一种中等阶级文化传统中内在的东西。这一点对中国而言，特别有意义。这是当下中国中产阶层文化认同中新的东西。受过教育的青年中产阶层，正表现的一种良好的教育素质，即表现为公共生活新的社会形象、表现为自己与下一代文化资本的积累。

（4）来自红色传统的转化。后革命时代中国的一个文化特色，就是以往的红色传统转化为党政组织中社会集体意识的再认同。在从革命党转向长期领导经济建设、领导社会主义市场经济的执政党后，党政系统是按照行政化、单位化的科层系统编制的。在陆学艺先生的《当代中国社会阶层的研究报告》一书中，党政系统处级以上的干部、县乡有实权的科级以上干部都被看作中产阶层，即他们是掌握一定的经济资源、文化资源、组织资源的人。作为特定的中间阶层，其文化传统是什么呢？这是一个转型时代的特点。当初的革命理想主义精神、长征精神等传统，也再次转化为处在中间阶层的党员干部的文化资源与文化传承，转化为走向小康社会、小康生活的精神传承。对于这一点，和转型后的前东欧社会主义国家相比，是有异有同的。东欧前社会主义国家，其历史文化主要是贵族文化与民族主义传统结合，而中国不是。美国经济学家斯蒂格利茨等一些西方学者曾在对中国与俄罗斯社会的转型比较中，提到中国将过去的革命传统转化为有效的社会资本。这是中国走向后革命时代的必然结果。在《人民的名义》电视剧中，以侯亮平、沙瑞金、陈岩石、陈海为代表的党政干部中的正面形象，社会地位都属于国家的"中间阶层"，他们的话语、信念包含向市场经济的过渡时期对红色传统的再解释。

（5）来自民国文化人的风尚与古典文化传统的深远影响。这是《欢乐颂》、《人民的名义》这两部火爆的电视剧文本没有涉及到的。从长远来说，历史的优秀文化传统，对中国中产阶级文化走向成熟是不可或缺的。中国不可能重现西欧上升时期的中产阶级文化形象。中国中产阶级文化的来源，从更深层面来说，应该是民国时期思想家、知识分子、文化人所积淀起的中产阶级文化，也包括中华文化的古典审美精神的文化传承，这些是中国中产阶层文化的宝贵遗产。国学大师王国维的那首诗句"不知何日始工愁，记取那回花下一低头"的雅韵，往深一层看，是对"真理之美""诗意之美"的一往情深。这应是未来中国中产阶层文化必要积淀的底蕴——即中国古典文化的高雅、高贵之审美。用这一观点，民国时期也是斯梅尔所说的"文化变迁与社会转型相联系"的重要时期。一代民国文化人，如蔡元培、胡适、梁思成、林徽因，徐志摩、鲁迅、林语堂等，建构了文雅，平等，自由、宽容多元，知书达理等理性及新的中产阶级之文化风尚。他们在很大程度上试图跨过中国传统的沉闷束缚，把中国文化融入了横贯中西之中。对于中国中产阶级的文化现代性来说，民国时期也是一个古典时期。其文化传统，亦古亦今，既追求科学、民主，开风气之先，又不失中国文化之魂。在民国时期留学回来的学者身上，许多故事里都有中产阶级的文化气质与人格。这是我们今天还未充分解读、梳理的一代人。我们当下的社会心理、阅读文本、社会个体，也许都还没发展到欣赏、品味他们的文化人格的层面，就已在快速的社会转型中进入了消费时代。

斯梅尔研究中特别区分了"中产阶层"与"中产阶级文化"。中产阶层文化的特点是"平等主义"，而中产阶级文化的特点则是"文雅"。

他认为这个"文雅"是一套秩序与符号。这种区分很有意思，其对我最大的启发，就是我们还没有完整的中产阶级文化。现今的中国中高档小区的雕塑符号，往往都是借用西方神话或文学作品中的形象。如南京的万科光明城市小区里，用了维纳斯、丘比特的符号作雕塑。南京世茂滨江新城是较高档小区，其小区景观里也用了西方艺术的雕像，包括西方近代航海探险的形象。为什么我们造高楼、高档小区时，会找这样的艺术符号呢？是它们更代表现代性的符号？为什么我们找不到自己的符号？为什么我们会就找到了维纳斯，丘比特、甚至加勒比海盗的形象来作为一种艺术表达？其实是我们对自己的传统文化的资源，依然处在未经充分解读与提炼、认同的阶段。在经过几十年的破四旧、立四新后，中国人急急匆匆地跑进"消费时代"。我们拼命想找到能够反映上层阶级、中上阶级的日常生活抽象符号时，发现几乎找不到？在国民心理上、或设计者心理上，竟还没有与中高档小区相匹配、且普遍认知的高贵符号。这是1949年以后"高贵者最愚蠢、卑贱者最聪明""革命不要温良恭俭让"的审美观的另一种社会后果。

一般来说，中产阶级文化来自于贵族文化。这是欧美文化的一个特点。完全没有贵族文化传统的中产阶级文化，甚至是不可思议的。中产阶级文化的继承也和贵族文化的传统有关。斯梅尔在研究十八世纪英国中产阶级文化形成的特征时，强调在构建公共领域和私人领域的过程中，通过确定一种区别于其他社会集团的共同的认同感。这种认同感，至关重要的因素是"文雅"。文雅的"含义广泛涉及了穿着、行为举止、品位和休闲娱乐"。"文雅是区分中产阶级与下等阶层的要素"[①]，中国社会当下的"有富无贵"盛行，"清贫而高贵"不被待见；豪华、土豪式炫耀被追捧，正是缺少文化传统上的高贵、文雅及人文风骨所致。中国的当下流行电视剧里有情节、有颜值，但很少有直抵人性深处、叩问灵魂的作品。"高贵""文雅"不可能只从消费的表面时尚、流行、颜值中产生，它需要有厚重的文化传承作为支撑。

（6）来自对全球化下的流行文化、消费文化，包括对追求时尚、流

---

① 参见［美］约翰·斯梅尔《中产阶级文化的起源》，陈勇译，上海人民出版社2006年版，第221—224页。

行、奢侈品、舒适生活的生活方式的接纳。自 20 世纪 60 年代欧美青年革命以后，欧美国家中产阶级文化的一个重要标志。随着高雅文化与大众流行文化的日益结合，消费社会出现了平民化、娱乐化的欣赏风格。大众的流行文化、消费文化成为中产阶级（中产阶层）的文化特征。40 年中国高速城市化，中国大地兴建了一大批新型公寓楼盘、新的星级宾馆、休闲娱乐中心、游泳馆、新商厦中的精致餐厅、K 歌歌厅等，它们都不属于与贵族精神相连的中产阶级文化，而是与消费、流行层次相连的中等阶级文化。比如南京市长江路的民国总统府旁有个"1912 文化街区"。这个文化街区，尽管看上去的民国建筑风格中是蛮有中产阶级文化的感觉的，但这些民国式建筑的房子几乎都是饭店、麦当劳、酒吧、还有 SPA 馆等，是一个典型的当代中间阶层消费文化的聚集地。如果我们知道：流行文化、消费文化也是中产阶级的娱乐文化、完全符合其享受生活的需要时，那么，我们就了解了这个时代的中产阶级文化传统已不全是当年斯梅尔所发现的那种 18 世纪的"文雅"的生活方式。中国中产阶层的文化生活，也是和商业文化、消费文化的身份认同、生活方式联系在一起。

第三节　消费时代的城市发展与"中产阶级生活方式"的扩展

一　《欢乐颂》："文化现代性"的阶级图示

瑞典学者洛夫格伦在对中产阶级文化的研究中，强调作为民族学家（非人类学训练的视角）看到社会事实的建构方式，这种思路很有启发。《欢乐颂》是一部中国消费时代下的都市生活剧。它的剧情提供了消费时代的文化现代性与消费主义的叙事。与热播的《琅琊榜》《伪装者》的剧本不同，《欢乐颂》是以大都市消费生活方式为主题的。在这个叙事中，以五个女青年都在上海工作，她们都热爱与追求时尚，但拥有的社会资源是不一样的，对现代性体验也是不一样。她们的故事贯穿着"中产阶级的梦想""中产阶级的焦虑"的线索，始终存在着一个社会学意义的命题——现代性是与社会分化联系在一起的。选择《欢乐颂》作分析，因为它集合了中产阶级、青年群体的时尚、符号的期待及焦虑、冲突的各个方面。

1. 位置、打拼、渴望、成功

消费时代的文化现代性和个人的自我实现有关。现代性的文化维度关注、鼓励个体自我发展、自我实现的主体价值。《欢乐颂》一剧围绕了这个主题。剧中人物的"位置"是中国的一线大城市——上海。该剧写了消费时代的青年梦想与奋斗的故事。剧中的五个女生住在上海"欢乐颂"公寓22层。其中有曾在纽约华尔街做过职业经理的商业精英、投资公司高管安迪；精灵古怪的富二代女孩曲筱绡；出身贫寒的胡同公主、一个精明城府的企业中层管理樊胜美；小城干部家走出来的女孩、外企职员关雎尔；还有小镇工人家的平凡女孩邱莹莹。在五个女生在上海打拼的故事主线外，还有安迪的顶头上司、生意界的传奇人物谭宗明；富二代、集团副总包奕凡；白手起家的大老板魏渭；家境普通的小老板王柏川；出身书香门第的知名医生赵启平等，"他们"与"她们"一同，代表了当代中国一线城市青年人的成功理想与渴望成功的愿望。

"位置"，另一个意思就是"中产阶级"地位的谋取。在中国消费时代的一、二线城市，离开了"中产阶级"这个主题，就没有生存的意义。在这五个女性中，无疑都是处在中产阶级的"位置"的中上、中下的区间。她们或者是有可炫耀的位置，或者是想获得中产阶级位置，或者是想维持、提升这个位置。

2. 权力结构中叙事场

《欢乐颂》故事情节里，有一个权力结构的叙事场。剧情中的所有人都很努力地追求自我价值，但她们、或他们在权力结构的场域中位置是不一样的。

在上海《欢乐颂》里，我们看到：（1）邱莹莹是这个故事中的低层阶层。她是个月收入4000元普通职员。无背景，无好文凭，样貌普通（剧中对话里总是强调邱莹莹相貌平平，又没有背景。这是和消费时代的审美有关的）、能力平平，做事还有点"拎不清"。（2）关雎尔是一名500强公司的实习生。她的工作环境地处金融街，竞争十分激烈。每天工作内容接触大量的数据分析和英文翻译资料，节奏十分紧张。月收入应在4000—5000元左右。（3）主人公之三是樊胜美。她是外资公司资深HR（人事管理），1万/月，贫寒人家出身，打拼之路十分不易。樊姐姐是个爱慕虚荣、讲面子，太谙于人情世故的人。税后月收入约1万的工资，按照她的工作资历真的不算高。（4）毕业于美国哥伦比亚商学院的安迪。她本是华尔街投资公司的高管，后由于希望回国来寻找自己的亲弟弟，去了自己老友谭宗明的公司，担任 CFO。其"位置"有百万年薪。（5）魏渭。白手起家，有自己的大公司，号称有几亿级资产的外贸企业家。他的住房在外滩，是个江景房。（6）曲筱绡。其家庭资产 10 亿级的富二代。第一集中，小曲就住在《欢东颂》公寓单元套间里（至少有 150—200 平方米），曲爸曲妈就一再表达出住这样的房子会让女儿受苦的担忧。他们在电梯里就叨叨、嫌弃、不满意女儿自己租下的《欢乐颂》所住的小区。（7）包奕凡：百亿级资产的富二代。第一季上场极晚的男主角。由谭宗明介绍出场的富二代，大集团的副总。后来成为安迪的男朋友。剧本的第二季中有安迪去包总父母家吃饭的场面。包家的豪宅简直像欧洲贵族的别墅。（8）谭宗明，百亿级资产的大 BOSS。根据上海排全国前 100 名的富豪资产榜中观察得知，上海 TOP 10 的企业家的资产起码是 200 亿—500 亿的水平。所以，他根本不在乎什么车子、房子。用安迪的话来说，老谭的车子跟女人的鞋子一样多。用曲筱绡的话说，他是个"动一动眉毛，上海就会倒闭公司这样级别的人"，是上海标志性的大企业家。[1]

笔者在观看此电视剧中，感觉到这几个年轻人始终靓装总总，逐一登场，但一路追剧看下去，始终有种资本与权力的压抑。权力上端是财富的支配者，他们获得资源的霸气与穿着风格的潇洒是同时具有魄力的。对于在权力低层的人来说，他们一辈子也不可能有曲筱绡、安迪的住房，财富、时尚的能力，是被定义下的失败者。

在这个剧里的邱莹莹、关雎尔，是现实中很多大学生、普通青年的奋斗形象。她们自我打拼、向往自我实现，但充满着不确定性。现实中的"邱莹莹"到了大上海，恐怕不会住在《欢乐颂》这样中高档的楼盘中。她（他）会花更低的租金应付大上海高租金且不稳定的职业生活。

布迪厄认为，权力场是不同权力（或各种资本）的持有者之间的斗争场所。文学场本身在权力场内部占据了一个被统治位置。只有参照权力场才能得到解释。[2]《欢乐颂》剧本展示了一种职场竞争的权力场域，折

---

① 《〈欢乐颂〉里，每个人处在什么社会阶层？》，"搜狐公众平台" 2016 年 5 月 10 日。
② ［法］布迪厄：《艺术的法则 文学场的生成与结构》，刘晖译，中央编译出版社 2011 年版，第 192 页。

射了全球现代性下中国一线都市里青年职场角逐的众像。

3. 显示符号身份的轨迹

时尚符号感，也是剧中人物被强化的身份。剧中邱莹莹、关雎尔是经济资本、符号资本都不够的人。剧里邱莹莹反复被自我数落的一句话就是"要钱没钱，要颜值没要颜值"。樊胜美是有颜值，没有钱。家里哥哥、嫂子、母亲不断向她要钱。她属于几个王百川也填不满她家的账的人。女人的包包与美容也是成功阶级重要的方面。樊胜美的包包很多是 A 货（外贸尾单），面膜敷的却是 2000 元 4 片的纪梵希黑金蕾丝，据说是"为了这张岁月不饶人的脸"。樊胜美明明和另外 2 个女孩合租的"欢乐颂"小区的房子，却骗男朋友是自己买的房子。为了显摆，樊去见男朋友时，特地乘坐安迪的保时捷高档车，为了去一高档饭店见男朋友，以增加自己的砝码。

海归回来的成功女性安迪是最显眼的人物，她穿的主要品牌是：Brunello Cucinelli、Balmain、Dolce&Gabbana、Prada 等新款，全套下来大多 10 万多。安迪平日喝的依云水是每瓶 30 元的单价。她常背的是爱马仕包，每个价值 20 万多。是否这样的符号，才为中国上海年薪七位数的高管金领的消费水平？剧中不断展示这样的高档成功人士的穿衣细节。如安迪是一周之内衣着不重样以示礼貌；买衣服时请售货员就搭配好，拍好照、放在衣服口袋里，保证时间效率最大化。

剧中的魏渭出场时，私人坐驾也是价值 280 万左右的奔驰 S65 AMG。加上他的房产资产，基本可以推测其身价在几亿级。魏渭刚与安迪交往时，就被曲筱绡观察到，"衬衣是普拉达，外套是古奇，穿得含蓄，但高端"。

《欢乐颂》似乎写的是大上海的五美女打拼的故事与友谊，其实又是一部充满着"阶级符号与幻想"的剧作，它展示了一线大城市富人、中产者的朋友圈，顺便展示、炫耀了中上阶层、富人社会上层的衣食住行的符号、格调。也许，我们本来对自己还是比较满足的，通过此剧看清了大都市权力结构中叙事，发现自己不过就是个底层。《欢乐颂》播放后，被一些网友戏称为《金钱颂》，不过是另一个版本的《小时代》，强化的金钱和阶层的叙述。

但我们也不可用简单的道德因果评价来概括它，"我们感兴趣的是阶级界限和文化界限在多大程度上趋向重合，或者因为受到其他因素影响，诸如性别、城乡两极分化、宗教、职业、代际等等，这个界限又在多大程度上变得模糊"。①《欢乐颂2》均提供了多元视角的社会学解读。剧中的邱莹莹彪悍地说："我发现要忘记一些做过的蠢事，最好的办法就是想钱。"关关扔下淑女矜持，握拳道："我也要挣钱！"富二代曲筱绡，虽是留学归国的海归，交往方式、语言基本属于"江湖姐们"。她一出手就花了42万给男友赵医生的汽车做保养、装了个高档音响。小曲的江湖哥们姚滨则为此骂赵医生是吃"软饭"的小白脸，赵、姚打了一架。赵为了"尊严"与曲分手，两人别扭了很久。这段情节说明了经济资本转化为文化资本也不是那么容易的。

大部分的年轻人会喜欢、崇拜像安迪、老谭，曲筱绡这样的成功者，并希望自己及孩子能沾上这样的运气。为什么呢？布迪厄认为，"普遍来看，在经济资本、文化资本和社会资本方面最富有的人是最先转向新位置的人"②。文化现代性依赖于阶级的习性而运行，并带来它的可能性。当下中国大城市所通行、依赖的"习性"，是消费主义的场域及生活标准，并首先在成功阶层身上体现出来。试想，如果《欢乐颂》是拍摄于20世纪的80年代，或90年代的中国，会有这样的强烈的反响与呼应吗？这是不可能的。那个时候只可能有出现像《人生》《新星》《渴望》这样的电影或电视剧。

布迪厄指出："在消费的范围内，能够在一个特定时刻观察到的文化实践和文化消费是两种历史即文化生产场的历史与整个社会空间历史之相遇的产物，尤其是通过社会限制决定趣味，社会限制与特殊的物质存在条件和社会结构中的一个特殊地位相关。"③

在《欢乐颂》的叙事文本中，文化生产场的历史与社会空间历史也是交汇的。此剧就是个可以看成中国特色的"消费文化"的本子。在第一集时，曲筱绡在公寓里开Party至夜深，扰及四邻，几劝不改，安迪采取的办法是直接打电话叫警察。曲筱绡虽是海归，外语很差，与外商谈

---

① ［瑞典］奥维·洛夫格伦：《美好生活：中产阶级文化史》，赵丙祥等译，北京大学出版社2011年版，第6页。

② ［法］布迪厄：《艺术的法则——文学场的生成与结构》，刘晖译，中央编译出版社2011年版，第237页。

③ 同上书，第232页。

判，外语竟不会，不断地用手机蓝牙来询问安迪英语咋讲，俨然是个仗着有钱，出国混文凭的人。同时，小曲家里非常有钱，办起事来常常像个女土豪，说话时常常是俗不可耐、又老道精灵。这些让人思考中国中产阶级文化的起源是什么？在剧本的作者笔下，安迪、老谭等海归显得有教养，曲家及曲家兄妹身上带有新财富阶级的粗糙，樊胜美很粗俗、精明，且又合理合情。曲筱绡虽是富二代，不差钱，但她缺上海滩上高档次的人脉，所以她做起生意来，总把与安迪、老谭的特殊交情挂在嘴上，使得生意场上的人脉越来越红火。这些也就是布迪厄提出的"习性与可能性"。"社会限制决定趣味"，文化生产场是和一个民族、阶层发展中的历史空间与社会空间交汇的。正是曲筱绡、樊胜美们不同话语风格，使我们感受这是中国消费文化下文化现代性的复杂"场域"。

二　"消费主义"的城市结构与扩张中的"中产阶层生活方式"

《欢乐颂》的故事，离当代中国的现实很远吗？中国已经进入城市时代、汽车时代，中产阶级传媒体形象为主体的时代。这个连续剧获得了收视率的成功。剧中的成功人物安迪、老谭、包总、曲筱绡的成功形象成为青年人的偶像，安迪扮演者刘涛的微博粉丝达到了3043万。这是与中国所处的特定时空环境有关。

笔者以为，中国阶级斗争时代的终结，中国消费文化的兴起，"消费主义"已获得了文化上、法理上的现实性与合法性。40年的改革开放，中国转型下社会结构培育了新的阶级及其阶级文化趣味的产生、兴起。这个阶级就是"中产阶级"。其"阶级文化"就是"中产阶级生活方式"。

从经济社会学角度，"消费主义"不仅是一种意识形态，它也是一种当下的现代城市结构，它的内容就是城市消费经济、与消费生活方式相联的商业模式、引导消费者生活方式的市场。因为引导消费者生活方式的商业风格，是大众的、流行的、时尚的，所以，发达商业城市的消费主义结构，其实也是一个大众消费的城市结构。

日前中国社科院一份报告指出，"目前全国约70%的人口已经实际进入城镇及其周边地带，这意味着我们城镇化率已经达到70%"[①]。中

---

① 苏琦：《中国城镇化率超70%，后端红利如何发掘》《财经》2017年7月10日。

国居然这么快就已经进入城镇化红利期的后端。它与常住人口的城镇化率有关，与中国的阶层中产化的进程有关；也与城市化下消费文明的吸引力有关。有数据显示，经历了过去十多年的高速增长，当前中国一线城市住房价格并不比美国主要城市便宜。根据搜房网的数据，北京和上海的房屋均价为每平方英尺 550 美元，深圳均价为每平方英尺 770 美元。美国房地产网站 Zillow 的数据显示，旧金山的房屋均价为每平方英尺 1000 美元，波士顿均价为每平方英尺 600 美元。值得注意的是，价格趋近的背后是收入的巨大差距。北京、上海和深圳的人均年收入大约为 7500 美元，而旧金山和波士顿的人均年收入分别超过 50000 美元和 40000 美元。同时，2003—2013 年中国一线城市房地产实际价格年均增长率为 13.1%，甚至三线城市在 2003—2013 年期间也达到了 7.9% 的平均增速。相比较而言，1996—2006 年美国一线城市的房价增速令人印象深刻，但比 2003—2013 年中国三线城市的增速要慢，且仅是中国一线城市房价增速的 40%。① 一个"消费主义"的城市结构在中国快速形成，是显而易见的。所以，前面说到学者、研究机构分析中国中产阶级数字的增长就是不为奇怪的了。

　　中产阶层生活方式，是当代中国社会主导性的生活文化，突出表现为都市商业化下广告、影星推动的符号形象。今天当我们现在去中国一、二线大城市的商业广场逛街、购物时，眼前旋即会被一种物的天堂般的灯光影像所吸引。一些国际模特、明星女神、男神的数码广告直入眼帘，他们似乎是带着"光韵"的艺术品，把"商业艺术—文化"的气息带给顾客，我们会被一种审美的现代情境所折服。如同视觉艺术馆，让人们在此流连忘返。当今中国城市商厦的时尚广告，代表了品牌、流行的新的生活风格的方向与导向。服装、工艺品、帽子、箱包、玩具、餐具、厨具，床上用品、运动服装等，是中产阶级的完美生活方式及品味的展示，训练人们跟上流行、表达时尚、显示品质、显示自己很有档次，很新潮。所以，在今天，文化现代性的阶级图景是什么？就是中产阶级式的时尚满足、就是中产阶级的财富拥有。

---

　　① 爱德华·格莱泽等：《中国特色的房地产繁荣》（上），搜狐财经"中国经济报告"2017 年 7 月 6 日（http://www.sohu.com/a/154898907_485176）。

一个重要的问题是，40 年的改革，中产阶级文化如何转变为一种主流的生活方式？"文革"打倒了温良恭俭让、打倒了封资修之后，如今我们又重塑了所有当代人，包括是 80 后、90 后的经历与感知。50 后、60 后是目睹文革的破四旧、立四新的，但就是在 40 年后，同样目睹了消费主义的文化通过新的日常习俗建立起自身的文化霸权。我们打倒了当年的地主老财、资本家，那么，我们今天建立的是什么？一种被向往、被追求的中产阶级的体面、高贵的生活？就新的一代青年大众而言，我们自身的文化观念，多大程度上受到诸如时尚、流行、品味、财富、个性的影响？这依然是文化变迁的深度所在。即我们已完全抛弃了"越穷越革命"的意识形态。

1983 年的铁凝写了小说《没有纽扣的红衬衫》——那个穿没有纽扣的红衣服的女孩子会在人群中胆怯。2017 年《欢乐颂》中的安迪开保时捷的车、穿奢侈品牌的套装且心安理得，被同辈人羡慕，这个文化距离有多远?! 它着实显现出一种人性与历史的进步，以及背后的文化变迁。

《欢乐颂》背后的文化是什么？就是大都市生存的消费主义文化，就是打拼、奋斗、向上流动、过舒适体面的中产阶级生活方式。它成为当下世界年轻人的追求，当下受过教育的年轻一代的梦想。

约翰·斯梅尔在他的书中不止一次的强调：与"经济变迁相伴随的是文化上的转型"，催生了商业与生活的观念和新的社会关系。他说，英国纺织业变化"对于哈利法克斯中产阶级文化的起源来说，都是极其重要的。经济的发展产生的财富，造就了一个具有创立中产阶级文化能力的集团；与经济发展相联系的观念为这种文化奠定了基础"。①

我们是否应该梳理一下中国这样一个"经济变迁相伴随的日常生活方面的文化转型"的线索？这是一个非常中国特色化的过程。一条线索是从物质商品的"极度匮乏"社会到"不匮乏"的商品过剩的社会。80 年代初期依然是一个较为匮乏的社会。物质商品的"不匮乏"，是一点一点的改变的。80 年代中后期的双轨制、允许城乡居民的流动；苏南乡镇企业的发展，一些来自农村的青年男女会把一些乡镇厂生产的塑料生活用

---

① ［美］约翰·斯梅尔：《中产阶级文化的起源》，陈勇译，上海人民出版社 2006 年版，第 92 页。

品拿到大城市菜场门口的地摊上来卖，生意很好。因为所卖的东西比国营大商店便宜，式样也多。然后，到了90年代，随着多种经营体制的形成，跨国公司进入中国、超市的兴起、中国的商品物流越来越丰富。1993年取消粮票，1997年的广告就以生活品广告为主了。在90年代末，中国进入商品基本过剩的时期，"拉动消费"开始提出。90年代中期，城市布料市场、小商品的大市场、杂货店的大排档、夜市，门面店很火。其特点是商品多且价廉。但到了2005年以后，是淘宝、京东的网购、境外旅游的开始火爆、信用卡使用的越来越普及。买东西足不出户、分期付款变成日常生活。2016年后智能手机越来越普及，互联网金融的作用越来越大，人们可以用手机付款，在手机上买到自己想要的东西。短短的几十年，中国人不仅拥有鲍德里亚说得"被物包围"的感觉，而且是被不同层面的物流商品所包围。在大中城市丰富的商品的物流大潮中，"匮乏社会"的影子都没有了？《人民日报》撰文赞扬极简主义生活方式，提倡"将家中超过一年不用的物品丢弃、送人、出售或捐赠"，"不囤东西，不用便宜货、次品"①。

第二个线索是我们对欧美消费主义生活方式的接受与模仿，对中产阶级的生活方式的形成有巨大影响。中国人现今的人均GDP 8000多元，GDP总量世界第二。在人均GDP 8000多美元的水准上，人们的生活方式是什么？中产阶级生活的样子是什么？一个基本的事实是，结束文革，改革开放后的中国人赶上了世界的信息技术革命。以电视、电子光盘为代表的视听文化，伴随着经济全球化，帮助我们更快地了解世界，特别是知晓、模仿、选择西方消费生活方式中日常细节、模仿着我们所能模仿的、或我们愿意模仿的。这些模仿与选择的生活方式，对于中国今天的中产阶级生活方式的模样关系极大。

80年代中后期到90后代，中国城镇居民开始通过电子音乐的随身听、收录机；通过VCD、DVD机，电视机，收听、观看各种正版、盗版的港台流行歌手的碟带、欧美电影、港台电影的碟片。与物质匮乏时代相对应的是极度的精神匮乏，欧美、港台等外部世界生活方式的影像视听的文化传播，更像是与经济改革的同步的某种新的现代生活方式的启蒙。关

---

① 《极简主义生活方式》，《人民日报》2015年2月3日。

于爱、接吻、流行球衫、可口可乐类的碳酸饮料、喝咖啡、吃西式面包的习惯；举家出游、跑步健身、西式婚纱照、家居的生活风格等，都是从那些碟片、影像、跨国公司的商品广告中看到，并模仿的。经济全球化，伴随着跨国公司的全球化，跨国公司的全球化把欧美的日常生活方式的商品、风格带到了中国。设想一下，如果完全没有这些视觉文化的传播与模仿，即使我们有了钱了，那又会是怎样的情景？我们今天有"老街""农家乐"，但是我们新的生活风格中，还有酒吧、面包店、咖啡店等，后者是模仿的。而"老街""农家乐"，也是我们从中产阶级的旅游、度假的文化理念中学来的。也就是说，我们今天生活中的很多中产阶级生活方式的样子，恰恰是我们学习来的。

　　强调这一点，也是反思了约翰·斯梅尔的研究。他非常强调中产阶级文化是一个社会建构的过程。"如同阶级意识一样，阶级经历也是一种文化建构。阶级意识应当看成是与有关人员的社会经历相联系的事物"。"逐步形成了一套新的社会关系、一套新的经济实践、一系列新的嗜好与欲望——一套新的文化。"①发达的电子媒体帮助我们快速地接触到这些西方生活方式中细节的景观，它们是全球化的文化传播的一部分。信息媒体、欧美大片带来了生活方式细节上的景观。这是一个"非预期结果的积累"，我们现在的城市消费主义生活方式，不是"文革"后凭空想出来的。同时，中产阶级数字的背后，就是消费主义的城市结构。中产阶级生活方式不再像冬妮娅那样的被附上了"布尔乔亚式"的原罪，而是被肯定的生活方式。以《欢乐颂》热播来看，对富人的羡慕，对富人成功的仰慕，我们都是接受的。与现代性一样，中产阶级文化、消费主义的生活方式，是一个世界化的过程，这在前40年的中国是不可思议的。中国经济的世界化，就意味着接受了这些经济结构与文化变迁。

　　第三个线索是在中国快速城市化。快速的城市改造、城市建设对城市居住、出行与交往的改变。这个巨大的改变，就是对中国消费时代的中产阶层的公共生活及私人生活的重建。包括对以消费为中心的整个城市生活的重建，这是非常了不起的一件大事。中国40年社会转型下的赶超型的

---

　　①　[美]约翰·斯梅尔：《中产阶级文化的起源》，陈勇译，上海人民出版社2006年版，第8、11页。

工业化、市场化的一个巨大后果，就是对城市消费生活结构的社会建构——这个消费生活结构是属于中产阶级生活方式的。

在住房商品化、高等教育扩招、上亿人的城乡、城际流动、拆迁征地等结构因素推动下，创造了一个扩张中的"中等收入群体""中产阶层"上升的阶段。一、二线城市高房价加快了中国的财富分化过程，增加了垂直流动（向上流动、或向下流动的）机遇性与偶然性；城镇套房供应总量的增加，体现了总体文明的、中产阶级体面水准的生活方式的可能与现实性。城市购房的机遇、借贷能力、就业选择，增加了生活风险预期；城市化水准达到70%的构成本身就是一个社会生活开放性的标志；社会流动、中高等教育的发展使得更多青年有可能走出农村，获得中产阶级生活的可能。

如果我们抛开对阶层固化的焦虑，将历史眼光稍微放长一些，我们会看到，中国快速的房地产经济下的住房购买还不到30年的社会进程，提供了多段面地走向中产阶级生活方式的可能性、现实性。"住房经济"背后的文化，聚集于这样一个过程：一个扩张中的中产阶级开始将自身生活方式和观念，与持续的大规模城市化、商业化联系在一起，后者提供了学习文明生活、学习新的生活风格的可能性。

"消费主义"城市结构是必然的。它的一面是商业的、赢利的、制造社会分化的；另一方面，它是城市文明的、商业文化的、新公共服务的、中产阶级体面生活的。独生子女及其父母、想改变命运的进城打工的年轻人都在推动的这个过程。看似是快速变化的物质商品，文化时尚、品位等，其实是消费生活的文化变迁。在向共同的方向努力中，处在不同物质基础上的不同群体，在不同经济条件下选择自己的消费生活，产生出不同经验。其实在更深层次上是新的文化结构、新的连贯性的展开……从更长远的眼光看，它给中国的城市生活提供了了解、学习现代文明的生活方式的机会，包括家庭套间、夫妻卧室、儿童房、卫生间等，因为这是绝大部分人过去所没有经历的。阶级界限和文化界限呈多向度的重合。如果说，高房价加快了阶层的财富的分化的话，那么，大量商品房的成交，阿里巴巴、京东等电商建立的网购物流，又加快了一种社会阶层的大众化、均值化过程。有学者估算，房地产投资占中国城镇家庭总资产的比重高达70%—85%。2013年中国35岁以下家庭的房屋拥有率约为55%，而美国仅 37%。① 在中国，这场"住房革命"，也是生活方式革命。

中产阶级的发展，是在与上层阶级、与下层阶级的关系中形成的。走向消费时代的城市建设、城市改造，必然是中产阶级生活方式建构，即体面的中等阶级生活的公共文明水准普遍化的过程。随着大规模的城市改造，大规模的新的居民公寓的建设，也在改变了阶层关系、重塑了文明习性。最简单的例子就是卫生条件、文明习惯的改善。如使用私人化的卫生间、使用沐浴液、洗发液、护发素、卫生巾等，这客观上是个体身体的卫生标准与自我清洁要求的社会化过程。随着商业超市的发展，购买卫生用品也越发方便。它完全改变了革命时代的工人阶级"大老粗"的优越感，（当时一些工农干部对"清洁"与"个人卫生"的无所谓及对其"污名化"）。中国高等教育扩招后，新大学城建设中有一个不可忽视的功劳，就是使新的学生宿舍都有独立的洗澡间、卫生间，后来是每个宿舍里都有空调，这其实属于中产阶级的卫生标准。瑞典学者把此叫作"中产阶级关于清洁和秩序的价值内化了"。② 住房（套间）公寓普遍化，客厅、主卧、次卧、卫生间、厨房的分隔，"适于造就一个独特私人领域的价值观和实践"。同时，消费主义的城市结构，也是大众消费的城市结构，它把体面化的中产阶级生活方式，推向社会的公共生活中。越是高档的商厦，卫生间越是舒适享受、越是文明。与住房商品化相联系，中国中产阶级新的生活方式的链条重新被塑造出来。如住房套间，有淋浴卫生间、抽水马桶、讲究的睡衣、卧室与客厅的分割，落地双层窗帘、大沙发与抱枕、书房；（房间面积在 200—300 平方以上的，还有衣柜房、保姆房、车库）。小区有共同的绿荫花园、小区附近有健身俱乐部、超市、走出不远还有面包房、美容院、咖啡店等，这是和过去的单位房完全不同的小区私人生活。

中国中产阶级的生活方式及现代城市文明体系，是在这 20 年中逐步形成。中国一方面是城市现代公共服务设施、现代商业体系、休闲旅游设施的重建兴起。包括城市公路、高铁、地铁、公交体系、汽车站、火车站、街心花园、超市、大型商业中心、城市公厕、休闲娱乐场所、高速公

---

① 爱德华·格莱泽等：《中国特色的房地产繁荣》（下），《中国经济报告》2017 年 7 月 6 日。

② ［瑞典］奥维·洛夫格伦：《美好生活：中产阶级文化史》，赵丙祥等译，北京大学出版社 2011 年版，第 176 页。

路的服务区、新兴的住宅群等，大规模的新建。一举将一种老旧、破衰、缺乏公共设施的旧城，转变成了现代都市景观的风貌。大规模的城市拆迁与郊区扩建、旧城改造得以迅速、规划、体系重建，创造了世界现代城市改造的一个奇迹；与此同时，一种新的私人生活、新的家庭生活的发展。这就是新的住房、家庭汽车、小区健身房、小区超市等，它与过去的单位宿舍、单位化大院的文化区别开来。在计划经济时代的单位宿舍，是个熟人社会，是业缘关系的延伸，邻里间都是一个单位的。新的城市住宅区是个生人社会，开辟了中产阶层新的体面生活的可能；以及中产阶层家庭的、私人生活的发展，这个成就是巨大的。

中国中产阶级家庭在最近二十年中，就私人生活舒适条件上，与欧美发达国家的差别正在缩小。卢森堡收入研究中心纽约办公室高级学者米拉诺维奇通过过去 40 年全球各阶层人口的收入实际分布，发现全球的中低收入者的实际收入在 1988—2011 年中增长了一倍。这其中很大一部分是中国人。从全球的尺度上来说，中国今天的中产的崛起，得益于整个全球化的过程，以及整个西方中下层社会由于去工业化和全球金融危机所导致的"塌陷"。全球不平等的"大象曲线"研究表明，中国中产阶级和全球富人在全球化时代获益颇丰。富裕国家下层中产阶级的发展则不尽人意。较富裕的美国人和中等收入的西方人构成了 1988 年全球收入分配中第 75 至第 80 百分位。到了 2008 年，富裕的中国人已经侵占了这一收入档次①。

在中国巨大而快速不断的城市改造之后，我们看到就是中国一、二、三线城市，包括一些县级市、新城镇的新面貌，从长远来看，都是按照"中产阶层生活方式"的"城市体面生活标准"来规划与实践的，如新的道路、高速服务区、超市、公厕、街心花园的绿化、新的住宅设计。在中国人为自己的进步感到骄傲同时，它也是新的社会阶层的分化，形成区域间、城乡间新的差距。

三　"高房价"下的中产阶层生活方式的认同与焦虑

从社会学角度上看，"中产阶级生活方式"变成社会占主导的阶段，

---

① 《全球不平等的"大象曲线"：中国中产是赢家》，《经济学人》2016 年 10 月 7 日（http://www.jiupaicn.com/2016/1007/203993.html）。

就是历史上的一个很特殊的阶段。因为阶级之间的垂直流动的大门打开了，不像传统社会那样阶层之门是关闭的。现在无论是下层阶级向上流动，还是中下阶层、中等阶层向中上阶层流动的可能性都增加了。由此，在竞争中，为了保持中产阶级的地位、防上掉入到下一个等级去，就变得非常重要。这就是一个社会冲突、焦虑感上升的时期。由于竞争的激烈、社会民主意识会普遍上升，社会公众（大众、中等阶层）的"应享意识"提高，人们的社会不平等的主观感受上升。

这个阶段又是一个"消费主义"占主导的城市结构时段。消费社会是把中产阶级的体面生活作为生存的一般标准。"消费主义"的持续刺激，势必带来金钱文化的刺激、膨胀。"消费主义"是一种生活方式、经济结构的运行。它既是消费者的主动选择，又有既定的社会习性对消费者生活的"风尚绑架"。它会不断加大公民、消费者城市生活成本的压力。齐美尔当年说"货币给现代生活装上了一个无法停转的轮子，它使生活这架机器成为一部永动机，由此就出现了现代生活常见的骚动不安和狂热不休"。① 人们经常感到自己掉进一个陷阱里。20 世纪的六七十年代，当欧美进入消费时代时，美国学者贝尔、米尔斯等学者都对白领阶级、中产阶级的焦虑做了深刻的探讨，现在中国也走到了这一阶段。

与约翰·斯梅尔等学者笔下的欧美中产阶级文化史长时段研究相比，当代中国的中产阶层的认同，是在中国近 30 年中建构起来的。从革命时代的政治出身、刚性的二元结构的分层，到 90 年代后经历的双轨制、原始股、国企改制、下岗分流、高校扩招、房地产商品化等改革，以及上亿农村青年的非农化流动，转型中国经历了急速的职业分化、收入分化、教育分化、财富分化激烈过程，特别是进入 21 世纪后的前五年中，城市化加快、一、二线城市房价攀升，使得中产阶级的自我认同极不稳定。

这些其实依然是我们从革命社会的政治阶级到市场化社会的财富阶级形成中的所经历的过程。没有什么人再以自己家"三代是贫农""出身是工人阶级家庭"而骄傲了；相反，会以自己家庭在"财富、声望、权力"上的地位而骄傲。学者吴强认为："中国的 90 年代经历了无产阶级，或

① ［德］西美尔：《金钱、性别、现代生活风格》，刘小枫编、顾仁明译，学林出版社 2001年版，第 12 页。

者说是工人阶级消失，中产阶级成长、积累、形成的过程。"① 这是有一定道理的，也就是从革命时代向市场时代、消费时代的转变中，中产阶级的主导话语登上了历史舞台。

与发达国家长期私有化下成熟的土地、房屋政策不一样，中国经历了土地国有化到土地出售、土地财政、住房商品化的过程。近二十年来住房价格在一、二线城市上涨的 10 多倍。高房价成为消费主义城市的符号与标志。一方面住房货币购买政策解放了这个时代年轻人，他们对拥有更大住房更有愿望。商业购房政策、城市拆迁补偿造就了一部分中间阶级。"买房""贷款买房""买房保值""换更大的房"的消费，变成"自由消费"、扩大"中产能力"的一个竞技场。年轻人生活的重要经历被视为围绕买房、还贷的经历。与此同时，房地产的发展、高房价的压力，购房能力等因素，又启动了中国真正意义上的财富分化、消费分化过程。北京、上海、深圳、杭州的高房价开始有了"世界财富"的意义，深圳的房价超过了纽约。对于年轻一代来说，拥有体面的大城市住宅才可能跻身于"中间阶级"。它是文化资本依赖于经济资本才能站立着的最好证明。

与大中城市的房价、与买房压力联系在一起，也使学界对中国中产阶级的讨论走出了理想主义的"乌托邦"。学者郑永年认为，"在今天的中国，把房地产与中国社会的命运联系起来，可能很多人已经不会感觉到过于夸张了。房地产决定了中国社会的命运，是进步还是退步，稳定还是不稳定"②。

高房价造就了一批中国城市中产阶层、中等收入群体发展的特定格式。由于政府是土地的所有者、出售者，地价的上涨，带来房价的上升，带动了以房地产为轴心的财富运行、金融运行。地方政府通过土地财政来支撑其他公共事业，其他的政府支出。所以，高地价、"房价"，重建了城市面貌，创造了一大批新的产业与职位，直接或间接地推进了经济繁荣，也推动了公民个体成为中产阶层的愿望与可能。与此同时，高房价也造成了新的社会分化，年轻的同龄人分成了两个阶层，有房族与"买不起房子"的人；有条件"啃老"的中二代、富二代青年与无条件"啃老"

① 吴强：《中国中产阶级的忧郁性》，"社会学吧"公众号，2017 年 7 月 19 日。
② 郑永年：《房地产与中国社会命运》，《联合早报》2017 年 4 月 4 日。

的穷二代青年。高房价下的抢购、保值过程，形成了特有的中产阶级再生产。在这个过程，产生了一系列的焦虑：（1）成功及财富的焦虑。与高房价相联系，体面的生活不再是温饱性生活的标准，而是按照消费社会的要求，依照流行的都市连续剧的家庭摆设、走红明星的穿戴及生活方式的行头，过更时尚、更流行生活。有多套房产，有很多奢侈品的人成为成功模式，给很多中产阶层的、准中产阶层年轻人以压力。（2）空间地域的焦虑。表现为城市户口焦虑、工作地点的焦虑。由于中国的优势社会发展资源集中在大城市、沿海城市，所以，在哪里工作的焦虑，就很突出。一些大学生毕业后留在"北上广"寻找机会，成为漂一族、城市蚁族；也表现为已多年在北上广工作，却不能得到北京户口，孩子要回原户籍地参加高考。但获得北上广的户口又是极不容易的。中国的经济发展是从东部沿海向内地逐渐扩散，越是素质良好的中产阶级越集中在大城市、集中在沿海大中城市。在北上广、大城市工作的青年遇到了租房贵、买房贵、获得户口难的焦虑。（3）代际教育焦虑。独生子女是中国消费时代中另一个"楔子"，它改变着中国城市消费主义发展的很多东西。中国城市中产阶级的家庭文化，是以独生子女文化、就是以独生子女为中心的中二代文化。它形成一种以孩子为中心的"四二一"模式。如孩子很小就去拍写真照片。上幼儿园、上小学，都由家长开车接送；为了孩子更好的居住环境，年轻的父母会一次次换房子；只要有条件，给孩子报上各种技艺辅导班，爷爷奶奶、公公婆婆都分别排班接送，从"望子成龙"到"望孙成龙"。围绕着高价房、学区房、幼儿园的等级、孩子会不会说英语……一种新的教育歧视链正在展开。这种代际文化，使得中产阶级的家庭生活的压力增大。2016 年 6 月 10 日，南京某私立学校的幼升小面试中，5086 名孩子竞争 216 个名额，录取比例破 23：1。这听起来像一个笑话。一条新的道路越来越成为新中产阶级的家庭标配，那就是读私立学校和出国读书。① "底层放弃教育、中层过分焦虑、上层不玩中国高考"的趋向就形成了。（4）婚恋焦虑。以高房价政策为中心，形成了非常变形的婚恋文化。如没有房子，恋爱免谈，这就是青春焦虑。中年夫妻为了买更大的房子、买第二套更大的房子，采取假离婚的实用主义处世态度，反映了中产

---

① 余秀兰：《底层放弃教育、中层过度焦虑、上层不玩中国高考》，永慕庐论坛讲演。

阶级家庭焦虑。从社会心理走向来看，"高房价"的压力与诱惑，几乎解构了社会价值观，重建了青年一代极为现实的生活理想与追求。

有专家认为，在1989年至2015年长达26年的时间里，按照世界银行关于中等收入群体每人每天10—100美元（PPP＄）的标准计算，中国中等收入群体的比例已上升到44%。① 中国已处在"中产阶级"为主体的社会结构的形成时期。但正是如此，"阶级再生产"无处不在。一个社会分化的社会结构、一个潜在歧视链的存在，让中产阶层、中下阶层群体更为焦虑。这就是布迪厄说的阶层的"区隔"过程所产生的影响。黄宗智认为，在一个像西方发达国家那样具有"稳定的私有产权"的国家，要使用国家"（为公共用途而）征用土地的权利"，来促进城市发展是一件很花时间和财力的事。但中国（共产党国家）则处于一个十分不同的位置。中国共产党在执行了"耕者有其田"的土地改革之后，进一步实施了农村的集体化和城市资产的"社会主义改造"。② 在集体化之后，理论上农村土地成为集体所有，但实际上，因为农村政权乃是党的基层组织。这就意味着国家不仅在理论、法律上对土地拥有最终的所有权，在实践层面上也如此"。高房价后，中国"中等收入阶层"的形成问题，逐步与以高房价、投资性买房、拆迁补偿后的多套居室拥有及其财富分化过程相关。它部分解释了中国的"住房革命"，是一个独特的中国式"消费主义"经济过程。李路路提出的"中等收入阶层"不等于"中产阶级"③问题，有特别有意义。俄罗斯学者也曾进行过相似的反思，他们认为，"俄罗斯中产阶级形成的特殊性在于它的社会分化方式。它的本质在于这个进程是在行政命令体制积极参与和作用下发生的，由此带来其双重特点。同时，在俄罗斯，中产阶级并非是成熟社会道德的代表者，许多'灰色经济'的活动被合法化了"。④ 十八大以来的反腐败成果，中纪委所拍的"巡视利剑"的纪录片，部分描述了权力与资本结合下的腐败案例及财富分化方式。

---

① 李培林：《怎样界定中等收入群体更准确》，《北京日报》2017年7月19日。
② 黄宗智：《中国经济是怎样如此快速发展的？——五种巧合的交汇》，《开放时代》2015年第3期。
③ 李路路：《中产阶层不等于中等收入阶层》，《人民论坛》2016年第6期。
④ 扈海鹏：《关于中产阶级的类型与思考》，《江海学刊》2005年第12期。

第四节　消费文化影响下青年"中产化生活方式"的价值认同

一　消费文化下的青年"中产化生活方式"追求的价值取向

文化研究学者瑞典学者奥维·洛夫格伦提出了寻找"文化定义背后的文化"，强调"带着这种关怀的文化建构的概念"，发现"共享的文化体系究竟有怎样的构造"。① 美国学者约翰·斯梅尔强调，阶级是一种文化，不是一个事物。"阶级的经历和阶级意识产生于同一个过程。"他吸收萨林斯的观点，将文化看成是一个社会集团理解其经历的方式，认同文化建构是一个特殊的历史过程。他还认为，后现代的语言学转向推动了史学家重视"话语""语言"或"文化"在阶级形成中的作用。斯梅尔强调了中产阶级形成与认同的地区性，"中产阶级文化起源于地方而非全国性的情境，英国中产阶级文化是从若干地方分别产生的情境。在 18 世纪，并不存在一种单一的中产阶级文化。更确切地说是形成了多种多样的地方文化"。② 在中国，小城镇，三线城市的中产阶级文化，和大城市也是不一样的。

这些学者的思路都启发我们关注在不同地区、场合、境遇中，人们对中产阶级文化的"体验""经历"的不同。在当下中国，存在着两种层面的中产阶级生活方式的表述：全国的层面上、经由学者们理论概括的，或在统计学意义上认同的。它往往是一种抽象的、但有相对一致的理论观念的表达；还有一种层面的"中产阶级生活方式"，是人们体验的、松散的、感受中的中等阶层、或中上阶层的文化现实。后者对个体来说，是相对的、具有现实的经历与选择性。

笔者在 2013 年到 2015 年间，具体对一些银行中层管理者，国家机关干部、大型企业技术人员，中产阶级家庭背景的青年、大学生进行了访谈、座谈。发现他们对消费文化影响下青年对中产阶级生活方式的价值认同是肯定的、多面向的；他们的主观满足感是感性的、现实的。其中的白

---

① 参见［瑞典］奥维·洛夫格伦《美好生活：中产阶级文化史》，赵丙祥译，北京大学出版社 2011 年版，第 1、5 页。

② ［美］约翰·斯梅尔：《中产阶级文化的起源》，陈勇译，上海人民出版社 2006 年版，第 3、274 页。

我肯定，既包含着物质指向，又不全是物质指向的，它有心理、文化的、个性意义在里面。

（一）现实感加完美感，重视物质享受，追求舒适中的自我

对于当代青年来说，中产阶级的消费生活方式，被看成是一种体面的生活方式、体面的社会地位。这种生活方式体现出了现实感加完美感，这是青年人在消费社会所追求的品质。这在银行、大学教师、公务员、一些收入较好的电力电信等阶层的年轻人中较为明显，他们可以被称作"消费的中产阶层"，加"理性的中产阶层"。生活在这样一个激烈市场竞争的时代，好的有品质的生活是需要足够的钱才会有的。80后、90后的青年人会变得很现实。

重视物质、追求舒适感是中产阶层的普遍取向。在我的访谈中发现，即使受过很好教育、有很好工作的女生，且夫妇两人的年收入已达到20万，也会对老公念叨说，"我拜金哎，老公，我就想享受。你要多挣点钱呀"。她（他）们是非常现实的一群。女孩子不再喜欢高仓健那种勇敢、冷峻、果断的大男子气质，那种需要女性崇拜的英雄气概。她们喜欢肉头型的，有点内向、腼腆、脾气好、听女孩话，愿意为女孩子付出、承担，而且自己又有能力的男孩子。现在的中国的80后、90后女孩已消受不了高仓健式的冷峻。她们需要更多地温馨与温暖，可撒娇、可依赖；被爱、被宠的感觉；有钱花、有好的物质生活环境，有足够的舒适感。这是审美风格上极现实的一面。但同时，他们又有对完美生活的"理想化"的一面。表现为重视家庭的情调，爱打扮、讲颜值、舍得花钱买高档的化妆品，周末去饭店。定期旅游度假。"高帅富""白富美"的话语与符号在网上流行，并非是贬义的。它包含了年轻人想得到的一种物质的品位的情调。他们不仅是现实主义的、而且是"理想主义"的，是小时代生活的理想主义。

我所访谈①中的一些中产阶层的年轻人喜欢《北京青年》这部电影，因为在此找到了现实加完美的浪漫感。《北京青年》的剧情与主题就是文化现代性的感觉，不是消费的物质本身，是主体世界的认同与意义。

① 此访谈是2013—2015年间在南京对银行职员、机关工作人员、国企大学生、私企中管、书店青年职员等做的访谈，拟发现主观中产阶级的生活态度。

电视剧的主题歌《存在》，好像就是描写了我们年轻人的生存状态，我们不会像何姓兄弟那样出走的，但他们表现了我们心里所想的，即放下一切，有一次出走。

——Xie，1986 年，银行中层管理

由于中国对外的开放性与跨国交流的增多，中间阶级的存在感也在一种国际比较中。在机关工作的 zhou 由于老公的工资较高，经常出国旅游。每次回来都给大家带很多东西。Zhou 在访谈时对我说：

有时觉得我们的舒适超过欧洲。在伦敦，我们吃饭时会点上一大桌菜。欧洲人看上去很节俭，他们点很少。但我会控制量，我喜欢做饭。在韩剧中，看到某一家人被亲友送来牛肉、排骨，就很开心。我们这里不会当回事，也许他们的另外一些方面很便宜。

——Zhou，1989 年，机关管理者

中产阶层消费生活，常常伴随着自我合理化的解释。因为是独生子女，两边父母对"二代"小家庭的帮助，推动年轻人的更轻松的生活。在他们看来，"哪家不是这样呢？"两代人都认为按照中国人的情感与观念，"啃老"，也一个很正常的过程。

我们这个社会拼物质、拼爹、拼关系，使人觉得这才是社会人的能力。这是传统文化拼接消费社会的表现。为什么呢？因为我们想自由一点，我们是月光族，不要有什么压力，父母被我们弄累了。他们忙着给孩子找房子、买车子、希望孩子在职业上更好一些。我们不想啃老。但是他们总是要帮助我们。两边的父母都争着来帮忙，好让我们过得好一些。

—— Huang，1986 年，银行职员

因为有两代人的差距。他们常要向父母证明这种消费是合理的。女性花得更多，常要向老公说明自己是正确的。从访谈来看，在妻子有收入的情形下，"聪明""宽容"的老公对妻子的服装消费，是不指责的，因为

批评也是没有用的。女性会有很多理由说明购买的需要，并毫不疑义的认为，中产阶级标志，就是重视穿着。

　　　我认为，穿是女人对自身的解释，是天性。女人总是爱买衣服，因为女人爱收集。过去最早的时代，女人是采集果子。在后来的匮乏时代，女人也会收集很多的东西，如小糖纸、头绳。现在快乐的一个路径，就是买衣服。买多了会自责，太浪费了，但就是一下子的，一下子就过去了。呵呵，只要不超过收入的底线就行了。我赞成'购物是心情'。逛了街，全身都舒服。

　　　　　　　　　　　　　　　　—— Huang，1986 年，银行职员

　　　买衣服是一种普遍的选择与冲动。年轻人会到网上买便宜的。或在金鹰这种实体店看好喜欢的衣服后，就上淘宝上买。但也有买错的。不是花错钱，而是不合适我。我会在金鹰看好了，再找网上买。如依恋、小熊等牌子，在网上能打六折、五折。

　　　　　　　　　　　　　　　　——Lin，1988 年，机关职员

　　笔者问大家"追求什么"时，他们会说"不知道"。我们现在不知道怎样表达"追求什么?""我们在意日常生活的稳定与快乐。神圣没有了，人们的价值都和日常生活、工作最基本的利益相联系。追求就是'饭碗''生存''家庭'的稳定，还有日常的快乐。"社会转型后，年轻一代的价值观更趋于现实。我所访问的中产阶层青年中，没有那种非常富有者，如年收入达到百万的。他们多为工薪阶层。在有孩子之后，即使夫妇俩年收入近 20 万，依然要理性打算，为中产阶级生活更多方面做准备。

　　笔者所访问的青年小齐是个国有银行的中层，有房有车。车的牌子是个别克。还有个瑞士表。他解释自己的车子时说，"没办法，这是工作需要。我们这代人其实是很尴尬的，相比于 70、60 年代的人，我们消费欲求强得多，但收入跟不上，没有存款。有条件的会'啃老'一下，没有条件啃老的，多半是家庭条件不好，啃不到。我就是属于啃不到的"。"我有时也和太太逛超市，如新城市广场，但有需求才买。我们手上有很多银行卡、信用卡。我们喜欢流行、变化、新潮的东西，但是我们又不可能像真正富人那样一掷千金。网购是好奇、新鲜加便宜，可当网购有瘾，

买的量多了，购买欲强了，量上去了，钱反而花多了。所以，我的太太其实还是理智的。我的客户都是大客户我必须有好的表与车。这是必须的。"

(二)"中产时代"：从集体主义到个体主义

消费时代是个"中产时代"。流行文化就是中产化文化。它的背后是一种价值观的变迁，即鼓励人们追求自我满足、自我利益。现代性本身包含着世俗化、现世化。它和个体的利益、欲望的满足联系在一起。功利、利益、挣钱，这在以往的理想主义的教育下（计划经济时期）是不屑谈的题目，今天就变得很现实。

面对今天的社会价值观变迁，几乎所有笔者访谈的年轻人都有一种显现或潜在的焦虑。不知道自己未来在哪里，不知道能否有未来的稳定生活？商品房的价格就是最现实的压力。同时，还不停地面对很多的竞岗、竞聘。一些国有企业的中层管理，在月收入上已过 5000 元，还是感到压力很大，工作很累，其价值观已经历了转变。

> 我过去也是很讲究集体主义，总是想着个人利益在集体利益之后的。因为我们从小受的教育就是这样。但是现在慢慢觉得行不通了，特别在这几年。首先我们朋友圈里的人变了。他们都非常重视个人利益，都忙着竞岗、竞聘什么的？如果我坚持原来的某些立场（主要是原来的集体主义，先别人后自己），我就会被取笑"太愚蠢了"。其实就是现在的思路不一样了，好像就是要争、要去抢。加上房子、孩子问题都是非常现实的。我们是外地人，我刚买了一个 120 平米的房子。必须要有这么大，因为我父母要来替我们看孩子。我太太是个小学教师，我现在一个月要还五千块钱房贷。刚有一个孩子，父母与我们同住，帮我照顾孩子，生活过得还是非常紧张。现在国企已没有福利分房了。年轻人压力都很大。要保持原来那样的"集体主义""先公后私"的价值观几乎是不可能的，我一个人也许可以做到先公后私，我的太太能答应吗，还有我的孩子呢，现在我已经是厂里的中层干部了，这些问题还会经常想。

> ——Chen，1980 年，男，大型国企培训部主任

一二线城市的房价太高，直接影响年轻人谈恋爱、找女朋友这样的基本需求。这对于来自农村在企业工作的青年压力很大。过去大型国企的年轻人按年头数，厂里会分房给他们结婚用，现在没有了。现在年轻人感受到的最强烈的认同，是一切都太现实了。所谓"追求自我"，其实就是你所经历的事。网上有段话很现实：女；你有三室两厅吗？男：没有！女：有7位数的存款吗？男：没有！女：那你有啥？男：我……女：转身就走。

过去常听50后、60后的人说走心的话，叫作"大道理能管小道理"，现在能管吗？不好用了。政府、社会应想办法帮助年轻人。

——Xu，1980年，男，大型国企团委书记

进入新世纪以后，一二线城市不断疯涨的高房价，成为青年人理想主义追求的撒手锏。南京的房价十年中涨了7—8倍，平均3—4万一平米的房价，使得炒房子成为最实际、最暴利的事业。一个月工资只有3000左右的国企技术工人，要靠自己的收入买房几乎是"癞蛤蟆想吃天鹅肉"。国家的创新发展政策鼓励青年人自我奋斗，但国家的房地产政策，又让一些青年人谈"房"色变，陷入消费主义的生存陷阱中。

在巨大的现实的消费主义的氛围下，政治意识形态被冷落，或被功利化；生活享受意识趋于强化，这也是这代80后、90后青年的一个特点。他们关注小的生活，关注自己的生活。如同米尔斯在《白领》一书所说的"政治后卫、消费前卫"①，是一个普遍的价值取向。中产阶级生活方式的吸引与追求，也使得青年人对政治教化保持距离，或用实用主义接纳它。

我曾经在烈士陵园工作。现在是个处级干部，是刚竞争上岗的。随着社会的发展，"烈士陵园"正在变成一个讲故事的地方，不像以前那样很"阴森"了；它是"党产"、红色资源，非功利的部门。但上级又要求你经商，挖掘商机。现在靠墓地卖钱，而且生意很好。上级部门要求用新媒体教育人，强化主旋律。改革开放后，入队、入

---

① 参见［美］C. 莱特·米尔斯《白领：美国的中产阶级》，周晓虹译，南京大学出版社2006年版。

团、入党都不再神圣了。上中学时，大家已都是团员。政治意识形态弱化了。

——1984 年，某区团委书记

意识形态教育的空洞化，是一种深刻的价值危机，青年人可能还在说正式话语里的东西。但因为其实又不是真的信仰，不真信，带来了价值观、深层信仰真实的空虚。无论是文化现代性（现代性的文化维度）或是消费主义，它都不能解决深层次的价值信仰问题。

"现在还有理想主义者吗？"这是我在和银行工作年轻人 XL 对话访谈中的一个提问。她回答说，

> 依然有很多人是理想主义。什么是理想主义，在我看来，就是坚信一切丑恶的东西会消失。理想主义就是不附合，不趋利。坚守自己的。但这种理想主义是痛苦的。我觉得现在 80 后不错。现在年轻人有对社会的认识，有对个人的认识，而不是仅仅是拿来主义。

——XL，1984 年，女，银行中层管理者

宏大叙事对 80 后、90 后的绝大多数年轻人来说，已不感兴趣。但他们又是有自己的理想或兴趣的人，并愿意为此而奋斗。中国的社会转型，伴随着这一代年轻人价值观上的深刻变化就是从集体的、宏大叙事的理想主义，转向小的、个体的、充满个人化兴趣的"理想主义"追求。"理想"在变小，集体化的理想主义，变成情调、兴趣的理想。

（三）"文化的中等阶层"，坚守一种精神的价值态度

1960 年代，社会学家和人类学家米切尔·威特弗尔特研究了拉丁美洲国家，他在这些国家没有发现古典（经典）的中产阶级。他认为，在中产阶级应该占据的位置上有三个群体，他们相互之间有明显的区别。第一种是"消费中产阶级""他们由那些倾向西方式生活方式，通常与外国资本相联系的人组成；第二种是'贫穷的中产阶级'，他们是那些失去了财产地位，但仍然坚持知识分子在'世界上的特殊地位'的要求；第三种是'无文化的中产阶级'，包括暴富的企业主、腐败官员和犯罪分子这

种分类是有启示的。"①

有富无贵的社会现象，是无文化的中产阶层的体现。中国四十年的社会转型，社会生活中的诸种粗鄙、浮躁、戾气，成为社会风尚的伴随品。关于宝马车撞人，"我爸是李刚"式的醉驾豪车炫富的故事，屡见闻不鲜；出国旅游不讲文明，让世人耻笑之事，已不是什么惊讶的新闻。文革时代带来的文化断层，加上快速的市场化，到了今天就会造就出某些"无文化的中产现象，形成走向富裕中的'精神匮乏'……这个社会不只是再也看不到清贫，而且连富贵也都几近消亡。"②

"贫穷的中产阶级"，这个词，听起来有贬义，可以用有文化的中间阶级来替代。

在青年访谈中，有一些家庭背景不富有，甚至贫寒，但重视精神品格、重视自我奋斗的青年人。在他们身上可以发现一种精神的中间阶级、主观中产阶级的特殊品质。笔者以为他们发挥了文化的中间阶层的作用。并认为在消费时代来到之际，这也是一种文化现代性的表达。

　　我关注自己的价值观。现在很多青年很迷茫，其实重要是自我管理。我非常注意向别人学习。我是07年毕业，先在一家私营企业工作，那个老板教会我很多东西。虽然我那时的月工资只有1000多元，住房都不行，我主要靠父母帮助。老板告诉我：你永远要知道自己要什么。这就是我现在提醒自己的价值方向。08年一年处在迷茫期。后来应聘来到这个公司。我在这里结婚安家，现在有了一套90平米的房子、也有了车子。贷款30多万。我在企业做职业培训工作，主要是对新员工做培训。我喜欢看拓展心理方面的书，关注孩子方面的书。有时忙得利用上厕所的时候看一看。我的生活感觉不错。现在的家庭夫妇是平等的，女孩子受过教育，很独立，占优势；男性在家做家务的很多。我们不会在意网上那些负面的消息，影响不了我们。优秀的人都关注自己的价值观。

　　　　　　　　　　　　——MING，1984年，大型国企中层

① 崖海鹏：《关于中产阶级的"类型"的比较与思考》，《江海学刊》2005年第6期。
② 梁文道：《清贫与富贵》，2014年7月11日（http://www.timetimetime.net/yuedu/35672.html）。

我活在生活压力与生命尊重之间。作为 80 后很现实，我看上去是很温厚、稳重的，其实我不是极现实的青年，但我又是寻求平衡的。我常对自己说，我是活在生活压力与生命尊重之间的人。算是自我勉力吧！我做企业研发，工作很辛苦，没有业余时间。我现在是"五子登科"一样还没有。我们俩（和女友）都是独生子女，父母放不下心。我让他们不要急。

呵呵，我没有什么生活业余时间，一日三餐在公司里。我本来是喜欢营销，但我觉得自己有点浮躁，缺少坐冷板凳的定力，为了完善性格，我选择了做"研发"。因为做研发的人空余时间很少。

——Zhang，1985 年，大型国企研发人员

我是东北大学自动化专业毕业，家是河南周口人。从农村来，曾经是在重点中学，学习很有热情。现在南钢的电子化厂区，一线做中板。现在的工业化和信息化融合在一起，压力大，对个人的锻炼是很大的，确实是个人与企业共成长。现在年轻人说的信仰，基本上就是奋斗目标、个人追求的目标。我认为，年轻人是有信仰的，看上去是"屌丝"，是被现在的生活所累，但没有到爆发点。信仰是什么？就是梦想，是那些一辈子达不到的东西。做好自己，为这个社会的发展做贡献。这是理性，不要偏激。我没有崇拜的人，不是追星族。

——Wang，1987 年，大型国企技术人员

坚持追求理想生活其实也是很难的。因为"做自己最难"，在一个望子成龙、望女成凤的社会，在一个非常"金字塔"化，而不是扁平化的社会结构中，如果一个年轻人执意追求个人理想，有时像是在和整个家族作战、和另一个自己作战。

笔者采访的 LI 是 1988 年出生的女性。大学学日语的，曾做过外贸公司工作。她的父母在学校工作。

我喜欢青春文学，如三毛的东西，不同年龄段读出不同的感觉来。三毛身上有一种不羁的东西。我喜欢读三毛的《拾荒者》。这是我到先锋书店来工作的原因，我来这里是想让自己沉淀一下。说这样

的话，可能别人听不懂，但是我是这样想的。我们这个书店是南京最好的书店。每天在这个书店的氛围里待着，我感到很坦然充实。我其实是希望安静并快乐着。我原来在南京的一家外贸公司里工作。在那里，我每天要拼命多卖东西。要说服不想买的顾客，说我卖的商品如何好。每月能挣到4000元，但做这样的工作我并不是很快乐。后来，我独自换了工作去了先锋书店。家里人都说我幼稚。父母要的东西，是孩子的成功与稳定的地位。父母的期待和我的选择有抵触。家里给我弄了个不在编的事业岗名额，我不想去。我像家里的怪胎——叛逆，和他们经常吵，吵到不想吵。唉，做自己最难了。

我平时几乎不买什么东西。因为基本工资只能拿到1800，太少了。① 我一直在存钱。还没有结婚，现在和父母、奶奶三代同堂的住在一起，也比较省钱，因为我从外贸公司出来到书店工作了。有的同事在外贸做得有滋有味，但我不行。我赚别人的钱，最不行。说谎话，良心谴责。我也想打扮得漂亮些，但没有钱，必须存钱。

我们这里的男生（营业员），在书店工作，压力很大。因为收入低，难呆长，但他可能很喜欢这份工作。有个男生是从农村来的，连玩游戏都觉得对不起爸爸。不知是否能在书店坚持下去。幸福的家庭很重要，奶奶，从小对我百依百顺。对我影响很大。我现在不看小说，看心理方面的。我的男朋友在外贸工作，是根正苗红的那种家庭，收入比我高，他能理解我。

LI的叙说可以看出一种趋势，坚持个体的精神生活追求是件不容易的事。因为要付出很多代价，意味着要对抗很多世俗的东西，失掉一些这个社会被别人羡慕的物质上的东西。

（四）"中二代"：追求个体化的"理想"，为了个人兴趣而生活

这里的"中二代"，是指父母是属于中产阶级。这样家庭的孩子就成了"中二代"。其特点是从小的生活从来没缺过什么，而且父母对他们的教育方式是比较宽松的，培养了他们做自己喜欢的事的习惯。年轻的80

---

① 笔者注：这个访谈的时间是2013年。2017年，南京先锋书店营业员的基本工资可以达到3000—4000元。

后、90后出生在这种家庭，也就养成了并非要出人头地、光宗耀祖的拼搏一下，而是愿意做自己想做的有趣的事。

在过去的政治思想教育中，"个人主义"，是个非常丑恶的东西。但是，现在是消费时代，丰裕社会释放了很多人潜质里的趣味、欲望、向往，个体性的性情、倾向又一次找到了可以"光芒""光彩"一下的追求。个体性的理想、愿望中会有一些很人性、很有力量的爆发点。

消费文化影响下的理想是具体的。青年的"中产阶层生活期待"与价值取向，包含着自由主义情调，在宽松的氛围下，追求个人想做的事。把个人兴趣、情趣作为理想的追求，也是一种超出直接求生存温饱的理想，是一种中产阶层的生活方式的追求。它并非都和直接的物的价值相联系。

80后、90后中有一种为兴趣而生活、选择的取向。他们常常不按世俗标准"出牌"。选择自己喜欢的生活或工作。做这种选择的青年往往家庭属于中等阶级。

Peng是个1988年出生的青年，家庭条件不错，父亲是银行里的中层干部。他曾有一个很好的垄断部门的工作，月工资4000多元。工作一年以后，他觉得工作已找不到什么感觉，就考了一个学校的研究生。

> 我有几个爱好，一个是喜欢哲学，喜欢读康德、卢梭的书；一个是喜欢流行音乐，再一个是喜欢体育。在体育球场，我可以和陌生人一起玩篮球、踢足球，玩很长时间。
>
> 因为兴趣，我辞掉工作，去读书，去上完全脱产的那种硕士研究生。2010年我的月收入4000元了，这在三线城市工作还是不错的。不要了，开始了新的校园生活。上学以后第二年，开始自己和同学合伙做软件，没有时间做最后的毕业论文。我便放弃了写论文、不要硕士学位的资格了。
>
> 当被问到为什么放弃拿文凭时，我对老师说，应该学的课程，我也学过了。拿不拿文凭，对我不重要。我的理想就是重温一下校园的生活。我本来硕士论文只想来写阿多诺的音乐社会学，但真正写论文的时候，又发现自己的基本功根本不够，只是兴趣而已。我积累的学术还太少。我又不想写其他主题的东西。只有放弃为好！正好现在和

同学合伙的软件公司非常忙。文凭不要了，没什么。

　　Peng 是独生子女，从小没有衣食之忧。随着父亲的工作调动，多次换过学校。这使他学会和孤独、陌生相处，也形成了很个人化的理想与趣味，不从众。Peng 同学不大有钱的概念，不追求名牌，但不差钱，穿得属于很随意，不缺什么。他与同学相处随和，又不太从众。在同学中很不突出、很低调寡言。因为球打得好，会有同学找他玩。但他在同学群中属于散淡、个性、属于非主流，很有个人兴趣的同学。

　　现在的 80 后、90 后的年轻人，已远离了前辈们那种要用整个生命来换理想的、找信仰的理想主义。他们处在消费时代的个人化的"理想"。这个理想，可以很小，很生活，可以随着"兴趣"发生变化。而这一点正好也符合消费时代的变化的、求新的、充满"趣味"的浪漫主义感觉。一些同学对身边这个最后不要文凭，去做公司的 Peng，很羡慕的。认为他拿得起、放得下。比起舍命考公务员的人，或拼命弄文凭的青年来，要潇洒多了。

　　在访谈 Yin 的时候，她称自己的"三次方"，代表了 80 后的一种个性化状态。Yin 是个红三代。爷爷、奶奶是抗战时期的老革命、老干部。父母在大学里工作。Yin 认为，"我奶奶是'一次方'，父母是'二次方'，我是'三次方'。我的生活就是我主体。我选择自己的生活"。

　　Yin 有一套属于自己的房子（父母买的）。父母是大学老师。家庭条件很好。她大学毕业后，放弃了可进高校工作及其他体制内工作的机会，去了一家私企做管理。从别人的眼光看，放弃进高校的机会，是极其愚蠢的。但她不这样认为，她说："我是三次方，我们看问题的方式不可能一样。我和我妈都是愤青，但我们可能是不同版本的愤青。我妈是生活在自己世界的人，她有她的喜欢。我也是愤青，但我会很注意场合。我总是设法让领导高兴。这也是我的能力。"

　　Yin 这样说，反映了 80 后复杂的一面。"我怎么生活，我想要怎样的生活"，变成一种很个体化下的选择认同。在以前，50 后可能是想过革命人的生活，模仿英雄式人物的生活，寻找高昂的革命热情的生活，是关注国家命运的生活。现在都变成普通人的生活、日常生活。

　　Yin 有过一次情感生活的失败。在问及孤独时会去父母家吗？她说，

"不会呀，不会因为孤独去父母家，我会和朋友们一起聚一下"。

> 孤独为什么要和别人倾诉呢？不会，其实倾诉真的很伤人，倾诉真能修复伤痕吗？不会的。别人听后，在某个时刻，还是会去掀你的伤疤的，痛的还是自己。孤独时，试着喝着奶茶，咖啡，看美国大片，其实网上什么电影都有，把家搞舒适一些。其实还是很享受的。两个人在一起的孤独，是更可怕的。
>
> 我经常在淘宝买东西。我这个外套才50元。单身女人会更重视自己的形象……我会买很好的奶茶，喝点葡萄酒，听着音乐，很享受啊。
>
> 不在意别人看我是单身。别人不要太羡慕哦，有房有工作，想到哪就到哪玩。她一边讲一边在摸家里的那只英国种的狗：查理，听妈妈话，不然，妈妈不喜欢你。

这是 Yin 从朋友家抱来的一只英国种的小狗。抱来时才六天。她就成了狗妈妈。为什么要养狗呢？

> 一个朋友家的母狗，一次产了好几个，喊我去，没办法，我就抱了一个回来。工作时，就放在我父母家，下班带回来。查理（狗名）在我们家还是比较幸福的，一个月要花掉一千元。
>
> 因为自己选择在体制外的工作。难免不停地换公司。在别人看来没有什么安全感。我不后悔。那些公务员的人生有什么意思。体制内的压抑，我会受不了。
>
> ——Yin，1982 年，女，私企的中层管理人员

Yin 是我访谈中的一个比较另类、要强，又非常独立奋斗的一个青年。让我感到触动的词——就是她自称是"三次元"，她出生在一个中产阶级家庭，访谈中可看到个人的消费兴趣。"奶茶""咖啡""葡萄酒""查理狗""听音乐""有房有车""上网""想到哪玩就去哪玩"，这些词都和新的生活风格联系在一起的。相对而言，代际间的传承，使她的追求可以输得起，事实上背后有父母的财力撑着。这和一些真正的没有后路的

穷二代的感受还是不一样的。

相比较而言，另一个青年 Hao 是小县城里走出来的"中二代"。Hao 在南京的一所名校毕业后，他没有去考公务员，没有去体制内的国有厂，也没回老家，而是留在了南京。他先给别人打工，后来自己开公司，做起了电脑供货商。专门在南京的大学圈里，为学校与老师们做电脑方面的供应与修理。目前做得不错，已经自己单独当老板了。按照中产阶级的标准，月收入 5000 的标准，他肯定是早超过了。

但他是"中产"吗？他还是算中产的下层吧！因为他还没有能力在南京买房，还没有买车（准备买了）。

他父母在老家开有一个旅馆，使他不怕自己创业失败。他说也许不会一直在南京闯荡下去，以后他会回到老家淮安。他选择在南京打拼，反映了青年人的生活态度。

　　我的父母在淮安有个旅馆，生活不成问题，但我不想现在就在那个小城市的小旅馆工作，太安逸了，没有意思。我是个 80 后，孩子上小学了。我晚上下班上网会和她 QQ。我是租的房子，1600 元。找两年轻人一块住，不能找夫妇俩一块，他们吵起来架来我受不了……

　　我愿意在南京闯荡一下，一开始我只拿 400 元，在珠江路电子街象拉客一样工作。现在我们的公司根本没有门面房，我在为学校的老师提供电脑物件的服务。和这里的老师打交道，很简单，不需要请他们吃饭，不要送礼。如果和企业打交道，就不那么加回事呢？我准备买辆车，就买"长城"，性价比高，买车主要是工作需要，每天工作倒车太辛苦了。我毕业后，很多同学考公务员，我愿意这样自己奋斗一下。

　　　　　　　　　　　　　　　　　　　——Hao，1980 年生，电脑供货商

（五）与"奢侈品"零距离，追求品位的"消费的中产阶级"

在文化现代性与消费主义的双重引导下，对奢侈品的喜爱会变成一个年轻人的必然、或狂热的选择。LV、COACH 包包、品牌会带来高雅、精致、优美的心理认同与形象塑造，同时，也是消费主义下的身份建构。追求奢侈品，追求生活品质，消费欲望非常强烈，并不掩饰它，这是许多中产阶级年轻一代的特点。

在我接触访谈的青年中，Ling 这样一个大学青年老师几乎穿得都是大名牌，家里刚买了一栋 250 平的精装修品牌公寓，每平米房价要到 6 万。"你不知道环境有多好，这样的家，待在里面是不想出门的"，她在与同事的言谈中常自豪地说，"我老公就是挣钱多，这辈子的幸运就是不为花钱而愁"。与此同时，她也非常擅长在高档实体店记下自己想买得大牌，然后到网上再淘，省下很多的钱。然后与朋友交流采购经验。她和学校其他年轻人一起乐于海淘采购，什么奶粉啦、化妆品、营养品之类。每年至少一次举家境外旅游，称这是每年最幸福的事。

她在朋友圈里说自己那小学刚毕业的儿子想给自己买礼品。"儿子刚才说昨天去 COACH 官网上，想给我和他爹买礼物，还是不知道我会喜欢啥，哈哈，心意领了。"Ling 毫不掩饰小儿子也是品牌一族。这是否就是中国富裕的中产阶级的生活？

在 20 世纪 80 年代，50 后、60 后有一个来自"外贸"的香港商品就是很稀罕了。现在 80 后、90 后是直接买欧美一、二线的品牌，互联网上很多海淘网帮助年轻人不出国门就可以淘到廉价商品。在微信上，很多人做起了海淘生意。一个东南大学的年轻女教师在朋友圈发微信说："满 1000 减 200 凑单造福朋友圈。最后三天，十月底，同济女博士人肉带回！"

另一位省电视台一栏道德伦理节目的 80 后青年编导 Wang，也在微信上发信息朋友圈，称"好朋友怀揣致富梦在美国买了一大批化妆品，发现做生意太难了，求抛货"。

一位年轻的大学教授 TAN，喜欢穿运动款的高档品牌，他是兼职是国际导游，两个寒暑假、上课之余都会带团出国。这样每年可多赚 30 万左右，家人还能免费旅游。每次来回境外都会带一些境外商品，当代购。他解释自己的选择时说，"我已评上正教授。我就是科研能力强。每年在 CSSCI 上弄两篇文章就够了。我对当官没兴趣，我喜欢旅游、艺术、喜欢奢侈品，我想为孩子、家庭多换挣点钱。上课、科研等都是挣钱的方式，而不是生活的意义。"对此，50 后的老师会认为"这就是一个精致的利己主义者所为"，80 后的青年教师会觉得，"没什么。这样选择就是私人兴趣，并没有妨碍别人。要多挣钱吗，不就是干了第二职业"。

在当代青年人追求奢侈品、物质欲望强烈的背后，是消费时代的新一代人更为多元的价值观。从前那种与高尚、纯粹相联系的理想主义、专业主义情怀已经不在。它代之以个人利益为目标的合理主义、享受主义、精致功利主义，单纯的道德指责也非常无力。祖祖辈辈穷惯了的中国人，在80后、90后这一代的"年轻季节"中发生逆转，他们会认为追求奢侈品牌是个人、私人的事。"没有几个像样的LOGO，人生就是白过了"。奢侈品文化具有了"个性优美"的文化号召力。

"在现代条件下，颇值得庆幸的是，生存竞争已在很大程式度上转变为一场维护体面的斗争。一个人要保持自己的尊严——同时保持其自尊——他就必须展示能体现自己经济价值的东西，这实际上是和经济上的成功相吻合的。""尽管她的模仿很容易被人识破，但不能说她不会感到快活。"[1]

闲暇与消费在现代人的意识中具有越来越重要的意义，这个趋向先是发生在20世纪50年代后的欧美国家，现在又在21世纪初发生在中国这样的新兴工业化国家。2015年中国中等收入群体比例是44%，涉及5亿多人。[2] 在其中，中国有世界上人口绝对数最大的80后、90后群体。他们是1949年以来，受教育最多的青年人口，并且他们赶上了全球化下的消费时代。闲暇生活的价值影响了他们对工作意义的感受，并树立了世俗的目标和梦想。

在一个快速变化、快速流动的社会，每个年轻人都认为自己应该尝试一切。消费主义带来了商品的过度膨胀，也带来的心理期待的快速膨胀。社会焦虑、青年焦虑的弥漫，便是不奇怪的了。

二　"新文化阶级"：农村大学生的阶层社会化与价值认同

"文化现代性"，这个词多少有点浪漫的色彩，在波德莱尔的阐述中，是现代主义的文化维度，其实就是人们对"现代性"的生命体验。个体的人在现代性中体验变化、断裂、短暂与希望。在丹尼尔·贝尔的描述中，文化的现代性是一种人的自我认可、自我实现。由于政治现代性的民主承诺——溢出作用，会强化个体自我实现的需求。作为"消费者权利"

---

① ［美］C. 莱特·米尔斯：《白领：美国的中产阶级》，周晓虹译，南京大学出版社2006年版，第202页。

② 专家："中国5至7年后进入高收入发展阶段比较确定"，澎湃新闻网2017年3月18日。

的消费主义①，在现代市场经济环境下已成为一种"存在价值""身份价值"；常被看成一种"中性价值""合理价值"。正像鲍勃·迪伦所唱的，"那些人要活多少年，才能被准许自由？"它包含着一种个体尊严、自我实现的"政治价值""生活价值"。

消费文化、消费社会的发展，促成了"身份政治"的诉求。这正是欧美国家20世纪60年代后期发生的民权运动、青年运动、女性主义运动背后的更深刻的东西——一种基于消费时代的生活政治的形成。事实上，消费生活已被视为新的权力和不平等关系之所在。反观中国社会转型、进入消费时代的大潮流中，伴随着每年GDP增长、城市化、都市化发展下的一个突出的现象是"新文化阶级"的形成、转变与成长。

所谓"新文化阶级"，本文就是指大学生群体。他们是潜在的、未来的"中产阶级"，其特点是接受消费文化下的新的生活方式、新的生活风格，受过高等教育，喜欢流行歌曲（他们是听流行歌曲长大的）；喜欢当"汽车族"，只要有条件就要玩车；在买不起车时，就在学校学了车；他们是网购族，喜欢流行的、感觉好的衣服，控制不住地不断在网上买自己喜欢的衣服、流行之商品；喜欢游戏，电子游戏（网络游戏）成为重要的人生阅历……新的文化阶级中很多人够不上中产阶层的标准。他们达不到每月5000元的生活水准。但他们也可能过一种适应新消费的风格化的生活。"消费文化对个人身份具有普遍的意义，并不意味着每个人都有购物癖。"② 从开放的现实的生活角度上说，新的文化阶级总是努力接纳消费时代的新的习性。

从社会学视角来看，都市文化是阶级文化，正因为此，它们反映了消费这些文化的社会群体的价值、态度和资源。从功能主义解释立场上说，这种阶级文化限定了政治和经济界限，在总体上巩固了精英们和城市的声望；城市规划的文化资源被等同于精英的文化资源。但另一方面，也激起了中低阶层向上流动，转换社会身份的位置的轨迹。

在2004年到2015年间，笔者对许多来自农村大学生进行了采访中，

① 参见［英］安娜贝拉穆尼等编《全球化关键词》，刘德斌等译，北京大学出版社2014年版，第44页。

② ［英］西莉娅·卢瑞：《消费文化》，张萍译，南京大学出版社2003年版，第234页。

发现并相信其间存在一种新的"文化阶级"的成长。这不是按中产阶级的生活标准进行衡量，而是看消费文化对青年人生活轨迹的普遍影响。新的消费的、流行的生活风格及阶层的向往，改变着一种阶级生活轨迹。笔者主要依据对江苏省内部分院校大学生，主要是农村大学生群体生活方式转型方面研究，以个人访谈的经验材料为基础，试图描述这个过程。①

（一）新的位置：获得优势的文化资本的努力

伯恩斯坦认为，"从社会学的观点看，对社会化过程产生最正式影响的就是社会阶级"。"阶级制度使人们对世界的统一性有着不同的认识。""阶级结构影响工作场所和教育的作用，并深深地渗透到家庭生活经验的结构之中。"② 我们以往的社会化研究只关注社会人的一般；我们把社会成员设想成一种"同质性"的样子，并且认定他们"应该"怎样。分层视野中的社会化研究涉及社会结构本身的不平等因素如何进入社会化过程。

随着中国进入深度市场化背景，以往时代的那种以革命的名义、以劳动阶级的名义进行的统一的社会化过程事实上已经结束了。当竞争、分化、异质性成为社会生活的文化特质时，另一种伴随状态是阶级开始变成一种个人的经历与体验。"阶级并不像从前那样是'终身经历'。""阶级变得具有个人特性，并且通过个人'传记'表现出来。"③ 同时，城乡二元结构、户籍制、单位制的影响还像过去时代身份制度一般，渗透到社会生活的经验之中。

S2 是个来自苏北宿迁地区的大二学生。她说：

> 从小学一年级开始，我的学费几乎都回家哭闹后吵出来的，父母因为我的吵闹得受不了，才四处去借钱。如不是这样的话，我早就失学了。父母现在在苏州城的一个大菜场里拖垃圾。每个假期我会去那

---

① 参见 huhaili "The Socialization of Rural College Students: Social Stratification and the Transformation of Living styles for Rural college students", *Chinese Education and Society*, vol. 48, No. 2, 2015, P. 114。

② 张人杰主编：《国外教育社会学基本文选》，华东师范大学出版社 1989 年版，第 404、405 页。

③ ［英］安东尼·吉登斯：《超越左与右：激进政治的未来》，李惠斌译，社会科学文献出版社 2000 年版，第 148 页。

里住（是一个很简易的棚子）。苏州的旅游点哪儿我也没去过，苏州的商店只去过一次欧尚，因为东西贵，什么也没买就出来了。在学校食堂吃饭，我买最便宜的菜，会想起妈妈在大菜场吃五角钱烧饼的情景。

现在上了大学了，家里还是很穷。每次申请助学金时，要在班上同学面前念申请助学补助的表，助学金分 A、B、C 档。要班上同学投票，我感到很羞愧。""我听到一个常州的学生说，凭什么他们写一下，就能申请到钱呢？心里像针扎一样难受。我还是觉得自己很幸运，一些当年的中学同学，已经为人之母了。"

按照厄尔·霍珀的观点，社会阶层的基本单位是核心家庭。各种各样的核心家庭组成了工业社会中的等级。财富、收入、经济保障、劳动条件所有这些都影响着家庭在市场上掌握自己生活命运的能力。① 这种影响既是客观的，如交不起学费；又是潜在的心理过程，它成为大学生的某种性情取向。家庭的社会地位对在校大学生是一种"潜在权力"。

S3 是来自中南地区农村。她为南京一所重点大学所录取。

父亲从遥远的家乡送我到高校，24 小时的火车上，我只吃了一包方便面，父亲喝了一瓶啤酒，两包方便面。从初中、到高中，我家的经济条件是女生中最差的。现在到了南京，我又是全系经济条件最差的。大一、大二我挣了 3600 元，大三时我得到一笔香港来的资助，大概 500 元。大四时，我有了一笔助学贷款，整个四年大学生活，生存一直是个问题。我撑着……大四时我用助学贷款买了一部手机，花1050 元，马上就有人向老师打小报告，其实我是为了找工作之用的。我毕业前，班级组织去苏州玩，每人交 150 元，我拿不出来，只好不去。毕业旅行是去千岛湖，每人交 200 元，我也没去。大学四年我都是在孤独中度过的，我没有朋友，自尊心让我没法放松地与同学相处，她们一逛街、购物，我就很难受。我去干嘛呢？我选择了孤独，并且不向任何人倾诉。平时连吃饭、打开水都是独来独往，现在想来

① 张人杰主编：《国外教育社会学基本文选》，华东师范大学出版社 1989 年版，第 66 页。

真的很可怜，但我似乎不敢相信任何人。我是班上的边缘人，这种压抑很难受，我平时很少说话。直到在研究生阶段，我有了男朋友之后，好像才正常一点。

　　同样，家庭条件的优越，也会使一些来自城市的大学生有一种无忧无虑的单纯。单纯得如同生活在另一个国度。S1 是一个生活优越、单纯的城市女青年，父亲是省城的一个处级干部。自小到大过着不愁吃、不愁穿的生活，她是学艺术的，本来就对生活充满想象。她是那种对农村、对贫困，几乎没有任何感性印象的学生。上大学以后，她的优越与单纯的经历，成为她的某种幼稚。她回忆自己与班上的一个来自农村的男同学 T2 的一次对话。

　　　　S1：你在干什么？

　　　　T2：填一个表。

　　　　S1：噢？什么表啊？

　　　　T2：农民是什么职业，单位怎么填？

　　　　S1：啊？（不经意的）是不是"在田里"。

　　　　T2：不语。

　　　　S1：究竟是什么表啊？

　　　　T2：显得很无奈，摇着头说："申请助学补贴的表"。

　　　　S1：噢，对不起？！

　　　S1 说，尽管班上有些城市学生人喜欢显示自己的派头，但很少人会去直接刺激来自农村的同学。之后，S1 一直觉得对不起 T2。她想找个机会表示一下歉意。

　　　　我有一包莎利文的饼干，想给 T2 吃，但不能单独给他，引起他的敏感，就同时给他和他身边的其他人吃。"好吃吗？""好吃！"过了几天，我对 T2 说："还有几块，我不想吃了，一起给你。"

　　S1 说，我是故意这样做的。T2 不是一个太敏感的男生，这让 S1 感到宽慰。在这个记述中，"莎莉文"饼干就是一个消费时代食品符号。对于贫困的孩子来说，它对另一些阶层相对隔膜的生活与符码象征。

T4 与 S8 同是来自苏北农村，他们对家乡感觉很不一样。T4 同学的父亲是个乡村个体医生，爷爷曾经是个队里"老书记"。T4 认为现在的乡村很黑暗。那些弟兄多的、有权力的家庭，更有势力。大三时，T4 成为院学生会主席，他认为自己应该成为家族中能说话的人。S8 的父亲原来是农民，现兼任镇上的联防队员、水站的兼职管理人员，父亲辈兄弟四个。她觉得乡村很纯朴，家人受人尊重。"联防队员""水站的兼职管理人员""兄弟四个"这些因素，使她的家庭成为农村社会的实力家庭。她自己排行老二，家里有一个姐姐，一个妹妹，一个弟弟，超生没罚款。当然，不一定是城乡之间产生"身份感"差异。如果一个同学的母亲是乡妇女主任、计生办的什么人，家里生活也是不错的，尽管他们家住在小镇上。

英国学者汤普森认为，阶级意识体现在传统习惯、价值体系、思想观念和组织形式中。他认为结构功能主义的阶级理论所存在的问题是，它无法回答一个人如何才能进入某种"社会功能"？他引用了达伦多夫的观点，一个人、或一些人"属于某个阶级是因为他在一个社会组织中占有某种地位，也就是说，阶级的身份来自对社会功能所承担的责任"。[①] 经过 40 多年改革开放，农村社会的异质性也是很大的。有的同学父母是完全意义上的农民；有的父母已不是完全意义的农民，有一份打工工作，或拥有某种实际的社会职务，由此带来的支配资源的能力是不一样的，阶级意识也是不一样的。"社会身份"意识常常也是以一定的地区为基础，而不必然以"整个社会"为基础。这在大学校园中也能体现出来。

W1 是在苏南地区长大的。在他成长过程中，经历了自己的家乡巨变。父母从农民，变成了经营玩具工厂、服装生意小商人、小作坊主、私营企业家。他内心深处并不存在城乡的差别，而是苏南苏北的差别。他说，

---

① ［英］E. P. 汤普森：《英国工人阶级的形成》，钱乘旦等译，译林出版社 2001 年版，第 1—4 页。

我从小的衣服、玩具都比别人好。高中的时候，已有名牌意识，自己买衣服。什么 spoot，（鞋）、adidas（包），周末我们会到上海买打折的衣服。当时班上穷与富的同学是一半对一半。我常常和一些干部家、做生意家的孩子玩。他说，"苏南人对苏北人是歧视是根深蒂固的。我们从小的教育是：不用心学习，娶个苏北的老婆。

W1 是 80 后，读研时，他和女朋友是南京金鹰商厦的持卡族。在 W1 同学身上，我们已经看到了"习性"这个东西，是特定的生活方式长期沉淀的结果。而在来自苏北贫困地区的 S2 同学看来，苏南农村早已不是农村。同宿舍那些家在无锡、镇江农村的女生，父母都在厂里，或做生意，她们的穿着行头绝不比城市差。

农村大学生生活方式的转型看上去是向城市生活方式的转型，实质是一个新的阶级身份识别、认同的过程。它伴随着大学生深层心理中的身份感觉，一种既往的生活经验的差别，一种校园生活中的某种社会距离。

（二）自我意识：身份目标的再认同

随着社会地位的竞争，及阶层分化的普遍化，一个开放性的阶层体系正在中国显现出来。它是一个社会流动的过程，特定个人、群体会产生"评价自己是否属于中产阶级"的主观取向，它是人们心中的地位认同。与学者对中产阶级的客观研究不同，这被称为"主观中产阶级"的研究方法。俄罗斯学者认为，从公众是否有"中产阶级"观念来研究中产阶级的形成是非常重要的，即哪些社会群体的哪些人自认为属于中产阶级，他们的社会经济地位的特点是什么。当许多群体失去了过去的地位，在他们自己突然发现不知道自己是谁的情况下，"中产阶级"对他们就非常重要。将自己归入"中产阶级"就对"我是谁"的问题给予了一个共同的答案。如果一个人没有对自己的地位、别人的地位和各个集团的地位的自我认同与自我评价，就难以对新的社会分层体系的形成作出任何评价。[①]在中国"中产阶级"研究意义，应该包括这种"主观中产阶级"认同与期待的研究。

本人在访谈中发现，不论生活多么贫困，一说到考上大学，大多数学

---

① Khakhlina, The Subjective Middle Class, *Sociological Research*, Vol. 40, No. 4, 2001.

子眼睛里会有一种兴奋、自豪！这就是当代大学生，特别是来自农村的大学生内心深处的一种价值、一种意义世界的东西。考上大学，成为他们走向人生宫殿的最重要的过程。有了这个界碑与没有是完全不一样的。

W4 看上去是那种个性很强的男孩，他说：

> 我也有过很深的挫折，初中时，成绩不好，觉得自己在老师面前猪狗不如。高三时复读一年。在复读班里，有 12 个复读生。一次考试后，那 11 个同学都得到了奖状，就没有我的，觉得很羞辱。我是经过复读后，才走进现在的大学。如今我还常会梦到复读生活，每次在梦里都会急得满头大汗，然后醒来，充满惊吓。第一次高考失败时，我哭了整整一夜，第二天妈妈哭，父亲没哭，一副忧郁的神态望着我，现在想来还忘不了爸爸的忧郁的眼神。浑身不舒服。

在分层化的社会空间中，社会个体不断增加自身的文化资本，构成了个体、文化与分层模式之间的一种关系。布迪厄认为，"文化资本有两个来源：家庭背景和教育水平。教育在某种程度上能弥补家庭出身上的不足，从而帮助个体取得标识某种地位的趣味和举止"[①]。他说的文化资本，是指"知识、趣味和感受力，也指物质财富，这一切加起来赋予一个人要求这种或那种尊崇和荣誉的权力"。这是一种不断激发自我意识的价值。

S8 说，当时我考大学只差了一分，想复读，但又要花一两万。姑说，嫁人算了！爸说，你要我拿钱往水里丢，打工去吧。我妈是高中生，知道读书能改变命运。我对妈妈说："你一定要相信我！"妈妈支持了我。刚复读时，班主任不喜欢我，三条腿的凳子，给我坐，我被看不起。一次，由于物理卷子印得看不清楚，我没做好。老师大怒：你到底会不会做！我无言，流泪。我开导自己：你为自己学习，你一定行！后来，我成为年级第一，我的动力是改变自己的命运。父亲曾经让我打工，现在引我为骄傲，我是镇上的典范。

---

① ［美］约翰·R. 霍尔等：《文化：社会学的视野》，周晓虹等译，商务印书馆 2004 年版，第 188 页。

W3 是一个来自烟台的硕士生。妈妈是农民，父亲在乡供销社工作。他身上有一种朴实、乐观的自信。他的大学是在烟台上的，现在南京读硕士，我问他，你认为烟台与南京有什么差别，他说，"没什么，城市都是冰冷的"。他说："妈妈朴实、勤劳、没有小家子气、注重细节。她的品格影响了我。在南京，我会在上公交车时让座；去做兼职时，会在上海路的坡上，帮民工推运大米的车。我这样做，那些下层的人就不会对社会绝望，自己心情也好。"我问他："你认为你属于哪个阶层，想过吗？"他说："精神上、思维方式上属于中层，这不是钱可以衡量的。"

在今天，大学生中的"信念"已不是与宏大目标相联系的人类命运，更多是个人当下的一种志向。因为有走向中等阶层的强烈的主体认同，很多来自农村的同学认为，日下的信念就是"成功的欲望，不再当农民"，"竞争，并做好竞争的准备"。

W6 同学认为"今天的大学生是主观是为自己，客观为国家，我手上有一万，我为自己；我手上有十亿，我为国家。否则，既不可能为父母，也不可能为国家"。

既然"阶级结构影响工作场所和教育的作用"，那么，获得某种自致性的阶层地位及认同，就是一种新的社会化过程。用这个观点来看待农村大学生的生活方式转型，可以认为是走向中等阶层的自我意识发生过程。

（三）我穿什么？——学会在平等、差异中生活

厄尔·霍珀说，"阶级状况"不仅是指（其阶级成员）通过占有或技术以获得取物质和财产的机会，而且也涉及组织这种机会的生活经验。"[①]笔者认为，城市大学生与农村大学生的自信心在"身体化形态"是不一样的。农村青年的自信感有一种成熟、踏实的感觉，并偶尔会表现为某种自卑地位的怨恨、压抑、超越的自我愿望。一些城市学生的自信心表现为某种优越感、自在，不在意的自信状态。

S4 的父母在江苏一个中等城市的学校工作。她在父母的帮助下，毕业后，在南京一所院校找到一份不错的教辅工作。她说："我不太想谁是农村的，谁是城市的。生活方式本来是多样的。上大学时，我们班的一个来自北京的女孩子整天去逛金鹰。另一个来自安徽的女孩其父是淮北矿务

---

① 张人杰主编：《国外教育社会学基本文选》，华东师范大学出版社 1989 年版，第 67 页。

局的，花钱很大手。没有人特别羡慕她们。"她说："其实，有很多农村大学生的生活状态你是看不到的，一个江西来的女生很困难，不接受别人资助吃饭，中午就吃海带汤，大三的时候，开始做家教，生活费自理了。""我读的这所南京的大学是省内招生，外省的不多，苏南对苏北的歧视比城乡歧视还强，我以为这与家教有关。"她说话的语速很快，像放机关枪，其精神上的优越感从神态、语言中流露出来。S4 很自信地说，"因为我的生活从不匮乏，才不会羡慕别人穿什么，才会注意思想上的问题，我从来没想过自己是不是中层。我崇尚平等，我生活中比较在意的东西是健康、朋友、亲情"。S4 把自己的"不匮乏"看成一种很自然的东西，甚至是自身的素质。但其实她已拥有了父母传给她的文化资本与社会资本的资源。

S5 来自徐州某贫困地区。家里父母都在建筑工地打工。说到父母打工的那番苦痛时，她流泪了。但她是那种内心很有想法的女孩子。"城乡生活是不一样，关键要相信自己是有尊严的，不要太在意别人，要学习如何平等生活。"她说了一个这样的观点，"城市孩子人际处理得不好对自己影响不大，但对农村同学可能就影响就大了，农村同学自我调节很重要"。

相互尊重与个性意识是当代大学生身上同时生长出的两个东西。开放的社会环境不断支撑着这两种价值。很多同学都认为，像马加爵这种事情是很极端的。在校园里存在这样的默契：不当面刺激他人，不问别人不愿意说的事，不戳穿、为难别人的隐私。用他们自己的话说，"这是成熟的表现"。所以，农村大学生的生活方式的转型包括了这样一种新的价值、品质的认同。

S2 同学说："宿舍里的一个无锡来的同学衣服很多。她常在宿舍里穿给大家看，问哪一件好？每次我插话时，她们会说我傻，什么也不懂。无锡的同学要把她不穿的衣服送给我，我怎么能接受呢？如果我妈妈知道了，她也会撕下来的！"

与 S2 不同，S7 在接受采访时，就穿着一件同宿舍苏南同学送的衣服，挺好看的。她对此事的反映比较平和。她说，"穿就穿了，人应该是平等的，尽管我心里还是有自卑感，但不愿意多想什么！""家里还有个弟弟，在广西学生物工程。父母亲是农民，妈妈在外地打工，很苦！供养我们生活","上千户的村子里,出了我们家两个大学生,想想很自豪"。最近她竞选了系学生会副主席。她说,她有一个男朋友,是精神上的支撑! S7 的性格比较开朗,愿意把事情往好处想。

尽管有来自城乡差距社会身份感受,并不是绝对导致一种悲观的自闭的状态。许多来自城市青年,或农村青年都在寻找、试图建立起的一种宽容自己与他人的态度。城乡差距的现实,也提供了一种校园生活的相互的"镜中我"。

T5 是一个来自大城市的大三的学生。做过学生会科技部长、班长等社会工作。他认为,"大学生中的很多的问题其实个性的差别,我们看在眼中的农村大学生与城市大学生的区别是最一般的东西,如农村同学在食堂吃饭只买一个菜,而且很便宜,穿的衣服会'盯着'一件穿"。

"相对来说,农村同学动力多,用功是习惯,大一就开始找家教,大二时,很多人的生活就自理了。没有条件买衣服,就不买,没有钱买电脑,就借宿舍同学的,或去学校的机房、网吧。我的印象是一些城市里青年平时看的书少,有的就像宠儿,长不大。如我们班的那个妈妈在深圳的。她妈妈挣得钱很多,但他像小孩没长大,连洗脚水都不倒。也有的到了大学就没什么动力目标、压力。原来高考的动力是给学校、家长压得。相反,一些农村同学看的书挺多,挺有思想。记得一次入党积极分子参加的会上,一个来自河南农村的同学发言中说自己经常去'三农问题'网站,入党后,首先要摆脱自己贫穷,然后帮助别人摆脱贫穷,让我印象深刻。"

教育程度、文凭、职称越来越具有制度化形态的文化资本,成为个人参与地位群体竞争的资源。这种倾向在当代大学生成长过程中越来越明显。穿什么,也参与了对地位与平等的体验。网络时代的开放性、多元性、平等意识,使年轻人更自信、开放,接受现实、愿意改变自己、尊重他人、重视未来的取向。这些因素组成了当代大学生自我意识中最有活力的一面。

(四)成长中的"郁闷"与选择

在今天的中国,原来那种整齐划一的思维方式、行为方式不再存在,或者它已经不能成为个人生活的支撑与预期。社会生活的多元化、异质化,也带来大学生生存状态的零散化、个人化;特别是就业的压力,自身社会资本的缺乏，大学生就业难等现实，构成当代大学校园很难简单归类的、复合化的心理生活。

W6 同学来自泰州的一个乡镇，看上去很自信的样子。他说，"刚上大学时上网很热，我每周打两次网络游戏。但玩了以后并不轻松。进大学后，压力很大。比较郁闷！郁闷是什么呢？——空虚、迷茫空荡、飘浮。我觉得，不玩不快活，玩也不快活"。

W4 同学来自南京近郊的一个农村家庭。他说："在校听过一个书记的讲座，听完后，发现他们并不知道我们想什么。我是学工商管理的，到过一个物流中心，发现学的东西没有一样有用。""同学之间的精神交流很少，常常觉得很茫然，电脑上好像什么都有，不知道缺什么？又好像缺少什么？"

由于现实经济生活的压力，来自农村的同学在应付日常生活方面的心理上付出更多，从而也更现实些。T10 是个在读硕士生。在烟台读的大学，研究生阶段学的是农村经济史方向。每月有来自学校的生活补助。母亲是农民，父亲是下岗工人。最近一年母亲得了重病，家里经济吃紧了。他说："近来生活中的烦心事很多。有时在学校还感觉不出来，因为学校像一个象牙塔，我一回农村的家就感觉出来了。""上研究生，10 年前是好事，十年后不一定是好事，我现在没有优越感，甚至有的是耻辱。""我的一些初中、高中的同学去打工、当老板，看上去很苦，但我们也是另外一种付出。现实中他们已经在一大把、一大把的挣钱，而我们到处碰壁。现在学校的消费每月最低也要 500 元。如网络费每年 240 元（每月20 元），交通费一个月 30—50 元，手机 30—40 元，每月吃饭至少 300元。南京比烟台生活成本要高，压力很大。我看过一篇小说叫作《沧浪之水》，是讲一个年轻人一点点被磨掉了青春的活力，进入灰色地带、白色地带，在现实中被改变，也是一种'风物长宜放眼量'。"

T10 像一个历尽沧桑的长者一样感叹，"人生其实就是这样。要么，你做纯粹的理想主义者，要么你做纯粹的现实主义者，没有中间的"。他准备毕业后回山东的那个小地方——自己的老家去。在他看来，这是一种妥协。

农村大学生是一个走向新阶级的亚身份群体。除了"学费上涨"的痛苦，他们遭遇着关于他们自己的"未来"就业的不确定问题。T6 同学原在安徽某农村中学教书，后到南京来读硕士研究生的。他不知道自己今后能够怎样。他说："走出来是'幸运的'，原来的生活方式结束了。现在进了这个圈子，但在这个圈子中，我又是最边缘的、最低一级的。""现在网上碰到'陌生的当代人'，我会劝他们不要考研。我也告诉原来学校里那些想仿效我的老师，别考了。他们存了钱，也有了家庭，不值了。而我们，所谓硕士生文凭，不就是一张纸吗？如是自费生，一年要花7千元。现实太残酷了。一个本科生可以有事业、有工作，有什么不好？读了三年硕士，什么也没有？"我问他："你觉得你是哪个阶层？"他答："原来的同事把我看成更高一个层次，但我认为'我们是剧中人'。"我接着问："精神上是中层吗？""不，精神上是底层、经济上也是底层！"

T4 来自安徽农村，是个学哲学的硕士生，他说自己是"超级孤独"。"我觉得自己走上了一条路——看不到风景的路，没有人帮助你，现在会很怀念小时候生活的无忧无虑。但现在的大学生都成了'漂'一族：穷、酸、漂，没有根，对前途不太自信。"笔者问他："你觉得生命的养料是什么？"他说，是大学时读的现当代文学的那些东西。"像《约翰·克利斯朵夫》，《静静的顿河》。沈从文一直是对我影响很大一个作家。他的传记，他的《边城》，有一种人性美感与张力，并影响了我以后的思考方式。我希望，中国大学不分文理，都开'近现代文学'这门课。"

值得反思的是，当代大学生并不执意去索取统一的关于信念的答案，他们关注自己内心的平衡与喜好，并用自己的思考或行为建立某种平衡。S1 是一个学工艺美术的大学生，在网上下载了格调很灰色、压抑的日本人的作品《旅人日记》《莉莉周的一切》。我问她："这个世界那么多的影像、图片，是不是觉得乱乱的？"她说："很好啊，很丰富，视传改变了一切。"笔者问："你喜欢《旅人日记》中的什么东西？"，她答："那种模糊的、不确定的色彩与感觉，我想那是一种确定的人生体验！"笔者从S1 身上看到了那种跳跃的、不平衡的思维。这就是消费时代的不确定留下的印记。

在自我意识快速生长的同时，当代大学生对孤独等多种情感的感受不同于以往时代的同龄人。在这样一种社会变动中，不可以认为那些来自农村的同学思想一定比城市同学保守。他们也在变革年代寻求价值与解释。

在读大三的 S5 说："我是白羊座的（热情活泼），但性格像金牛座，

（踏实好动）。我喜欢看海岩的书，如《你的生命如此多情？》《河流如血》等，海岩小说的主题是生存"。"看了后觉得，还有人生活还不如自己。""在学校没有什么利益冲突，城市同学也就是穿的漂亮些，一般没有什么看不起某人的，关键也就是自己心理如何想了！我认为人品很重要。曾国藩家书中说，人品在人的一生中很重要。'自概'，自己的问题不要等到别人指正后才知道。"S5 认为，"现在的学生越来越开放、西方化，个性要求变强，不希望被限制"。笔者问其能接受吗？她说，"挺好的！"她的这个观点，另一些学历史的硕士生不赞成，认为"校园里出现的'西方化'是非常表面的东西"。"在中国，'个人化'的那一面，总有一个'个人'与'社会'之间是怎样的问题。这让我们尊重社会的现实。"

在本书中，把这些访谈重现出来，是为了强调中国向城市社会、消费社会的过渡里，包含了很多个层面的转变，有很多青年个体的生活叙事。不可能是一蹴而就的。这些叙事本事具有文化社会学意义上的"体验"价值。没有个人体验，就什么也没有。农村大学生作为未来的白领职业者、专业技术人才，正大批地步入了城市社会。不管的历史是怎样发展过来的，作为群体，他们还是背负着历史的不平等留下的烙印；作为个体，他们默默忍受着生活的艰辛又满怀比长辈们更强的希望。也许在他们身上，我们能找到 21 世纪中国社会生活变迁的主要特征：走出农村的知识化劳动者越来越多。在走向中等阶层过程中他们也许因历经磨难更有思想、更有意志力，同时又有高于前辈的文化资本——他们是掌握符号资源的新阶层。

从访谈内容可以看出，对于他们，隐形或显在的歧视链是一直存在的；打破"区隔"的动力与社会通道也存在。农村大学生成为中国社会转型舞台上的一群"新型的表演者"。他们拥有当代青年群体中非常独特的精神世界。笔者记录下了他们的一些农村大学生自我励志的警言："人生的成熟主要是两个习惯，思考的习惯、做事的习惯。""大学期间，主要应付两件事，学习与感情。""我常常想这个时代，我们要守住什么呢？时代对我们心态的刺激，已经到了什么程度？无论是恋爱还是消费。我们需要编织温暖的故事，我们需要的励志。我们渴望变化的更好。""我常常会怀念计划经济时代的那种与父母亲的相处、交朋友，讲义气，老乡观念。我们今天越来越独立，却快乐与痛苦都在独自承担，社会在个人化。现在时代好吗？也许，自由是最大的财富！"

西莉亚认为："更确切地说，消费文化是当代信仰的根源，即自我认同是一种文化资源、资产或占有。"① 在消费时代，文化的现代性，会表现为在消费文化下的自我的一种追求与成功的信仰。而"消费主义"会转化为成功后的一种权益与渴望。从个性与社会性的关联上看，这两者是完全可成立的。然而，不同的社会群体在消费文化的出现过程中占有不同的地位。稀缺的社会资源并不是人人皆有。从这个意义上讲，"消费文化可以被认为是给身份政治创造了条件"。这种身份政治，是每个人有权享受自我发展的权益与自我选择的生活。

---

① ［英］西莉亚·卢瑞：《消费文化》，张萍译，南京大学出版社 2003 年版，第 7 页。

第九章 空间的叙事：消费中的
价值联接与体验

空间和时间都是社会构成物。现代性的城市发展中创造了社会空间的多样性及对社会空间的不断定义，由此，个人与空间的关系也越来越多样复杂。在这过程中，商业化空间与现代城市心理、个体意识有着强烈的关联。青年是消费社会中最活跃的群体。对于他们，新的消费空间就是文化空间，"它提供了了一条通向新的生活方式的捷径"。^① 在新兴的后发展的国家，其提供现代性体验的价值就更为明显。本章拟通过苏州观前街、宜家、金鹰奥莱城这样一些都市的商业空间对年轻一代的影响，讨论这些商业空间对青年价值观的塑造意义。

第一节 苏州观前街：流动性、文化记忆与联接

费瑟斯通认为，如果我们要探讨流动性在社会生活中的位置，我们就不能忽视对它加以文化表述的方式。对流动性、包括旅行与运动的比喻，是现代主义文化传统的一个重要组成范式。要考察"社会生活形象"的形成，"将社会学局限在现代性研究中"，如同"将前现代局限在了孤立的传统社区的位置"。^② 这个思考是有意义的。本节通过对苏州观前街流动性特征的观察，以及对 90 后青年的采访来进行描述与分析。

---

① ［美］丹尼尔·贝尔：《资本主义文化矛盾》，赵一凡译，生活·读书·新知三联书店1989 年版，第 95 页。

② ［英］迈克·费瑟斯通：《消解文化——对全球化、后现代主义与认同》，杨渝东译，北京大学出版社 2009 年版，第 178—179 页。

一　苏州观前街：流动性与古老记忆

转型中国的巨大特征就是流动性。工业化、城市化下，人口与信息的流动性使固定不变的社区边界不再那么清晰。在改革开放以后，苏州是中国城市化、工业化发展最快的地方之一，又是江苏 GDP 总量最高的地方。这个 1026.57 万人的城市，外来流动、居住人口很多，2000 年苏州外来流动人口达 429.1496 万人，2010 苏州外来人口 539.1383 万人，2015 年末，苏州的流动人口 698.05 万人，超过了总人口的一半。[①]

苏州是一个旅游符号，"上有天堂，下有苏杭"，到江南旅行必看苏州。据统计，2000 年苏州接待境外旅游者 71.4 万人，接待国内旅客 1496.1 万人，总计达 1613.8 万人。2010 年苏州入境游客 265.15 万人次，国内游客 7004.88 万人次。2015 年苏州旅游的国内游客突破 1 亿人次，入境游客达到 197.2 万人[②]。流动人口之多，是前所未有的。

对于旅游者、外来流动、打工者来说，苏州是一个古典的"他者"。苏州话、苏州菜、苏州点心、苏州茶叶、苏州老城区的巷子、苏州评弹、苏州丝绸，苏州公园……都向他们提供关于江南水乡的古典叙事。苏州的"灵韵"也正在这里。随着苏州工业化、城市化的大潮，新消费文化的快速发展，老字号、新商业，在此也快速发展。其文化现代性与消费主义在这古老的地域同时扩张。

在苏州观前街这样一个古老的地方，灵韵与复制的结合，再生产了新的旅游景观。它像一个经过了文化的转基因处理的地方，让人流连不绝，浮想而反思。大量的外来青年打工者，外来旅游者来到苏州，古城传统"以各种各样的方式在个体身上发挥作用。它本身就是通过所有这些方式而成为回忆的一部分的"。在学者韦尔策看来，"历史意识所包含的总是多于我们所能认识的。历史意识中有一种盈余；传统超出了我们能够了解

---

① 数据来源：苏州市统计局《苏州 2010 年第六次全国人口普查主要数据公报》，苏州市统计局《2015 年苏州市人口与就业发展状况分析》。

② 数字来源：《2000 年苏州国民经济和社会发展概况》《苏州市旅游经济指标》、苏州市统计局《苏州居民消费升级趋势研究》。

于它的程度"①。

　　苏州古典特色不能不提观前街。观前街，因地处玄妙观前而得名，迄今已有 150 多年的历史。稻香村（乾隆始创）、乾泰祥（同治始创）、松鹤楼、五芳斋、朱鸿兴酒馆、黄天源糕点大王，老字号品牌林立，撑起了一种历史底蕴。苏式酒楼、苏式点心、老牌金店、苏州丝绸，亦旧亦新，如歌如画，很是风采。老的苏式饭馆里的菜是带甜味的，如松鼠桂鱼、椒盐虾、小笼包、苏州馄饨。老字号的酒楼，多过南京夫子庙，每一道菜端上来，都有江南苏州的细致，区别于淮扬菜与川菜，口味其实是重要的文化记忆。

　　观前街"老金店"居多，在观前也是特色。它反映了清末民初，苏州工商业的发展。"万宝缘""苏州万宝银楼""龙凤金店"，是繁体字的书写，其中"万"（萬）"龙"（龍）"宝"（寶）"凤"（鳳）的书写，富态、华贵。仅是"上海亚一金店"的"亞一"两字就有当年民国风范的世界感。紧挨着上海亚一金店的是 CRD 克徕帝钻戒订制中心，后面这个符号，尽管是现代的英文符号，在观前街的金店前，显得很单调。还有翡翠黄金、恒孚银楼（始创晚清嘉庆年间）、观音金店，听上去像是一个个民国时代的叙事。但在我的访谈中发现，观前街的诸金店，似乎都不代表现代时尚或流行的兴奋点，所以没有同学刻意提起它。

　　江南茶社，也是古典文化叙事。苏州是江南茶乡。观前街上"三萬昌茶庄"，是 1885 年清代咸丰五年开的。繁体字的"萬"字和"三"在一块很是和谐。看繁体字的"萬"字，与中国书法之美在一起，有一种富丽、富足的满足感。茶社的楼下是销售茶叶的深咖色的古典吊灯，全是古代清代风格的柜台装修，古色雕花木栏的橱窗，非常典雅。楼上是茶社，评弹的音乐飘出来，很是美感。想当年一定是非常优雅体面的茶楼。但是，现在中国的大中城市，年轻人多半是去麦当劳、肯德基、星巴克、哈根达斯、咖啡店这样更西式的地方休闲、消遣，而较少选择茶社（打牌时有时会选）。访谈中，同学们感到当下的苏州茶社已没有吸引力。"在苏州读书时，多半去吃奶茶与火锅。如果茶社建得很有吸引力，我们

---

　　① ［德］哈拉尔德·韦尔策：《社会记忆：历史、回忆、传承》，季斌等译，北京大学出版社 2007 年版，第 13 页。

也会去的"。几乎没有当代大学生不知道苏州茶社，但今天的快餐式、速食式的生活方式，青年人已远离了茶社这种交往方式。年轻人更多选择了星巴克，茶社已经非常萧条了。

希尔斯说，"现代自传的主体把自己的过去仅仅局限于自己在世上的生存的时间"，但"传统以各种各样的方式在个体身上发挥作用，它本身就是通过所有这些方式而成为回忆的一部分的"。①苏州茶社虽然是古老的，但80、90后的父母辈，即50后、60后的青年社会化时期并没有留下精致的中国茶道文化，上一个时代苏式茶社文化就已衰落了。如今观前街上的茶社基本象摆设。这让我想到在意大利的米兰、佛罗伦萨、威尼斯、卡布利岛等地，热闹的总是自己民族的咖啡店、冰淇淋、意大利面，几乎没有其他，极少的麦当劳。意大利人对自己文化的傲气也在于此。

苏州丝绸店，像是"传统与现代"的搭档，丝绸是苏州的象征，观前街上苏州丝绸店，也比较多。但如今丝绸的品质，并不被看作最佳选择。工艺尚好、技术处理过的棉布、粘纤布料，因为舒服、好打理，也被需要。笔者看到了很多丝绸的品牌店，如"丝绸王""春之蚕""天顺祥丝绸服饰""瑞富祥""绣娘"等。随着现代布料工业生产的发展，青年人对欧美流行品牌的模仿，对中式的丝绸衣服的期待大大衰退了。当然在青年访谈中，还是看到了一些90后对汉服的喜爱与选择。

苏州的观前街、玄妙观，"乾生元""万宝缘""三万昌茶庄"等，都是古老的叙事。访谈中很少有年轻人会记起这些名字。这个"叙述总是陪伴着我们，但我们却并不确切知道它，是怎样陪伴着我们的；它们是我们的深层回忆的一部分，而这种深层回忆本身，则又是由传统中的许多沉积层构成的"②，以很有意义的方式，构成我们的经验。

在阿斯曼看来，存在着"文化记忆与沟通记忆"。文化记忆是关于一个社会的全部知识的总概念，"沟通记忆几乎是某种类似短期记忆的东

---

① ［德］哈拉尔德·韦尔策：《社会记忆：历史、回忆、传承》，季斌译，北京大学出版社2007年版，第12、13页。

② 同上书，第14页。

西，它系于活着的经验，它系于活着的经验承载者和交流者产生的存在"。① 苏州观前街，本身存在着一种集体的文化记忆、也是沟通记忆。去过的、没去过的青年人都知道它，说吴语的年轻人对它印象更强。这些记忆在特定的习性中，影响着我们对传统的认知与体验。

二　联接，文化记忆的延伸

对苏州观前街的"观看"，就是观看"社会生活形象"。它是一个关于"文化传承"的社会框架与文化记忆，回忆与时空联系在一起。"回忆形象需要一个特定的空间使其被物质化，需要一个特定的时间使其被现时化，所以，回忆形象在空间和时间上总是具体的，但这种具体并不总意味着地理或历史意义上的具体，且集体记忆会在具体时空中促发一些结晶点。回忆也根植于被唤醒的空间。"② 回忆是文化记忆的延伸，是联接。

时空中新的"联接"，就是这个时代的变化。联接，在文化上就是亦旧亦新，是回到过去，又回到当今。联接是在记忆中。苏州观前街是苏州老城区的核心所在，它是苏州古老形象的代表，也是文化传统的代表。笔者把与 90 后同学的对话作为一种"沟通记忆"的交流。因为对话是即兴的。根据时间的记忆与感性来组织的。"文化记忆"可当成一个历史知识、古典空间的一种应然。它依赖于它本来应有的文化位置，及我们从中找到一种差别。笔者通过微信和几个 90 后同学访谈，发现时空中新的"联接"与文化延伸。

（一）访谈青年：xiao，河南人，90 年生，研究生，现在是教师，女

笔者：Xiao，去过苏州观前街吗？能随意写几句对它的印象吗？

Berlin_ xiao：嗯嗯去过的，2012 年去的苏州，基本去苏州旅游必去的地方就是园林，平江路，观前街了。我们是晚上去的，正好适合逛街吃饭，感觉那里就是缩小版的上海南京路，北京王府井……吃喝玩乐，商业化气息浓厚，灯光效果很好，适宜娱乐，而且也有苏州独特的文化气质。

笔者：嗯，有印象深刻的苏州小吃，或其他记忆的细节吗？从中原地

---

① ［德］哈拉尔德·韦尔策：《社会记忆：历史、回忆、传承》，季斌译，北京大学出版社 2007 年版，第 4 页。

② ［德］扬·阿斯曼：《文化记忆：早期高级文化中的文字、回忆和政治身份》，金寿福等译，北京大学出版社 2015 年版，第 31 页。

区，到苏州观前街会有啥特别吗？

Berlin_ xiao：观前街地理位置蛮方便的，也地处商业中心地带，当时虽然不是节假日，但是去吃的人也很多，吃的也有地方特色，我们三个人买的都是小吃，不是正常的主食，就是为了感受南方的小吃，还挺丰富的，记得买了一桌子。附近也有很多知名品牌，吃饱了就可以逛一逛。其实对于这种市中心逛街的地方已经审美疲劳了。因为每个城市几乎都有这么个地方，无非我们就是去吃东西感受一下饮食文化，哈哈～

其实觉得苏州还不错，对苏州印象比南京好呢！

苏州很静谧，十分适合居住，因为南方那种杨柳依依，小桥流水的感觉很好～。在苏州特别突出。小吃不记得名字了。我个人偏爱甜食，哈哈～

笔者：哦，那还正对口味。

Berlin_ xiao：对的，所以当时我们买了好多。三个人吃了一桌子。还有就是苏州火车站特别棒！那个建筑简直就是一个风景。中原地方的市中心规模没有这么大，但是都一样的人多，我们那里更脏乱一点，人一走，满地垃圾，苏州这边好点。

笔者：小桥、流水，苏州在文化地理上也给人突出的感受。

Berlin_ xiao：对呀，很享受的感觉。苏州走在路上心情都舒适，不会很烦躁，很安静的感觉。

笔者：嗯，苏州有种温情的东西，像它的软软的语言。现在想来，中原的家乡，最留恋的是啥？

Berlin_ xiao：乡音、亲人喽。

笔者：嗯，亲情无价。

Berlin_ xiao：对呀，比起来肯定是人情味啦。

笔者：是的，北方人更热情。家乡人喜欢吃辣吗？好像你们那里普遍不吃甜的，是吗？

Berlin_ xiao：甜的看个人。我喜欢，家里有的人不喜欢啦。

笔者：哦，口味已经相互"串啦"……

Berlin_ xiao：2333是的。以后不分甜辣。对年轻人，好吃就好。

笔者：嗯，社会流动，生活水平，商业化，趣味化，口味的区分减少了，好吃就行……

2333 是啥意思？

Berlin_ xiao：2333 就是笑的意思，来自于虎扑。天涯论坛都会遇到这些表达方式。

笔者：嗯，学习了……

小结分析：第 1 个同学 Xiao，是河南商阳人。（1）她从北方人眼光看苏州，记忆深的是苏州的甜点、繁华、小桥流水。（2）有文化个性的苏州火车站，使人印象深刻。苏州观前街，对年轻人来说，也在产生审美疲劳，因为各地的旅游景点正在类同化。观前街，成了缩小版的上海南京路、北京王府井。（3）随着社会流动加大，各地的饮食口味已"杂处了"苏州小吃并非不可替代。（4）尽管苏州好，每个青年心中更深地是有家乡的乡音、亲情，喜欢有人情味的东西。（5）90 后年轻人的网络语言里常常附着新的变化，如 2333 的意思是"笑"。

（二）访谈青年：YA，曾在苏州大学上学，镇江人，90 后，企业文宣，女

笔者：YA 你好，去过苏州观前街吗？能随意谈几句对它的印象吗？

YA：好的。去过那里，以前我在苏州上学。

我个人觉得它就是个商业街，跟南京的夫子庙一样。那里有个玄妙观，这个观还挺有名的，但是在观前街那样一个商业化的地方，觉得很不清静。不过在苏州上学的时候，我们也喜欢去逛，因为琳琅满目。苏州这么大型的商业街也不多。仔细挖掘也有不错的小店，这样觉得像发现新大陆。

笔者：在苏州最深印象是啥？

YA：最喜欢的是平江路。不是周末的话。人不多，而且一到小巷子里就觉得很安静。靠近平江路不远的几个园林博物馆都很好。天平山，还有园区，干净。

笔者：听过评弹吗？

YA：嗯，听过。就是听不太懂，要是有字幕就好了。我就当听音乐，像听外文歌曲一样，听调子。

笔者：嗯，吴语方言，其实是排外的……

YA：难怪……反正就是听不懂。

笔者：观前街还有其他细节印象吗？

YA：一条主干道，旁边很多小道岔开了。觉得比夫子庙规划得好。还有教堂。有个天主教堂。具体在什么位置忘了。在一个岔道里。

笔者：小吃有深刻印象吗？

YA：有，但是没什么特色。跟南京小吃差不多。不过有几个面馆。

笔者：同学会去观前街的茶社吗？

YA：木有……我是觉得，如果茶社弄得好，我是愿意去的，很愿意的。

笔者：在观前街吃过啥？

YA：小吃什么都吃过。奶茶，火锅。

笔者：哦，茶社的文艺氛围不足？现在成了"火锅"，"奶茶"的天下了……同学一起约着周末放松的地方是啥？

YA：平江路。天平山。或观前街团购饭店吃饭。还有园区有个大型商场叫印象城。然后就是到处逛逛。我觉得苏州吃的还挺多的，但没有南京多。苏州让人记住的小吃不多，但一旦记住就老想吃。嘿嘿，南京吃的太多了。我们经常找各种团购，有意思的店。好吃的要去找。

笔者：嗯，网络的商业化。谢谢。

小结分析：第2个访谈青年，是镇江人。从对话来看，(1)苏州观前街的茶社已经吸引不了当代青年。(2)奶茶、火锅更像是大众消费文化的代表。这和笔者在苏州看到的情境是一样的，观前街的百年茶社，很冷清，没有人去，成为摆设。(3)"苏州小吃"不再特别。对今天这样一个流动性很大的城市。苏州小吃并非一直能保持其优势，苏州的口味只是一个"地方性"的。(4)吃的文化是旅游、全球地方性的深刻记忆与偏好。美食的方式在改变。网络的美食团购，使选择性更强，美食感充满了变化性。(5)苏州评弹、昆曲是方言性的地方剧种，在全球化的流动社会，被减弱。对外来人来说，吴语的方言及戏剧，对于普通话、其他地方语言来说，就是一个"他者"，是小众。

（三）**访谈青年：SHY，公务员，90后**

笔者：SHY你好，很想听听你的看法？去过苏州观前街吗？能随意写几句对它的印象吗？

MR. Shi：嗯嗯。苏州观前街是个在中国文化包裹下的现代商业街。里面仿古建筑中夹杂着古迹。

笔者：是否还能想起更多细节的记忆？

MR. Shi：感觉跟夫子庙差不多。只是比夫子庙干净一点，而且有各色的苏州小吃。

笔者：它的小吃最独特是啥？

MR. Shi：绿豆酥。还有就是一些地方小吃了，一些仿古建筑中夹杂着古迹。

笔者："仿古建筑中夹杂着古迹"，有深刻的记忆？是啥？

MR. Shi：绝大部分都是仿古建筑。但是中间有个道观。

笔者：观前街觉得能进入"内心"的是啥？

MR. Shi：进入内心的是那边的好吃的小吃。还有就是周围相对较慢的生活节奏，吴侬软语。苏州老城区都是古建筑。

笔者：评弹听过吗？

MR. Shi：听啊，我爷爷奶奶喜欢听，评弹主要是用方言唱。

笔者：评弹到90后，断掉了吗？

MR. Shi：没有断。在苏州平江路小学有专门学昆曲和评弹的地方。但是因为昆曲、评弹的学习有很大的制约性。

笔者：是吗！很好呀！你也知道这个平江路小学？

MR. Shi：对啊，我有亲戚在苏州。

MR. Shi：我读大学的时候有过一阵昆曲热，但是要会昆曲首先要会吴语。就限制了很大一帮人。

语言是个限制，也是特权哦。前面看过几次锡剧，锡剧生命力没有昆曲强，已不是传统意义上的锡剧了。以锡剧的形式表演现代舞台剧，有各种各样的舞台效果。对演员的要求也降低了。

笔者：嗯，这样评价很专业了！你作为苏南无锡人，觉得吴语还有根基吗？

MR. Shi：吴语是有根基啊，很多人会讲普通话，但一般本地人交流还是吴语为主。

笔者：有优越感的？

MR. Shi：可能吧，苏州、上海这个感觉特别强，公交车都要用吴语方言再播报一遍。

笔者：你们90后呢？会用吴语交流吗？私下？

MR. Shi：一部分人是这样的。嗯，苏州外地人多，改变很多。外地人跟本地人区分也比较大，外地人主要在园区，本地人在老城区。

笔者：嗯，外地人多了以后，有时都忘记是在苏州了，但细节与南京很不一样。

MR. Shi：南京跟苏州有不一样的特色。

笔者：最深的感觉在哪？哪里更小资呢？像先锋书店这样风格的小资？

MR. Shi：无锡也有先锋书店，但是风格没有南京这么强烈。南京有些时空错乱的感觉，民国建筑与摩天大楼毗邻。小资的话，我觉得还是苏州更小资。

笔者：南京，苏州，无锡，作为未来的去向选择，会选哪？

MR. Shi：生活的话我还是会选无锡。小城市，比较舒服，别的因素加上就不好说了。

笔者：90后更怀旧，还是更现代？

MR. Shi：说不好。90后概念太笼统了。如果讲科技电子产品生活方式，当然90后是很现代。与此同时90后也兴起了汉服热、民国热。

笔者：嗯，汉服热？

MR. Shi：前不久我还有几个同学穿着汉服去游明孝陵。

笔者：是，90后性格，家庭差异很大。他们穿怎样的汉服，你有他们合影吗？

MR. Shi：有的。

笔者：怀旧，成为一种文化体验？时尚感？

MR. Shi：不是时尚感。应该是对于过去的一种感同身受。

笔者：很欣赏！他们都是学文学的。

MR. Shi：也不是。什么专业的都有。穿汉服射箭的照片是我大学同学，是学国贸的，还有女生学的是会计。

笔者：很棒，其实是历史文化感。都工作了吗？愿意花钱体验文化？

MR. Shi：他们都工作了。他们都是因为兴趣爱好吧。

笔者：照片很美！衣服是做的，还是借来的？

MR. Shi：都是自己去定制的。喜欢汉服的很少会有人去借。

笔者：受过教育的城市文艺青年，就是不一样。90后接受"文艺青年"的标签吗？

MR. Shi：我觉得大多数都接受的。我的同学在研究服装。汉服爱好者对汉服的细节都很在意。

分析：(1)第三个同学是无锡长大的，家里有亲戚在苏州。他对苏州观前街及苏州文化在心理上更近一些。(2)这个同学的知识面较广，对历史文化也是有特殊的兴趣。他的爷爷奶奶就喜欢昆曲，代际间有一种文化的传承；他是喜欢苏州的。(3)对本土文化的认同感。因为是在吴语方言下长大的。对苏州观前、苏州老建筑会有感情。他认为苏州小吃，苏州饮食、建筑都能进入"内心"。在这里，历史与现代的联结，是文化的，也是情感的；是有家的传承的，也是有个体传承的。(4)90后中有不少同学是喜欢本土文化的回归，谈话中提到有同学做汉服来穿、拍照。

（四）访谈青年，Yong，90后，社会工作者

笔者：去过苏州观前街吗？能随意写几句对它的印象吗？

Yong：姑苏城外寒山寺，繁花似锦观前街。将古典与现代结合的建筑，将时尚与传统融合的服饰，将吴韵与太湖组合的评弹，将湖鲜与乡音混合的美味，在现代商业的熏陶下，令人流连忘返。缺陷是商业味太浓了。

笔者：嗯，很不错。你听过评弹吗？

Yong：听过的

笔者：什么感觉？会有90后喜欢？

Yong：很柔很慢很轻，会有90后喜欢。只是需要结合有表演环境的视觉体验。

笔者：嗯，90后的苏南人、无锡人，私下会说吴语吗？

Yong：我能确定95年之前的都会。

笔者：是吗？95后就不一样啦？为啥？

Yong：我觉得是因为大量的流动人口。

笔者：嗯，本土的差异性增大了。会有90后的无锡人，或苏州青年讨厌吴语，或是以此为自豪？

Yong：我读大学的时候，说自己是无锡人，会有优越感，因为同学有认同和赞扬的表情。

笔者：观前街，还有印象深刻的细节记忆吗？如小吃，建筑，其他风

格……

Yong：总体感觉和其他城市的商业街差不多。

笔者：哦，商业街多了后，原来的"苏州口味"就不明显了，除了本地长大的人。苏州是偏甜的、粘的糕什么的。

Yong：恩，是的。

分析：第 4 个青年 YONG，是个无锡人。（1）欣赏苏州及观前街的美，认为苏州有将古典与现代结合的建筑，将时尚与传统融合的服饰，将吴韵与太湖组合的评弹，将湖鲜与乡音混合的美味。（2）对苏州观前街的小吃无深刻印象，因为现在的苏州观前街商业味太足了。（3）对吴语很认同。作为会说吴语的无锡人是有优越感的；吴语方言会把苏锡常联系在一起。（4）听过苏州评弹，很柔很慢很轻，要有好的环境才能听。（5）认同吴语方言，会和无锡同学私下里一起吴语，但认为 95 后会不一样。流动人口多了，客观上会改变很多东西。

上述的对四个 90 后青年的访谈有点长，但又不想把它删掉。随着外来流动人口越来越多，新的商业模式、文化商品与影像的流动强度越来越大，传统的艺术、知识、美食、语言等，都已不是完整的，即使它们还在老街上，也缺乏根本的一致性，这就是现代性变迁中的个人体验。"消费文化的蔓延，尤其是批量生产与商品符号和影像的泛滥，宣告了一个孤立的文化领域的终结。"[①] 传统与现代还是以新的方式结合着。它是分散的、记忆中的、片断的。年轻一代以自己的方式选择它。社会与信息的流动性快速地稀释了传统，但是，流动性（旅行、外出打工、网络信息阅读）本身，又促使传统符号处在新的传播与接受。那些看不见的文化，以习惯的方式，在时间的流逝又重现。方言、文字、美食、戏剧、老的建筑，具有深远的符号力量，为人们所接受、积淀在社会习惯之中。

三　与现代性相对的不是"后现代"，而是"古典"

观前街上新商业的"青春流行品牌"越来越多，数也数不清，青春男女的影星受到追捧。在我 2014 年冬天去调查时，韩星金秀贤的广告在

---

① ［英］迈克·费瑟斯通：《消解文化——全球化、后现代主义与认同》，杨渝东译，北京大学出版社 2009 年版，第 6、7 页。

不止一家店里的广告牌上挂着。流行品牌，如大东女鞋、圣迪奥女装店、海澜之家，海澜集团下的新品牌"百衣百顺"、国内休闲品牌的领军人物森马专卖店、以亚洲为对象的香港品牌"班尼路"、浙江温州的"美特斯邦威"、瑞典最大的国际连锁店 H&M、香港品牌"佐丹奴"、澳大利亚品牌"真维斯"（93 年就来中国上海了）、美国服装品牌 POLO、法国时尚女装品牌等，各种服装流行品牌，在观前街撑起了半壁江山。观前街上的这些品牌，基本是锁定年轻一族的休闲品牌；并且这些品牌可以在中国任何一个大中大城市，或县城的闹市区里看到。商业品牌的标准化与流行的传播，它们改变我们关于城市与文化的感觉。

在中国当下的商业空间中，欧美大牌商品似乎都是现代性"时尚"的终结点，因为在这里我们可以看到世界顶尖的所有品牌。它们代表了整个流行的一个高端，象征着品牌符号，等级，统治着时尚界的秩序，这几乎成为所有的商业大厦的核心。它也是中国的消费文化进入世界、进入全球的一个标志。

观前街街口的"美罗"商厦，就是一个时尚大牌的终点。它是与南京金鹰、德基广场同一个档次的商厦，橱窗里都是"高大上"的大牌广告。"美罗"商厦里的顾客不多，它锁定着特定的中高阶层的购买力的需要。因为它的存在，代表了一个现代化的"观前街"时尚的终结点。

终结点是两层意思，一是最高点，它是顶端。顶端是世界风景。一是停顿，我们遇上了国际大牌而"停顿"。当然，还有一种状态，就是观前街的"点缀"，这是其三。有了最大牌的商品后，商业街似乎更有档次。观前街也更现代了。

利奥塔认为："如果说在现代的框架里还有和古典主义相对应的东西的话，那就是时尚。"[①] 利奥塔这样经典的语言，来理解苏州观前街上的时尚商厦"美罗"的建构，可能再合适不过了。观前街及其"美罗"，是一道古典与现代的联结，是流行、流变与再选择，是古城应对现代性的回应的挑战。

就像意大利米兰埃马努埃莱二世拱廊那样，拱廊把 19 世纪的巴洛克风格的建筑变成了当代意大利最前卫时尚品牌的大街，吸引了全世界的游

---

① 包亚明：《后现代与公正游戏》，谈瀛洲译，上海人民出版社 1997 年版，第 17、154 页。

客的目光。可谓是越古典越前卫。

利奥塔又强调，"现代性在本质上不断地充满它的后现代性的。与现代性正相反的不能后现代，而是古典时代"。① 现代性通过时尚的变化，建立起一种短暂、变化、瞬间即逝，同时又拥有永恒的文化。但永恒却在于时尚永远是以特定的文化史的解释为背景的，其变化、短暂、瞬息即逝，是它的创意与风格。这就是现代性的城市生活。在意大利的罗马、米兰、佛罗伦萨、威尼斯等城市基本上是几百年前的老城的风貌，足见意大利人对文明遗产的自信、虔诚。

相比之下，现在的苏州城被扩展得太大了，外来人口太多，新式高层公寓楼成片成片，古城整体感觉（除了那片老城区）正在消失。笔者在苏州古镇周庄、同里调查时，小桥流水依在，水质已混浊。很多苏州年轻人听本地戏剧的兴趣已越来越少，他们成为欧美流行音乐的"节奏控"。大规模的流动人口、大规模的新流行的品牌，大量的旅行者、打工者，对 GDP 增长的要求也在摧毁古老的苏州的感觉。

观前街上有一组雕塑。"一个村姑提篮鸡蛋，一位村嫂挽着正吃着糖葫芦的孩童。"这份雕塑是后造的"乡村景致"。在诸多流行品牌之下，很微不足道。同时，它也显示了中国太缺少像欧洲城市那种史诗般的雕塑符号。观前街的雕塑显示城市叙事与乡村叙事的模糊，它是古代中国"村落文化""城市乡村化"的记录，它是我们的叙事。按照利奥塔的解释，后现代不是在现代性的后面，而是在里面，"后现代不是一个新的时代，而是对现代性自称拥有的一些特征的重写。"②

在当下的中国，所有的传统的叙事，都可能是后传统叙事。它出现在地理上被重新书写的空间中，它帮助我们理解苏州城。因为历史空间中有古代叙事，它就有底色、有传奇的经典。同时，因为它有美罗、有佐丹奴、有真维斯的商业存在，这是古城的文化现代性，是每个来到观前街的年轻人能感受到的文化现代性，并且它融合到消费主义生活方式中来了。人们可以在对整体的统一性毫不关心的情况下，体验全球化的地方性，体验地方性就是全球性。

---

① 包亚明：《后现代与公正游戏》，谈瀛洲译，上海人民出版社 1997 年版，第 17、154 页。
② 同上书，第 154 页。

对利奥塔的思想的更深入的文化理解，是笔者看了德累斯顿、华沙、布拉格、布达佩斯、威尼斯这些城市之后。因为这些城市似乎更完整地尊重与保留了古城的街区、雕塑与建筑符号。在那里，后现代总体隐含在现代里，表现为古典建筑。因为现代性，现代的暂时性，自身包含着一种超越自身动力。超越本身又是回到传统、融入古典。

古典时空关系是一种时间状态，它是具体的。在观前街徜徉中，似乎我们回归了某个稳定的历史。代表古典苏州的那种稳定性，是松鹤楼、采芝斋、乾之元这样的老字号品牌。因为有古典的底色，"好像意义在完全一样的统一性中包容了生命的总体性。" 这让我更深地理解了罗马城房屋那么旧，道路那么狭窄（古城的面包石路很多），但罗马人像是这个世界最后的老贵族不惜一切地保护它。他们绝不大拆大建来增加 GDP。相比之下，幸亏我们还保留了"苏州老城区"，她是古典苏州的"身份"。

第二节　新购物场所与"重写现代性"
——以在南京宜家购物为例

按照列斐伏尔的观点，"如果未曾生产一个合适的空间，那么改变生活方式，改变社会等都是空话"。在当下中国，从繁华的一线城市，到西部地区的城市，新消费空间的发展有大致相似的情景，展现出一种以生产为中心的社会经济秩序向以消费为中心的社会经济秩序的转变（或并存的）过程。这是一个改变生活方式、改变社会的过程，呈现出列斐伏尔所说的"我们已经由空间中事物的生产转向空间本身的生产"[①]。

一　跨国购物空间的体验，重写的现代性

21 世纪初中国城市化、都市化的发展正在经历一个历史性变化，即新的消费空间的出现与生产。这种"新消费空间"既是一系列商业消费集聚的场所，又创造了一种新的营销手段。如大型购物广场、国际化大型超市，欧美、日韩、中国台湾的商业品牌的精品屋，及各种食

---

① 薛毅：《西方都市文化研究读本》第三卷，广西师范大学出版社 2008 年版，第 24 页。

品、商品连锁店集聚的商业广场（或商业街）。其势头可用"爆发式的占领"来形容。

利奥塔认为我们处在一个"重写现代性"的时期，重写现代性是一个不断理解、发现中的现代性。他认为，重写现代性，就是重新发现的现代性、重新体验的现代性。他说："'重'字根本上是与写作联系着的，它完全不意味回到开始，而且弗洛伊德所谓的'彻底体验法'，这种体验附属于一种思想，它有关在事件和在事件的意义上对我们隐藏起来的东西，这些东西不仅是由过去的偏见隐藏起来。"① 也包括计划、设计、愿望。在"重写现代性"的体验性上，非常值得谈一下"宜家"。作为跨国购物空间，宜家提供了当代中国人独特的"购物现代性"的体验。

宜家家居（IKEA）1943年创建于瑞典，瑞典宜家集团已成为全球最大的家具家居用品商家，销售主要包括座椅、沙发系列，办公用品，卧室系列，厨房系列，照明系列，纺织品，炊具系列，房屋储藏系列，儿童产品系列等近万个产品。从1998年起，中国第一个宜家家居商场在上海徐汇区开业后，又分别在中国的北京、广州、深圳、大连、上海、成都、南京、沈阳等城市建立其商场。2007年定居南京，成为南京的一座非常有风格的跨国购物空间。

（一）从"重写现代性"上说，南京宜家家居重写了"空间的异质性"

南京宜家，作为一种独特的外来综合商场，提供了关于空间的新解读。从两个方面来说，一个方面是南京本身与过去。宜家家居，代表了某种我们对"过去"的空间改变。南京宜家的所在地的卡子门，在计划经济时期就是南京近郊的农村，是个较典型的乡村城郊共同体。由于瑞典宜家的到来（包括另外两个国内品牌的大型家具城市，即月星家具、红星美凯龙家具城，也来此地落户），这里成为了一片新型的现代化的空间。即从农业空间变成了现代商业空间。南京宜家里有上下两层楼上万种可选择的商品。三十年前这里不曾有一座现代商场，它曾是城里的南京人看不上眼的地方；而现在它是新城市化商业想象的符号。因为它的存在，会增强此地的房价，会带动商家来此经营、投资，它成为新的城市区域的吸引

① 包亚明：《后现代与公正游戏》，谈瀛洲译，上海人民出版社1997年版，第155页。

力。同时，它还显示了中国在城市化尚未完成时，出现的逆城市化，即城市中心人口的郊区化过程。另一个方面，从南京与世界的关系来看，"重写的现代性"是南京宜家家居与瑞典之间跨国的消费文化的联结与叙事。所谓"叙事"，就是把宜家家居当成一个商业文本，一个消费文化的空间。瑞典宜家（IKEK）是20世纪少数令人炫目的商业奇迹。这个拥有全球180多家连锁商店、分布于世界42个国家的商业家居零售商，在中国已有16个城市有了宜家家居。

作为全球化中形成的南京"宜家"，和南京原来的经济与风俗没有任何关系，它是欧美全球化中跨国公司向中国发展的结果。宜家不仅带来了外来商品及商业的产值，而且"强调了时尚、产品、生产技术、劳动过程、各种观念和意识形态、价值观"方面的新的实践。它是我们对商业形态，对时间与空间的新体验，对怎样花钱，怎么生活的新体验。哈维强调经济形态、货币购买对价值观念的影响，他说："如果没有价值表现为货币方面的根本变化，就没有哪一个具体意义会产生影响。"[①] 南京宜家代表了跨国的时尚、产品、生产技术、劳动过程、各种观念和意识形态、价值观诸方面的一种生活方式实践的整体。

宜家的落户，增加了南京消费文化的跨文化空间，也是南京作为中心城市的一个符号象征。作为一种政治经济关系，南京处在最近十年来城市化快速发展的时期，城市的各种新型大商厦都在这个时期兴起，地铁、高速公路、立交桥、地下停车场，都是近期的故事。南京宜家，有巨大无比的停车场，上下两层。拥有近千个车位，这对中产阶级有车族是一种潜在的温柔召唤。所有的车位是开放的、自动选择的、不收费的，并且可以通过电梯，直接进入车位。它吸引着有车的年轻人，向往宜家文化的人，把它作为一个可以好奇的、可观赏的商业公园，驱车来玩。从高速公路、露天的地铁站台望去，当黄蓝相间的 IKEA 符号耸立在高处，这个创立于1943年的全球最大的最有特色的家居用品销售商家，以自己鲜明的象征符号，区别于其他的商业销售集团。它所落户之处，成了全球地方性的某种标志。宜家已成为具有南京地标性质的独特标志的商业共同体。2015

---

① ［美］戴维·哈维：《后现代的状况：对文化变迁之缘起的探究》，阎嘉译，商务印书馆2013年版，第357、371页。

年南京三号线地铁开通后，地铁的某一站就在宜家边上。来购物、或体验的人流量在节假日会增加好几倍。由于地铁与高速公路的便利，也会吸引南京市民、城际关系、省际关系中的其他城市居民来这里。

在全球化、城市化快速发展的时期，新的城市化标志似乎不仅是由非农人口的转移量来证明，而且是由新型商厦的号召力来说明它与过去空间的较量与融合。"现代性的神话之一，并非在于它采取与过去完全一刀两断的态度"，而在于它重造的商业的神话。对于老式的百货公司风格来说，新的宜家家居的商业模式似乎将原先的"消费意识"视为白板，唤起人们的新的消费认同、消费潜意识、新的消费认同。所以，快乐消费、追求时尚，似乎扮演着"与过去完全决裂，将新事物铭刻在上面"的角色。

（二）重写现代性之二，是宜家的风格与青年生活方式

宜家家居，对中国年轻人持续的吸引，不在于它的档次与奢华，而是它代表的生活方式，它的独特风格。"重写现代性"，是展现，展现跨文化商业空间的现代性。表现为：

（1）北欧风格的设计。白色系列的家居给人很清新、雅致、古典的感觉。黑色系列的家居则给人厚重的感觉。宜家的逻辑分类很强，所有的东西都是系列的，清新简约。所有的商品都显示了清雅大气、色彩明朗，在设计上它会把椅子、桌子挂起来，具有装饰感与现代感。让人想到2010年上海世博会上意大利馆的现代主义的设计感，即把乐队挂在墙上。宜家给青年人带来了消费的新感受。在对青年的访谈①中，他们认为：

> 过去，我们对"家"这个概念，很少关心房子里面的舒适度、奢美度，北欧人对家的理解是不一样的，生活是最重要的。
>
> ——Wang，公务员，88年
>
> 宜家有很多植物，绿色对北欧人是不可或缺。现代人的绿色居室感退化了，但宜家强化这个理念。美国式是暗色的，北欧主导是亮色更好搭植物。

---

① 此节的访谈对象主要是南京江宁区机关的部分青年人，及江苏省行政学校的部分在读硕士研究生，时间为2015年。

——Zhang，公务员，90 年

在宜家感受环保理念。西欧国家更重视。伞，下雨时更便宜，很人性化，毛绒玩具，卖一个捐出一、两元，让消费者感觉有担当。

——Shang，公务员，88 年

（2）开放、平等、体验式购买。与传统式的百货公司不同，宜家文化有着空前的开放性。它用开放、平等与体验性购买，吸引每个来宜家的青年人体验开放的宜家文化。它的停车场不收费，谁都可以停车。宜家的销售的床、沙发、小饰物、小用品，都可自己体验其感受。不仅用眼睛看，还用身体体验。所有店堂里的每一区间、一隔段的样板房场景，都是体现了开放性、体验性的生活断面，这使整个宜家本身就像一个生活叙事故事。一个小小烛台、一个小相框、一个小抱枕，小花瓶、小杯子，都是一种别样的情趣。与此相对应，宜家也表达出一流的商业伦理，即开放、平等、尊重顾客的体验与感受、阳光服务的现代商业伦理。顾客会被宜家氛围打动。

样品房模拟真实，有亲切感。年轻人来到这里常常被其风格与式样感染。在这里，我看重的一是书房，那种深色家具的书房，很有厚重的感觉；二是男人的卧室，喜欢黑色系列。

——Zhou 研究生，88 年，在读

北欧人的家具原来是拆开可装的，中国人希望是现成的。在宜家，消费者与学习者的身份是一体的。这里有开放性、信任感，信仰感。哪怕东西在销售中丢掉了、损耗了，他们也是这样坚持信念。

——幼儿教师，90 年

（3）面对的消费群主要是青年中产阶级，白领、年轻的群体，在消费心理与消费理念上有颠覆性，创新性。在各种商品中，趣味、新奇与创意是重要的。它们扮演了某种自由的感觉，但其中也存在着某种紧张和深刻的使人不安，假如你并没有太稳定的中产阶级收入。年轻人会觉得被诱惑，尽管每次去的时候总是想逛逛就走，但每次都还是买了不需要的东西。"在这一切背后，各种代码与时尚的搅和则埋伏下了某种趣味帝国主义……它们改变时尚，要不然就破坏时尚。"① 这种趣味对年轻的、有文艺青年情怀的、中产阶级的白领们是最有诱惑力的。

宜家在官方微博上拥有 120 万宜粉。其网页写着"更多的惊喜等你发现""拥有精致生活何必花费太多""更多的选择、更低的价格""充分发挥少即是多的环保新理念，畅享高品质低碳生活""在独属于你和TA 的空间里挂起一席浪漫"只需要一块布料、两根窗帘架和一些挂在天花板上的挂钩，便能轻松做出一个动感的床蓬，为房间增添柔的动态感，还能营造别样的光影效果。宜家有艺术设计的感觉，给中产阶级的白领以精神上的满足。

> 不再是新三年旧三年，缝缝补补又三年，物的体系变了，我们都是"扔掉族"。
>
> ——Li，文化事业管理工作，85 年

> 年轻人不是为了买家居，也会去宜家吃饭，这说明宜家的消费是多元化的。

> 宜家的家居适合小户型，色调搭配都是小清新，还有儿童屋很温暖。喜欢它的餐厅。餐厅的灯光很柔和，吃饭时很舒服享受。
>
> ——Xiao，研究生，90 年

> 让人向往家庭生活。看了就似乎从繁忙的工作回归和家人享受时光。它是一种家居的观念，回归家庭。
>
> ——Lili，研究生，90 年

（4）一个小资式的"青年家居公园"。传统型高档家居商场，物品以贵与大牌为特点，但宜家家居是给青年人以风格与生活方式感受。它传递北欧风情的生活方式，在这里，现代主义设计风格成为宜家式的青年生活风格。现代主义是一种不同于古典主义的风格的浪漫之风韵：它简约、变化、创意、冲击思维。在一个很小的空间里的墙面挂板、简洁的吊灯、单色或动漫的窗帘，叠加的小储物盒，以及床单与抱枕的色彩，创造出精致

---

① ［美］戴维·哈维：《后现代的状况：对文化变迁之缘起的探究》，阎嘉译，商务印书馆2013 年版，第 11 页。

与别致的浪漫效果来。

在宜家，每逢周末、假期，会看到很多很多的年轻人到宜家来。或是恋人、朋友同行，或是新婚夫妇，或一家三口来这里采购度假极是热闹。常常会忘掉它是外国商人开的商场，因为其舒适、随意、柔情、想象，很有亲近感。

宜家的小资情调是可以算得上是一种很正能量、很阳光风格。它和那种达达主义的怪异、反智风格完全不同，它是清新的、喜感的、充满小的创意，哪怕是一款小的毛巾，小的桌布、厨具，会萌得让你惊叹不止。那些古典的钟，非常有情调。很多来宜家的青年，会在这里拍很多照片。给自己拍、给这里许多样板间的小资风情拍。

> 南京小资必去的三个地方分别是，宜家、星巴克、先锋书店。这就是宜家的意义。
>
> ——大学老师，GE，84 年

（5）快餐式的消费文化。无论谁来到宜家，都可以快速地找到你想要的东西。这些东西，不是那么固定不变的。每次去都有很多新的创意的产品，使人总有想买点的喜爱。其温馨、轻巧、放松、简约，直接，很威信。但同时也伴随着短暂、变化、不确定，很快扔掉它的可能性。

这种快餐式家居消费生活特特点，就是流行的消费文化的特点，就是商业风格，就是一种变动的现代性。即"不买觉得后悔，买了觉得浪费，买它不为实用，首先为趣味"。这就大大颠覆传统消费只靠价廉的特点，宜家坚持的是优质时尚与简约的现代消费。

> 家居消费理念的变化。没有宜家之前，家具是一次性完成的，很少变成时尚。宜家有很多的变化，对年轻人来说，不断变化，意味着家居生活成为时尚。
>
> 宜家的家居适合小户型，色调搭配都是小清新，还有儿童屋很温暖。喜欢它的餐厅。餐厅的灯光很柔和，吃饭时很舒服享受。
>
> ——Xiao，研究生，90 年

宜家风格中似乎也有一种不变的生活乌托邦与浪漫主义，一种社会秩序的转变。即人们在生活的美好中的自我净化与陶冶。宜家象小伙伴的乐园，像一种风格共同体。不需要愤青，只需要发现生活、一种生活时代的社会关系。这就是爱生活、爱家庭、重视生活品质。同时，宜家又是环保的。它强调少即是多，少而简、低碳生活，把一种未来生活秩序的演变带到了中国。

二　全球化、宜家与消费主义实践

全球化、宜家与中国人日常生活关系是多面的，其中一面就是全球资本主义体系下的消费主义实践的影响的关系。

英国学者莱斯利·斯克莱尔是从跨国实践来研究全球化的。他尝试分析一个以跨国实践为基础的全球化概念。全球化被定义为跨越现有国家疆界组织社会生活的一种特定方式。他认为跨国实践是经济、政治和文化—意识形态层次。"文化——意识形态跨国实践的思想，尤其是资本主义全球体系中的消费主义文化——意识形态的思想，是全球体系理论中的概念工具。"①

以斯克莱尔所说的"资本主义全球体系中的消费主义文化——意识形态跨国实践"为概念工具，宜家家居，也是西方资本主义世界的跨国公司，它来中国不到 20 年的时间里，在中国城市建立了多个商业空间。但同时，宜家又代表了一种生活方式、生活格调的空间想象、空间建构，即简洁、方便、青春、环保、精致、时尚。宜家，用自己的风格建构了一种跨国、跨文化的生活空间，一种文化现代性的新的商业体验。这应该怎么分析呢？

全球消费主义是来自西方的消费文化，但消费主义意识形态中有中性的价值，即从日常生活微观世界提升人的生活品位的价值导向的作用。假如没有宜家南京，我们不会知道这个世界上的人还可能如此优雅、精致又简洁的生活；我们不会由此看到中国人在商业文明、消费者文明、商业创新想象力方面需要新的提升。这里涉及全球消费文化可能扩展人类的、不

---

① ［英］莱斯利·斯克莱尔：《资本主义全球化及其替代方案》，梁光严译，社会科学文献出版社 2012 年版，第 73 页。

同民族的、跨民族的审美意识的交流，商业文明的发展就是社会文明的发展。跨国公司进入中国并不能简单地视为跨国资本主义的压迫性力量；它还有另外一面，即它带来新理念、带来文明的生活方式的进步，它改变我们心智的某种东西。新的现代主义理念就是让新的材料，如木板、钢材、面料等，创造生活的质性，创造多样的风格。同时，跨国商业活动的消费主义实践也推动本土经济的发展。在具体的消费活动中，按商业规则的经济与文化交往，并不都发生在政治意识形态层面，它也发生在日常生活领域。

全球化并非仅仅是国家政治意识形态的推销与较量。不能时时用帝国主义、后殖民主义的思维来看待今天的中国与发达国家的关系。经济全球化也是商业、贸易的全球化；是消费者活动的全球化。它也伴随着我们重新发现现代性，发现新商业中人性，制度。文明发展中的更美好的东西，也包括那些来自世界各地、来自西方发达国家的生活品质、生活理念。"如果一味地否认现代欧洲（包括美国）在塑造现代性中发挥的变革性作用，（资本主义及其文化产品在全球所享有的统治地位与霸权是毋庸争议的事实），恐怕也会导致我们在摒除一种蒙昧主义的同时进入另外一种蒙昧主义。"[1]

宜家在互联网上有官方微博，宜粉很多。宜家家居的空间，延伸到网络空间里，宜家的商业模式至今中国没有一家本土的商家能够超越。各个民族的文化虽然没有优劣之分，但实际是有互补之功能。宜家风格中可让人联想到波希米亚风格的文化影响与创意，及现代主义的审美理念。日常生活中的装饰艺术、装饰理念、审美情趣，作为消费文化的一个支脉，随着中国人生活水平的提高、随着全球化的影响，越来越多地被中国年轻一代所关注。

一些西方文化价值慢慢地渗入东方社会（像宜家这样的）；另一方面，西方社会也日益地被东方文化所熏陶，如瑜伽、佛教理念等开始在西方流行。从总体上说，商业文明促进社会文明，商业文明，也要求提升消费者文明。从宜家家居的开放、体验式经营实践来看，中国消费者的素质

---

[1] 阿里夫·德里克：《后革命时代的中国》，清华大学国学研究院主编，上海人民出版社2015年版，第20页。

明显跟不上宜家的商业文明的理念。如一些消费者不爱惜体验中的商品，造成不应当的损耗；不文明地久躺在销售的席梦思床上；宜家公厕被弄得很脏等；在餐厅里吃完后不愿意把餐具盘送回架子上等等。在这方面，最差的质量不是物的商品，是人的素质，这是需要深刻反思的。

英国学者莱斯利·斯克莱研究了"全球化与日常生活的问题"。他谈到了其主观方面与客观方面。"主观方面，是从个体的观点看待全球化，人的生活怎样受到全球化的影响。反过来说，他自己的决定（例如，媒体运用、工作情况、选举行为、消费选择等）在影响全球化的结构方面发挥着作用。客观方面，则是从全球化力量（媒体公司、决定政治结构的全球性经济力量和制度、全球性市场营销等）本身出发。"①

全球化与日常生活的主观方面，会受到每个人具体的体验、利益与需求的影响。例如全球化发展了中国的服装面料市场，没有人会拒绝丰富而性价比高的穿着面料的选择；但如果一个青年人正好在中国开发区里做中层管理，这个工业园区的效益很好，使得他个人的收入提高。他会想到生产那么多很好呀！如果某个青年人的家，就住在化学园旁，园区内加工制造新型纤维材料会有气味飘出来，那么，他经常会想：我的孩子、我的家会受化学工厂气体的伤害吗？而这些化工材料又是提供新的布料的原料，年轻人的感觉就会发生变化？主观方面又是和客观方面，与跨国公司、政府的公共意识与风险管理联系在一起的。

英国学者莱斯利·斯克莱尔在其《资本主义全球化及其替代方案》一书中提出了存在着一个全球体系，其结构围绕居主导地位的跨国公司的构成。一个跨国性的资本阶层；一种消费主义的文化——意识形态。南京宜家依然有这一面，它还是属于这个跨国性的资本集团。在宜家的新浪微博官方网页上，宜家在介绍自己的商品。如宜家介绍自己使用了"柔软、透气、可再生棉花，所以质量比较好"。网友便问：是哪个国家是代工厂？宜家代购回答，"纺织品目前多数都是巴勒斯坦产地，还有部分中国的"。从这个回答我们看到了庞大的宜家王国在全球的生产链。

宜家这样介绍自己：你知道"更优良棉花"吗？宜家喜欢使用柔软、

---

① ［美］莱斯利·斯克莱尔：《资本主义全球化及其替代方案》，梁光严译，社会科学文献出版社 2012 年版，第 2 页。

透气、可再生的棉花。但以往的棉花种植常对环境及种植者造成危害，因此，宜家和棉农合作！减少化肥和杀虫剂的使用，以更有效的方式种植，用水量将大大地减少，到 2015 年底，宜家使用的所有棉花都将来自于更可持续的生产方式。

李嗣永：回复@宜家家居 IKEA：谢谢，我就是问问具体是什么从哪个国家做的代工了……（今天 00：33）｜ 查看对话｜ 回复

宜家家居 IKEA：回复@李嗣永：有问题不要急哦，欢迎来拨打我们的宜家客服热线：4008002345（人工服务早 9 点—晚 9 点），或登录我们的官网（www. ikea. cn）进行查询～（8 月 30 日 23：51）｜ 查看对话｜ 回复

宜家家居 IKEA：回复@苗壮成长记：谢谢您对宜家的关心～如果有新店开幕的消息，我们会第一时间发布，请耐心等待哦～（8 月 30 日 23：50）｜ 查看对话｜ 回复

和小蜗牛去散步：回复@被踩死的小蚂蚁：因为不锈钢是进行了防锈处理的钢，而钢是加了碳的铁，铁是可以被磁铁吸住的。@宜家家居 IKEA（8 月 30 日 23：30）｜ 查看对话｜ 回复

被踩死的小蚂蚁：在宜家买的不锈钢筷子筒@宜家家居 IKEA 为什么会被磁铁吸住？求解答！（8 月 30 日 23：25）｜ 回复

李嗣永：回复@痞子群嫂宜家代购：哦哦，那看来在中国产的还是相对于巴基斯坦少是吧？姐姐？（8 月 30 日 23：03）（1）｜ 查看对话｜ 回复

痞子群嫂宜家代购：回复@李嗣永：纺织品目前多数都是巴基斯坦产地，还有部分中国的。（8 月 30 日 22：58）｜ 查看对话｜ 回复

达摩小野人：转基因棉花？（8 月 30 日 22：56）｜ 回复

![头像]苗壮成长记：哈时候宜家能开在哈尔滨？（8 月 30 日 22：38）
| 回复

![头像]李嗣永：这是中东人还是印度人？宜家的产品都从哪个国家弄的啊？（8 月 30 日 22：38）| 回复

这些是宜家微博跟帖，反映了网友对宜家的跨国生产线及产品安全的关注。

同时，在跟帖的评论中，一些顾客也认为商品太贵了。宜家家具是小趣味的，但东西就是太贵。宜家家具都不便宜，看上去很随意的家具，如斯德哥尔摩车餐边柜，一看标价就是 2999 元；一个斯德哥尔摩高背扶手椅是 3499 元。一个斯德哥尔摩床架，就是 6999 元。不能以为宜家追求简洁，就认为宜家卖的是便宜货。宜家家具把设计费放进去了。贵，也许是品质的象征。不然，我凭什么相信你呢!？

从总体上说，宜家的设计还是以中产阶级为对象的，而且是以受过教育的年轻人为主要对象。没有一定的受教育水准，其实宜家整体的氛围便理解不了。同时，宜家的家居并不便宜。所以，只有宜粉、或达到一定收入时，才会买那些贵而有特点的家居。宜家的整体氛围由于它清新雅致的氛围，中下层也能在这里买到自己喜欢的某个小东西。所以吸引了大量的年轻人到这里。在微博上可以看到很多人希望宜家能建到西安、厦门、福州来。

宜家货物的原料来源，商品供应链是属于跨国性的资本运作，所以可以找到巴基斯坦、印度、中国这样的生产供应商、供应基地、供应链……另外，宜家用自己的设计感、清新的风格、变化简洁的设计感、精湛的工艺、奇妙的想象力，无限搭配的色彩，也在扩大消费主义意识与实践。

尽管宜家的宗旨是追求环保、简洁的，但宜家的营销理念却是不断的设计创新、充满时尚的青春的活力。跨国资本的消费主义意识的引导，来自于经济、资本、创新战略，并再生产一种消费生活方式。所以，消费的快乐，也就和不断地扔东西的习性联系在一起了。当代青年是这种生活方式的享受者、参与者，又被消费主义的结构所限制。正如哈维所说的，"福特主义国际性的进展把大批世界人口吸收到新型资本主义的全球动力之中。"① 宜家在中国一、二线城市开设店家，已是供不应求，给中国增加了就业机会与税收及城市商业风格。文化现代性与跨国的消费主义生活方式都被塑造出来。中国政府正推进供给侧改革、拉动消费，扩大中产阶层消费，我们应该肯定地说，现代消费文化发展的另一面，就是成功的资本运作与商业经营。

第三节　空间距离、权力与认同
——仙林金鹰奥莱城对大学生的影响

一　问题的提出：豪华商城的空间社会化

中国快速的城市化、都市化过程，也是资本快速集中，重构社会空间的过程。都市化不仅是加快了人口的集中、社会组织的集中、商业区的集中，而且是一个空间的建构与社会化的过程。

南京金鹰国际购物中心是金鹰国际集团下的一个购物中心，金鹰国际集团，创立于1992年，是南京市批准的首家外资企业集团。拥有房地产开发一级资质，首期开发之金鹰国际商城，以其214米之超然高度成为南京城市现代化首推之标志性建筑。金鹰奥莱城隶属金鹰商贸集团旗下，为中国首家"第四代奥莱"，（奥莱购的意思是经营国内外知名品牌折扣精品）。它地处南京栖霞区风景秀丽的仙林新城中心位置，紧邻地铁2号线仙林中心站，距主城核心（新街口）25公里，为中山陵、栖霞山等几大名胜风景区所环抱。金鹰奥莱城位于南京市栖霞区学海路一号，地铁二号线仙林中心站，南京财经大学对面，并与整个仙林大学城相邻。笔者的研究假设是：

1. 豪华购物空间与青年价值建构有一定关联。当代中国商业化进程，新型商业空间的建立，是一种新的社会空间。一个重要问题是都市化发展中，大量商业空间的建立，它们不是孤立地只是作为物的交易过程的存在；它们也是一个价值互动的空间。购物中心会具有一种价值传播的影响

---

① ［美］戴维·哈维：《后现代的状况：对文化变迁之缘起的探究》，阎嘉译，商务印书馆2013年版，第179页。

力，影响青年价值观的建构。

2. 全球化的发展与深入，已使中国当下的大城市市民进入后城市时期的体验，其特点在于它不再是工业化的体验、不再仅仅是简单的城市理性、科层化的体验，它还是对新型媒体生活的体验，对新的商业主题公园、新的商业大厦的价值体验。

3. "豪华商城"的存在，形成无形的空间社会化。正是由于符号化的商业主题公园的存在，及青年大众对此熟悉、参与及消费体验，整个消费文化体系的整体才得以建立。豪华购物中心、商业公园，是作为一种当代文化体系的一部分出现的，它加强着体验式消费的空间吸引。"全球化与消费主义对当代日常生活的侵袭，是通过市场和观念两大特征的大众文化潜移默化的渗透的。"消费文化一方面是全球化市场经济中最具活力的产业；另一方面也是消费主义观念最积极、最有效的推广机制。

4. 现代豪华商业广场的存在，影响青年对自己的评价。现代豪华商业广场的存在，影响青年对自己的评价。这是大众传媒的原因，不是当代青年个体的原因。当代消费文化已经深刻改变了我们的私人生活空间和社会生活空间，极大地改变了经济政治、文化和社会形态，改变我们对生活方式的认同。

金鹰奥莱城是仙林新城的地标式建筑。由 6 座主题、200 余间时尚品牌折扣店，超大停车场，影院、大量国际餐饮连锁、美容 SPA、高端超市、银行等数十间特业组成，是集购物、休闲、娱乐、度假等为一体，由市中心乘地铁 2 号线直达仙林中心站，约 30 分钟，紧挨着南京仙林大学城。

金鹰奥莱城本身又是对城市近郊的快速征地、城市化的高速发展的成功，将推动了消费文化在新的城区迅速拓展。它的品牌、广告、精品折扣的号召力将把"人们的思想观念和日常经验重新加以一体化"，这是一个消费文化的社会化过程。在新的城市化、大众化的进程与建构中，金鹰奥莱城的符号运作，将持续地强化消费时代的理念。哈维曾用了杰姆逊的话强调"后现代主义空间的各种独特性是一种新的和有历史根源之困境的征兆与表现，那是一种涉及到把作为个人主体的我们嵌入到一系列多维的、完全不连续的现实之中去的困境”。①

不管年轻学子的家境是贫穷还是优越，不管他们在学习期间是否愿意
以一个豪华商城为邻，“一种涉及到把作为个人主体的我们嵌入到一系列
多维的、完全不连续的现实之中去的困境”的说法，很能让人反省。

高档的商业大大厦与年轻的没有收入的大学生（还有相当数量的来
自农村的大学生），似乎并不发生现实的关系。但大学生们周末出来放松
时，这里的有国际影城、必胜客、麦当劳、果燃点心店等，它们都不是传
统小吃。这在消费时代与娱乐时代的交互并存中，年轻的大学生会做怎样
的选择？商业审美似乎也在生产哈维所说的“不受限制的个人主义和追
求个人的自我实现的浪漫”。各种商业符号、国际大牌明星广告、明星代
言人的风采，会伴随着更多的主观性的东西。因为当下的中心商城都是体
验式的，力图给人以身临其境的快乐与发现、开放式的主体感受。

二　空间的距离：豪华商场的空间社会化的多重反响

笔者通过对仙林大学城的部分大学生的多次访谈与座谈，通过对南京
大学、南京师范大学、南京邮电学院、南京财经大学等学校同学的问卷调
查②，得出以下的分析与结论。

（一）仙林金鹰奥莱城在大学城的旁边，反映了消费社会化的普遍性

仙林金鹰奥莱城，是一个提供白领阶层消费的高档的商业区域。构建
设计时，拟想是以仙林新城居住的中产阶级、大学教师作为潜在的市场对
象。但也无意，或有意地使仙林大学城无数年轻的大学生与之“近在咫
尺”之间。他们有可能在学习劳顿、寂寞时来光顾它，或在周末消遣时
来光顾它。金鹰奥莱城对于大学城的同学，就是一个“他者”，是他们娱
乐场所，是他们娱乐生活中一个潜在的节目。

---

① ［美］戴维·哈维：《后现代的状况：对文化变迁之缘起的探究》，阎嘉译，商务印书馆
2013 年版，第 382 页。

② 2014 年，笔者对南京师范大学、南京邮电学院、南京大学、南京中医药大学、南京医学
院部分大学生的问卷抽样调查和座谈。总样本数 500 份。被调查同学的基本情况：护理 178 人，
会计 91 人，软件工程 53 人，信息安全 20 人，计算机技术与科学 16 人，地质学 38 人。基本上都
是大一大二的学生，共占 85%。年龄集中在 19—21 岁间（占 88.6%），其中女生（61%），男生
（39%）。超过一半的大学生每月生活费在 1000—1499 元间。34.1% 的学生每月生活费为 500—
900 元。绝大多数学生每月勤工俭学的收入都在 500 元以下。

在这里，"购买广场是消费的教堂"，成为一种隐喻与吸引。这种隐喻既魅惑又具普遍性恰恰是因为它确实传达并建构了关于消费主义的知识。对大学生来说，更可能是一个娱乐性游逛的天堂，是一场非正式的商业文化、消费文化的社会化过程。

中国自20世纪90年代末拉动房地产改革以来，产业分化、财富分化、阶层分化的速度加快，房地产大发展带来大量的土地资本的经营，拆迁、卖地、征用农田的土地财政，它既有非农化进程加快的一面，又是城市商业化、城市化进程。一个突出的结果就是城市越来越大，盖得房子越来越多，房价越来越贵（大城市房价涨了十倍，有的地段还不止，南京仙林地区十年前曾是一片农田，现房子均价每平3万多）；城市购物商城越发豪华，普通的青年会感到生活压力越来越大。

另一方面，通过新建的商业大厦、新的购物广场，无数眼花炫目的商业广告，年轻一代已熟知了越来越多品牌，介入、了解其趣味化的风格，包括流行、时尚、餐饮、健身运动越来越多，消费文化的社会化也在加快，"个人的身份被表现得柔和、易变、无限开放"，以让人们融进这座大城市中的"伟大的现代形式"，"顺从于各种生活、梦想、解释的令人眼花缭乱和里比多的多样性"①。

这是一个新的商业环境的社会化过程，其意义并不比核心价值对我们的影响小，因为我们的生活观念与"生活方式已经被彻底改造了"。

这有什么过错呢？现代性体验本身就包含着消费行为的体验，特别是它本身体现了现代年轻人的接受变化、求新的意识。20世纪的大师、研究者齐美尔、本雅明、坎贝尔都关注、并揭示了时尚、大都市生活对现代人精神、求新心理的关系。伯曼更全面地描述说："有一种至关重要的体验方式——对空间与时间、自我与他者、生活的可能性与风险的体验——这是今天全世界的男男女女所共有的。我把这种体验的实质内容称为'现代性'。"成为现代性的，就是要在一种使人指望冒险、权力、享乐、成长、改变自我和世界的环境里找到自我——与此同时，这也有可能毁灭

---

① ［美］戴维·哈维：《后现代的状况——对文化变迁之缘起的探究》，阎嘉译，商务印书馆2013年版，第10、11页。

我们拥有的一切、我们知道的一切、我们现在成为的一切。① 用这个观点，可能解释那些执着于北上广打拼的"蚁族青年"，解释离开家乡到更具有冒险性、挑战性的地方，到国外去留学等选择的青年。不确定是一种未来情景，但不选择，便没有经历人生。可能会输掉一些选择，但不可以不去尝试。

就购物场所与消费者权力的关系来说，尽管这样的购物场所，有着服务于强者利益的商业意识形态，但商业的开放性，又形成一个"进入一个更优购物世界的入场券"，它接纳每个人。年轻的大学生还没有跨进金鹰奥莱城便看到了巨幅国际大牌商品的广告，广告画面上呈现很有国际范儿的时尚青年，这就是召唤。购买的具体行为，并不重要。贫富之间的差距也不重要，你不买也可以来我的商城玩。根据普莱斯迪曾经的研究，对于年轻人来说，特别是那些没有职业的，在这些消费主义的教堂中正渐成群体，在这儿，欲望被创造并被满足，商品的生产以及那些他们被禁止参与的特定活动，为消费主义的变更所唱颂。② 并非是具体的商品的满足，而是体验消费主义场景、幻境与符号的满足，或压力。这就是消费主义意识形态的社会化过程。

（二）大学生对金鹰奥莱城的态度是开放的、宽容的，也是分层的、多样的

从对20多个大学生的访问、座谈来看，当今大学生对大学城旁边有个高档的金鹰奥莱城的反映是开放的、宽容的。所谓开放的，就是访谈中从没有听到激烈的、愤怒的、厌恶的情绪。同时，很多同学去那里是有选择的，他们多半是只光顾过某个店铺，街区、电影院。

其实，在南京，很少有一个像金鹰这样等级的商厦里，可以看到这么多的青年大学生形象的人。他们也许是恋爱闲逛、与女友散心；或在楼下买换季的鞋子、或在奥莱城水果超市买一份水果，买一份点心；在流行衣服的折扣处买一件流行衫。这也许是传统时期大学校园边不可能有的事。

事实上，金鹰奥莱城已成为一种"社会公共空间"。它就是一个正当、热闹、充当某种较高档次的青春休闲的地方。比如大学生们会团购后

---

① 周宪主编：《文化现代性读本》，南京大学出版社2012年版，第8页。
② ［美］约翰·菲斯克：《解读大众文化》，杨全强译，南京大学出版社2001年版，第15、16页。

来这里影院看电影，算是一个班级活动。家庭条件好的同学，会结伴来这里的广场散步、去必胜客美餐、放松心情。笔者每次去金鹰奥莱城的必胜客里都是满满座的年轻人。（当然，这些年轻人中会有教师、研究生、大学生等）。

在 500 份小样本的已回收的问卷中，在回答"金鹰奥莱城建在大学校区旁，加强了学生对城市生活方式的幻觉与压力"这一问题时，赞同的同学是 28.1%，不赞同的占 25.4%，觉得很难说的占上 46.5%。可见看法上差异是很大的。

在对"对仙林金鹰奥莱城不应该建在大学城旁的态度"上，45.6% 的同学觉得很难说，22.9% 的同学赞成；不赞同的占到 31.5%。

可以看出现在的同学的思想开放、多元的。我们很难用一个绝对的对错概念，来判断一个大型商业中心对同学的作用。大学生中会用一种平常心对待这样的豪华商厦。他们似乎习惯了有自己的看法，也允许别人有和自己不同的看法。在具体面对一个社会现象出现时，视角、结论可能非常不同，这就是 90 后所处的这个时代。

由于金鹰奥莱城的商品都是国际、国内的上好品牌，其价格即使享受了折扣，也不是大学生们能普遍消费的。但它是一个并不枯燥的大厦，它的娱乐、休闲功能正在成为其魅力的一部分。从问卷来看，大学生们虽然不大可能经常在金鹰奥莱城商业区买东西，但是同学中去过电影院的，占到 46.9%，去过麦当劳的占到 44.6%，去过那里的必胜客的占到了 19%。一些同学认为有这么个豪华商城在大学旁边没有什么可见怪的。"没什么，现在谁还只在食堂吃饭，总是要到校外转转"，这种看法已占了 36%。所以，笔者认为，大多数大学生总体上接受了这种生活方式。

（三）阶层、家庭经济收入的差异反映在同学对金鹰奥莱城的态度中

由于大学生性别、性格、经济收入、个人喜好的差异，这种社会化的影响是不一样的。从对大学生访谈的情况看，这个趋势是无疑的。其特点是女同学比男同学更愿意去、谈恋爱的同学更愿意去，有点家教收入的女生愿意去，更多的同学可能是去那儿看电影、吃麦当劳、必胜客，而不是买时装的衣服。

一些女生周末会去流行打折款的专区去。有的女同学在访谈中说，"每次感觉都很好，总能淘到合适的，钱比正品少，4 折、5 折，很划

算"。访谈中，也有同学轻描淡写地说到曾在金鹰奥莱城买过衣服。"一个家教，就把花的钱挣回来了，多做点家教好了"。从访谈来看，这样的女生占的比例少。也有同学的反映是非常冷漠的，认为这个商场和我没有任何关系，它的作用远不及一座普通的城市超市。

> 那个金鹰奥莱城，和我没一点关系，只和同学一起去那里吃过一顿饭，是和全班一起聚会。这个奥莱城的作用完全不如一个普遍超市。我连看电影都不会主动去哪儿，我可以在网上看。现在的年轻人都很物质、很重视金钱。不是我们想追求，而是社会变得很物质、很金钱，我们也不得不这样，大一来的时候还有一些理想主义，现在没有了。
>
> ——Li，大四的同学，94 年

> 在这个太物质的世界，我们现在想得是如何生活下去。我们关注自己的生活，关注家人的生活。
>
> ——Zhong，大学四年级，94 年

调查中发现占多数的大学生对"消费主义"不感兴趣。其兴奋点完全不在时装、流行上。商场、街道上的时尚广告对他们"不来电"。他们中很多人的衣服是父母们给他们买的，或者自己在网上买。座谈时，笔者感到很多同学很清醒，会反思自己现在与未来的生存。

> 我们不知怎么，就成了精致的利己主义者了。我们整天关注自己的综合测评分，关注怎样才能加分，千方百计给自己弄很多奖，我们成了精致的利己主义者了。这个词本身是不好的，但是，它也在成了中性的。
>
> ——Ni，大学四年级，93 年

另一个有意思的答案是，问卷中反映出，周末去商业区娱乐是较普遍的选择。仙林大学城的同学会在周末乘坐地铁去南京中心市区的其他商业广场或公园。

在回答"除了去金鹰奥莱城，假日还会去南京市区哪些商场?"同学

们的回答中，去麦当劳的占 37.3%，去宜家的占 8.9%；去星巴克的占 14.6%；去必胜客的占 23.5%；去金鹰新街口店占 20.7%，去新街口莱迪商场的占到 21.7%；去看电影 30.8%，同时，还有去南京本地品牌的商场的。如新百、中央商场，占 29.1%；去夫子庙商业街的占到了 37.3%，等等。这些选择体现了中国大城市的青年一代已接受娱乐时代的休闲价值。

问卷调查中另一个特点是价值认同很分散。如对"仙林金鹰奥莱城购物环境优雅，去那闲逛或散步很享受"的看法，有 36.6% 的同学持"赞成"态度；有 42.6% 的同学觉得"很难说"，我们很难做一个确定的价值评判。在大学生去仙林金鹰奥莱城商业区活动的内容方面，问卷里的回答是："和同学一起玩玩"的占 50.7%，"去看电影"占 49.5%，"偶尔买点便宜的商品"占 31.3%。仅 13.8% 的同学是"从来不去"金鹰奥莱城。

普莱斯迪创造了"无产者的购买"的术语，"来描述这种无意购买的窗口式购物"。他认为，"青年们消费的是影像和空间，而非商品，这是一种不会产生效益的感官消费"。① 但这又是消费主义文化对阶层化的选择的影响。在问卷中，青年人表示来奥莱城"买打折后的商品占 21.9%；买过流行款的衣服 20.5%；什么都不买，只是看看 29.8%"。因为每一种活动、每一种商业活动，都会在现代生活方式中扮演一定的功能。这种生活方式的利弊始终是存在的。在对于"金鹰奥莱城传播了时尚文化，增加了对欧美品牌及生活方式的想象"，36.5% 的同学表示"赞成"；有 28.8% 的同学认为"很难说"；22.7% 的同学认为，"我们从来没有想过这样的问题"；还有 10.3% 的同学认为"这不算什么"。这些回答上分散的。

在关于"金鹰奥莱城经常成为同学们散步、休闲之地时，也增加了消费的开支"的看法时，53.5% 的同学表示赞成；认为"女同学更容易多花钱"的占 30.1%；认为"男同学愿意为女朋友花钱"的占到 23.4%；对于"谈恋爱的男同学，去那里会有压力"的回答占 22.2%；

---

① ［美］约翰·菲斯克：《解读大众文化》，杨全强译，南京大学出版社 2001 年版，第 17 页。

认为"多花钱，买快乐，没什么大惊小怪的"占12%。如今同学们各自的经济条件不一样，去奥莱城的感受、方式也不同。

在态度与价值取向的背后，是阶层经济地位与利益的权衡。在对"每次去仙林金鹰奥莱城转悠时，有什么感觉"多选回答中时，认为"消费不起，没有钱"，占29.1%；"钱太少，很压抑"，占18.8%；认为"不是我应该去的地方，它和我没有关系"，占17.1%；"有时会有自卑感"，占5.2%；"我对那些时尚牌子毫无感觉，占30%。"既不压抑，也不快乐"，占30.2%。认为"还是比较快乐"的，占了16.7%；认为，"非常喜欢校园旁有这样一个有档次的商业广场"，占15.7%；认为"我会很羡慕家里有钱"的同学占2.7%。

有些同学在座谈时表现出非常成熟的消费观与生活思考。

> 没有什么羡慕和不羡慕，每个人的家庭情况是不同的。我有记账的习惯。最少时一个月花450—600之间。现在到800，最多到1000。物价贵从食堂的菜价也反映出来。我们家的曾祖父是很有地位的，但后来家道中落。父亲下岗做保安，母亲汽车修理工，生活还是非常节省。但我非常爱读书。看宗教类的书、神话的书，喜欢中国最传统的那些东西。看《中国宗族史》、《苏南宗族史》，心能完全静下来。
>
> ——Zhuang，大学四年级，93年
>
> 我家在安阳，一个县城，没有一个图书馆。我的那些小学、中学同学，读了书后很多人都漂在北京，很辛苦。我对流行、时尚没有兴趣，有时在网上购物。回头算算还是多花了。"小清新"这些风格都是中学生做的，和我们没有什么关系。
>
> 现在物价贵了，食堂的菜也贵了。以前一天只花15元饭费就够了同，现在要25元。哎，国家发展很快很强，一联系到个人就很纠结。我挺羡慕我们老师的，物质生活与精神生活都很富足。
>
> ——Feng，大学四年级，93年

这个F同学的感叹反映了社会转型带来的生存与就业压力，特别是来自农村，没有任何啃老资源的同学，面临着即将毕业、寻找工作的生存焦虑。金鹰奥莱城，对于这样的同学，只是一个遥远的、敬而远之的、不

相干，不带任何想象的外来符号。

> "我的消费欲望很强，我会去网上买，会在网上看自己喜欢的品牌有没有新款、有没有喜欢的衣服。我喜欢穿。但去金鹰奥莱城买东西，是很愚蠢的，又贵又丑。"
>
> —— Ba 大学大四，94 年

　　Ba 同学喜欢戏剧表演，喜欢穿着，但不喜欢金鹰奥莱城的东西，自己在网上淘。他用了又贵又丑来形容金鹰的衣服，他表达了这个时代审美的差异是很大的。他说等毕业了，我要去赚很多钱，然后去做我喜欢的事。

　　校园中也有一种来自中产阶层、家境厚实的同学，他们会无顾虑地出入金鹰奥莱城买衣服，但别的同学都会知道她或他是没有钱的概念，这样的同学的比例是很少的。

　　没有正式工作收入的大学生，虽然偶然也会依靠一些家教收入买一两件打折的衣服，或看到心仪的衣服试穿一下。

> "反正这里的营业员不可以拒绝，或嫌烦顾客。喜欢的就试穿一下，买不买无所谓啦，享受一下"。"但是，营业员小姐都能看出我们没有钱、是大学生，即使提供了服务，脸色也是不好看的。"

　　此情景会使一些受过教育的大学生感到很不好意思，另一些人则无所谓。可见，同学在这里体验的并非真的是一种经济需求，而是个体主义的意识，一种想参与的消费社会化的需求。

　　英国学者普莱斯迪在对澳大利亚的商场研究中发现，有 80% 的无业青年每周至少逛一次购物广场，并且几乎 100% 的无业女青年是这儿的常客。他认为，他们在消费主义教堂中的不同地位成为一种对立的文化实践，即"被剥夺了正常消费权力的年轻人正在侵入那些具有消费权力者的空间"。"这种'每个人'的平等当然也就是那些有购买力的人才能获得的平等。"[①] 这是消费主义的"商城乌托邦"中存在的阶层分化。

---

① ［美］约翰·菲斯克：《解读大众文化》，杨全强译，南京大学出版社 2001 年版，第 16、15、14 页。

当然，笔者研究的这批大学生，其举止是文明的。与欧洲购物商厦捣乱的"恶作剧精灵"——无业闲散的社会青年，是非常不一样的。但还是可以说明，购物广场成为一个文化实践的场所，"购物是消费主义的危机"。[①] 在中国，超前的商业广场新建浪潮中，大学生在仙林金鹰奥莱城的部分的休闲参与，也组成了金鹰奥莱城的商业风景及阶层购买心理。

消费社会化是一个潜移默化的过程。因为生活在这个时代、因为消费文化的无处不在，无时不在，其价值影响其实是强大的。"都市研究，不在于全球范围内都市人口的急速膨胀，或者都市化的广度与深度，而在于城市已经成为全球化矛盾的焦点，成为都市问题与更为隐蔽的文化问题的结合场所。"[②]

金鹰奥莱城是作为这样的一种全球消费主义生活方式存在的。它不是当代大学生的生活方式，却是当代大学生在"观看""参与体验"的阶层生活方式。他们在还没有能力去经营这种生活方式的时候，就提前学习、体验它。其中一个原因是原来的生活方式已经被摧枯拉朽般地破坏了。整个社会、大众的兴趣转向了消费和文化变迁过程。所以，在对问卷问题的进行回答时，很多同学对问题的回答，不愿意做简单的道德批判。这是时代的一个变化与进步。

全球化对于都市问题的深刻影响并不仅仅是经济上的影响，而且是当代人、当代年轻人生活中的时空观念的巨变。与全球化互为表里的消费主义，必须从文化研究的角度加以讨论。相对于过去那些工厂的烟囱、机器、厂房、校园前的小商店来说，中国新消费时空表现之一就是新型的商业大厦、商业主题公园的叙事，"消费主义"已不是简单的消费产品、小商品市场所能涵盖的。一个学历史的大一的 Wang 同学在访谈时说：

> 我喜欢老家的小巷子，巷子里有我喜欢吃的豆花与油条。我喜欢儿童文学，我一直订阅它，收集我能收集到的儿童文学。我们家开了一个小杂货店，我以前放学后就躲在里面看儿童文学。现在上大学

---

① ［美］约翰·菲斯克：《解读大众文化》，杨全强译，南京大学出版社 2001 年版，第 16、15、14 页。

② ［美］迪尔（Michael J. Dear）：《后现代都市状况》，李小科等译，上海教育出版社 2004 年版，第 1 页。

了，这种爱好，说出来都像有毛病的人。（我舅舅总是说我）现在要试着喜欢大城市的商业流行、欧洲足球赛的明星，至少让同学感觉到我是喜欢这些流行……

　　这个时代年轻人被召唤起来的文化现代性，是和新商业空间联系在一起的，是和后现代主义的美学影像联系在一起。"对时间与空间的体验已经改变。美学战胜伦理学成了社会和知识关注的主要焦点，形象支配了叙事"。[①] 这里指的叙事是历史的整体的叙事，也是个体经历中的生命叙事的改变。

　　正是在新的商业——消费空间的意义上，文化体系的整体才得以建立。当代消费文化其实深刻改变了青年大学生对私人生活空间和社会生活空间的看法，几乎每时每刻又在完成这个社会化过程。他们对金鹰奥莱城的态度，或冷漠、或乐观，或若即若离，都反映了这个社会及他们自身家庭所处的环境，——这个被极大地改变了的经济、政治、文化和社会形态，它是大学生面对的生存。相对于欧美的古老厚重的大学校园来说，中国新大学城的社区，本身就有文化建筑符号的同一化、单薄化的巨大缺陷，这完全不是因多了一个大商厦所能承担的。在访谈中，另一位南师大的同学说：

　　　　现今的社会，想当古代隐士，都很难，无处可逃。除了自己切实地追求一步步的消费主义生活价值与意义，没有出路，其他呢？还会有什么理想主义呢？

　　当大学生们微笑着反思自己也变成"精致的利己主义者"，理想主义因素已越来越少时，他们所能接受的只能是现实主义中找自己的位置。

　　在中国商业化进程日益发展的今天，社会与教育的责任，是帮助大学生们认识与实现日常生活中的积极价值与意义的追求，避免人性的扭曲，

----

　　① ［美］戴维·哈维：《后现代的状况——对文化变迁之缘起的探究》，阎嘉译，商务印书馆2013年版，第410页。

并在社会结构——制度的支持下得到健康成长。新的商业空间、豪华大厦林立，就是个中国消费时代的城市时空。埃德加·莫兰曾提及的"消费人具有两面性，一面是正常的、一面是病态的"[①]，在青年大众个体的社会经验的日益丰富中，要关注与研究他们遇到的问题，建构合理的制度通道、制度预期。现在许多学者担忧"阶层固化"，认为，"一个国家进入中等收入后社会流动性容易降低，而社会阶层固化会严重影响经济增长"[②]。这很重要。但还有一种"思想固化"也很可怕，就是社会环境驱使年轻人相信：只有"物质化""高富帅"，才拥有未来。

---

① ［法］埃德加·莫兰：《社会学思考》，阎素伟译，上海人民出版社 2001 年版，第 210 页。

② 颜色：《中国社会阶层固化有多严重?》，转引自《爱思想》(http://www.aisixiang.com)。

第十章　朝向"文化的全球化"：扩展与问题

文化的全球化是需要深入理解的世界趋势。对中国年轻一代来说，参与其间是一个再度"文化化"的过程。被全球化改变的当代青年的思想特点与价值转向，是中国社会转型的一个文化镜像。朝向"文化的全球化"的扩展与问题，存在着消费文化与后民族空间下文化适应的解释与问题。

第一节　文化转型与跨文化学习

一　关于文化转型与跨文化学习的理解

文化是一个相对宽泛的概念。从文化人类学角度说，文化就是一种人类经验，在文化的方面，最重要的是意义象征性的构建、表达和传播。从文化人类学的角度上看，社会转型就是文化转型。"如果社会被看成在一定生活方式下个体的组合，那么，文化就是生活方式；如果社会被看成社会关系的聚合，文化则是这些关系的内容。"① 近40年来，中国从封闭的民族社会向开放的全球社会的转变，从一个计划经济为主体的社会向市场经济社会、消费社会的转变，具有文化模式的特质被改变、被重组的意义。中国的社会转型，具有文化转型的深刻特征。最深刻的方面，就是被嵌入了现代性的全球化，包括经济全球化、文化全球化的过程。从社会发生学上说，所谓现代性，不是东方社会的产物，而是欧洲文明长期发展的结果。其进程与中国的儒家学说及社会结构完全不同。从文化转型上解释当下中国就更具有深刻性。

---

① 童星主编：《现代社会学理论新编》，南京大学出版社2003年版，第54页。

　　中国改革开放后，中国的 80 后、90 后，（当然也包括现在 00 后）在基本没有冷战时期社会经验的前提下，被经济全球化、文化的全球化带到了更大世界的文化经验中，"见证一个全球局面的生成，一些特定的人群也正被卷入到需要更灵活的分类的状态当中，这个状态几乎不可能去参照一套凌驾一切的文化规则"，并且"不带含混性地作出裁判"①。而中国消费文化的发展，包括流行音乐、好莱坞大片、走红的电视连续剧、世界旅行、追求时尚等，把跨越年龄的数代人带入了"跨文化文本"的阅读中。这就是笔者拟强调的消费文化下的文化现代性与文化全球化的关系。它所唤起与积累的文化体验是前所未有的。

　　当我们把"消费文化——全球消费生活方式——文化产业"，当成不同民族间在审美现代性方面沟通时，事实上就把跨文化学习作为一种积极的范畴。菲利普·R. 哈里斯认为，文化是"创造知觉和学习的手段，它支撑着所有的人类行为"。他说："我们喜欢的一个比喻是，把文化比作一颗漂亮的钻石——把它拿到阳光下，转动它，展现它有多个平面。"②在信息媒体全球化的时代，对跨文化传播的接受，及对文化差异的敏感变成新的现实。对跨文化传播、跨文化互动的研究已越来越为学界所关注。跨文化互动的社会学、管理学研究已经有了一些重要概念：（1）社会距离（social distance）。社会距离是指人与人之间的心理距离的远近。一定的文化模式总是在给个人提供一种文化舒适感。一般来说，同质性程度很高的本土文化社会，人与人之间心理距离就很小；一个异质性较高的社会，人与人之间的心理空间就要大一些。（2）边缘人与边缘状态。从某种意义上说，跨文化传播、跨文化体验是相对于民族中心主义、文化绝对主义标准而言的。民族中心主义即视自己的文化为中心，并以此文化价值观点衡量其他文化，认为自己的文化优越于其他民族的文化，民族中心主义是生活在文化绝对主义的氛围之中。这里涉及所谓的"标准化的社会性"，一种集体的民族性格，一种构成集体凝聚力的东西。由于跨文化、多元文化因素的出现，凝聚力很高、同质性很高的群体中出现了边缘人与边缘化状

①　[英] 迈克·费瑟斯通：《消解文化——全球化、后现代主义与认同》，杨渝东译，北京大学出版社 2009 年版，第 193 页。
②　[美] 菲利普·R. 哈里斯、罗伯特·T. 莫兰：《跨文化管理教程》，新华出版社 2002 年版，第 1 页。

态。（3）文化多样性。社会距离、边缘状态都显示出差异性。研究者发现，文化差异性产生人格吸引的魅力。文化多样性是跨文化互动中对文化差异性反映。差异性体现在很多方面。在跨文化交往中有很多范畴存在文化的差异。包括“自我意识与空间”，“交流与语言”，“衣着与打扮”，“食品与饮食习惯”，“时间与时间意识”，“价值观与规范”，“信仰与态度”，“思维过程与学习”，“工作习惯与实践”。这些方面并非一定是东西方文化差异，更多是民族、宗教、地域差异。对文化差异性容忍与理解产生文化多元性与文化整合。（4）文化冲击。文化冲击，最初是指西方20世纪60年代青年文化的兴起，对整个启蒙时代以来的价值观的冲击。其标志就是摇滚乐文化；现在又指西方文化，包括大众文化在全球化过程中对非西方世界产生的冲击。理查德·刘易斯强调说，文化冲击主要指“我们先前已有的价值观和坚定的核心信仰遭到重大冲击”。①文化冲击就是文化冲突。“文化冲击”的提法比“文化冲突”显得缓和一些。菲里普·R. 哈里斯说：“深层次的跨文化碰撞是具有刺激性的，也会产生心理上的烦扰，不同的结果来源于参与者不同的提前准备和实践方式。”② 这显然是一个乐观的积极式的思维角度。对待已经存在的“文化冲击”现象的另一方面态度，是对强势全球化的文化批评。他们强调，当今生产的跨国化是资本主义历史上前所未有的全球统一性的根源。“全球水平互动的中心问题是文化同质化与文化异质化之间的紧张关系。”③ （5）全球意识。全球意识是一种普遍主义意识。1991年版的《牛津新词语字典》把“全球意识”定义为“接受和理解本人自己的文化以外的文化，并常常作为对世界社会经济问题和生态问题评价的一部分”。这个定义强调了跨文化的彼此理解与接纳。美国学者詹姆斯·基布尼认为，全球化与其说是种文化压迫，不如说是一种文化解放，它使人们可以不必受本土文化的束缚，而借鉴其他文化，从体育运动到音乐，到穿着方式到文学，

---

① ［英］理查德·D. 刘易斯：《文化的冲突与共融》，关世杰译，新华出版社2002年版，第19页。

② ［美］菲里普·R. 哈里斯、罗伯特·T. 莫兰：《跨文化管理教程》，新华出版社2002年版，第139页。

③ 汪晖、陈燕谷主编：《文化与公共性》，生活·读书·新知三联书店1998年版，第527页。

这样的例子举不胜举。① 在广义的全球化的范围中，这种文化的解放，正在形成新的文化力。

二 文化社会学对跨文化互动的解读与扩展

尽管社会学、管理学对跨文化关系、跨文化互动已在很多概念、界定方面做过尝试，但文化社会学及 70 年代后的文化研究的发展，对跨文化互动现象提供了更多地观察与解读的视角。

1. 对经验现象的强调与梳理。跨文化现象，是人们的日常经验现象，是生活方式现象。雷蒙·威廉斯对经验与文化的再阐述产生很大的学术影响。他说，我们习惯了用政治和经济的术语来描绘我们的整个日常生活，但人们"对经验的描绘、学习、说服和交换的关系同样是基本的"。他把同一种文化中的人们所共同拥有的经验称作"感觉结构"。②

2. 对日常生活美学化、文化化现象的思考。文化社会学重视本雅明对机械复制时代的文化反省。本雅明探讨了 20 世纪通过录音、摄影和电影之类形式显现出来的复制技术的极度扩张带来了艺术作品的气韵（au-ra）的枯萎，艺术与日常生活之间超验感及距离的消失。他认为，一方面，这在艺术领域产生了去神秘化与民主化的效果；另一方面本雅明也发现了某种异化的美学、中断与分离的倾向。同时，费瑟斯通认为，消费社会并不仅仅是物质主义的一统天下。因为它向人们展示欲望的梦幻图像，将现实审美化又去现实化。"它是一种通过高度强调情感与同情来超越个人主义的运动，是一种新的审美范式。"③ 在全球文化工业影响下，日常生活美学化，也是跨文化互动的美学化。

3. 跨文化互动是语言的、符号的现象。当代文化研究深受符号理论的影响。符号语言分析对跨文化互动与实践产生着巨大的作用。根据索绪尔的语言学，一个符号的组成，由"能指"与"所指"来组成。"能指"用来作为符号媒介的形式，如声音、图像，形成文字的标记。"所指"，则根据概念和意义来被理解。重要的是语言的声音与记号之间的关系

---

① 詹姆斯·基布尼：《9·11 之后的全球化》，《经济观察报》2002 年 4 月 1 日。

② 罗钢、刘象愚主编：《文化研究读本》，中国社会科学出版社 2000 年版，第 7—8 页。

③ ［英］费瑟斯通：《消费文化与后现代主义》，刘精明译，译林出版社 2000 年版，第 35 页。

（能指），以及它被用来表示什么意思（所指）不受任何固定永恒的关系约束；它们在意义安排上可以是任意的。这就使得具体的文化情境与个人解释空间变成多样的可能性。之后，巴特认为，所有的神话都是文化建构的。它们可能根植于语言与解释。文本的意义包括本义和延伸义。"本义"是意义描述的文字层面；"延伸义"通过连接"能指"指向更广泛的文化关注所产生的意义。"延伸义"关注那些从一个给定的符号增加出来的意义。索绪尔与巴特的理论代表了一种结构主义的语言分析，帮助人们打破了文本作为意义载体的绝对化解释。在今天，在跨文化的文本符号不再具有一种稳定的本义。文本是由社会环境中的符号所构建的，并且处在不断被阅读者的解释中。

斯图加特·霍尔提出的"编码与解码"的解说，解释了文本在文化传播（跨文化传播）与互动中解码与再编码的可能性。在观众的"解码"阶段，起主导作用的是观众的价值观与意识形态。作品的"编码"通过话语的流通被再生产出来，并存在多种解读立场。这让我们更多地关注接受者在跨文化传播中的自我体验、自我建构过程，这其实是一场个体社会化。

4. 在跨文化互动中的文化、阶级与权力问题。文化研究及文化社会学关注文化与权力的关系。从葛兰西的"文化霸权"理论，到福柯对话语与权力的质疑，文化学者对青年亚文化中风格政治的发现、对社会性别与政治的探讨；再到萨义德的后殖民批评等使跨文化互动的研究，不再以欧洲叙事为中心，不再局限于现代性的功能主义阐述，也不再局限于传统的工人阶级运动问题。它使我们对跨文化现象持有一种更广泛的文化批评立场。"形形色色的认同政治也越来越重要，它们的基础不再是较为传统的那些社会经验，而是种族、社会性别、性本性、年龄、生态之类的关注。"①

随着文化传播加快，全球数字文化消费与移动数字时代、自媒体时代的到来，在新的代际阅读者中，"东方"印象，未必是萨义德说得西方"东方主义"的被动影响者。这里存在一个跨文化互动中认同的再解读、

---

① ［英］布赖恩·特纳：《社会理论指南》，李康译，上海人民出版社2003年版，第457页。

再建构的空间。受过教育的年轻一代正通过全球文化产业的接受，主动参与跨文化流通与解释。

三　跨文化互动的个案描述——"外国影视字幕组"

外国影视字幕组——是指主要来自中国大陆，少数来自台湾、香港以及分布在世界各地的华人，自愿无偿地奉献自己的时间与劳力，为国外的影音文本制作中文字幕，并将之广泛地发布于各式各样的网络论坛中，使得华语的观众很轻易地通过网络下载，视频网站的点阅，欣赏到最新最快、免费的、已配好中文字幕的影音节目。

从某种意义上说，当代中国年轻人的"跨文化主义""世界主义"意识是从阅听欧美日韩影片（包括港台片）开始的。这是跨文化学习、跨文化视听的魅力。中国青年在经历了"文革"的极左思想的扭曲后，重新阅看各种译制片，阅看带有中文翻译的欧美电影，是一种享受、一种表达与反思的需要。

网络字幕组，是将外国影片配上本国字幕的爱好者团体，是帮助想看海外电视、电影、英语听力水平还不能独自看欧美电影的年轻人，使他们免于语言的麻烦，网络字幕组受到普遍的欢迎。字幕组是一种诞生于互联网时代的新事物，属于一种民间自发的团体组织。字幕组是由爱好者们根据个人兴趣所组成的团队，并且字幕组并不以营利为目的，爱好者们制作字幕只是因为自己对某部作品的喜爱，以及由此而产生的兴趣。同时，字幕组也成了许多人锻炼自己外语水平的一个平台。由于美剧和日本动漫在中国国内的流行，需要字幕组的已经不单单是国外的电影大片；已经发展到制作美国电视剧字幕的美剧字幕组和制作日本动漫的动漫字幕组。

通常情况下，从引进、翻译完成一部外国影视资料，要经过一系列严格的流程，且都得经过主管部门审查。这意味着一部好的影视作品呈现于观众面前时，早已不是"新鲜货"了，于是字幕组应运而生。字幕组成员普遍年轻，喜欢使用流行语言，使作品颇具时代感。以美剧为例，很多网友认为，字幕组的翻译不像专业的翻译那么生硬，诸如"给力""神马""浮云"等网络热词层出不穷。简单的一句"你懂的"，就能博得网友们的会心一笑。

字幕组的出现，促进了海外精品节目在互联网上的流行。在国内，不仅有许多"美剧迷"，还有为数众多的"日剧迷""动漫迷"，现在又多了一群"公开课迷"。进入 21 世纪以后，随着网络宽频的普及化，中国国内 BT、电驴等 P2P 共享软件逐渐盛行，海外各类型大众文化产品通过互联网的平台进入中国人、中国年轻人的视野，并吸引着正在学英语的上初高中、上大学的青年。根据好搜百科介绍各路的网络提供阅看外国影片服务的字幕组共达 243 个之多。在新浪微博上，破烂熊字幕组有 158 万粉丝；人人影视字幕分享有 467 万多粉丝；风软美剧字幕组有 23 万多粉丝；subpig 猪猪日剧字幕组有 265 万粉丝；EF 字幕组有 29 万粉丝，它的标签是"做自己喜欢的，喜欢自己做的，加入我们"。"字幕君愤世出长安"，有 4300 个粉丝。BTS 字幕组有 70 多万粉丝。可见，这些字幕组的广泛的社会影响力。

字幕组现象的意义是值得论证的：首先，它的存在是一个语言、文本的解读现象。它本身涵盖了青年一代阅读中的自我编码过程，创造文化学者们关注的阅读意义及符号能指与所指的延伸；其次，它代表了青年大众对跨文化交流的强大需求。字幕组推动的是一个潜移默化的、跨文化互动的青年社会化过程，仿佛早就"在一种迥然不同的文化中生活并浸淫其间"，深深影响了 80 后、90 后、00 后的价值观、审美观；其三，它代表了互联网时代的"跨文化互动"的文本传播与共享。互联网提供了历史上从来没有过的广泛了解其他民族文化的可能性。随着外国语言的阻隔减少，字幕组的工作创造了跨越母语的公共阅读空间。《纽约时报》曾称中国字幕组现象为"打破文化屏蔽的人"。网友们则称他们为"网络时代的知识布道者"。有学者评论说，"一种结合新自由主义工作伦理与非盈利的利他主义的特殊劳动新价值被创造出来，中国字幕组所产生的新自由主义式的竞争，与中国于全球市场的崛起，期望快速赶上全球化下最流行的消费与现代性有密切关系"。[①] 对转型中国来说，字幕组的翻译提供了"文化社会学"意义上广泛的代际区分空间。一个时代的审美，就是它的语言与思维。跨文化体验的差距，就是代际文化经验的差距，这是当代年

---

① 胡绮珍：《中国字幕组与新自由主义的工作伦理》，《文化纵横》2017 年 6 月 20 日。

轻人成长的最大特色。"这让他们无须和长辈对抗和反叛就能够很自如地找到自己的生活空间。"① 最后，作为中国特色，字幕组现象也会伴随着某种知识产权及盗版问题产生（美国没有与中国相像的"字幕组"现象的存在）。多元文本混杂化的社会化及问题也由此存在。对于后发展国家来说，全球化下消费文化的发展，资本与经济发展的作用，客观上推动着作为社会过程的跨文化互动、跨文化传播。它是文化现代性生长的新的空间，它存在于多角度的解释中。

第二节　文化全球化："文化现代性"与"消费主义"的讨论

一　文化全球化与消费主义

文化社会学讨论现代性的文化分析是从齐美尔的思想谈起的。齐美尔深刻之处就是告诉我们"现代性"的文化是货币文化、金钱文化。它的文化的进步性与其分裂性是同在的。我们未见齐美尔专门论证全球化，但齐美尔看到了货币的客体文化与主体文化相分离的美学悲剧；他甚至看到时尚活动体现的阶级运动——平均化、分化化趋向。这些都准确地预见了全球化下的重要文化现象。即文化的全球化离不开金钱文化的资本活动；与资本经营相联系的文化全球化，依然不断扩展客观世界与主体世界的矛盾；时尚活动是全球阶级流动与分化的一个侧面。罗兰·罗伯森对此评价说："在齐美尔那里，我们看到，在其对一般意义上的生活形式的关注框架中，他相对而言，离开了社会问题本身，导致了与用于全球化概念的理论术语相关的思想的产生。"②

对于全球化的文化现象，马克思在《共产党宣言》中就指出了文化的全球化是生产与消费的世界性的产物。马克思说："资产阶级，由于开拓了世界市场，使一切国家的生产和消费都成为世界性的了。""过去那种地方的和民族的自给自足和闭关自守状态，被各民族的各方面的互相往来和各方面的互相依赖所代替了。物质的生活如此，精神的生产也是如

---

① 张颐武：《中产文化和社交媒体下成长的90后，如何不负此生》，《社会科学报》2017年5月28日。

② ［美］罗兰·罗伯森：《全球化社会理论和全球文化》，梁光严译，上海人民出版社2000年版，第35页。

此，各民族的精神产品成了公共的财产。民族的片面性和局限性日益成为不可能。"①

关于文化全球化的理解，学者们有一些不同的观点：一些学者认为所谓文化的全球化就是文明的冲突。如麦当劳化、同质化、杂交化；有的认为不存在全球化的文化，如果存在，只能是消费文化；也有的认为文化的全球化就是文化工业的全球化；还有的认为文化全球化是欧洲中心主义或者西方中心主义的现象，应该寻找替代方式（比如后殖民主义批判的观点）。戴维·赫尔德区分了文化全球化的早期与近期。他说，文化全球化，作为一种符号与社会认同的跨地域、跨文明的传播与互动过程，有着深深的历史根源。在现代世界宗教和帝国精英文化形成之前，文化全球化已经达到历史高峰。从 18 世纪晚期起，这些较古老的文化全球化形式的重要性已经被取代了，主要是由于民族国家、民族文化和民族文化制度等的出现，以及新的西方意识形态和思维模式——主要是自由主义、社会主义和科学等模式的形成和传播。赫尔德认为，尽管从 19 世纪 50 年代以来新的文化传播有很大的发展，在过去 200 年的大部分时间里，有效的文化力量对比仍然局限在民族国家和民族文化。

20 世纪末 21 世纪初以后，文化全球化更为显著的与经济全球化相伴，并且文化全球化与消费主义的直接相联。赫尔德强调，"在全球化的诸种体现形式中，几乎没有什么像国际品牌、大众文化偶像和工业品以及卫星向各大洲成千上万的人现场直播重大事件那样如此直观，覆盖面广并且渗透力强。全球化最大众化的象征包括可口可乐、麦当娜和 CNN 新闻"。② 人们最直接感受到和经历的全球化形式是文化全球化。表现为：

新的文化全球化，体现为经济文化化、文化经济化与消费主义的联接。尽管对于文化的全球化，学界还存在诸多关于意识形态、价值观同质化与全球风险的担忧，但是，经济全球化趋势又是不可阻挡。20 世纪 90 年代以来，通过跨国资本的运动，世界品牌、全球时尚的商业活动巨大经济链，拉动了全球的，特别是中国这样的国家的新的经济结构，开发了青年人、中产阶层

---

① 《马克思恩格斯选集》第 1 卷，人民出版社 1972 年版，第 254、255 页。

② ［英］戴维·赫尔德等：《全球大变革：全球化时代的政治、经济与文化》，杨雪冬等译，社会科学文献出版社 2001 年版，第 456—458 页。

的欲望，创造了他们的持续的欲望与新的需求，推动了消费主义观念及生活方式的传播与生产，形成了詹姆逊说过的"经济化到了文化里，文化化到了经济里"的格局；这也是贝尔所说的"经济在生产文化所需要的生活方式"的世界现象与中国现象。中国在近几十年中已经完成了消费社会的"空间革命"，即城市商业化中消费场所、空间、符号化的设计。一、二线城市完成了中心商业区、中心商场的时尚、流行消费的设计与普遍建构，使得中国成为与世界的时尚运动、流行运动相接轨的新飞地。万达集团已在全国开业 133 座万达广场，所建之处往往都成为当地的地标性建筑。中国从完全没有品牌概念，到对 LOGO 盲目追捧，再到如今的个性化选择，中国用近 20 年完成了欧洲百年的时尚历程，并仍在不断演变着属于中国的时尚。中国的设计师品牌的迅速崛起、网店、网购的兴起，让原本我们对于"时尚"的距离，变得平和与多元；青年一代更快地接受设计理念、品牌文化。这一切正深深影响着年轻一代的生活态度和生活方式。消费主义生活更为深入日常生活细节，深入中国经济崛起中城市化进程。

对于文化全球化与消费主义生活方式连结的肯定，容易陷入道德主义的批评，或拒不承认。因为这似乎不是我们应谈论的文化全球化；或认为这样的趋势本身就是西方消费主义带来的道德灾难。但如果这样思考，便是把新的文化的全球化看成是上层建筑领域的事，把消费主义本身仅定义为道德下行。今天的世界最麻烦的事也许就是政治意识形态及价值观念的难以普遍认同，而人们容易苟同一致的恰是与经济交流相联系的文化。从马克思的观点来看，"人们自己创造自己的历史，但是他们并不是随心所欲地创造，并不是在他们自己选定的条件下创造，而是在直接碰到的、既定的、从过去继承下来的条件下创造"①。

如果将大众消费文化比喻为一种创造历史的现象，那么"消费并不是发生在密封起来的符号真空里，而是发生在复杂的物质世界之中，在这个复杂的世界里，其他过程也会对消费产生影响"。"脱离了政治与经济语境，无视生产的大环境，是不可能理解消费生活的。"②

---

① 《马克思恩格斯全集》第 10 卷，人民出版社 1970 年版，第 121 页。

② Elithabeth Chin, *Parching Power: Black Kids and America Consumer Culture*, Minnesota University Press, 2001, p.12.

随着大规模生产的出现，时尚行业现在已经成为世界上最大的行业之一。中国已使自己成为世界的时尚流行生产与传播的重要国家与销售市场，它也标志着中国经济、日常生活已进入了"经济的文化化、文化的经济化"的阶段。跨国公司的驰名品牌，重新建构了中国人对世界的文化记忆与想象，重建了产品与跨文化的联系。品牌的价值在于产品的文化性、在于其标准性与差异性。通过商业包装、休闲经济、服务贸易、信息产品，品牌的差异性，才有今天中国年轻一代丰富化、选择化的日常生活。全球货币经济，既是新的资本力量，也是文化的力量。作为后者，符号、时尚商品的选择也是个人生活的选择；消费主义并不简单表现为暴发户式的挥霍，它也是对全球优秀品牌、符号的拥有、欲求过程。在对一些具有世界品质的国内优质时尚品牌的认同与追寻的过程，正是齐美尔说的时尚的一般化、阶层化（分化）过程。在繁华的中国都市地铁里，越来越多地普通的中国年轻人、大学生穿着流行、搭配简捷、时尚，呈现着富有个性的神采充满朝气与活力的画面，我们对此会怎么看呢？这其实就是以消费为中心的大众消费社会的人性、青春性格与社会体验。

罗伯森赞扬齐美尔有着文化分析的人性维度。齐美尔认为，"人类存在的价值"与"社会价值"有着深刻的不同。后者主要依赖于个人的作用，而人的价值包含人的直接存在。继尼采之后，齐美尔坚持认为，"正是个性的质的存在，标志着人类的发展已经达到的阶段。因此，人类不止是社会，这不仅是从某种量的意义上说的"。① 这个观点，可以引导我们理解在"社会"整体之外，青年个体在消费风尚中的存在感与满足。

其次，新的文化全球化也与全球文化工业有关。全球文化工业是经济文化化、文化经济化的突出体现与标志。全球文化工业中的符号、表征、品牌等特征与产品的快速传播就是文化的全球化的表现，它是经济全球化的延伸。包括电影、动漫、流行歌曲、新潮体育、娱乐休闲、世界旅游产品与经营机制的全球化，几乎是这个世界最有魅力的消费生活方式。从塑造社会认同来说，全球文化工业及其产品，是全球化下消费文化的世俗意识形态的表现，由此塑造了当代青年最一般的趣味、品味，文学审美爱

---

① 　[美]罗兰·罗伯森：《全球化社会理论和全球文化》，梁光严译，上海人民出版社 2000 年版，第 31 页。

好。当中国大城市与纽约、伦敦可以同步观看的《哈利波特》《玩具总动员》《疯狂动物城》《寻梦环游记》时，其背后已经有文化生产、传播和接收所需要的基础设施和文化制度。它表明这个复杂的全球世界不只是意识形态的联结，而且包括了世界的跨地域的趣味、喜好、娱乐方式的联结。一些实证研究都显示了，在中国，青年人是接收全球文化工业最主要的年龄群体。在这方面，世界经济的"中国速度"包括了快速培育了中国文化市场、培育了大量青年消费者、影视、体育、歌坛的粉丝群落，并且日益显现出全球文化工业的地方性景象。2016 年，亚洲主题乐园游客人次全球增速最快，而在亚太地区娱乐设施和主题乐园入场人数前 20 位中，中国占据了 13 位。中国主题乐园的游客量有望在 2020 年前超过美国。上海迪士尼度假区已经正式开业近三年，其第一年接待的游客数量达到 1100 万人次①，并有望在首个完整财年实现收支平衡。《疯狂动物城》在 2016 年上映之后，全球总票房突破了 10 亿美元，在国内的票房也有15.3 亿元人民币的收入，票房口碑双丰收。文化全球化与消费主义依然会表现出不同分层趋向，但是，上述事例证明文化全球化的运作模式、关系、符号的延伸与被认同。

再次，文化全球化也是资本（跨国资本、本地资本）推动下的"生活风格化"世界潮流。文化全球化表现为一种世界性的"生活风格化"过程。它正从欧美这样的发达国家传向后发展国家。"生活风格化"，一个镜面是"经济文化化"，文化成为经济生长点；另一个镜面是日常生活文化化、审美化的产物。文化成为日常生活的细节。在中国的大中城市里，我们现在经常去购买东西的地方，不再是总是过去那种破旧深巷里的老店，不是街边的家庭零售小铺，而是具有着世界化符号的连锁超市。和新的"生活风格化"相联系的，是城市美容院、现代健身馆、现代游泳馆、新的豪华商场的美食区、小型的电影院，星巴克咖啡店、麦当劳、苹果手机专卖店等。几乎所有与日常生活相关的消费领域，都已被来自全球商业经营思路的"生活风格化"所重塑。笔者去了埃及、东欧、意大利等国家后发现，中国内地所建的麦当劳、肯德基、星巴克，是发展中国家最多的，甚至也比欧洲发达国家多得多。我们只要认真感受一下中国新购

---

①　《你了解中国主题乐园产业吗？》，"财经杂志"公众号，2017 年 7 月 16 日。

物广场及其娱乐化的建构，就会明白已经发生的"日常生活的革命"。风格化是"物的符号化环境"的风格化。"文化产品不再是稀有之物，而是横行天下。"文化无处不在。它仿佛从上层建筑中渗透出来，又渗入并掌控了经济基础，开始对经济和日常生活体验两者进行统治。文化被"物化"，并且通过"物的符号化环境""媒介的物化"来表现的。如电影变成电脑游戏；品牌变成品牌环境，如高铁火车站、国际机场变成购物中心、购物点；卡通人物变成玩具收藏品和服装，变成某休闲公园、休闲度假村的符号，音乐变成电梯、高档小区里播放的背景音乐和手机音乐。当下中国所有的城市地铁站、火车站、飞机场都是这样的"物的媒介化"的风格再生产。"媒介物化的结果就是文化的中心地带同时受到了商品化法则和工业化法则的影响。"①

生活风格化，也表现为是青年大众文化消费市场的兴起。文化全球化与消费主义的结合在中国的成功之处，在于打造了一个成熟的、多层次的青年消费风格的市场。像"优衣库""H&M"这样的世界品牌，在一线商场引领青年时尚、流行，时尚。一个穿优衣库衣服的青年，展示的不是奢侈的高贵，而是紧跟流行、不落后的品位。它们代表时尚的大众性、一般性，又是世界潮流的设计感。因为价廉物美，似乎也带有了当代消费主义对青年亚文化的亲切感。文化全球化下的风格化，借助新生活方式的购物符号、明星、名人、粉丝经济，建构了中国"消费主义"的视觉想象力与持续不断欲求。无处不在的消费主义的"视觉符号"，每天都在网络媒体上、淘宝、京东的网店里上展示跨境的、全球性、适合不同阶层青年的新的消费风格的信息与图像，它们引导青年一代定位自己的风格。当"生活风格化"被这样一种包装展现后，消费主义的成功既是风格满足的定位，又是文化的身份定位与追求。

二　文化全球化与数字技术的文化

当代文化全球化更大的影响力是通过互联网技术实现的。以数字技术为代表的文化全球化，就是信息全球化。新的文化全球化是一种数字文

---

① 参见［英］斯科特·拉什等《全球文化工业：物的媒介化》，要新乐译，社会科学文献出版社 2010 年版，第 7、11、16 页。

明，朝向文化全球化与朝向数字技术文化是联系在一起的，它标志着新的
开放性文化。信息、图像、音乐、文本、流行时尚的全球化流动，不是任
意的。作为文化商业结构的建构，它是文化生产商、电信公司、计算机硬
件和软件公司、日益开放、解除管制的跨国化商业制度的结果，即全球电
信、全球公认的技术语言、文化多国公司。全球娱乐媒体公司、流行音乐
制作公司是文化全球性的技术制度及基础设施。俄罗斯学者说，"上个世
纪 80 年代后，俄罗斯青年利用空闲时间阅读的苏联时代传统，被西方新
的休闲形式所取代"①。冷战结束后前苏东国家与中国发生的所有价值变
迁几乎都和新电子技术、互联网发明及运用联系在一起。与新技术联系在
一起的文化全球化，几乎包含着文化变迁、文化互动的所有确定与不确定
的张力。这正是 80 后、90 后的中国年轻人成长的新的文化结构、交往互
动结构。文化社会学认为，技术文化已经注定是要以数字的形式表现美学
与社会学之间的跨接。虚拟文化采取了属于自身的数字形式，文化形式和
关联越来越多元化，要维持一种单一的视角来看待"文化"的观念已十
分困难。②

　　随着以消费为基础的经济和文化经验的扩展，数字技术运用，表现出
鲍曼说过的"流动现代性"，表现出罗伯森描述的现代性中具有的大得多
的"流动性、主观性以及文化性"。为什么呢？数字技术的领域已从工作
和技术专业，转到了文化工业（音乐、录像和电子游戏）；从实地的社群
互动转移到网络平台上分散性的互动文化；作为工作的技术范式已经被作
为玩乐的技术范式所取代；实体商店的购买被网上购物、手机微信支付、
网络购物节所取代。在此过程中，中国数字电子形式从个人沟通、到社会
参与、再到资料查询、物的购买，达到几乎有无所不能的趋势。不仅与欧
美国家相接轨的、且具有中国本地性原创的存在方式，构成全球化下一种
社会互动、表达方式新的文化子集。

　　中国青年社会交往平台新的文化子集（图表）在当今中国，文化全
球化的最大平台，是互联网上的即时通信、电子商务、社交网络、社交咨

　　① 李春玲、［俄］科兹诺娃等：《青年与社会变迁：中国和俄罗斯的比较研究》，社会科学
文献出版社 2014 年版，第 25 页。
　　② ［英］布赖恩·特纳：《社会理论指南》，李康译，上海人民出版社 2003 年版，第 462
页。

询网站、跨平台社交工具。由于互联网文化的影响越来越大，文化传播中重要的特征是技术与文化的结合，创造了新的本土性文化。中国的阿里巴巴和腾讯，这两大集团存在的 18 年，正好是 80 后、90 后的成长、并目睹他们的本土化、中国的世界化过程。马云的阿里从电商到金融到云计算到物流，希望构建一个全球买、全球卖、全球汇的商业帝国。马化腾的腾讯则是做通讯社交，做数字内容，做是"互联网＋"，如腾讯生态中，京东做商品零售，美团做服务零售等。① 中国移动手机互联网运用及微信的功能几乎无所不包，大大超过美国的同类产品。消费文化成为互联网金融下的消费文化。足不出户，手机银行、支付宝、微信红宝、微信转账，就能将美食、电影、酒店、休闲娱乐、快餐、足疗、旅游，一览无余地买付，创造了青年一代的交往空间，购买空间、社会参与的生活方式。

以数字技术为代表的文化全球化，带来了文化转变为电子数码的过程。其结果之一是"自媒体"现象及生活方式的形成。这是文化结构变化更深一层的代际变化。80 后、90 后是数字社交媒体的新一代。他们通过微博、QQ 群、粉丝吧、微信，待在"后喻文化"的氛围中，很轻易地就把年长的一代的甩出自己的交往圈子。数字化生存意味着自媒体无限创造、复制可能性；新的社交平台及新的娱乐的形成。在"自媒体"生活方式下，教育者可能只看到"文化景观"的冰山之一角。他们不了解他们的学生、不了解他们的教育对象。

以对国内最大的弹幕视频网站之一 Bilibili 进行实地考察为例。该网站存在着严格的准入机制。要想成为其正式会员必须参加考试且成绩合格。考试题目是上一代人完全不知所云的内容。以下为部分考试题目②：

1. 下列动漫不属于虚渊玄创作的是

A. 沙耶之歌，B. 魔法少女小圆，C. Angel Beat，D. Fate/Zero。

2. FateZero 中，Saber 的真实身份是？

A. 征服王，B. 亚瑟王，C. 海贼王，D. 英雄王。

3. 男なら谁かのために强くなれ这句歌词出自哪部奥特曼

---

① 《乌镇饭局、双超格局与 2018 建议》，秦朔公众号，2017 年 12 月 11 日。

② 摘自百度文库 2015 年 8 月 B 站注册礼仪题＋自选题答案［EB/OL］，2015 年 8 月 6 日（https：//wenku. baidu. com/view/125850c5e45c3b3567ec8bc2. html）。

　　A. 迪迦奥特曼，B. 奈克瑟斯奥特曼，C. 赛文奥特曼，D. 梦比优斯奥特曼。

　　4. 日本剑圣宫本武藏的自创的武术是什么？

　　A. 二天一流，B. 燕返，C. 香取神道流，D. 中条流。

　　以上题目考察的都是青少年热衷的二次元文化①的内容。只有通过考试成为正式会员才能发送弹幕，而网站上很多内容只有会员才能观看。也就是说，只有成为会员，才能进入到 B 站二次元文化活动的核心当中。而要想通过考试成为会员，必须对二次元文化有相当的了解。我们从上述题目就可看到新一代对互联网技术运用已在文化兴趣与体验上与上一代人趣味已经有天壤之别。

　　上述这些自媒体现象的数字生存，使当年齐美尔看到了货币的客体文化与主体文化相分离的命题，有了不同体验情境的变化。即主体文化的"内涵物"（即在虚拟文化下的精神体验、经历的东西）大大增多，且代际间不能共享。在麦克卢汉看来，"内涵物不仅是精神实体，还是整个的人体感觉系统，是多模态意义上的感觉"。他认为，"借助媒体与通信网络形成的地球村是感觉系统的外抛，是内涵物或物一象延伸"②。这才是代差的真正的根源。像"王者荣耀"这样的游戏的流行，80 后、90 后往往是"和他们的长辈处在同一平台上，仍然愿意用一种特异的方式彰显其自身的存在，往往刻意和前几代人求异"③。这是互联网时代大量跨文化文本阅读及社交平台对一代青年深刻地改变。在互联网时代，文化全球化，不全是在政治学意义上，也包括技术人类学意义上，即是新的技术、文化与人性意义上的。英国学者霍米·巴巴提出一些独特的概念。如"混杂（hybridyty）、第三空间（third space）、时间间隔（time‐lag）、夹缝之间（in‐between）、界外（the‐beyond）"。④ 他总是用利用的是小细

---

　　① 笔者注：二次元文化泛指动画、漫画、游戏、小说、虚拟偶像、特摄片、部分电影、部分电视剧以及其衍生同人创作及周边产品等构成的文化体系。

　　② ［英］斯科特·拉什等：《全球文化工业：物的媒介化》，要新乐译，社会科学文献出版社 2010 年版，第 19 页。

　　③ 张颐武：《中产文化和社交媒体下成长的 90 后，如何不负此生》，《社会科学报》2017 年 5 月 28 日。

　　④ ［英］安吉拉·麦克罗比：《文化研究的用途》，李庆本译，北京大学出版社 2007 年版，第 123 页。

节、小影响、小感觉和小观察来说明一些多样性、断裂性的趋势与经验。这些概念恰恰也可以说明互联网下青年文化消费的很多场景。在这些场景中，"文化现代性"与"消费主义"会是个体社会化的展开与不同感受。我们现在面临的变化是数字技术重新引导的变化。其变化的速度就是数字互联网下的经济——文化全球化的速度。它创造了消费文化的新的生活细节、生活方式与秩序。

三　文化全球化与"后民族空间"的视角

当代文化研究的一个重要方面，就是把现代性的全球化与资本主义的全球化这两个过程放在一起研究。"后民族"，主要是指获得二战后那些在资本主义殖民体系瓦解后的民族。他们曾在资本主义世界体系中处在被边缘、被奴役的地位，并在 20 世纪 60 年代以后接受、走向现代化。当代文化研究的一个重要视角，就是关注与民族、种族平等相关的现代性进程与文化认同。如萨义德在对文化帝国主义批评中，借鉴福轲关于"主体不仅是一种知识形式、它更是一种权力的建构"，强调西方对东方的文化再现过程中包含着"认识论暴力"。[①] 西方文本中的"东方主义"形象与定义创造了一个等级。在这个等级中，东方是华丽的、独裁主义的、残忍的、感性的、非自我管理的、艺术的、神秘的；西方是效率的、民主的、公平对待的、自我控制的、自我管理的、实践的。他的批判影响了研究者对文化全球化的视角。

"后民族空间"一词，是借用德里克在《后革命时代的中国》一书中的概念。德里克用了"后民族空间"来谈新的全球现代性释放出新的"文化空间"。他认为，19 世纪晚期的全球化由欧美殖民主义所驱动。在后来的一个世纪中，殖民主义进一步巩固了殖民现代性，并引发了欧美霸权与本土运动之间的持续斗争。本土运动受到民族主义与社会主义的启发，本身便是殖民现代性的产物。由于现代性的全球化与资本主义全球化之间的分裂性，"现代性逐渐转移为一种普遍性本身的分裂，从而以一种更强的趋势在民族与文明的空间中彰显"。现代性的全球化，表现为资本主义的现代性与民族主义的现代性的过程。"全球现代性被认为既是殖民

---

① 陆扬主编：《文化研究概论》，复旦大学出版社 2008 年版，第 85 页。

现代性的否定又是其实现，其中，文化身份紧紧地纠缠于全球化资本主义的政治经济"。①

中国四十年的改革开放中，全球化使我们的社会进程、生活方式、行为方式、思维方式发生极大的变化。当我们将这些发展放置于一种全球语境中，将中国的转型、改革作为现代性展开过程时，我们会看到我们的民族正在接受、并释放出一些新的文化空间。以工业化、市场化、城市化、信息化为内容的社会转型，无法不接纳现代性价值、无法不理会消费文化空间的再拓展。对中国来说，全球化下"后民族空间"的展开，就是全球现代性、文化全球化的另一种展现。经济全球化带动的文化全球化，使本土的历史文化作为城市的、地区文化资本重新展现出来。包括消费生活方式、文化产业都在展开本土性、民族性的文化空间。其中需要新的再认识在里面。

其一，在后民族空间里，文化全球化并不能复制出欧美发达国家的现代化。每个民族都赖以生存在自己的民族文化历史中。没有脱离具体民族性的、纯粹意义上的文化全球化。现代性的全球化，不能看成是现代性的文化功能的线性扩展。简单的认同"现代性全球化"会导致对空想现实主义的幻觉。如果说全球化的主要特征是对世界的压缩，那么其主要后果之一便是各种文明的、社会的叙事相碰撞及相对化。罗伯森认为"显示现代性最终战胜其他社会文化安排的最好迹象，并不是非现代世界的消失，而是其在现代社会中的人为保留和重建"。② 这和德里克的观点是一致的。

经济全球化打开了世界的中国的文化全球化之门。经济全球化过程使商品、资本、品牌、劳动力、广告、移民、旅游者、世界杯、媒体图像、时尚、流行歌曲、语言等，一同流动起来。文化现代性、审美现代性也在全球化中展开。这是一个从未有过的"OPEN"的时代。与此同时，后民族空间，是经历了前殖民地时期的以后的民族空间，是现代化后的民族空间。这就是一个民族传统再度全球化的空间。笔者在东欧旅行时受到极大

---

① ［美］阿里夫·德里克：《后革命时代的中国》，李冠南等译，上海人民出版社 2015 年版，第 6、10 页。

② ［美］罗兰·罗伯森：《全球化社会理论和全球文化》，梁光严译，上海人民出版社 2000 年版，第 217 页。

启示。东欧主要城市都极大地保存了丰富的历史文化符号。古老的城堡、教堂、纪念雕塑等，基本都是中世纪后期、文艺复兴以来的建筑符号。这些建筑被看成民族的"历史灵魂"。同样，快速社会转型的中国，其文化产业、旅游业的发展也将会更多的借助于历史文化。2016 年世界 G20 大会在中国杭州举办时，杭州西湖晚会上演奏了中国古典乐曲《春江花月夜》《梁祝》《难忘茉莉花》《高山流水》《采茶舞曲》等，反映了中华文明的古老文化灵魂与当代世界的交汇。

正如德里克所说，传统已成为现代性的一部分。因为随着现代性的全球化，现代与非现代的差异进一步模糊起来，同时，我们需要更加关注那些在现代性建立过程中扮演过重要角色的社会。"传统并没有成为现代性的外部障碍，却成了它的一个内在组成部分，从而将文化空间的问题带入现代性批判的内部。"① 在新的文化的全球化中，历史建筑、文化传统在推动民族文化的再解释、再认同。波兰、捷克、匈牙利这几个前社会主义国家，并没有经历过中国"文革"中那种破四旧、立四新，砸掉历史建筑及符号的极左过程。波兰人在"二战"洗劫后原样重建华沙城，以承载、延续民族的心灵，非常令人感动。相比之下，中国近 40 年中城市建筑大拆大建中，把很多古老的建筑拆掉了，盖了很多曼哈顿式的新大厦。大小城市的建筑面孔出现"同一化""类同化"。当旅游业成为全球最大的文化产业时，反衬了我们历史文化思维及管理素养的极大空缺。

其二，文化全球化趋势下，在后民族空间里，新本土性也在发生，它是全球性与民族性的再结合。随着文化全球化的深入，后民族的文化空间，关系到民族本身文化历史的传承性、文化软实力、民族精神气质的支撑与生长点。在这一点上，中国对文化传统的梳理，弘扬，就是扩展、重建民族文化心理，也是民族文化产业发展的长久资源。在后民族时期，文化再建构的源泉之一就是非现代化资源的丰富。中国的文化小镇建设、地面文化古籍的修缮保护、地方性的古典艺术氛围重新加强，正营造出片断的"前现代的博物馆"的氛围。全球化总是通过再度本土化体现出来，它推动了"后民族空间"下的"乡愁"与怀旧，消费文化的相关产业加

---

① ［美］阿里夫·德里克主讲：《后革命时代的中国》，李冠南等译，上海人民出版社 2015 年版，第 18 页。

强这个趋势。当然，文化产业泛化的另一个结果是"乡愁现在被嵌入到——一种更具普遍性的、漫射性的消费至上主义类型的乡愁之中"①。当"乡愁"被娱乐化时，过分地夸大乡愁的作用是虚假的。

另一方面，数字化生存，正在影响越来越多的人生活在文化全球化中。在全球化的影响下，中国青年一代的喜爱与趣味越来越会朝向世界化、潮流化的方向；同时也越来越具有分散性与差异性。这两方面都在创造文化产业的市场，创造青年个性。中国不会再出现像"文革"式地对外来商品的极端抵触的格局，也不产生像20世纪初《林家铺子》小说中林家女儿的纠结，即想买一件好看的日本牌子的衣服，却又感到耻辱的纠结。

全球文化工业在中国越来越具有全球地方性。作为一种消费生活方式，世界流行音乐、新潮体育、好莱坞大片等"全球文化事件"会对中国有越来越大的影响，中国年轻一代会有更多地参与及认同性态度。2017年7月20日林肯公园乐队主唱贝宁顿去世。在中国国内的年轻的乐迷中引起极大的反响。笔者从中国青年网民在相关纪念文章后大量的微信留言中，惊讶地发现刚去世歌手贝宁顿给90后中国青年青春成长留下深刻印记与满足。与中国广场舞相比，这还是个小概率事件。但笔者认为这是文化全球化下新的本土性，是后民族空间所展现的全球文化工业的巨大影响。

在全球文化工业的推动下，"文化实体从其生产者的控制中解脱出来，在流通的同时发生自我变化，并经历了换位、转化、变形等过程，具有了动力"。② 在新的本土性中，往往分不清究竟此为西方文化，彼为中国文化，它们是融合的。在2017年7月举行的《中国新歌声》电视竞赛中，藏族女孩次仁拉吉唱了"穷开心"、古洁莹唱了摇滚风格的"oh boy"、达布希勒图唱了"第三人称"、邵元唱了"推开世界的门"等歌曲，显现了融入世界流行音乐的潮流，又具有中国青年热爱流行文化的现象学特征。并且笔者还庆幸看到诸多藏族、维吾尔族的90后青年对流行音乐的极大热爱，这也是新的本土性。

---

① ［美］罗兰·罗伯森：《全球化社会理论和全球文化》，梁光严译，上海人民出版社2000年版，第229页。

② ［英］斯科特·拉什等：《全球文化工业：物的媒介化》，要新乐译，社会科学文献出版社2010年版，第7页。

新的本土性，不能理解为一种从全球性到本土性的线性化的进程。传统与现代的结合，传统的再发现，都不是个简单的过程。罗伯森强调这种过程时，探讨了在文化与社会结构间会呈的"变形文化"的状态。他认为，个人与集体受到深层次文化密码的制约与唤起，依然给予接受或认同。① 笔者认为这是需要继续研究的。"变形文化"未必是个贬义词，它描述了深层次文化密码的可能呈现多种状态。周星驰执导的电影《西游伏妖篇》就是一例。此剧体裁改变于吴承恩的西游记小说，用的制作方法模仿了好莱坞大片的动幻技术。影片的叙事已非常混乱，没有了原剧的美感，但票房很高，高科技的制作利用了变异的"文化密码"。这就是罗伯森在他的书里讨论的深层变形的文化密码。这也是资本化运作下的本土化追求会出现的趋向。由于资本的作用，会迫使社会、文明和传统——既包括隐蔽的传统又包括发明的传统的符号，转向全球性文化的市场，通过寻求与人们认同相关的符号与象征，占领文化工业与消费文化的市场。

第三节　朝向全球化：被全球化改变的当代青年的思想特点与价值转向

一　被全球化改变的当代青年思想特点与价值转向

（一）当代80后、90后青年总的思想特点

全球化文化学者罗伯森的研究认为，"全球化既促进文化同质性，又促进文化异质性，而且既受文化同质性制约，又受文化异质性制约"。差别和多样性的形成，是全球化的一种本质要素。他认为，日益增加的对多文化性及类似情况的社会自我意识，将社会学中很多的秩序问题置于一种新的眼光之中②。重新认识、描述在全球化背景下成长的80后、90后代际的新的文化同质性与文化异质性及差异性的特点，是文化社会学的文化敏感性所在。

1. 全球化背景下长大的当代80后、90后青年具有高技术、高信

---

① ［美］罗兰·罗伯森：《全球化社会理论和全球文化》，梁光严译，上海人民出版社2000年版，第49页。

② ［美］罗兰·罗伯森：《全球化社会理论和全球文化》，梁光严译，上海人民出版社2000年版，第249、266页。

息、高情感的特点。中国的 80 后、90 后是自 1949 年以来获得丰富成长的一代。其中受过大学教育的青年，是 80 后、90 后的突出代表。他们最大的思想特点在于他们是在全球化下背景下长大的。据中国社科院 2012 年大学生调查，47.4% 的毕业生有一个微博账号，24% 的毕业生有两个微博账号。2013 年的大学生调查显示，16.2% 的人曾经"翻墙"（越过国家的网络管控），其中 61.2% 的人几乎一年几次，18.3% 的人几乎每月都"翻"。① 这些大学生的生命历程处在国家社会转型与全球化的开放中。他们比以往任何时代的青年都更拥有跨文化的知识面、感悟力、学习能力与眼界。他们是自鸦片战争以来，中国最幸运的年轻人。这个幸运一方面是国家因和平的经济发展、作为大国崛起，福祉于每个当代青年；另一方面是由于经济全球化、信息全球化，享受着"世界是平的"真实体验。全球化把世界缩小了；全球化又创造了差异意识，激发了地方独特意识，把世界扩大了。这都是当代中国 80 后、90 后享有的世界感。这让笔者想到雅各布·布克哈特引用了意大利文艺复兴时期伟大的世界主义者但丁的一段话："但丁说'我的国家是全世界'。"布克哈特认为，在这句话里边，"他甚至于超过了这个限度"。"在最有才能的集团里边发展起来的世界主义，它本身就是个人主义的较高阶段。世界主义是个人主义的最高阶段。"② 源于互联网所提供的全球化视野，就当代中国青年享受的全球信息化生活方式而言，当下中国也是全世界。这是中国历史上很少有的一种景观：如此这样规模庞大数量的人接受过高等教育，且有着世界的视野。约翰·奈斯比克在 1982 年用"高技术、高情感"来说明信息时代欧美国家发生的趋势。这个趋向正在中国 80 后、90 后身上发生，而且是加强版的，因为他们赶上 4G 智能手机的互联网时代，拥有着更加高技术高情感高感性的生活。

2. 随着中国消费时代的到来，当代 80 后、90 后是享受"丰富生活""丰裕生活"的一代。消费文化的生活方式的影响越来越大。从他们开

---

① 李春玲、［俄］科兹诺娃等：《青年与社会变迁——中国和俄罗斯的比较研究》，社会科学文献出版社 2014 年版，第 263 页。

② ［瑞士］雅各布·布克哈特：《意大利文艺复兴时期的文化》，何新译，商务印书馆 1986 年版，第 129 页。

始，一种生活方式的代际中断与代际分割开始了：1949 年以后的现代性是革命现代性。80 后、90 后社会化中发展起了消费时代的现代性。"消费主义"的快乐与成功模式也带来焦虑感、压力感。在此，他们的自我意识是竞争的、奋斗的，也是自恋的、欲望的。他们是有符号感、有生活格调，且自我论证的一代。这一代青年中产阶层一下子把生活的标准定得很有时尚范儿、流行范儿。这种欲望大大超过了他们的父辈、超过他们的中产阶级父辈。为此他们常常是自我矛盾的、不完全能自我掌控的、不确定的，他们中既有"月光族""啃老族"，又有"骑行族""节奏控""小清新""杀马特"，都是消费时代培养成出来的。

3. 当代 80 后、90 后青年也是中国社会"个体化"趋势不断加强的一代。"个体化"趋势被许多社会学家所论证。在中国这样一个跨阶段转型中，表现出从未有过的个体化趋向：一方面是生存层面上的。"个体化"本来就是新的商业社会的标志，是一个市场化秩序的表征。全球化的深入，加强了世界与中国发展的竞争性、不确定性，"每个人被迫为自己生存"。① 每个同学面对个体未来的选择。中国社会的全方位竞争，并且从小就被"不能输在起跑线上"所激奋、驱动、并焦虑。所有想上进青年几乎都在努力积累个人的文化资本、社会资本、符号资本。另一个层面是思想态度上的，就是"自由""平等"的个体意识从没有像今天这样被认同，或从小就进入家庭、朋友圈的、学校的非正式的社会化认同中。贝克、阎云翔都认为中国的个体主义，不是西方式的②。在他们看来，西方是基于完整的法律制度与契约关系的文化中，但是，中国确实发生了这样的个体化浪潮。并出现了涉及个体情感、欲望状态的个案。2010 年年底，人民大学女生苏紫紫（真名王嫣芸）自办的《Who am I》艺术展，展出自己的人体照片，后又以行为主义者的方式裸体接受记者采访，让我们看到一个胆量与"野心""无所顾忌"的 90 后，引起网民与学者、社会各界的激烈辩论。辩论的结果并没有用简单地道德审判置她于死地，而是接受了苏紫紫的选择，因为这是一个学艺术青年的个人行为。与 20 世纪 80 年代的潘晓讨论相比，显然是社会宽容、开放得多。这种社会辩论

---

① ［德］乌尔里希·贝克：《个体化》，李荣山等译，北京大学出版社 2011 年版，第 7 页。
② 同上书，第 9 页。

的方式也让人联想到布克哈特说得那种"个人的内部发展相适应的是一种新的外部荣誉。——近代形式的荣誉"①。这种近代形式的荣誉，是和法律个体的权益相联系的。它不是基于家族的、村落的，也不是革命时代的阶级立场。对苏紫紫的行为，一些知名学者坚持认为她是个人行为，是自己选择的行为，并没有违法或伤害他人。与"文革"时期相比，是一种进步。

类似这样的个体化的"边界"问题还有很多。如自由职业者沈博伦与女友同居。女友怀孕后，双方感到不适合结婚，又不愿意打掉孩子，决心生下来。之后被计生委罚款数万元。他们便在网上众筹以还计划生育的罚金。关键是他们运用这种形式想表达一种自主生育的理念。网友既有支持其的，又有批评其对孩子不负责任的。但他们的选择，是个体主义的选择。他们要求把婚姻与生育权分开。这个事情本身是不按传统道德规则来"出牌"。他们所要求的是社会对私人生活更多的"宽容"。在当下，"个人化"权益选择正在被分化出来。这些变化趋势是社会结构复杂化、个体差异性变大，社会宽松度增加的结果。

4. 当代80后、90后青年依然是生活在二元社会结构下的一代人。在今天的中国，80后、90后青年依然是面对城乡、地区、体制性的二元结构的一代人，这是东方人口大国的实际。在全球化背景下，中国的城乡、地区发展不平衡性，又是全球地方性的差距。在城乡、地区发展不平衡性的限制下，北京、上海的某个中高档小区，会把西部贫穷地区甩出100年，甚至更多。中国的二元结构制度是和户籍制、单位制、行政制联系在一起的。在就业制度方面，80后、90后至今也还是受到计划体制下的某些双重体制的影响，受到几乎是世界上最复杂的行政政策、就业制度与分配制度的体制区隔与制约。80后、90后在享受消费文化的程度与方式，受到职业结构与收入水平的制约。二元结构是中国的发展之痛、家园之痛、现代性之痛。同时，它也是变革的动力。上亿青年的非农化转移中，除上数百万农村青年走进大学之外，我们还看到大量来自农村的城市快递员、美发师、美容师、厨师、商业营业员、开发区新工人、房地产推销员

---

① ［瑞士］雅各布·布克哈特：《意大利文艺复兴时期的文化》，何新译，商务印书馆1986年版，第135、148页。

等的新的身影。这是俄罗斯社会转型中没有的社会景象。因为苏联没有中国式的农民问题，这是中国旧式的农业文明被解构的深刻之处。二元结构的深刻性与广延性的效应，是农村青年、体制外低收入青年的"青春发展之痛"。面对中国发展不同步的诸种矛盾，当代青年承受着就业的压力；包括现实的、未来的不确定的压力。

（二）全球化与消费文化背景下，当代中国 80 后、90 后青年的价值观转向

全球化与中国社会转型的发展，带来更大的流动性、主体性、分散性，它本身就是"聚集于人类经验分析范畴"，聚焦着价值变化的多维可能性。当代 80 后、90 后的思想特点的存在与发展，代表了当代中国青年所处的"全球地方性"的时空。全球化、消费时代、个体化、加上二元结构的历史因素，其空间的张力是很大的。在社会转型的经济和政治语境中，所有中国经济、文化、商业化的扩展与不平衡性，都会"创造一种个性和场所的意义。① 它们依赖一种跨越时间之空间的体验的概念"。

1. 价值观及伦理取向从一元性、同质性、统一化，变成了多元化、分散化、差异化。互联网自由、平等、多元、差异的品格，就是当代青年的品格。他们依赖网络提供娱乐与学习、生活的条件，一元化思考的时代结束了。90 后被叫作"网络原住民"的一代。比起上几代人来说，他们相对比较尊重他人，接受差异。

2. 从完全是地方意识的伦理价值取向转向全球意识的价值观。对后发展的东方国家来说，这是一种最大的文化转向。80 后、90 后青年有强烈的世界感，爱国，相信中国的未来；认同与世界接轨的新价值与新变化。他们自我意识强，独立思考。接受、面对全球化与市场化下价值观与存在的不连续性、不确定性。

3. 从宏大的革命理想主义转向理性的、现实的日常生活理性。他们中很多人是自我舒适式、自我奋斗的理想主义；常常显得少年老成，又时常爆出很萌态的年轻话语与行为。他们重视家庭与个人；具有情境化的伦理认同。有多种伦理身份，经常在不同情境下改变自己。常常敏感于个人

---

① ［美］戴维·哈维：《后现代的状况——对文化变迁之缘起的探究》，阎嘉译，商务印书馆 2004 年版，第 335 页。

与他人的界限，自我感强，又遵从"他人导向"；不掩饰对成功者、高富帅的崇拜，重视物质、财富与利益，有中产阶层梦想。

4. 从大时代的革命美学、英雄美学转向并创造了"小时代"的生活美学、时尚美学、个性的气质美学、性别美学。即小趣味、小温馨、小警句、冷幽默、"高颜值""高冷型"（能人）的美感。他们常常在微博、QQ中自创语言、符号，喜好自嘲、冷幽默、小治愈系，有强烈的大众化的娱乐精神。他们依赖影视文化产品的消费：关注、欣赏欧美日韩电影、动漫、游戏；关注媒体社会舆论、名人、明星与头条。时尚流行，综艺节目对青年人的影响越来越大。他们追求舒适、快乐、自恋，同辈人的"治愈系"；重视与父母和睦相处，与此同时传统教育的美感与权威在弱化。作为城市独生子女受到父母百般关怀，但他们也更孤独、自私，将自私合理化。与俄罗斯学者的分析相同，这代人可能对意识形态宣传采取接受态度，但绝不会是上一代人那种教条主义者。

二　朝向文化的全球化："文化现代性"与"消费主义"的价值生成

汤普森给阶级下的定义时，强调当一批人从共同的经验中得出结论（不管这种经历是从前辈那里得来的还是亲身体验的），感到并明确说出他们之间有共同利益，他们的利益与其他人不同（而且常常对立）时，阶级就产生了。[①] 这个阶级的定义中，强调了共同的经历里包含了一个大的关于"代际""代差"形成的宽大空间。80后、90后当然不是同属一个阶级，但具有同一时空下的"代的文化"经历。他们是松散的，但同时在共同经历的一种认同。瑞典学者奥维·洛夫格伦反问："我们的思想、感情和反应与前工业时代、前资本主义时代的人有根本不同吗？在何种意义上，我们描述人类思想、行为、欲望需要的概念和分类系统，其实是文化变迁的产物？"[②] 受瑞典学者的启发，80后、90后青年的思想、感情和行动反应都是市场化时代、娱乐时代、全球化时代的产物；与革命时代、计划经济时代的人是很不一样的。从根本意义上说，所有这一些思想、行

---

① ［英］汤普森：《英国工人阶级的形成》，钱乘旦译，译林出版社2001年版，第995页。
② ［瑞典］奥维·洛夫格伦：《美好生活中产阶级文化史》，赵丙祥等译，北京大学出版社2011年版，第3页。

为、欲望需要，其实是文化变迁的产物。

全球化，并不仅仅是对社会个体的价值影响，也是一种文化建构。在"文化现代性""消费主义"被合理性后，年轻一代的自我认同、自我选择，是在一个共享的文化体系上。它是一种社会——文化结构创造的产物。全球消费文化的生活方式是与工业文明、商业文明、信息文明联系在一起的。现代世界，在某种全新的意义上，已经成为一个互动体系。互联网革命，跨国公司的全球化，"就秩序与强度而言，当今世界所卷入的互动达到了一种前所未有的新境界"。① 全球化既是资本主义世界体系的全球化，也是现代性的全球化。新一轮的全球化把所有古老的民族又重新集合在自己的脚下，正如中国当下充满了全球化的景象。

在经历了的 1949 年后的冷战时代及其社会封闭之后，中国对外开放及走向全球化，是一个了解欧美发达文明的过程。对于当代中国的 80 后、90 后，再往后的 00 后来说，被全球化改变的文化适应，是接受一场新时空下的文化革命、价值观革命。它是在缓慢的，非剧烈革命中发生的。在经济——文化的全球化背景下，"文化现代性"与"消费主义"的价值存在于消费文化的生活方式的结构中。它建构了未来价值、混合化价值、中性价值、多向性价值。它大致在 80 后、90 后年轻一代身上表现为什么呢？

（一）全球性下世界主义的价值认同

1. 世界主义认同

消费文化、网络媒体的发展，使当代年轻人成为更有世界主义认同的一代。他们的世界主义就是互联网时空、就是世界的跨文化主义。他们是在世界多元媒体的影响下长大。如果说，中国 20 世纪 80 年代"文化热"时，50 后的中国青年谈论"面向世界"，还是充满哲学的、文化比较式的想象与期待，是《河殇》式的宏大思考；那么，当代 80 后、90 后对世界的认同则是具体的。如喜欢美剧、喜欢美国动画片、日本动漫、喜欢日本漫画家宫崎骏老爷爷的作品，非常具体。他们喜欢 NBA 篮球队、世界杯、喜欢欧洲联赛中的球星风采，他们是追随世界新潮体育的新一代。同时他们也喜欢各种异国美食、快餐。如可乐、麦当劳、星巴克、日本料理、韩

---

① 汪晖、陈燕谷主编：《文化与公共性》，生活·读书·新知三联书店 1998 年版，第 521 页。

国料理……他们有世界性口味留的记忆。他们被拉进一种世界消费品、明星与流行的世界认同。每个年轻人觉得和这个世界其实很近。他们既不喜欢把欧美妖魔化，也不接受把中国妖魔化。就大部分人来说，他们接受更和平的、更多样的世界。

2016 年里约奥运会中国游泳运动员傅园慧在微博上说自己喜欢《狮子王》。"我从小是看美国动画片《狮子王》长大的。每天都看一遍，因为我一直相信我也是一只狮子，最后要成为我的国度的国王。"

已工作的 80 后 Wei 到日本京都开学术会议，顺道去了鸭川。他说，

> 来京都前完全不知道鸭川。然而这里是日本动漫《名侦探柯南》所在描述的地方。清早从五条大桥出发，名侦探柯南里提到弁庆和义经相遇的传说就在这里。没想到看日本动漫大侦探柯南帮助理解了日本历史，一下都想起了。最繁华的四条，东岸是祇园，西岸所有古色古香的建筑，定是了京都料理店。

Wei 所说的"学日本历史靠动漫"，就是这代年轻人的特点。从笔者的访谈来看，这一代年轻人的"世界观"的背景，不只是从教科书、思想工作读本中得来的。他们是从丰富的世界媒体文本、流行文化中吸取养料长大的，他们是有世界的影像文本体验的人，是生活的"世界主义"指向与认同的一代人。

2. 技术的认同

技术就是文化、就是思维，价值观。中国加入经济全球化是，和信息全球化联系在一起的。中国面向全球化就是面向新的信息革命。中国的消费文化的兴起一开始就伴随着电子信息传播技术的兴起。"技术成为一种创造性的推动力量"，为一种新的生活模式提供了可能。消费文化中的文化现代性，显然也是新技术的文化品格：自由、开放、选择、多样性。

80 后小时候是拥有了新电子技术的一代。这些独生子女从小的时候就有了技术、学习与娱乐在一起的体验。袖珍收录机，电子随身听、手掌游戏机、电视转播开始普遍化。90 后与 80 后的差别，在于前者童年，赶上互联网的普及，QQ、微博的普及，所以，所谓"90 后更自我"的说法，是他们上中学的时候就能在微博、QQ 上"自说自画"，不再按长辈

的统一要求生活。技术手段使他们生活在一个没有"绝对权威"的时代,"一种更加客观的人性体验形成了"。在 80 后、90 后成长的过程中,就有了谷歌、百度、360 等多种引擎,一个提问,可以找到 N 多个的答案;就有了互联网的上传与下载、复制与再复制,于是,才可能有一种不同于固定的印刷文本的思维。

对 80 后、90 后来说,消费文化,就是"在线上",就是世界的时空、就是新的文化消费。通过互联网的技术手段,一部电脑,或智能手机,就能在网上欣赏、消费大量的文化产品。在座谈时,南师大的一个大四同学 Ling,说自己喜欢在网上看电影,看综艺节目,或美剧。他列出了许多他所喜欢看的一些文本:美剧《吸血鬼日记》《行尸走肉》《冰与火之歌》《越狱》动漫《海贼王》等。他喜欢歌手林俊秀杰及其专集"江南""一千年以后""曹操",他喜欢看的书是《红楼梦》《哈利·波特》《盗墓笔记》等,但从不逛什么现代化商城,需要就在网上买点。这个例子说明了什么?说明了互联网技术改变了消费形态,年轻人有可能不花什么钱,或花极少的钱就可以在网上获得自己想要的文化产品,或消费品。这就是互联网时代的思维,也是 90 后的特点。他们喜欢网上购物,不喜欢去大商场购物,对男生来说更是这样。

中国 80 后、90 后对网络购物的偏好,是新技术与商业的结合。他们习惯的办事、旅游、购物方式是,"先搜一下"。其背后是一种快捷、开放、性价比高、方便的思维,以及消费的网络快乐主义。他们是最愿意用百度、Google"搜一下"的一代。其许多自立、自主的行动,或向父母提供的建议,和他们可以更熟练地用网络搜索一下有关。

3. 英语语言的认同与运用

全球化下消费生活方式的影响也是一个英语为主导的语言体系的影响。学习、运用英语语言,是发生在我们日常生活中的最普遍现象。英文字母、英文广告,英文商标,英文说明书,遍布整个商业活动,这成为发生在中国的语言学上的事实。

斯塔夫里阿诺斯认为,"构成中国内聚性的另一重要因素是,存在着一种可以追溯到数千年前、最古老的商朝的书面语,这种书面语具有特殊意义,因为各地区的中国人,尽管各自所操的方言彼此间犹如意大利语之于德语、瑞典语之于西班牙语，颇为不同，但懂得这种书面语"。① 这是中国人彼此认同的母语的力量。英语则是我们介入开放世界的一个的楔子。

随着经济全球化、信息全球化、文化全球化的深入，随着中国高等教育、国民教育的发展，英语学习成为新一代年轻人的必修课。80 后、90 后，在代际文化上，遥遥领先上一代人的是他们英语优势。很多 90 后同学是从幼儿园就开始学习英语的。小学三年级开设英语课是大中城市 90 后的普遍经历。通过英语的四、六级考试，也是大学青年的普遍的学习过程。这个变化，是接受生活方式多样性的变化的条件，也是年轻一代在语言阅读上胜过年长的一代的标志。他们会唱英文歌、看原版的美剧、读英文小说，或论文。许多娱乐文化的作品，像《老友记》《成长的烦恼》《毕业生》《迷失》等，他们都是用两种语言来阅读的，这就是他们成长中的长处。更有甚者也就是在 80 后、90 后中出国留学的中学生（初中、高中生）、大学生、研究生都在增多。受过教育的年轻一代是掌握多种语言的一代。他们不仅懂互联网技术，而且英语好；他们是能够阅读世界的人。英语文字、英语名字进入了 80 后对自己孩子的教育中。

笔者访问过一位 80 后老师 An。他们一家 3 口，都有英文名字。他们的孩子叫的是"警车"——珀利，孩子的母亲是"救护车"——安巴，孩子父亲叫"大卡车"——特里。他们的英文名字来自一个叫"不一样的卡梅拉"的法国动画片。孩子的父亲小时候生活在北方农村，家境非常贫寒。这对受过高等教育的年轻父母现在并不富裕，但在家里给孩子创造了一个英文学习的环境，看上去是不可思议的。这个现象在一些年轻的中产阶级、知识分子家庭中还不是个别。这种直接与某种英语文本相联系的家庭文化，在上一代人那里几乎是没有的。

4. 快乐认同

在 80 后、90 后年轻人身上出现的快乐认同，其着重点在于，快乐本身就是价值，就是一种生活的追求。他们从过去革命时代的集体主义为中心的快乐价值转向了一种以个体的、私人的、生活的、兴趣的、小时代的

① ［美］斯塔夫里阿诺斯：《全球通史》（下），吴象婴等译，北京大学出版社 2005 年版，第 360 页。

快乐喜悦、快乐追求。在他们看来，快乐本身就是生活、就是价值。他们认为"快乐"不一定要和什么意义联系在一起，快乐就是放松。"单纯性快乐"成为广泛的社会需求、并被合理化时，就为媒体工业的批量生产提供了青年市场。如大量生产的综艺节目，"快乐大本营""奔跑吧，兄弟"等，都是收视率很高的搞笑节目、有笑点的商业化影视。

随着互联网的发展，由电子技术提供的"表情包"从早期的系统自带表情衍变成流行的明星、语录、动漫、截图等，无所不有。表情包成为人们用以传递信息或表达情感的最重要选择。"表情"是帮助用户传递情绪、表达想法的一个载体，是生活必不可少的部分。如果年轻人不想像西方人那样当面说我爱你，就可以发一个亲吻的表情给对方——"么么哒"。表情包的普遍运用，反映了从书信时代——短信时代——微信时代的快乐方式、情感方式的一种变化。青年人可以用"表情包"建立起一个独立于过去依赖于中文书写的情书、问候的话语情感符号。受青年同辈群体影响，在使用表情包方面，不同年龄阶层的使用情况非常不同，年轻一代，特别是90后更带有戏谑、嘲讽、调侃的意味。他们会用某一瞬间极度夸张的表情、丑态截图来代表自己的微信、或微博上的头像；或用插科打诨的表情来和好友、或不太熟的人交流。这种变化的趋向，即快乐的情感、或情绪，越来越易于表达；电子符号取代了书写时代的深蕴。

快乐作为80后、90后的新的生活价值，还在于他们基本放弃了前一代人那种"高大上"的革命理想主义、革命英雄主义追求，包括不想作深刻的思考，快乐就好。如同贝尔所说，用"心理学取代了传统的道德观，心理焦灼取代了负罪感"。[①] 如果我问我的学生："为什么要看《权力的游戏》《吸血鬼的故事》，得到什么收获呢？"他们会说："不为什么呀，就是消遣一下。"这习性催生了更为现实主义的娱乐化生活态度。如对事物、政治，或人际关系，持更为中性的、温和立场。遇事常常选择沉默，前提是只要没有影响我。"不发表，就是态度。"他们的历史感比较弱，娱乐精神比较强，喜欢喜剧。在访谈中，他们说："我们的三观都是很正的，我们是有点想象力的。但我们是那种有点像哈利波特的魔法式的，奥

---

① [美] 丹尼尔·贝尔：《资本主义文化矛盾》，赵一凡译，生活·读书·新知三联书店1989年版，第120页。

特曼式的，没有什么大的历史感。"这就是今天的中国年轻一代。

与 19 世纪的欧洲百货公司式的消费文化，当下中国的大众消费文化是与互联网技术联系在一起的全球消费生活方式。这种消费生活方式突出的特点，就是追求技术与快乐统一。在享受、运用新技术的同时，青年人享受流行、时尚、变化、舒适、娱乐中充分的快乐。它减弱了科层制下的精英制度、社会分化给人们带来的理性化的压力与分裂感。人们需要得到更多元的情感上的分散与舒缓、替代。消费文化在一定意义上扮演了"情感主义"的缓冲角色。在笔者的问卷调查中，无论是 80 后、还是 90 后，流行文化都成为他们生活方式，生活风格的一部分，成为心理习惯、行为习惯的一部分。这是一件非常大的改变，重塑了青年人心智生活。与其伴随的代价是历史感的削弱、零散化、碎片化，即时快乐的享受。

5. 商业化中人文认同

全球化对当代中国人，当代中国的 80 后、90 后影响是一本打开的书，客观上推动了这代年轻人世界化的人文认同，在商业环境中培养了一种伦理学习的素养。马克思曾经指出："工业的历史和工业的已经产生了对象性的存在，是一本打开了的关于人的本质力量的书，是感性地摆在我们面前的人的心理学。"① 全球化的开放性进程也是这样，这在受过大学教育的青年中尤其明显。

（1）物的体系带来的人文感受。自由、平等、自在的品格与性情，是一种物的丰富、物的符号的丰富环境下的宽松、多元与选择。追求自由、平等、自在的品格，是 80 后、90 后共同的品格，也是这个时代的某种青年社会性格。这一品格是全球化下中国呈现出的丰富的物的体系给予的。消费文化是和中国的社会转型联系在一起的。80 后长大过程中见证了中国从一个极为贫穷的国家变成一个商品相对丰富的国家。越来越多的 80 后、90 后家里有了套房，有了带抽水马桶的卫生间、有了客厅与卧室、厨房的分开，居住的文明化、冰箱、洗衣机、微波炉，还有方便面、方便袋、双肩包、带轮子的旅行箱，旅行杯、数码相机、4G 手机，出门旅行越来越方便、舒适。全球化背景下中国汽车私家车市场的发展，很多年轻人买了世界品牌的汽车，培养了吃西式面包、喝咖啡的习

---

① 《马克思恩格斯全集》第 42 卷，人民出版社 1999 年版，第 127 页。

惯、喝罐装饮料、喝啤酒的习惯，这就是"自由""平等"的一种客观环境与选择。

在全球消费文化的持续刺激下，当代年轻人既不拒绝文化现代性的追求，也不拒绝消费主义。电影《小时代》、电视剧《欢乐颂》中豪华装饰、成功富人的行头，相当数量的青年并不反感。他们只是把此当作一种商业环境。如果没有全球化的技术引进与跨国公司的独资，或合资企业的发展，中国工业化、专业化体系及社会、人性的开放性不会在 30 年中发展得这么快。物的数量、种类方面，因为全球化而扩展、丰富；而且拥有了全球化带来的欧美国家物的品质。在日常生活方面，麦当劳、星巴克在中国大中城市都是很普遍的符号，它们不只是跨国品牌，而且代表了一种经营的理念。如麦当劳的标准化、专业化、平等、快捷、方便、卫生、环境舒适、优质服务（包括每个麦当劳都提供顾客使用卫生间），几乎所有的欧美知名品牌都是其品牌文化联系在一起。这是使年轻一代受益的商业伦理的无形财富。

（2）影像文本中人文认同。当代消费文化，是一个全球文化工业高度发达的年代。借助于互联网，各种影像作品的阅听，对非西方民族来说，是一种跨文化的学习与参照。尽管萨义德的文化帝国主义理论批评了西方的文化霸权，但西方在现代化进程中所发展起的一种近现代人文主义的价值、理念还是影响了中国的年轻一代的思维结构。《拯救大兵雷恩》《美丽心灵》《泰坦尼克号》所带来的价值观的思考，是直接的又是潜移默化的。有文章说，80 后是看美剧的，90 后是看韩剧的；也有研究说，受过教育的大学生是看美剧的，没有受过大学教育的青年是看韩剧的。但美剧、韩剧热里，都有自觉与不自觉的文化接受的问题。

在跨文化的动漫影像的影响下，宠物、玩具宠物成为年轻一代的喜爱，包括娃娃、公主、熊、狗等。他或她（主要是女生）会把它们作为自己生活陪伴的一部分。如睡觉时的陪伴，旅游时的陪伴。即使 20 多岁的大女生也是如此。笔者去东欧旅行时，遇见一位叫丹妮的女生。她正带着她在英国买的玩具帕丁顿熊一起拍照。帕丁顿熊的英文名字叫作 Paddington Bear。这个形象来自一部欧美动漫片。丹妮说，"和帕丁顿熊在一块很快乐。带着它、和它拍照，好像是带着自己宠物旅行"。她在中国公司工作，27 岁了。她的英文很好，不论走到哪，都能自如地和外国人用英语交流，她有自己的想法，不想过程式化的生活。这个例子说明了90后这代人通过影视文化，影视动画片等培养起去小动物、小宠物、萌的玩具的人文情感。在80后、90后这代人中，爱宠物的青年越来越多。如某影星喜欢宠物，都会更让粉丝们惊叫、追捧。可见，新消费时代的性情取向在他们身上中日益明显。

（3）商业文明中的人文认知。全球化时代中国消费文化发展的另一面，是推动了商业化进程中的管理与服务意识的发展。中国没有经历过真正的工业革命与商业革命，没有西方式的契约文化与陌生人间的尊重；没有真正建立起成熟的职业伦理，中国人是在全球化背景下重新提出了对底线伦理、商业伦理、公民伦理的讨论。这正是青年一代不同于以往50后、60后的成长环境，从笔者的调查来看，相对来说，受过教育的80后、90后更有个体与他人的空间感，更注意在个体在公共空间的形象，更能够尊重他人，包括不闯红灯、不乱丢东西。他们不否认自己是精致的利己主义者，但认为这是社会环境的安排，不在于个人好恶。比上一代人（他们的父母），他们更懂得不要侵犯别人与保护自己的界限。

消费文化本身并不诉诸道德的反思。但一个社会的消费文明、商业文明则是则是诉诸消费者的伦理底线与伦理建构的，其背后依然是个体公民的权益与责任。这是一个有更宽意义的制度建构。中国的全球化进程把当代青年人也带进了这个领域。近十年来中国青年志愿者的发展、中国青年社会工作者队伍的发展，是对我们原先的意识形态及伦理价值体系的某种挑战与调整，是对全球化时代自由、平等、公正价值的接纳与认同。

某种意义上说，中国的80后、90后是走向世界化人文认知的新的一代人，所以他们会在个人权利角度提出一些新的问题与选择。一些在80后、90后中的一些小众事件，都说明了一种人文空间的扩大与需求。如80后、90后普遍对于同居、同性恋的宽容。这种伦理态度意味着对更加宽容的人性及其与世界接轨的人文解释。总体上看，中国的80后、90后是更理解、更接近"自由、平等、公正、法治"这样的核心价值观。互联网、教育程度，全球化时空的存在与扩大，一直在推进着商业文明中新的人文价值的认同。

（二）全球性下的传统认同（内在指向）

消费文化是一种经济文化、生活文化，它在传递全球生活方式中，是日常生活的软文化。费瑟斯通认为，全球的现代性与文化的复杂性中，"全球化进程同时呈现出两种文化形象。第一种形象是某种文化向外扩展至它的极限而达致全球。第二种形象则是不同文化的浓缩，以前相互远离的事物现在彼此接触并共存一处"①。这两种文化形象，消费文化都可以表达出来。在80后、90后、00后的成长过程，中国发生着由消费文化扩展推动的对自己本土文化的再开掘；发生着武侠小说、古装剧、老街、文化街、古城、汉服、学古筝、古诗词、古戏剧等古典趣味等再复兴的过程。对怀旧生活的热爱、关注，成为对更宏大的文化运动的参与和对本土文化的接纳。尽管，可能是自发的，不断加深的。

在文化产业方面，中国的电视剧生产也极大地调动着历史的文化资源。古装电影、电视剧常为青年们所爱。来自古龙、金庸的故事的武侠作品对年轻一代的成长有很大的影响。电影《武林外传》有喜剧的快乐又有武侠、搞笑的元素，为90后深深记忆。周星驰的《大话西游》影响了很多年轻人。在座谈中，笔者发现中国90后青年的文化怀旧。一部《甄嬛传》一些青年要看上很多遍；《花千骨》《琅琊榜》的唯美画面、爱恋剧情、精致服装让他们得到传统审美的满足。在看足了欧美好莱坞的"星际穿越""黑客帝国""速度与激情"这样的欧美大片后，90后同学认为中国古装片是很酷的。中国文化丰厚的历史文化资源，成为消费文化市场的文化再生产。《甄嬛传》《琅琊榜》《芈月传》《三生三世》等热播后被年轻人追剧，包含着他们的怀旧情怀，追剧追到了历史里、服装里。受古装片的审美风格影响，热衷于汉服、古装的青年正在增加。许多90后正在成为文化传统传播的推动者。90后青年霍尊以一曲《卷珠帘》的原创歌曲，获得《中国好歌曲》冠军。其传统扮相的演唱形象及优美旋律感染舞台内外，享誉中国。QQ上有许多90青年的汉服群，他们定期组织展示活动，交流对汉服式样与穿着的感受。

由于中产阶级家庭对独生子女的培养，一些同学从小就学过一门乐

---

① ［英］迈克·费瑟斯通：《消解文化——全球化、后现代主义与认同》，杨渝东译，北京大学出版社2009年版，第8页。

器，他们会对古典民族音乐、古典审美更有感情。各种各样的青春治愈系的认同也和一种怀旧情感相关，如宫崎骏的《风之谷》《千里千寻》等动漫，中国 80 后画家夏达的《子不语》系列的动漫画，被叫作"治愈系"，这些作品中有温暖、怀旧的东西。

全球化下全球经济、政治秩序的不稳定性与不连续性带来了这个时代空前的不确定性。作为独生子女的 80 后、90 后对于现在及不未来不确定性存在担忧，他们更重视家庭、爱，以及自己与父母的代际亲情相处。

（三）全球化下个性趣味指向

全球化时代的消费文化代表了丰富、丰裕、开放的生活向往，流行文化、消费文化培养了新一代个性特征及对个性发展的追求。80 后、90 后的青年人中有很多"旅行控""足球迷""摇滚控""汉服控"、流行音乐的"节奏控"，哈维所说的"趣味帝国主义"时代似乎正在到来。

消费时代是个满足、鼓励个人趣味的时代，全球化使个性的趣味化处在不断的打开、发现中。因为"世界是平的"，因为文化传统的广博性，个人趣味可以在传递与模仿中发展出自我寻找、自我风格。一方面是亚文化趣味（个体化趣味）代替着过去时代的信仰的作用；另一方面趣味的培养、追求是个性独特性的体现与内涵。90 后一代喜欢玩趣味，讲颜值。他们的网名会有"火星体"，微博、微信风格常是自嘲、戏谑。互联网的技术品格正好是他们趣味发挥的一舞台。在调查中发现，一些同学对宠物的喜爱，不是从小养成的，而是上大学后才有的。南师大的一位学社会学的大三女生说，

喜欢与动物玩具一起睡觉，放着狗猫的玩具宝宝，半个床都是，因为小时候缺少，妈妈不喜欢买玩具给我。玩具中有一种完美主义的东西，它们的特点一是造型奇葩的，一是外形可爱的。

这种喜好是和平时代、丰裕时代、媒体环境培养的新性情。

个体独特性及其趣味化追求与 80 后、90 后从小的流行文化的体验相关。他们是比父母辈们更有动画式的想象力的一代。动画片、流行剧影响了他们的话语系统，其中青春人物给他们精神力量。他们有另外一套亚话语系统，"二次元的东西在动漫里很好看，其主角都是颜值高手。我们看

'三生三世'时，都盼着女主角死掉，再复生，再草根逆袭，很强大、成功"。他们的微博、微信上会用"骷髅头""吸血鬼"形象作为自己的微信头像，并且不认为这和"三观"不正，有什么关联。审美现代性走向当代青年的日常生活中，它是个多元性的东西，不是传统的思想教育里的版本。

有研究说，50后、60后与80后、90后的一个分界是会不会唱样板戏。这是和一些学者讨论时听到的观点，也许有一定道理。但笔者认为，另一个分界是80后、90后成长中形成的跨文化、多元的个人趣味，他们可能用多种语言玩味看国外大片、综艺节目；去做纹身又很文艺；喜欢古典音乐又爱通俗流行；追捧美剧又喜好金庸武侠；喜欢戏剧、话剧又想着快速赚大钱的一代人。就个人趣味的发展来说，80后、90后赶上一个最好的时代，但他们也是分享"文化碎片化"的人。相对来说，他们不具有像50后年轻时那样特别拥有远大理想与社会情怀。他们的个体自我社会化，是消费时代新的文化现代性的表现。就80后、90后远远跳过了50后青春时代的精神封闭、匮乏与单一，进入了享受互联网生活而言，他们是不可估量的走向开放、创造性生活的未来的一代。

消费文化下新的文化现代性与消费主义，塑造了中国新一代的年轻人。就80后、90后、特别是90后的日常行为、价值认同而言，充满了全球消费文化发展、中国向消费主义转型的文化现象学。我们还不能胸有成竹地说：社会生活已发展到这样的阶段，即社会已有效地吸纳、整合了新一代的价值观。有学者认为，90后"这一代的年轻人不是不能得罪，而是说他们实在还不足以成为历史解读的对象，他们还流于现象"①。这些现象具有分散性，未必能代表整个90后。如最近网络热议的90后不求输赢的"佛系人生"现象。文化学者罗伯森对齐美尔研究的另一感悟是：齐美尔"提出从人性的框架中观察人类经验只不过是理解和分析的四种形式之一。其他三种形式是文化、社会和个人"。齐美尔认为，"尼采的思维方式很大程度是经验变化的某种折射"。齐美尔的认识显示了这样的倾向，即我们不仅要去"聚集于人类经验的分析范畴本身，而且聚集于

---

① 荣剑：《中国的代际现象》"北京东书房"公众号，2017年9月14日。

导致产生片面理论的知识生产的经验环境"。①这个分析视角是深刻的。本节对 80 后、90 后价值认同的描述并不全面，但想突出这个时代青年人所处的消费时代的环境、其知识接受及经验的丰富性、伦理价值的相对性，这也是我们理解自己与年轻一代的方式。

三　"文化适应"中的青年价值选择是具体的、情境的、现实的

从总体上说，现代化进程具有工具性指向，即追求现世的生活享受、职业成功。当下中国被赞扬者、被崇拜者，大都是世俗成功的标杆。经济全球化，互联网+，全球消费生活方式的影响，加强着全球地方性、地方全球性的竞争，每个青年都面临竞争中的人生设计与规划。2015 年复旦大学的调查显示，"57.5% 的 90 后感受到生活压力，认为自己是'穷矮矬'、'被剥夺者'的 90 后占群体总数 24.6%"。他们关注任志强、马云、刘强东等经济界牛人；也关注青年名人韩寒、王思聪等②。在全球化与中国社会转型现实竞争中，每个青年都面对着自己的人生。个人与生存、个人与政治、个人与职业选择、文化与家庭（财富）等，这些使当代中国青年更为现实。努力积累个人的经济资本、文化资本、社会资本，成为每个年轻的 80 后、90 后的选择。全球化及消费文化驱动下的"文化现代性"与"消费主义"价值取向都强化了个体青年的现实感。这种"文化现代性"与"消费主义"价值追求，变成中国这样一个后发展的现代化国家整个青年一代的社会标志。

笔者 2014 年初对省内部分青年的问卷调查。被调查的 641 个有效样本中，男女性别比例分别为 52.65% 和 43.35%。本科学历人员为 74.1%，其次为大专，占 14.4%；硕士及以上仅占 8.4%。在年收入上，其中 46.9% 的人年薪在 5 万—10 万区间内，21% 的人年薪在 3 万—5 万，17.6% 的人在 2 万—3 万；年收入 10 万以上及 2 万以下的人较少。从职业构成上看，28.3% 属于公务员、领导干部群体，24% 为工人或公司职员，23.4% 为专业技术人员，17.1% 为企事业单位管理干部人群，另外 7.2%

---

① ［美］罗兰·罗伯森：《全球化社会理论和全球文化》，梁光严译，上海人民出版社 2000 年版，第 31 页。

② 《复旦发布调查报告："90 后"是从容理性务实一代》，新华网，2015 年 5 月 4 日。

为教育、军人或金融界人士。在问卷调查与采访中发现，年轻人正在不断回答来自现实的各种挑战，具体地面对各种价值环境。由此得出的结论是：

1. 绝大部分青年的价值观是理性的价值观

在问及青年人"活着是为自己还是为别人"这一价值取向上，在被调查的641个有效样本中，45.2%的青年人赞同"活着是为了家人和爱自己的人"；11.5%的青年人认为自己"活着首先为自己"；19.3%的青年人认为"主观为自己，客观为别人"；20.1%的青年人认为"活着是为了更有意义的人生"。从回答来看，绝大多数人的价值取向是正向的、可以理解的。

2. 在快速转型中，80后、90后青年面对着价值观模糊与混乱

在回答"现今青少年人生价值观是否混乱？"这一问题上，在被调查的641个有效样本中，46%的青年人表示赞同，其中有32.3%的青年人赞同，13.7的青年人表示很赞同。41.3%的青年人表示中立，很难判定，要看具体情境。仅有12.6%的人表示不赞同、很不赞同。这说明现今社会青年人生价值观混乱化现象是客观存在的。青年人价值观日趋多元，是一种进步；但是也使青年人的价值世界日趋混杂，带来许多不良影响。在对"思想教育流于形式"的评价方面，在被调查的638个有效样本中，将近半数（44%）的青年人认为"我们的思想政治教育说教多，流于形式"。这是值得我们教育界认真反思的问题。我们应该让思想政治教育形式多样化，改变以往的说教形式，倡导素质教育。有31%的青年人认为"现今的思想政治教育对我们的积极影响依然很大"。他们赞同"现今的思想政治教育培养了我们正确的价值观与人生观"。持这方面观点或立场的青年人大多属于公务员，或事业单位等体制内管理者。

3. 青年人道德素养的形成，主要通过阅读经典、学习欧美国家的有益经验、关注公民道德素质

在看待选择哪些途径提高自身道德素质的问题上，在被调查的641个有效样本中，将近半数（49.9%）的青年人认为可以"通过阅读经典书籍提供自身道德素质"；47.6%的青年人认为可以"通过接受欧美国家的价值观念提高自身道德素质"；30.4%的青年人认为可以"通过关注公民素质"，提高自身道德素质。有20.6%的青年人认为可以"通过国学中寻

求修炼"来提高自身道德素质。另外，从调查中显示有 10.3% 的青年人认为可以从党的文件或革命前辈的学习中提高自身道德素质。这说明在全球化时代的今天，我们提高自身素质的途径日趋多样化。

4. 当代青年的爱国意识明显亦强烈。在回答青年人对钓鱼岛问题关注程度上，被调查的 640 个有效样本中，75.6% 的青年人对钓鱼岛问题表示关注，其中 55.5% 的人表示关注，另外 20.2% 的人表示非常关注。这说明当代青年人的爱国意识还是很强烈的。但是也有 13.4% 的青年人表示普通人关注是无用的，认为普通人力量的渺小与现实的无奈，这种态度虽然显得悲观，但其中也有理性思考的成分。

5. 家庭、父母的亲情，是重要的情感与心灵的支撑

在问及"与流行音乐相比，对青年人价值认同影响更大的因素是什么"的问题时，在被调查的 630 个有效样本中，57.3% 的青年人认为自己的价值认同"受现实处境影响更大"；44.9% 的青年人认为价值认同"受未来目标的影响"；42.7% 的青年人认为"其价值认同更多的是来自于父母的影响"；34.4% 的青年人认为其价值取向"受其职业竞争"的影响。这些表明在纷繁复杂的现实社会，年轻人价值认同受现实处境影响巨大。现实社会、年轻人未来目标与社会现实的冲击、父母的关心与支持等因素，复合在一起，共同影响并决定着年轻人的价值取向与认同。

第四节　文化全球化与后民族空间下的青年文化适应问题

一　文化全球化与后民族空间的青年文化适应的多重性

这里所说的"文化适应"，是指"社会适应"，比一般的角色扮演复杂一些，因为它处在多重关联中。前面我们提到了跨文化互动、讨论了文化全球化与消费主义、数字技术时代，描述了文化全球化下中国 80 后、90 后青年价值观念的转变问题。从中可看到文化全球化、后民族空间对当代中国青年的影响是非常大的。这种影响还会随着文化全球化的持续发展，随着"中国面向世界""世界面对中国"持续地发展下去：

1. 文化全球化下对"中产阶层文化"的接收与适应

文化全球化，通过中国的商业化转型，完成了一种中国"中产阶层

文化"的商业形构。这是消费主义生活方式的本身包含的经济结构的力量。前文的第八章中，笔者曾讨论过中国成熟的中产阶级文化并没有形成。这种"没有形成"一说，是相对于中国政治制度架构及意识形态并没有留下"中产阶级文化"的正式话语空间而言。但在经济全球化、文化全球化的大潮中，中国的社会转型与商业化进程、全球文化工业的影响，预先把这个"中产阶级文化"的商业化形象塑造出来了。本书第九章对大型国际家居商场南京宜家的述与访谈中，我们可以看宜家商场满足着作为小资产阶级——中间阶层对家庭装饰、美感的需要。在对金鹰奥莱商城对仙林大学城大学生影响的描述与调查中，我们可以看到新的大型购物中心对社会心理、对当代青年的价值重塑。但同时阶层区隔又是显性化。因为购物中心不是社会下层的文化，它代表的就是中产阶层文化、富人的偏好。美国学者罗伯塔·沙特里强调了消费语境的概念，认为"消费的确是一件涉及品味的事物，但品味并不是理解我们欲望的唯一事物，与消费有关的制度和场所，地点与时间，都是将品味变成实际的消费行动所不能摆脱的社会结构。"[1]斯克莱尔认为："无论从象征还是从实质意义上说，如果没有大型购物中心，当代消费文化是不可能存在的。不仅在北美如此，在全世界也越来越是如此。"[2] 这些大型购物中心的建筑与主题公园的融合，连带着电影院、西式点心、麦当劳、星巴克一起的新式商业购物中心成为文化全球化的符号与场所，就是中国城市"中产阶层文化"的代表。中国135座万达广场的内容包括大型商业中心、城市步行街、五星级酒店、写字楼、公寓等，集购物、餐饮、文化、娱乐等多种功能于一体，形成独立的大型商圈。如果我们再走到欧美国家、东欧国家去看一下，中国城市近年新建的购物中心的总量与繁华程度已是世界前位。在这个意义上，"中国的中产生活已经完全成型，中产文化已经成为社会的主流"[3]。在第九章第一节，笔者对苏州观前街进行了观察性描述与青年访谈，我们可看到现代消费文化对传

---

① Roberta Sassateli, *Consumer Culture: History, Theory and Poloitics*, Sage, 2007, p. 244.

② ［英］莱斯利·斯克莱尔：《资本主义全球化及其替代方案》，梁光严译，社会科学文献出版社2012年版，第127页。

③ 张颐武：《中产文化和社交媒体下成长的90后，如何不负此生》，《社会科学报》2017年5月28日。

统商业空间的改造。在名城的观前街，年轻的一代对古老的茶社、苏式点心、丝绸没有了兴趣，转向了奶茶、火锅、流行时尚等新式社交需要的物品。这就是消费的空间情境、消费的语境都发生变化。年轻一代的兴趣发生变化，他们在适应社会转型下经济与文化全球化的趋势。"全球化包含了这样的压力，它迫使社会、文明和传统——既包括隐蔽的传统又包括发明的传统——的代言人转向全球性文化场景，寻求被认为与他们的认同相关的思想和象征。"① 斯克莱尔把"消费主义文化意识形态看成是由一种富人的派别性偏好被改造成全球化"的现象。这个定义还是偏政治方面的。在我所访谈的青年来看，消费主义多半被看成是一种舒适的生活，一种财富的地位、对中产生活的拥有。在中国这样一个后发展的全球化下的后民族空间中，适应消费社会、走向中产文化，是个青年自我社会化下的适应与选择。但同时"过于物质化"消费情境也带来新的秩序问题。

2. 后民族空间下对多样社会性的适应

文化全球化下大众消费生活方式的扩展，对青年个体来说，是一场"文化现代性"与"消费主义"的启蒙、模仿、参与、选择的过程。文化全球化扩展了消费文化的吸引力，消费文化、消费主义也扩展了文化全球化的魅力，其对社会心理、日常生活的形塑会长期存在。在此过程中，个体的多样化被要求，并按照一种总的趋势直接在现实社会中发生。消费文化下社会个体化过程的长期结果，是个人向原来本文单一的社会性要求向多元性转化。最终使个体成为深层社会性、多样社会性的承载者。深层社会性表现为人的社会地位、社会认同的实现；多样社会性表现为时代风格与符号的表达。

在本书第六章中，笔者讨论了消费文化、流行文化对大学校园、对中学生的影响、讨论了流行歌曲的亚文化对当代青年心智与成长的影响；在第九章中分析了年轻人对宜家的风格的喜爱；在第八章中对《欢乐颂》电视剧文本的讨论、包括对一些青年人的访谈；还有本章第一节对欧美国家所没有的中国字幕组现象的讨论，其中对笔者最深的触动与反思是中国年轻的"文化大众"已形成。他们是大众消费时代的幸运者，中国式的

① ［美］罗兰·罗伯森：《全球化社会理论和全球文化》，梁光严译，上海人民出版社 2000年版，第 67、32 页。

大众消费生活方式在他们这一代中形成与建构。《欢乐颂》剧里的安迪、老谭、曲筱绡的生活显得很富裕,高档,但与以往时代相比,关雎尔、邱莹莹的生活也很小资,并不落魄。她们的穿着即使不是大品牌,也很有情调。美国作家德莱塞的《嘉莉妹妹》一书展示了 20 世纪早期的美国。青年女工嘉莉时常流连忘返于各种购物场所,对每一件华丽的服装都会驻足良久,但她没有能力得到希望得到的服装,在芝加哥这个消费奢侈的大都市,她仅仅是一个已经被消费文化深刻影响但却不具备享受消费文化所需要的购买力的"可怜虫"。[1] 今天中国成为一个制衣大国,成品衣越来越多,购买的渠道越来越多,普通青年只要花不多的钱,也可以在网上买到价廉且流行的衣服,看上去品质,如同大牌服装。一个花 50 元、100 元在自己喜欢的网店里买到的流行款、折扣品牌款的女青年、女学生,其心理依然充满满足感。而另一个满足感是他们是新型媒介人。年轻一代享受着互联网下全球文化工业与时尚潮流的乐趣。如美国电影大片、欧洲锦标赛、足球世界杯、欧美消费时尚及品牌,及全球文化工业的商品、影像的在线观看,培养了当代年轻一代对个体自由、平等、舒适、娱乐、享受的新的理解。2000 年中国出境旅游人数为 1200 万人,2010 年为 5700 万人,2015 年中国境外旅游 1.2 亿人次。[2] 中国国内旅游、出境旅游人次和国内旅游消费、境外旅游消费均列世界第一。越来越多的中国中产阶层家庭的中学生、大学生、中产青年利用假期参加境外自由行与跟团旅游。"世界那么大,我想去看看"。2015 年河南省实验中学青年顾少强辞职信发在网上。她表示"要体验另一种生活方式",被网友盛赞。

布迪厄曾阐述了大众消费社会的新的消费阶级,认为他们是一种新型的小资产者,"他们是文化与教育资本方面的投资者。在追求富于表意性的、自由的生活方式时,流露出最为纯朴的贵族式的品质(风格、别出心裁、教养)的神往,这使他们与旧式的小资产阶级、劳工阶级划清了

---

① Elithabeth Chin, *Parching Power: Black Kids and America Consumer Culture*, Minnesota University Press, 2001, p. 3.

② 数字来源数据来源:《2000—2014 年中国出境游发展历年发展现状及潜力分析》,《2016 年中国出境旅游市场现状分析及行业发展趋势》。

界限。"① 这正是笔者在调查中感受到的文化全球化下中国诸多年轻人的生活姿态。包括银行中层职员、公务员、商厦营业员、美容师，美发师、房屋推销员、研究生、大学生、公司职员等。作为后民族空间，年轻人赶上了中国的世界工厂时代价廉物美商品的选择，移动互联网平台带来的娱乐、社交及购物便捷化，使他们"创造出一种生活的艺术，以使他们以最小的成本获得惬意与满足"。最近三十年来，中国青年一代的自我意识早已超越了"潘晓讨论"中的意识形态恐惧。对个人自由的需要，"开始涵盖个人针对社会的各种不满中共同的东西"②。

3. 文化全球化、后民族空间与消费主义的社会不平等

即使在消费文化已经扩张到全球之后，许多人仍然被排除在消费文化之外，许多人的消费生活是很不稳定的。"显而易见的是，消费文化的范围总是受到限制的。消费需要钱，在当前这个世界以及可以预见的未来世界中，许多人没有钱积极地参与全球消费文化。当然，这绝不意味着穷人被完全阻止在消费文化的大门之外，只不过他们仅仅是旁观者，透过橱窗，他们可以看到并羡慕那些诱人的商品，但进入消费文化的大门却对他们紧闭。"③ 作为迟发展的现代化转型，中国的城乡、地区不平衡的二元结构的经济，会使得阶级固化与社会不平等更有特色的反映出来。

下层阶级被鲍曼称为新穷人，所谓新穷人不同于过去的穷人在于，消费社会里的新穷人是那些不能获得消费时代的体面生活的人，更不用说获得快乐的人。包括房子、车子，稳定的收入。在消费社会中，不能获得体面的快乐生活，就是消费的失败者，或者说是一个有缺陷的消费者。④

由于社会结构的转轨，制造业的工人阶级、国企职员的收入远远低于公务员、学校教师、媒体工作者、房地产推销员等职位。一些学理工科的大学生毕业后从事更有利益空间的房地产、商品推销员。为了获得消费社

① ［英］迈克·费瑟斯通：《消费文化与后现代主义》，刘精明译，译林出版社2000年版，第131页。
② ［美］罗兰·罗伯森：《全球化社会理论和全球文化》，梁光严译，上海人民出版社2000年版，第31页。
③ Douglas J. Goodman, *Globalization and Consumer Culture*, Edited by George Ritzer, The Blackwell Companion Globalization, Blackwell Publishing, 2007, p.347.
④ Zygmond Bauman, *Work, Consumerism and the New Poor*, Open University Press, 2005, p.38.

会的稳定中产阶级资格，年轻人不惜一切地参加公务员考试（国考录取的比例常达到 500∶1 至 1000∶1）。因为他们感到不获得这样的位置，就会永远失去进入中产身份的资格。也就是说，做一个稳定的新消费阶级是很不容易的，更不用说应付大城市的高房价了。由于消费美学取代了工作伦理，青年一代常会在个人趣味、就业竞争环境、消费主义欲求、国家政治意识形态伦理之间徘徊，并伴随着相互冲突的价值标准。

　　在文化全球化与后民族空间下，关注社会不平等问题之所以重要，是因为社会期待发生了变化。一些现象看上去是流行文化偏好、个人能力、素质的差别，但实际上，社会不平等恰恰是经济、历史和政治等因素造成的。在"苹果粉"众多的中国，2010 年装配苹果手机的富士康中国公司的青年工人发生自杀 12 跳，震惊世界，反映了消费时代阶层的区隔无处不在的残忍。我在调查中也发现了中上层家庭的中学生为给母亲买礼物到网上去找古奇的包包，而一个贫困家庭的大学生其假日生活是去父母打工的旅游城市里，一起做小区保洁工。

　　经济与文化的全球化引导、强化了后发展国家的青年对消费文化的向往、期待与想象，也拉大了阶层固化、阶层不平等新的可能性。2017 年北京大兴的城乡结合部发生火灾，19 人死亡。接着，北京出现清理"低端人口"社会行动等事件，暴露了城乡二元结构下的"中国式下层"的处境。同时，文化全球化打开了中产阶级、准中产阶层向上流动的天花板与焦虑，新的消费阶级有了空前的"二代焦虑"。对于被清除的北京大兴的"低端人口"来说，文化的社会建构已经被分解为许多不连续的过程。罗伯森不同意吉登斯的"从本质上说，现代性正在全球化"的命题，认为此论断避开了复杂的文化问题，避开了现代性进程中的偶然性和变异这些难处理的问题。[①] 个体的文化适应中有着非常具体的人性经验层面，它发生在文化的社会框架下。文化全球化在中国二元结构的现实层面上，充满着文化的"阶层的区隔"，其影响很难被测量。

二　消费时代的后民族空间下"文化断裂"的可能性
文化现代性与消费主义的价值追求，本身就包含着文化断裂的片断与

---

① ［美］罗兰·罗伯森：《全球化社会理论和全球文化》，梁光严译，上海人民出版社 2000 年版，第 207—208 页。

叙事。按照齐美尔的理解，现代性的文化维度，是现代性文化的客观世界与主观世界的差距，"过度个人主义和主观主义"的感受与痛苦，是"主观文化和客观文化之间不可避象的冲突和永远扩大的鸿沟"。从总体上说，"消费主义"物化的满足，并不能使个人获得持久地形而上的价值意义的满足。在消费社会，文化现代性的成功，总是走向了"消费主义"的成功（社会认同的标准是这样的）。"作为终极手段的货币表现了手段相对于目标的优势，并在以下事实中达到顶峰：生活的边缘，那些位于本质之外的事物已经成为其中心，甚至成为我们自己的主人。"①同时，在消费主义欲求的个人或阶层竞赛中，需求付出很大的资源代价、环境的代价。

德里克的《后革命时代的中国》一书中，假设"传统"直接就可以成为现代性的价值，因为传统在现代性建构的历史进程中有着自己的角色。但是，"传统"的作用是要经历再建构的。未经再构建的传统价值，可能是负能量。在文化全球化的时期，特别是转型时期"后民族空间"下，我们可能看不清自己到底要什么。

（1）消费时代的后民族空间的价值断裂，表现在传统文化价值在很大程度上被消解，而新的现代价值又不能成为心灵与制度的整体。传统文化价值在很大程度上已被消解，这是中国百年革命，特别是50年代后政治运动累积下的后果。新的现代价值尚未形成成熟化的认同与运行，这是转型中国现阶段的状态。今天中国青年面对的一个巨大现实，是都市生存的资本化与社会伦理支撑的脆弱。笔者在省行政学院给培训的干部上课时，经常遇到管理者在课间提问题："怎样教育自己的孩子？怎么帮助他（她）适应社会？"他们怕正面的教育让孩子吃亏，反而不会应付这个社会，因为这个社会的审美观已坏掉了。所以，"坏孩子走天下"话题意义与现实就产生了。在市场环境下，没有长期的艰苦奋斗，积累财富，人们不能应付很多现实问题，如结婚生子、购房、子女教育投资；另一方面，急速形成的消费主义的文化秩序，把以往的朴素伦理的统一性打断了，创造了一种"娱乐进行时"。在一定程度上，中国正在进入一个失掉标准的

①　［英］戴维·弗里斯比：《现代性的碎片》，卢晖临等译，商务印书馆2013年版，第135页。

阶段：诚实、认真工作的标准似乎什么都不重要了。重要的是你能做成，你获得快乐。你能成功，你能快速挣很多的钱。成功与挣很多钱成为青年焦虑。无聊的中国式攀比，又使人守不住自己的信念，成为资本市场的奴隶。所以，"断裂"来自整个社会只想挣大钱、只想成功，没有深刻的价值观与信仰，陷入信念与行为的混乱。在 2016 年的江歌案中，杀害江歌的留日学生陈世峰从小生活在贫穷的宁夏冯崾岘村，是个从小在窑洞泥坑土堆里顽皮的人。后来他走出山沟、有了知识、并留学日本，但没有培养起完整的人格。这是个知识、文凭不代表人格完整的案。近来网络社交平台上出现了"颓废到忧伤"等一套丧文化话语，[①] 既不是犬儒主义的自嘲，也不是传统意义上没智商，它是青年人的消费压力、焦虑与空虚，以及是对阶级固化的担忧。

（2）消费时代的后民族空间下"文化断裂"的可能性，也在于阶层平等的社会制度及伦理的结构能否真正得以建构。美国学者哈维《巴黎之都》一书，曾描述分析了 19 世纪中期巴黎城市重建中带来的资本与劳动的冲突。重建后的现代巴黎城中，有与大批底层劳动者、市民在巴黎重建中失去原来的住所、失去生活的来源。他认为，这就是毁灭与辉煌的断裂。中国走向消费时代与走向城市时代几乎是并行的。在城市化与快速的城市改造中，又有多少个类似"巴黎之都"改造的故事。伴随着城市住房水平的改善，也存在大批拆迁居民，及其他们的上访故事，或暴富者的故事。所以，哈维 2016 年到北京师范大学演讲时说，"我发现无论在哪里，越来越多的人都在关注高高在上的房价。有一个重要的方面，有很多关于消费主义的社会斗争。我说过我们要注意消费和实现之间的斗争"[②]。学者张彤禾写的《打工女孩》，潘毅写的《我在富士康》《中国女工》，廉思写的《蚁族》等书，记录了城市化、非农化、走向消费社会中的阶层分化与断裂。中国能否跨过中等收入陷阱，也在于建构起可持续的阶层平等的社会制度与伦理结构，以克服消费社会下的阶层不平等风险。

（3）中国消费时代"文化断裂"风险还在于，快速的文化工业的生产也加快了某种审美尺度的断裂。中国现在是文化产业大国，是媒体大

---

① 杨丽：《丧文化从来不是青春的主流》，中国青年网 2016 年 10 月 21 日。
② 《大卫·哈维在北京挖资本主义墙脚》，引自"360doc 个人图书馆"，2016 年 6 月 22 日。

国，数码手机的微信大国。我们消费了巨量的全球文化工业的产品，我们生产出巨量的本国文化工业产品，但我们还是很较少有打动国人、打动世界的文化作品，这就是问题。相对一个世界经济总量第二的大国，中国文化产业高质量产品太少。在理解人性的真善美、在对人类苦难的同情、超越上，"中国缺少感动世界的文化产品"。这对一个已经崛起的大国来说，是一个非常重要的问题，即它在文化软实力方面、它的话语、文本还不足以影响世界。BBC 最近评选出的 21 世纪最伟大的 100 部电影中，没有一部是中国大陆导演拍摄的。央视 2017 年的《朗读者》《中国诗歌大会》等节目，取得了较好的效果，是可喜可贺的。但相比之下，在电视剧、电影方面，打动心灵深度方面的好本子还是太少。娱乐化的、雷同化的本子太多。消费主义的奢华逻辑、个人成功的财富逻辑，变得越来具有普遍的意义。娱乐主义、消费主义的观众接受心理，完全改变了我们理解现实和欣赏艺术的方式。艺术不再代表真善美这样的价值观，不能净化人的心灵。过去的十年，是中国电影产业迅猛发展的十年。国内电影票房从 33 亿增至 457 亿，成为世界第二大电影市场，电影银幕数也超过了 4.5 万块，成为世界拥有银幕数最多的国家。中国电影产业的高速发展，我们有目共睹。然而，当我们回顾这十年的高票房电影时却会发现能够经得起历史、艺术、美学检验的电影，依然少之又少。[1] 我们拍出了一些好片，还较少有像巴西电影"中央车站"这样的打动人性、心灵的世界级片子[2]。这件事关涉到社会能否帮助年轻一代在日常生活中找到对人性的理解及审美价值寻求。

（4）中国消费时代表现出来的"文化的断裂"风险还在于，我们有巨大的经济发展与市场消费力，但经济与人文之间、人文生态与自然环境之间还存在着很大的不平衡性。中国的 GDP 总量世界第二，但就国民的人文素养及环境而言，还有相当的差距。与欧洲社会相比，我们缺少文明的细节。在欧洲，百年旅馆、百年以上的建筑、百年以上的教堂、百年以上的道路比比皆是。中国的很多古代、近现代建筑文物、历史遗产，不是

---

① 任珊：《我们总结了近十年百部高票房电影，一窥内地影市之骤变》，"青年电影手册"公众号 2017 年 7 月 24 日。

② 笔者注：电影《芳华》的成功，让国人注意到美籍华人严歌苓的一系列剧本为大陆电影导演拍成电影。

在"文革"中被砸，就是在市场化中被拆除了，这其实是整个民族人文素养较低的表现。我们有很多精神文明的口号、评比，但把大中小城市建得几乎一个模样。这是对多元化的本土文明的伤害。与此相伴随的是自然、人文生态环境的一次次被破坏。黑水河、浑水河居多是普通情形。历史原文物被毁、新建假文物增多。

随着中国的消费时代的发展，购物手段越来越多元化、网络化，新的破坏方式也接踵而来。根据第三方研究机构艾瑞发布的《2017 中国本地生活 O2O 行业研究报告》显示，2016 年本地生活服务 O2O 形成了到家、到店两大模式，并且行业整体交易规模接近 7000 亿。2016 年在线外卖用户消费频次每周消费 3 次以上的用户占比高达 63.3%。按照这个消费方式，每周最少有 4 亿份外卖飞驰在中国的大街小巷。至少产生 4 亿个一次性打包盒和 4 亿个塑料袋，以及 4 亿份一次性餐具的废弃。其背后隐匿着一个更大的社会生态的灾难。① 很多有文章发出了外卖将毁掉中国年轻一代与环境的呐喊声。这是消费主义下经济发展与人文、环境之间的和谐性问题，它带来我们的行为方式与社会风险的预期。

在文化社会学研究中，面对消费文化所表现出的"文化的断裂"与冲突的现实，许多经典学者已经做出的深刻的分析与探讨。综合来看，一种是寻找统一、强化整合的秩序；一种是把多元的现代性经验本身，看成是真实的文化现实，寻找冲突、不确定性带来的社会张力。

从强化整合性秩序来思考，文化研究学者有深刻的批评性思路。丹尼尔·贝尔把这种"断裂"是作为整个现代性——后工业社会的一种文化矛盾。贝尔认为以大众传播媒介为载体的大众文化，对古典价值体系（新教伦理）起着瓦解破坏作用。大众文化内容本身的娱乐性、庸俗性和空幻性，使人们丧失了超验的信仰，造成文化失去聚合力，这是导致西方社会领域断裂的根源所在。资本主义政治上的民主承诺产生溢出效应，但很难满足"文化上不断追求自我实现"的个体的、阶层要求。经济上的追求效率，与文化消费生活中的浪费与享乐主义，使得工作伦理塌陷，一切只是为了成功与财富。

霍布斯鲍姆写了《断裂的年代》一书，指出了新技术和大众消费的

---

① 《中国外卖正给全球带来一场生态浩劫》，"生态行"公众号 2017 年 8 月 25 日。

结合"形成了我们今天的文化大格局"。他认为，这个社会已经丧失了曾经的资产阶级精英艺术的坚守。"当今社会的技术型工业化经济源源不断地生产信息及声像、文字、记忆和象征这类文化产品，数量巨大，无处不在，人的生活为之饱和，这在历史上是绝无仅有的。"① 他的书名及观点，都是分析并呼吁改变"断裂"的文化形态，寻找重新整合的秩序。

另一种对断裂与秩序解释，来自费瑟斯通对齐美尔的再解读。费瑟斯通认为，齐美尔提供了另一种秩序的思路。即齐美尔强调现代生活具有一种碎片化的动力机制。② 他认为，正是从齐美尔那里，我们才得以建构一幅现代性的经验和文化维度的图景，研究者应培养出一种对现代都市体验类型与生活方式的研究兴趣。这种解释更多地与研究问题联系在一起。

这两种对现代性秩序的解释都是极有启示的。一方面，对于消费文化的现实来说，全球乃至中国的文化结构的改变，都有可能包含着文化冲突与断裂。由于人类学意义上的文化与作为精英的人文审美性质的文化价值被混淆，消费主义会将使文化成为一个超级市场。由于文化结构发生多元分化，人文与自然生态间一致性秩序越来越重要。

但是，另一方面，因为现代消费社会、娱乐时代混合型价值观、生活方式的形成，多元化、个人化趋向在互联网、微信朋友圈、日常生活中迅猛地发展起来，成为麦克卢汉预言过的那种新"部落文化"景象，代差现象日益明显。每个人都是带着自我的文化体验，经历着文化的改变。所谓文化适应，是很带个人感受的体验。我们正见证一个全球化局面的生成，越来越多的年轻人正被卷入到需要更灵活的生活状态之中，这个状态几乎不可能去参照一套凌驾一切的文化规则。每个人的文化适应在面对着现实结构上的复杂矛盾。它包含着齐美尔说的"现代生活具有一种碎片化的动力机制"，包含着对规则与越轨的理解。对文化"断裂"的另一种理解，恰恰是对更丰富、灵活、多样的个体自我的社会适应、社会经验的理解，是容许社会的更大的多样性的文化空间。但是，这种多样性的文化空间，又非常依赖稳定的制度化结构的支持。

---

① ［英］艾瑞克·霍布斯鲍姆：《断裂的年代：20 世纪的文化与社会》，林华译，中信出版社 2014 年版，第 27 页。

② ［英］迈克·费瑟斯通：《消解文化——全球化、后现代主义与认同》，杨渝东译，北京大学出版社 2009 年版，第 206 页。

第十一章　消费文化下"后现代主体"
现象与文化价值建构

在以消费为中心取代了以生产为中心的经济——社会结构中，"文化现代性"与"消费主义"，是我们的文化体验。消费文化下的"后现代主体"，是相对于社会学主体。它说明一种已经多样性的个体化空间。消费文化的发展要求我们关注审美现代性、审美主体的问题。文化自觉要做到对消费文化的自觉里。

第一节　"文化现代性"与"消费主义"，是我们当下的体验

也许有学者认为，所谓文化社会学就是用社会学方法研究文化现象，如制度文化、观念文化、物质文化等，这个说法不够完整。新的文化社会学，不是着眼于以往的一般文化范畴的再厘清，而是开辟了新领域。新的文化社会学关注了现代性的文化维度。文化研究的学者是重新从齐美尔那里，看到了一幅现代性的经验和文化维度的图景。齐美尔认为，社会追问"不只是一种伦理的追问，还是一种美学的追问。""如果社会学不仅要说明现代性，而且要表现现代性，那么它就必须要更密切地关注现代经验中强烈的情感和相对性质。"另一个著名学者雷蒙·威廉斯在他的《文化与社会》一书里同样也强调了关注人们的体验、关注从情感结构角度来把握文化，认为"一个文化的情感结构是该文化对自己拥有的连续性和深刻性所具备的那种直接而精微的感觉"①。这种视角重新培养出我们对消

---

① ［英］布莱恩·特纳编：《社会理论指南》，李康译，上海人民出版社 2003 年版，第432、444 页。

费文化下现代都市体验类型与生活方式的思考。

"以消费为中心"取代了"以生产为中心"的经济社会的结构，是当下中国的现实的社会结构。"文化现代性"与"消费主义"，是这个结构中不间断"生产出来"的社会现象及我们体验。在这个结构中，革命时代朴素型、工农兵风格的革命现代性的终结，消费时代的文化现代性展开。青年人热衷于表达自我、表达个体风格；喜好与接受变化；通过购物、接受品牌、旅游、阅读文化工业的产品，我们建立起和这个"消费生活方式"的关系，通过内心的感觉、个人气质、风格的发展，体验个体的文化现代性、个体的消费主义实践；它已经成为我们非常习惯的经验。

对此，文化社会学认为，消费文化加快了日常生活的文化化、美学化。这个文化化、美学化是体验的、是个体身体性体验的。在互联网、数字手机技术的普及后，消费文化是一个随时随地呈现的"视觉文化"、随时随地呈现的"感官经济"。它使个体的感知、体验世界大大加强了。所有的文化产业、媒体工业，网络视频、都强化了一个"感官"的享受，即强化了文化现代性的身体性，也强化了消费主义下的身体性。微信的随手拍、美颜软件、自拍软件、符号表情等功能的发展，都推动了感官经济、感官文化发展，推动自恋的发展，也提升了新的身体化的自我意识。

在经济全球化、全球文化工业的背景下，中国最近十年间消费的升级加快。旅游、电影、游戏、健身、美容、培训，买精装房等，更高层次的需求发展起来，它也加快了日常生活美学、日常休闲美学，推动了感官经济、符号经济的普遍化，消费文化带来美学观点的快速改变。

在学术传统中古典艺术是十分高贵、神圣的文化传承。"从柏拉图到康德的哲学传统总是用一种普遍性的观点来看艺术，它剔除了'我的'特定的身体，强调所有人的感觉。"① 中国《论语》中说："吾日三省吾身"。这个身不是肉身的保养，而是德行的修炼。在当下中国，"身体健美之乐趣、性感诱人之外表"成为媒体与大众流行的兴趣、一种社会情

① ［英］蒂姆·阿姆斯特朗：《现代主义：一部文化史》，孙生茂译，南京大学出版社2014年版，第149、150页。

绪构成——即大众娱乐情感的结构。这大概就是卫视综艺节目《奔跑吧，兄弟》、《快乐大本营》热播的社会心理意义。《我的前半生》这部电视连续剧播放后，在大众媒体的引导下，贺涵、唐晶、罗子群的说什么，穿什么，他们的身体颜值，他们在剧中所用的汽车、手表、首饰的符号被关注。贺涵所开的宝马 M760i 汽车、唐晶所带的蒂芙尼的金色项链、塔斯琦的珍珠耳环等，成为网络、微信朋友友圈的热炒的材料。其焦点在于"感官经济"的再体验。在消费经济下，这种身体的性感的消费、梦想、魅力是通过商业规划来维持及获得的。

波德莱尔在其《现代生活的画家》一文中早就认为，"永恒不变只是审美体验的一半，是其灵魂；另一半是身体，它表现为时代性、时尚性以及道德和激情，所以，它通常被纳入浅薄庸俗或色情的范畴"[①]。他其实也预言了今天。如今绝大部分电视剧、综艺节目都在制造波德莱尔所说的，"另一半是身体，它表现为时代性、时尚性以及道德和激情"。所以，费瑟斯通说，"消费文化动摇了原来商品的使用或产品意义的观念，并赋予其新的影像记号，全面激发人们广泛的感觉联想和欲望"[②]。数码技术提供了所有人创造新的身体愿望，以及新的精神自我提升的普遍条件，微信的随手拍、美颜软件、自拍软件、符号表情等功能的广泛地被运用，它推动了以自恋、自我成功为基础的感官经济、感官文化发展，也提升了新的身体化的自我意识与新的商机。微信号上总有很多强调女人会穿的文章，"这样的女人才有韵味"，"这样的的女人，才会让男人死心塌地"，"会穿的女人，才会赢"。文化现代性与消费主义已成为数码手机技术构筑的一种自我表现的生活方式。

笔者从近十多年所做了大量青年访谈中深深感受到，青年人在社会转型中积累着关于现代性的大量体验，并努力去自我回答。随着社会学的文化转向，生活经验作为理解文化与社会变迁的丰富来源，具有了重要性与意义。文化研究认为，"我们需要一个关于认同与主体性的健全理论，并明确界定出我们所理解的经验的意义是什么，以及经验在整个研究中的地

① ［英］蒂姆·阿姆斯特朗：《现代主义：一部文化史》，孙生茂译，南京大学出版社 2014 年版，第 150 页。

② ［英］迈克·费瑟斯通：《消费文化与后现代主义》，刘精明译，译林出版社 2000 年版，第 166 页。

位。生产出暂时性的情境化知识"。① 我们需要在无处不在的体验中保持主体的主动性选择。

个体在日常生活消费中的欲望、选择是具体的，无论是文化现代性方面的自我要求，还是对于消费主义的欲望，都是非宏大叙事的、小的个人经验。这是消费文化的另一种情境，它把人们引向具体、微小——自己的生活、物品、提升你的欲望。消费文化下的文化现代性、消费主义的生成，恰恰是在日常生活审美化、文化化的个体选择及习俗之中。

年轻的网络作家张嘉佳写了《从你的全世界走过》。小说先在网上爆红后，拍成电影。上映几天中，票房已达到4亿。看这个影片的题目，以为是很宏大的视野，其实全是一段段的、小的个体经验。影片的一开始有两句很文艺的话，"我希望有个如你一般的人，如山间清爽的风，如古城温暖的光，从清晨到夜晚，由山野到书房，只要最后是你就好"。听起来很唯美。但影片并没有什么宏大叙事式的价值指导，它的语言与情节有点文艺、又有点痞，这就是这个时代的青年文化。它传递、分享了青年人不同的生活经验。在作者看来，"在这个光怪陆离的人间，没有谁可以将日子过得行云流水。但我始终相信，走过平湖烟雨，岁月山河，那些历尽劫数、尝遍百味的人，会更加生动而干净。时间永远是旁观者，所有的过程和结果，都需要我们自己承担"。如果你去过张嘉佳在南京1912街区开的"从你的全世界走过"餐店，看到了络绎不绝的青年顾客，看到了店堂里怀旧的文艺挂件，很文艺的夸张菜单，会明白张嘉佳已完成了从个性的文化现代性到消费主义的个性满足的商业成功。

消费文化中的"文化现代性"发展出的是一个感性与理性相结合的主体性，开辟了一个新的叙事时代。它是我们对流行风格、消费时尚、走红品牌的喜爱，形成身体与物、身体与性别、身体与审美、身体与欲望、身份；身体与享受、成功的诸种感受。消费文化是一种感性文化。俄罗斯社会学家索罗金曾认为，这种感性文化的前提是，"我们能用感官体验的这个物质世界是唯一存在的现实。它不承认超感觉的或超验的现实的存在"②。

---

① ［英］丹尼·卡瓦拉罗：《文化理论关键词》，张卫东等译，江苏人民出版社2006年版，第212、220页。

② ［美］D. P. 约翰逊：《社会学理论》，南开大学社会学系译，国际文化出版社1988年版，第120页。

他还提出，有主动的、被动的、玩世不恭的感性文化。21 世纪中国以数码电子技术为特征的文化工业的发展，证实了这个分析。

数码电子技术使"文化消费"的数量、种类、选择变得似乎无限、超出想象。它扩展了个性的文化现代性的可能性。我们不再需要钱钟书那种博学的记忆，网上点击即可。文化消费是文化记忆的建构与重现。数码手机、数码网络使文本体验变得轻巧、即刻。中国的 90 后、00 后作为中产生活新形态的创造者，促进了网络文学，以及像"王者荣耀"这样的游戏的流行。"主动的感性文化、被动的感性文化、玩世不恭的感性文化"，也是文化消费中的分化状态。

"消费主义"的发展及生活方式，提供了丰裕时代的多元、丰富、舒适、享受的体验。所有消费文化的影像都在努力培育一种生活方式，"即个人被鼓励去采用一种对商品非效用性的态度，以精心的选择、安排、改用和展示自己的物品，无论是装饰品、房子、汽车、衣服、身体还是闲暇消遣，从而用独特的风格显示物品所有者的个性。"① 超级购物中心、精品屋、网店，都可以成为我们"消费主义"的体验，以实现个人独特性的风格。

埃利亚斯强调"过程社会学"的研究。他认为，在国家发展过程的某一个阶段应该促进了个体化过程，促进对个人的自我认同。在中国当下的消费时代，消费主义的合理性，与人的需求阶梯、社会伦理的底线、边界的公正问题、环境问题正紧密联系起来。年轻的一代已处在一个新的发展阶段，一个全新的个体体验中。把中国消费时代、消费文化的发展，作为新的文明发展阶段来研究，作为现代性的文化体验新阶段来研究，是社会学、文化社会学的使命。

第二节　消费文化下的"后现代主体"
——一个存在主义的分析角度

一　消费文化下的"后现代主体"

费瑟斯通主张从传统决定论中摆脱出来。随着消费文化与后现代主义

---

① ［英］迈克·费瑟斯通：《消费文化与后现代主义》，刘精明译，译林出版社 2000 年版，第 166 页。

的出现，他认为，文化其实并没有被去中心化，相反，它是被再中心化。再中心化，一定是分散的，有很多很多的可能性。不应该把后现代主义仅仅理解为一个时代的变迁或者资本主义的一个新阶段。相反，我们应该关注那些文化专业者、文化中间人以及各式各样新文化产品迅速膨胀的受众的行为，从而把注意力集中到经济与文化的不同中间状态。①

消费文化的发展，对于当代青年的社会性发展来说，建构的是什么？建构的是一个"后现代主体"；一个和"社会学主体"同时存在，又不完全一致的"后现代主体"。后现代主体性的最大特征，在于它是亚文化的、对主流价值保持一定距离的，显出个性独特性的。这是笔者在做了本课题研究后想强调的。

现代社会学追求社会进步与社会秩序，其重要的理论就是社会化理论。社会化理论为"社会秩序"塑造"社会人"，即合格的"社会学主体"。这就是韦伯所说的理性化、合理化过程，也是英格尔斯所论及的"人的现代化"。现代消费文化的发展，消费时代的青年亚文化的发展进程，在"社会学主体"之外，还创造了"后现代主体"。其特点是在拥有"社会学主体"的同时，认同与发展诸多的非主流的、多元性的、前卫性的格调与风尚，并将其作为个性反思性的存在状态。这就是欧美青年流行文化发展之后，带给世界的一种亚文化人格形象，即后现代主体。"后现代主体"，也是文化现代性的一种状态，其特点就是和正式文化、正统文化的有一个距离。它是个性的、有些逆反的、前卫的、情感的、情绪的表达，并在消费的、审美情趣上表现出来。

经典意义上的"社会学主体"的特征，是帕森斯意义的命题。帕森斯的结构功能主义强调了文化的维模作用。这种功能主义的统一，强调了"文化的美学整体性"。②迪尔凯姆的社会整合理论也具有"社会学主体"的特征，他强调了现代分工创造了有机团结的新的整合及强烈的集体意识。同时，迪尔凯姆看到一种单义的社会理论，将它视作现代性当中更具一般性的发展，以制造出一种消弭了不确定性的系统和秩序。但当代欧洲

① ［英］迈克·费瑟斯通：《消解文化——全球化、后现代主义与认同》，杨渝东译，北京大学出版社 2009 年版，第 3 页。

② ［英］迈克·费瑟斯通：《消费文化与后现代主义》，刘精明译，译林出版社 2000 年版，第 189 页。

文化社会学的研究学者都不把统一的价值秩序问题作为重心。他们更关心后现代状态下不统一的、多元的经验状态。戴安娜·克兰、迈克尔·费瑟斯通都是这样的学者，他们是对后现代的文化人群及其不同的经验有更大的兴趣。费瑟斯通还列举了人类学者的研究。如克里福德在讨论超现实主义对人类学的影响时，赞赏破碎的美学、意外的排列，无意识、梦境与非凡体验与世俗的日常生活之间混淆。认为文化不应该被看作是统一的，而应该被看作是在结构上具有深刻矛盾的。所以，他认同了齐美尔所说的"现代生活具有一种碎片化的动力机制"，与迪尔凯姆的单义性的社会秩序观点相比，是另一种类型秩序的理解。

　　把消费文化下的中国青年、青年价值观状态，放在一种存在主义的后现代主体角度的思路直接来自于英国学者克里斯·巴克。克里斯·巴克区分了"启蒙主体""社会学主体""后现代主体"。他认为，"启蒙主体"，是基于人作为一个完全中心的、统一的个体的概念、被赋予理性、意识和行动的能力。自我的本质中心是一个人的身份。这种观点也被称为是笛卡尔主体。与笛卡尔的著名名言"我思故我在"相结合。它将理性的、自觉的个人主体意识置于西方哲学的核心；"社会学主体"就是一种社会化的自我，强调了文化适应与学习中的主体。人是社会的文化产品。价值观的熏陶与学习，产生了一个特定社会的"社会学主体"。社会化自我，不是抽象的，它和价值感情、价值审美、价值实践联系在一起的。"社会化主体"是通过文化适应的过程形成的。这一主题的内在核心不是独立存在或自给自足的，而是在与重要的他人的关系中形成；[①] 后现代主体，是去中心的或后现代的自我，涉及转移、分散和多重身份。强调人不是由一个而是由多种有时互相矛盾的身份组成的。克里斯·巴克在《文化研究理论与实践》中解释说，从启蒙主体到社会学主体的思想运动代表了不再将人描述为确立自身的统一整体，而认为主体是由社会所形成的这样一种转变。"社会主体"并不是它自身的源头。由于人们占据着不同的社会地位这样一个众所周知的真理，因而社会主体，也不是一个"整体"。后现代的自我意味着多元的、逆反的、反思的、不确定的自我。

---

　　① ［英］克里斯·巴克：《文化研究：理论与实践》，孔敏译，北京大学出版社2013年版，第214页。

这一研究与区分表明，"文化现代性"中的主体或自我，可以是矛盾的，常常是不同位置中。这种矛盾是现代青年生活方式的张力与冲突，因为主体总是在不同的方位中。消费文化里有这种满足不同自我的方位性。后现代主体的存在与特征，是消费社会、媒体社会、后现代社会的产物。在大众文化的消费时代，帕森斯所说的那种宏大叙事的一体的功能主义的美学意义分散了。

在笔者做了当代中国青年（大学生、中学生、公务员、商业员工、打工者等）的大量访谈后，发现"后现代主体"也是在中国发展起来的一种青年人格状态、个性元素。它不是西方 20 世纪 60 年代青年运动中的那种彻底的"反文化"立场，而只是要保持个性的某种亚文化的、后现代主体的姿态；是布迪厄说的那种"个人性就是社会性"。

笔者在课堂上问询那些在读的硕士研究生："怎样的文化作品给你们留下深刻印象？"他们的回答是自己从小一路长大中听过的、印象深刻的流行歌曲，包括韩国、日本的、欧美的、中国的，包括歌手的故事；是那些自己喜欢的欧美大片，如像《权力的游戏》《纸牌屋》《迷失》这样的欧美连续剧；日本动漫，如宫崎骏的作品。年轻人还说"喜欢这些作品不是为了追求什么意义，我们只是有兴趣、娱乐、放松一下"。这些作品的阅读也构成了社会化过程，直接、间接接受了某种价值引导，它包含了消费文化下"后现代主体"存在的可能性。这个现象并不能简单地被说成是"文化意义"被消解或文化的失序，而在于文化结构本身的复合性。

假如我们不从简单的道德评判的眼镜来分析消费文化运行下社会现实，我们应该承认后现代主体的存在，是一种现实，一种自我建构。这种"后现代主体"的存在表现在：

1. 全球化背景下多元性、多样性的主体性状态

所谓后现代性，其指向就是文化的去中心性和文化复杂性的引入，它开启了"文化的世界橱窗，让相距遥远的异域文化直接比肩而存"①。全球化下的消费生活方式强化了变化的、流行的、非主流、个人化的个体角色与生活情趣。"社会学主体"，是基于正式角色的选择。如我们会想到

① ［英］迈克·费瑟斯通：《消解文化——全球化、后现代主义与认同》，杨渝东译，北京大学出版社 2009 年版，第 18 页。

一个青年团的书记，一个科长、一个会计师，各种正式的资格中的角色主体。但他也喜欢看《权力的游戏》《黑客帝国》《迷失Z城》；他们可能会在"圣诞节""情人节"购物欢娱，这都没有什么奇怪的，他们有更丰富的要求，这是他的"后现代主体"特征。

2. 面对现实世界与虚拟世界的差异

以前很多看不见的文化，是以习惯的方式沉淀在现实的时空中，习惯维系了人们的生活。而在互联网、广告无所不在的今天，网络文化、虚拟文化的过度生产，导致人们处在无穷的商品、货币、信息与影像的接收与娱乐中，难以应付，难以有意义地消化它们。生活与文化都出现了一些新断面、新空间。社会学主体的正式性直接来自现实职业生活、公共生活、家庭生活的角色与需求，但后现代主体体现了互联网时代的需求。青年人需要在虚拟时空——网络时空寻找自己的精神的情感的世界、满足更多地好奇心、多元性的需求。知乎、豆瓣、天涯、QQ群等新社交媒体帮助青年人应付所处的现实社会生活的社会化及多种性需求。

3. 后现代主体是某种审美风格

当代青年文化的突出特点，就是其审美风格走向流行化、时尚化。摇滚、爵士乐、民歌、流行情歌；魔幻片、吸血鬼片、惊悚片，二次元动漫系列等等，成为他们的爱好。在代际文化的差异中，审美爱好的分化也越来越大。后现代主体的特征是更为个人化、更为情境化，不为一个统一的信仰体系所控制。"90后基本生存没有问题。而且由于没有遗产税，大多数又都是独生子女，上两代人奋斗的财富都会被他们无条件地继承。他们未来能够拥有的财富，都会是过去几代人难以拥有的。他们和西方的青年也开始逐渐处于同一个平台上。"[1] 他们会去寻找生存之外的"审美风格"的东西。

4. 后民族空间下的后现代主体

德里克把后现代与后民族放在一块来谈。他认为，后现代就是后民族。后民族，是后发展国家意义上的，是苏东解体后的中国政治文化意义上的。它区别于20世纪上半期的民族主义运动，它是新的改革开放下的

① 张颐武：《中产文化和社交媒体下成长的90后，如何不负此生》，《社会科学报》2017年5月28日。

民族空间。用这个观点来说，中国巨大城乡二元结构与数码手机的普及之间，就是一个后现代主体性的空间。一个在街头地摊上卖水果、蔬菜的打工青年，空闲时在微信朋友圈晒照片、下载歌曲、游戏，他连城市正式户口、合法的销售身份都没有，但在数码手机上可以玩得很嗨。这是一种后现代主体的存在感觉：即他在社会结构中的地位是不完整、不一致的，但互联网能表达他的后现代的主体姿态及参与，也构成他的生活片断；脱离具体"体面""中心"的社会地位，在玩微信这件事上，大家是平等的、一致的。

"后现代主体"出现具有必然性：首先，它与媒体工业、文化消费有关。随着媒体工业的极大发展，流行文化、大众消费文化重塑了日常生活的美感，完成了对人们的美学意识的改造。流行、时尚，包括物的品牌符号、走红明星、球星、歌星、叫座的电影、收视率高的电视剧，及粉丝经济，创造了新的"美学陶醉及情感或象征的参与"。这种过程生产了"向他人看齐"的自我认同。过去对灵魂、人格、信仰、理想的追求，变成了现在对物的符号与物质繁华、高档的追求。玛格丽特·米德当年所说的"同喻文化"（即同辈人之间的文化传递）、"后喻文化"（晚辈向上辈的文化传递）的作用可以看成是新的文化代际文化传递过程；也可以看成是一场"文化现代性"的新的再生产过程。

其次，消费主义的运行中必然导致物欲化追求加强、文化变得零散化、碎片化；历史感弱化、娱乐需求的强化，这也是后现代下的主体体验。由于物品的符号象征作用被强化，商品的功用性的使用价值在缩小、抽象的符号价值在被夸大；我们对香奈儿、兰蔻等奢侈品的符号需要被强化。高端奢侈品牌的满足，就是对自我成就的追求与表达。高档的物的品牌、家居、生活环境所赋予的浪漫，就是一种"成功者"的浪漫、"贵族化"的浪漫，"文化现代性"里具有物的符号指向。消费主义与文化现代性的区别在此变得模糊不清的，这就和传统时代、早期的现代化时期极大的不同。

其三，"后现代主体"选择也是一种相对主义的伦理特征。即不再追求、在乎、相信传统时代那种道德、人格、信仰的完整性了。年轻一代、当代人可以在"片断的""零散"的价值中享用中得到满足。物的"能指"与"所指"系统，经过了新的文化编码，通过媒体、广告信息，被反复叙事，产生了娱乐时代的狂欢，它不再需要被理性定义，或进行关于"高尚""高雅"的意义解释。这可能是当代青年社会化中最重要的改变。

后现代主体的一个重要特征，是与主流的社会学主体身份，保持一定的距离。在中国，网络社会的极大发展、全球文化工业的持续影响、跨国境外旅游人数越来越多的情形下，会对年轻一代的思想结构产生巨大的影响。最主要的是跨文化社会的因素不断发展、不断地被认同。在跨文化的文本观看、追求流行与旅行中所形成的文化再生产力量是很大的，也是分散的、个人的。现在的 90 后、00 后人群中，出现不在意长辈的习俗、道德的、权威感，更关注自己的想法，就是这个趋势的产物。

消费文化所延伸出的文化现代性、消费主义指向是个复合化的人格塑造过程。曼海姆说："只有已经社会化的人，才能研究、理解和检验文化社会学。文化社会学不仅把人从造物主的角度作为肉体存在本身来涉及，也把人作为社会主体来涉及。社会化的个体既是认识的主体，也是社会学的研究主题。"①

从社会发生学上说，当代中国年轻一代的日常生活经验已发生变化。消费生活方式，成为渗透一切的生活方式过程。消费生活方式本身就意味着新的知识、新的伦理过程。就消费社会本身的性质来看，它不再是劳动和超越的神圣过程，而是吸收符号及被符号吸收的过程。这也就是鲍德里亚说得，"如果说消费社会再也不生产神话了，那是因它便是它自身的神话"。丰盛带来的快乐，取代了从前那种追求灵魂的高尚。在中国进入消费时代后，也意味着当下我们的经济社会结构已不再生产"革命理想主义"。如朱亚文在新主旋律大片《建军大业》里扮演南昌起义的主角周恩来。在这部电影作为建军 90 周年的主题片播放期间，2017 年 7 月 31 日，《时尚先生》杂志（微信公众号杂志）以"有速度有激情的移动荷尔蒙除了朱亚文，还有 Dunhill"为标题，做了朱亚文，Dunhill 的奢华版的时装广告。与朱亚文所主演的周恩来角色之重相比，很不相配。其市场接受的合理性就是朱亚文出演《建军大业》提供了新的商家时机。而《建军大业》为了获得高票房，多选择了受欢迎的诸多高颜值的青年演员担当。

---

①　[德] 卡尔·曼海姆：《文化社会学论要》，刘继同等译，中国城市出版社 2002 年版，第 65 页。

此现象显现了相对主义的伦理解释。商业性分离了革命者形象的神圣性。革命者周恩来的理想主义情怀，与模特朱亚文作为高收入者的商业情怀，被放置一起。一切都是快乐，都是当下的情境。两个作品放在一起的效应是，购物与消费的神话才是现实的成功，其他都是不重要的。同样的，"双11"的疯狂购物不再被看成是败家与浪费，而是被看作是节日、是娱乐；不是任性，不是节制，在现今的消费"文化编码"中，它们都是新趣味、风格、品味、地位。

我们对"后现代主体"的现象的分析，是在社会发生学上思考的，也是对日常生活经验的态度的观察与认定。随着经济在生产文化所需要的生活方式，在大众传媒层次上已重新界定了消费、消费行为，把它变成个人日常生活中理想主义的东西。我们日复一日地接受着数以万计的明星广告中、欧美大片、热播的电视剧，接纳充满着品牌的符号与刺激，这正是我们已经走向了"消费主义"的景观。

二　后现代主体：一个存在主义的现实与建构

费瑟斯通在他的著作中一再强调，"我们应该关注那些文化专业者、文化中间人以及各式各样新文化产品迅速膨胀的受众的行为，从而把注意力集中到经济与文化的不同中间状态。""但同时必须承认的是，诸如'社会的'，和'社会'等概念已不再能够兑现它们曾经期许的理论价值。"①

后现代主义与当今文化大众的存在状态相关。按照费瑟斯通的思路，后现代主义也表现为应付文化或社会的新的平衡。所谓"社会学主体""后现代主体"都是相互依赖的价值实践中。价值实践很重要，价值实践是被每个人感受中的结构与体验。在价值实践上，消费文化既有理性的满足，如社会地位、社会身份；又有非理性的满足，即情感的、想象的、身体愉悦的。在我们这个从来没有发生过真正的近代思想革命、又经历了1949年后冷战封闭、"文革"式的文化灾难的民族，消费文化的发展，重新唤起了一种社会日常生活中的自由选择的情感与自我认同。后现代主

① ［英］迈克·费瑟斯通：《消解文化——全球化、后现代主义与认同》，杨渝东译，北京大学出版社2009年版，第3页。

体，成为一个存在主义的现实与建构。

首先，表现为"个体化存在"。消费社会，本质上是个更加"个体化社会"。它的个体化来自商品经济中物的选择；来自消费生活方式、审美取向的个体选择；更来自竞争与分化的社会结构安排。这个意义上，即使在"中国特色社会主义"的正式意识形态与目标安排下，普通青年的未来，依然面对着"个体被迫为自己生存"的情境、选择、逃离。假如我们的教育不承认这一点，只是认为宏大叙事就能解决社会个体的选择问题，是十分矫情的。

从文化现代性来说，消费文化的文本与物的选择的丰富，建构了这个时代个体的气质、趣味、心灵、性别的、性感的状态的变化与充实。"后现代主体"加上"社会学主体"的青年人，是一个更加多层面的性格特征与丰富需求的人。消费时代的"后现代主体"，是年轻一代的"个体化"趋势、价值取向的一部分。一切都在多元、分化、变化、短暂之中。从根本上，这不是伦理的结果。它是经济结构的分化、社会阶层分化、竞争的激烈，互联网技术塑造出来的。我们不得不承认，年轻的80后、90后在消费文化中已经重新建构了自我、并且会一直伴随这种"后现代的主体性"的选择与建构。所有的进步，又包含着巨大的退步。后现代主体，在增加伦理、价值的选择性的时候，又增加了不确定性、风险性。

其次，作为一种变动中的时间存在及其态度。阿多诺写道："现代性不是一种按年代顺序排列的范畴，而是一种性质。""现代性与其说是一种时间段，不如说是一种对时间的态度。这种态度是以理性和反思为导向、同现实相疏离的批判态度。""他就这样走着，匆匆忙忙，若有所求。他在寻找什么呢？可以肯定，如我所描述的，这个人，这个富有活跃的想象力、永不停息地漫游者更崇高的目的，一种比一时快乐更普遍的目的。他在寻找的这种性质，请允许我称之为'现代性'。"① 阿多诺表达了一种文化现代性、审美现代性的时间存在及态度。"现代性就是过渡、易变和偶然，这是艺术的一半，另一半是永恒与不变。"今天中国90后的青年人更加面对向未来奔去的时间之维，捕捉新奇、流行之物；他们可能成为一个永不安宁的孤独者、焦虑者。这就是后现代主义的存在。为什么当下

---

① ［英］奥斯汀·哈灵顿：《艺术与社会理论》，周计武等译，南京大学出版社2010年版，第139、140页。

中国网络与微信中，迷漫着中产阶级及其中产青年焦虑情绪，本质上，是我们这个时代的时间感变了。未来的不确定性，成为人们焦虑的来源。保罗·蒂利希认为，"中世纪末期是道德上的焦虑；而近代后期则是精神上的焦虑"。后者的焦虑是神圣被解构以后的焦虑。消费时代的焦虑显然也属于后者，后现代生存是人们对现实不确定性的所做出的反映。"后现代主体"，也是文化现代性的一种延续，表现为在全球消费时代的影响下，所有影视、音乐、艺术、游戏、旅游，都在提供人们应付变动、得到片断的娱乐、放松的体验，这些也成为自反性现代性存在方式与社会经验。

其三，作为一种"后民族时空"的存在。后民族性，就是后现代的。德里克特别强调，全球现代性的展开对中国的意义。全球化既是后殖民的，又是后民族主义的。现代性随中国之变而变。① 后民族空间是后现代的，这也是中国青年的后现代特征。与美国青年、法国青年不同，我们是结束"文革"后逐步进入全球化的。中国 80 后、90 后、00 后，既不是生活在冷战的封闭时期，也不是生活在刚刚对外开放的冷战结束时期，他们正成长、生活在一个国力日趋富足、深度参与了全球化的第二大经济体。他们见证了 2008 年金融危机、2015 年恐怖袭击不断的欧洲，从而更理解了中国发展的意义。他们经历了德里克所说的，"过去四十年见证了启蒙普遍主义霸权的退却，将中国纳入世界，将世界纳入中国"过程。同时，90 后的大学生在学校开始作另外一些事。他们的大学剧社开始排练莎士比亚的戏剧、排练昆曲牡丹亭、排练中国京剧；他们参加非物质遗产传承的文化节活动，与老艺人聊天，参与学习某项具体传统传承的文化活动。这些都也可看作经济繁荣后的"文化民族主义"的认同。它将对青年一代思考文化和历史产生了深远的影响。这些同学也说自己和老艺人完全不一样："我们是参与的、娱乐的、学习的"，并非处于浓厚地对古老文化的情感。随着中国经济的进一步发展，经济硬实力，会推动对文化软实力的寻求。一带一路的国家战略的深入，经济产品输出后的文化复兴将是一带一路沿途地区的跨文化交流。全球化最终会通过民族性表现出来。当代青年是什么样，未来就是什么样。

---

① ②［美］阿里夫·德里克：《后革命时代的中国》，清华大学国学研究院主编，上海人民出版社 2015 年版，导论。

　　其四，作为一种青年网络文化的存在。中国是发展速度最快的媒体大国，是世界上运用互联网、数码手机人数最多的国家。消费主义、媒体工业与互联网的结合，就会生产"后现代特征"，即统一化、同质化的文化中心叙事被弱化了；更多的多元、片断与非理性、个别性、娱乐性被生产出来。中国的消费时代、网络时代又将中国年轻一代的后现代性生产出来。中国并不存在西方 20 世纪 60 年代青年那样的时代背景与青年运动。中国特色社会主义下的主流意识形态是中国 20 世纪民族现代化的一种历史实践延续，其正式性话语①与西方意义的"后现代性"，似乎并不相干。但从存在主义现象学的现实来看，借助于数码电子技术与消费文化的发展，就使当代中国青年一代伸展了多种建构的可能性。

　　新产业结构、新数码技术带来新的生活方式。当下主要有两个驱动因素：一个是硬件的变革，比如从 PC 端到移动端；另一个是人群的变化，手机微信展示的社交平台的巨大力量。"微信是社交领域凭借模式创新的最大赢家——以一对一即时通讯为根基，通过强大的关系链渗透到每一个互联网用户手中，之后借助朋友圈、公众号等内容运营增强用户关联性，红包又顺理成章为移动支付提供入口。据官方发布的报告显示，微信 2016 年 9 月平均日登录用户达到 7.68 亿，50% 的用户每天使用微信时长达 90 分钟。"② 这就是"后现代主体"的存在体验。今天的中国青年大众、网民易于接受，且迷恋手机微信。综艺娱乐节目、网红潮人、热播电视剧、游戏、国外大片，朋友圈信息，网上购物、找喜欢的吃货店、购电影票等，都可以在随时携带的数码手机的微信系统里，得到享受，一机搞定。所有的公共场所，汽车、地铁、高铁上都可以看到 WIFI 的作用。青年低头族现象，就是"后现代版本"的现象。美感的生产已经完全技术化、大众化，被吸纳在商品生产的总体过程中。中国人对微信的依赖程度远高于美国人对 Facebook 的依赖。微信无孔不入，通讯、朋友圈、支付等全部连接它；而 Facebook 功能单一，只相当于微信的朋友圈。

　　其五，后现代主体的多元趣味的存在。布迪厄认为，艺术的消费习性

---

　　①　笔者注：主流意识形态的正式话语是指"培养社会主义接班人"的要求。见 2014 年 2 月 14 日中央办公厅印发的《关于培育与践行社会主义核心价值观的意见》。
　　②　转引自张珺《社交战争下半场：从流量战到内容战》，《财经杂志》2017 年 3 月 11 日。

会引出种种不同的表达趣味。这些趣味的表达在不同的社会阶层和集团中会依据生活境域的差异而产生变化。这些生活境遇不仅以财富和权力为特征，而且是以教育、教养以及文化习性为特征。他强调这是一个阶级地位与文化艺术消费的分析。布迪厄没有谈到网络的文化消费。在互联网消费时代，在今天的中国，消费文化与品味方面的关联，又不全是阶级、收入与品味之间的一对一的模式。数字互联网的文化作用，客观上扩大了文化资本的自我增殖的可能，节省了风格与习性养成的家庭代际间的经济资本。尤其是，随着流行文化与高雅艺术的结合越来越多，同辈群体对青年自身兴趣选择越来越重要。"家庭培养对个人日后的文化选择并不像布迪厄所主张的那样有塑造性的影响"；由于"高等教育的扩大，中下阶级、上层工人阶级收入的增加致使公众得以广泛地参与到高雅艺术形式方面的巨大增长"，① 多元文化风格的欣赏需求，成为当代受过教育的青年人的一种素养，表达出更多地自在、自由的存在状态。

过去的青年人是从集体主义的、历史主题中获得信仰、伦理的支持，但现在的年轻人是从小时代、小温暖、小题目、小画面、小幽默中获得笑点、趣味、短暂的休息。"每个年轻人都在奋斗着、又在游戏着。"这就是消费文化下的新的青年价值取向的变化。

阎云翔认为 80 后"这代人集享乐的个体主义与脆弱的实用主义于一身。在私人生活领域，尤其是在处理与父母乃至亲朋的关系时，他们表现很强的自我主义倾向、对权利敏感并勇于寻欢作乐、追新逐潮"。② 这个看法似乎道德评价太强。他没有指出消费时代、媒体时代的个性、人性与角色是多层面的，个体对自由空间的要求超过以往时代。教育要研究这种时代特点，研究高技术、高情感、多重转型中成长起来的这代青年人。

第三节　消费时代的"文化自觉"与审美现代性

一　费孝通先生"文化自觉"思想的启示

"文化自觉"，作为理解当代中国消费文化的一种视角是重要的、反

---

① 〔英〕奥斯汀·哈灵顿：《艺术与社会理论——美学中的社会学论争》，周计武等译，南京大学出版社 2010 年版，第 93、94 页。

② 阎云翔：《当代青年是否缺乏理想主义？》，《文化纵横》2014 年 1 月 11 日。

思的、值得研讨的。审美现代性是指超越工具化、技术化、功利化思维的审美精神及审美主体的发展问题。

"文化自觉"是费孝通先生晚年通过一系列谈话提出来的重要思想。他的阐述主要是：

其一，"文化自觉"是对自身文化的自知之明。费老指出，"文化自觉"是指生活在一定文化中的人对其文化有"自知之明"，明白它的来历，形成过程，所具的特色和它发展的趋向，不带任何"文化回归"的意思。不是要复旧，同时，也不主张"全盘西化"，或全盘他化。自知之明是为了加强对文化转型的自主能力。① 文化自觉存在于一个民族的历史感中。费老的文化的自知之明思想，以及德里克先生提出的"替代性现代性""将现代性的历史化"的思想，都是可以作为"文化自觉"的思考。中华人民共和国成立以后，就基本处在对历史文化的全盘否定中，更早一点是1915年新文化运动以后就开始打倒孔家店。中国发生过"文革"内乱，发生过对历史文化物质遗产的全面"打砸抢"。这些历史过程，都需要我们对历史的文化自觉。"替代性现代性"的命题，如果真的发生，也是须经历了对传统的再解释过程。中国当下的消费品已经非常丰裕了，但还没有建立起完善的日常生活礼仪、底线秩序，对日常生活中文化自觉的思考才刚刚开始。

其二，"文化自觉"是面对"文化转型"的认识。20世纪末21世纪初，中国经历的最具里程碑意义的文化事件，就是社会转型伴随着文化转型。费老已看到了欧美消费社会所代表的现代工业文明，出了很多问题，看到了中国社会处在全球化与"三级两跳"中。费老认为中国与世界都处在文化转型中，"文化转型不可能很快"。"文化转型不大可能是个急转弯"。文化转型是当前人类的共同问题。他指出，从自然环境来看，"现代工业文明已经走上了自身的绝路。我们对地球上的资源，不惜竭泽而渔地消耗下去。后工业社会势必发生一个文化大转型，人类能否继续生存下去已经是个现实问题了。"② 当代中国已是世界第二大经济体，已经建成了中国式的工业社会、消费社会。但我们是"急转弯"式的赶超性现代

---

① 费孝通：《中国文化的重建》，华东师范大学出版社2014年版，第188页。
② 同上书，第156页。

化。所以，当代中国富贵难寻、暴发户很多；贵族精神难见，世俗的低俗皆是；人文世界较为粗糙，环境资源破坏很大。笔者 2017 年春天到世界文化遗产的苏州同里、周庄旅行，看到山河小桥依在，但河水已是浑浊；在小桥流水边的茶座上，付 60 元钱，喝一壶茶。几乎喝不出啥茶味。开茶座的也许已不是苏州同里的本地人，但还是反映了姑苏古镇的朴素人文素质的丢失。德里克所说的"替代性现代性"不是自然而然实现的。

　　费老认为要注意到文化转型中的"场"与"边际"① 现象。在汉语语词中所谓的"边界"与"边际"是不同的。"边界"是地域上用来划分两个不同单位的界线，两方不相重叠；而"边际"是对"中心"而言的，从一个中心向四周扩张出来的影响。离中心越远，受到的影响就越小，成一种波浪形状。文化属于后一种状态，有中心和扩散，可以向同一地域扩散，所以常常出现互相重叠的现象。为此，费老认为自己早年在《乡土中国》中用"差序格局"来表达亲属关系的结构形态，其"意义并不十分明白"。因为"差序结构"里，突出了人与人的界限。而文化现象之间，没有清晰的"边界"问题。文化中始终存在一个"场""中心"与"边际"的效应。费老认为应该用"场""边际"的概念来补充"差序格局"的意思。

　　从差序结构、到"场""边际"，这样的阐述对解释全球消费主义的传播、扩展，及多种场域是很有意思的。我们容易从 GDP 总量、高铁、立交桥、地铁、新建的城市商厦来认识中国的硬实力，但没有看到在全球现代性这个"经济—文化场"的多种意义、多种情境。在苏州，同里是个千年古镇。有古老的石桥流水，黛瓦白墙，人称"烟雨江南"。同时，它也有一座五星级的"同里大饭店"。饭店的建筑是一种中国与西洋风格相合的建筑。大堂内陈列了各种中国古代石头的雕塑，很有历史感。宾馆依同里湖而建，湖畔有一个名叫"湖边卡夫卡"的酒吧餐厅。这个"湖边卡夫卡"符号建构了与欧洲文化的想象关系，它和那些古雕石器构成一起，共同编织了同里的商业秩序、共存于一种跨文化场域中。这是中国商家设计者的用心。一方面，全球消费主义生活方式的中心是在发达国家，我们在"边际"。他们是符号与规则、时

---

① 费孝通：《中国文化的重建》，华东师范大学出版社 2014 年版，第 154 页。

尚、流行的发明者，我们是模仿者；另一方面，中国又是全球商业、全球消费生活方式的"中心"——"边际"场中的重要一环。商业设计中拿捏一种场域关系。中国市场就是全球市场；全球地方性，随中国现代性的变化而变化。在中国有无数个同里镇、同里大饭店可以让我们看到消费文化的多元纽带。在"中心与边际"的"场"与"场"的关系中是多元性的再建构。

其三是"各美其美、美人之美、美美与共、天下大同"的认同。费老主张，"各美其美、美人之美、美美与共、天下大同"，这既是一种审美价值选择、又是一种人类学的文化主张。这个思想和许多欧美文化研究者坚持文化多元性的主张是一致的。费先生从人类学立场看到，任何文化现象中，多样性文化是一个普遍现象。另外，费老看到了中国与世界共处的21世纪，尊重文化多样性、文化差异性，就是文化自觉。他以人类学家、中国文化人的视角，认为历史是向着天下大同的目标不断前进的，文化多元性是一个与人类同时出现的事实。[①] 而且文化是在多元的基础上向着多样发展。他说，"西方文明在过去大约三个世纪里凭借科技的发达，打下了今后前进的物质条件"。中国今天能完成工业化、走向后工业社会、消费社会，与我们利用、引进了西方的科学技术直接相关。费先生强调："现在要进一步考虑怎样利用这巨大的物质力量来为全世界人类丰衣足食、安居乐业的大同世界，必须从'各美其美'上升到'美人之美'，就要容忍不同价值观点的并存。"

"各美其美、美人之美、美美与共、天下大同"，是在多向文化关系中。它是个体、我、我们对他者、他人、他们的一种相互理解与和谐。对外是我们中国人对他国、他人文化的尊重，对内就是我们对自己、对他者、他人选择的尊重。每个个体的自尊与尊重他人的教养，就是公民的教养，在一个文化多样性、个体化发展的消费时代，"各美其美、美人之美、美美与共"，是一种人文素养、审美境界，也是一种伦理坚守。

英国文化学者霍尔认为，"在现代性的中心地带走向更大的文化差异

---

① 费孝通：《中国文化的重建》，华东师范大学出版社2014年版，第250页。

性。年轻人更愿意接受多元生活方式"①。欧美文化研究者在文化多样性
问题上，更多关注现代性与移民问题。中国没有欧美式的殖民地与移民问
题。中国有二元结构下的城市人与农民工、城市本地人与外地打工者的关
系。这个关系的体验要达到社会伦理的底线。城市化、城镇化的发展，越
来越多的来自农村、来自小县城的打工者、大学生开始进入、接纳消费文
化的生活方式，年轻人中出现了一种新本土主义的消费生活。爱看欧美大
片，也爱中国流行电视，愿意去星巴克、麦当劳、必胜客，也绝不放弃美
味的川菜、粤菜、淮扬菜。所以，如果在消费文化中"见物不见人"，其
实是"见物不见文化""见物不见心灵"。

二　文化自觉与审美现代性

我们谈论消费时代的文化自觉时，一定要探讨文化自觉与审美现代
性。文化社会学关注消费时代日常生活的文化化、美学化转向。由于新的
互联网技术的普及、小康生活的发展，日常生活的美学化成为一种趋向。
文化现代性的一个重要方面就是审美现代性。消费时代审美现代性的研究
有两个方面：一个方面它是大众文化、流行文化中物、人、生活方式的日
常审美。消费时代使审美现代性的细节进入大众审美，如我们在《欢乐
颂》中看到的时尚衣着的细节；另一方面，审美现代性又包括自我超越
的方面。它是指超越工具化、技术化、功利化思维的审美精神及审美主体
的发展问题，这个方面涉及人的意义追求。随着全球现代性的展开与大众
传播手段的发达，当代人的生活面对着大量视听电子文本的文化消费，艺
术与生活的界限、传统与现代的界限不再清晰，日常生活、网络生活、电
视生活变成更广义的美学上的欣赏与体验。可以说，在消费文化中，审美
现代性的实质，就是对不同时尚、流行风格、影视作品品味、世界自然历
史风情的欣赏。

从文化社会学的观点看，审美现代性是一种阅读体验、生命体验。因
为现代性的全球化，今天"全世界的男女们都在分享着一种生命体验模
式"，总称为"现代性"。成为现代的就是发现我们自己处在一个预示着

---

① ［英］斯图亚特·霍尔（Stuart Hall）：《多元文化问题》（The Multicultural Question），摘
自互联网（http：//www. open. ac. ul/socialscience/sociology）.

冒险、权力、欣喜、发展和自我变化的环境——同时又处在一个威胁着摧毁我们所拥有的一切，我们所知道的一切和我们所是的一切的世界。哈贝马斯认为，审美现代性的特征体现了变化的时间意识中探讨共同焦点的态度。它构成了对社会的流动、历史的加速发展，日常生活的非连续性，变化、短暂的新价值的体验与接纳。哈贝马斯认为："现代与古典的关系毫无疑问已经失去了固定不变的历史参照。"① 这是很深刻的。审美现代性正随全球现代性的时空变化而变，随着中国当代变化而变。变化的一个聚焦点就是消费文化。

　　从大的方向来说，消费文化，全球化的消费生活方式的种种商业运行方式，给当代中国人提供了一种文化现代主义的体验，一种"充分世界化""充分民族化"的参与机会。因为全球化的开放，因为互联网生活方式、因为全球文化工业的产品的分享，中国当下在思想文化领域发生着类似西方当年的文艺复兴、现代主义运动类似的情景，即"有力地抛弃我们原来的价值，并不关心如何建构它所打碎的世界"。我的一位硕士生把观看《权力的游戏》的体会，作为文化社会学的课程作业交上来时，我的感觉就是当代青年审美取向的变化。各种审美价值、审美实践的文本都在被今天的年轻人所体验。为此，这里就有了讨论文化自觉的必要了。

　　费老的文化自觉思想是在现代化与中国传统文化的冲突中发生的。费先生认为，有了中国追求现代化的100多年，才有了文化自觉的问题。从孔子到秦汉以来，中国人一直是生活在"文化中心主义"的自我优越中，生活在东方浩瀚典籍中，这就是一种审美精神。费先生说那时"我们忘了物"。然而，"从清末开始，却逐步出现'见物不见人'的趋势"。在21世纪里，时代需要一种重视人与物结合的人文思想。② 中国现在是旅游大国、文化产业大国了，但中国的软实力对世界影响相比之下依然很少，我们在世界看到最多的中国符号，就是中国餐馆。旅游中中国游客的陋习常使中国这样的古国文明蒙羞。费老显然是指19世纪以来在西方列强及现代化的压力下，中国的"文化中心主义"式微，西方工具理性、器物、技术层面对中国的影响越来越大。他预期到随着中国社会转型的深入，中

---

① 周宪：《文化现代性读本》，南京大学出版社2012年版，第27、176、177页。
② 费孝通：《中国文化的重建》，华东师范大学出版社2014年版，第241页。

国需要重新重视人与物、人与人的结合的人文认同。这是审美现代性要回答的。

鲍德里亚强调"消费是一种人的关系"，是人的地位身份的象征符号，他犀利地批判说，文化消费问题已"不与本来意义上的文化内容相联系"，"文化再也不是为了延续而被生产出来"，成为了商业原则支配的文化再循环。[①] 从中国文化的立场，费老看到人的"关系"，是一个人文世界，是带着文化传统温度的人文世界。他用司马迁《史记》中"究天人之际，通古今之变"的道理，认为"文化的问题是如何相处在发生的"，他多次引用潘光旦先生的理解，认为人与物的关系、人与人的关系，就是人文世界的问题。费孝通先生的这个视角非常有启发，即用文化的人文世界来思考问题。中国式的消费时代是在中国的人文历史中发生的，即使外来的消费文化影响非常大，其社会的经济社会结构的土壤是"中国化"的。中国年轻人喜爱享受商业化的"圣诞节"，却没有进教堂的习惯，并没有信仰上帝的习惯，这是很中国化。更深步地说，圣诞节的热闹没有代替农历春节的归属感。这也是很有意思的视角。在消费文化中的人与物的关系，不仅处在地位、身份表达的工具理性、象征符号认同中，还依存于人文传统的习俗纽带的组合及心灵世界的归属。

费孝通先生引用社会学家派克的话说，"社会学缺乏对于符号和心灵的研究，就不能成为科学"。[②] 这个符号与心灵，并非只是商品的符号与购买心理，它也是一个民族现代化进程中与传统文化、民族心灵的一种反复的神交、回忆与认同。消费时代的文化自觉，消费文化中对审美现代性的反思，是一个重新梳理我们与自己文化中的多种关系，即历史遗产与当今传承。这是"人与物的关系"中人文世界的要义。

如果我们来比较中国的消费文化与美国消费文化不同，除了我们是后发展的现代性、我们已吸收、引进了很多西方文化的品牌、符号之外，中国消费文化仍然与自己的"文化遗产"产生默契的需求。这是一个差异性、互补性的结合。尽管年轻一代，乃至中国人的生活方式已在全球化下

---

① ［法］波德里亚：《消费社会》，刘成富等译，南京大学出版社 2000 年版，第 102、103 页。

② 费孝通：《中国文化的重建》，华东师范大学出版社 2014 年版，第 241、240 页。

被改变了。

总之，"消费文化"，不可能在"文化自觉"的外面，而应该在里面。因为消费时代的到来就意味着费老说的"文化转型"，意味着我们的"文化结构"里——"大众消费生活方式""消费文化""消费主义"（它在消费者权益里）也已经是合理的东西。40年前，我们的经济结构是计划经济，那时我们把欧美生活方式叫作"资产阶级腐朽生活方式"。但是今天我们的经济结构已经市场化、城市化、商业化了，并且进入全球化，由此我们的城市生活方式的主要趋向转变为"消费时代的生活方式"，这是我们的"经济—文化结构"。

当然，"文化自觉"也并不是个高度掌控的系统。社会学家索罗金认为，尽管在文化层次上合乎逻辑和有意义的整合被认为是最高形式的整合的基础，但大部分行动或互动活动，"不是在某个因果方面或逻辑和意义方面被整合的。而仅仅是时间和空间上互相邻近成分的聚集或集合"①。索罗金强调了时空结构、情境对社会行为聚合的重要性，而不只是所有方面的逻辑与意义。在现代性的市场环境下，"时间和空间上互相邻近成分的聚集或集合"，意味着有较宽泛的情境空间，有很多个体行动者的自主选择、被动选择、偶然选择。

第四节　回到"文化""常识"的认同，重构审美主体

中国的消费时代才刚刚开始。党的十九大报告指出："中国特色社会主义进入新时代，我国社会主要矛盾已经转化为人民日益增长的美好生活需要和不平衡不充分的发展之间的矛盾。"这个美好生活需要的阶段，就是中国的消费时代，是中国走向世界的时代。它需要新一代青年素养、国民教育的提高。对消费文化的教育反思应该从哪儿开始呢？首先应该从重新理解文化是什么开始。文化是什么？前面的第一章中我们已提到这个问题，在这里再强调一下。

---

① ［美］D. P. 约翰逊：《社会学理论》，南开大学社会学系译，国际文化出版社1988年版，第116页。

一　对文化的再解读

人类学家泰勒把文化定义为"包括知识、信仰、艺术、道德、法律、风俗以及社会成员所获得的能力、习惯等在内的复合体"①。因而它是形成、沉淀民族性、民族性格的东西。泰勒强调"制度的考验不单是理性，而且理性配合着经验"。经验是从人们的具体文化情境中得出来的。博阿斯认为，"像文化这样复杂的现象是不可能有绝对体系的，绝对现象体系的提出总是反映出我们自己的文化"。② 泰勒强调的文化的复数的、复合的整体性质。博阿斯指出了不可能有认定文化现象的绝对体系，强调了对文化的多元、差异性的思维。

帕森斯也有人类学角度的文化定义。他认为："首先，文化是被传递的，它构成了一种遗产或社会传统；其次，它是习得的，它不是人类遗传物质特定内容的自然显现；其三，它是共享的。"③ 在这个定义里文化的整体性就是文明的整体性，它是一种社会遗产、社会传统。

在前面曾多次提到丹尼尔·贝尔把文化分成三个层面：第一个层面是指人类学涵盖一切"生活方式"的宽大定义；第二个层面是艺术的范畴，即贵族传统中对精妙形式和高雅艺术的狭窄限定；丹尼尔·贝尔他自己肯定和强调的是文化的第三个层面，即文化是为人类生命过程提供解释系统，帮助他们对付生存困境的一种努力。丹尼尔·贝尔所强调的是"文化是意义的领域"，"它通过艺术与仪式，以想象的表现方法诠释世界的意义，尤其是展示那些从生存困境中产生的、人人都无法回避的所谓不可理喻的问题，诸如悲剧与死亡"。他认为："文化是回答人类生存反复遭遇人生的一些根本性问题。这是歌德称之为'原本现象'的东西。而宗教作为人类破译这种秘诀的最古老的努力，一直是文化象征的源泉。"④ 这个回答涉及人类生活从根本上说是靠文化的意义维持的、是靠价值秩序

① 沙莲香：《社会心理学》，中国人民大学出版社 1987 年版，第 61 页。
② ［美］E. 哈奇：《人与文化的理论》，黄应贵等译，黑龙江教育出版社 1988 年版，第 25 页。
③ 童星主编：《现代社会学理论新编》，南京大学出版社 2003 年版，第 51 页。
④ ［美］丹尼尔·贝尔：《资本主义文化矛盾》，赵一凡等译，生活·读书·新知三联书店 1989 年版，第 24、30 页。

维持的。

新的文化社会学对文化定义的贡献主要是发展了文化分析的方法，表现为：首先，它使文化的理解更接近人类学，不是简单地把文化作为"主流价值"的定义，重视记录文化，即复数文化现象的多样的状态；其二，它强调了现代性的文化维度及对个体经验的关注。基于社会学的文化转向，重视日常生活的文化化、美学化趋向；其三，基于消费社会、媒体社会、后现代主义的出现，它更多地主张面对社会与文化的不一致性，及文化现象空前扩张的事实，建构了一种跨学科的、文化分析多元领域。包括有关阶级、年龄、社会性别、少数裔的"生活政治"诉求及生态问题，这些都不是传统社会学的范畴，它更加关注文化与权力的分析；最后，新的文化社会学关注了现代性全球化的出现。现代性的全球化，给后发展国家扩展了后民族的文化空间，以往的文化传统，不再只是过去时代留下的桎梏，它变成了民族现代性历史一部分。但是，现代性的全球化，包括信息全球化、生活方式全球化，也解构了从前的传统的完整与内涵，造成丹尼尔说的那种"意义文化"匮乏及碎片化。文化社会学充分看到了"文化正日益趋于多样化、文化连贯性的缺乏"，或者说"文化连接的松弛，引人注目"，并以后现代精神接纳这种不一致性、不连贯性。

然而，即使文化社会学把现代性中的差异、越轨、不连贯也当作一种现代性经验必然存在的一种现实秩序，间或张力，文化研究者同样还面对着一个宏观社会秩序的整合、共识，否则，就是一个混乱的风险社会。所以，前面提到的费瑟斯通概括的这两种秩序的社会学事实都是存在。

中国消费时代的繁荣与社会风险的挑战正在于此。近十年来，中国国内不断发生社会现象，令人震惊。如巨大数量的高官腐败、豪车司机打人。宝马女辱骂修理工，无视交通规则撞死他人等现象不断发生；恶劣的电信诈骗、百度的虚假医疗信息等。近期网上暴出的裸贷事件。有 10G 的裸条照片、视频的流出，引爆社会关注。一些女大学生"出于虚荣心与攀比心，崇尚物质生活，拿自己的裸照作抵押，换钱，个体尊严的底线如此轻易地被击穿"[1]，暴露出社会生活中内在的秩序底线的丧失，社会信仰匮乏、许多基本共识已经被毁坏。学者荣剑质问，"如果把自八十年

---

[1] 李银河：《"裸条"折射个人尊严教育的失败》，《社会学吧》2016 年 12 月 9 日。

代以来的所有账本都打开，清算下来，又有多少是正资产"。"对整个时代的不满，时代越来越粗鄙化，越来庸俗不堪。这个感受应该具有共性，几十年来，人们对共同发生在几代人身上的堕落已经见怪不怪了，何止是90后被质疑，50后究竟还保留着多少80年代的启蒙传统？这个时候，谁还会去讨论经典和精致化？如同马东的反问，什么时候精致过？"①

本书是把消费文化本身看成一个商业化中的价值建构过程来分析。笔者认为，中国的消费文化发展可以作为文化现代性新的解读。因为它把个体成功与消费风格、趣味联系在一起；同时，消费文化作为全球化下现代社会经济结构，使消费主义成为合理化。舒适的生活方式的权利与享受；家庭、个体的欲求的不断满足变成生活中重要的方面，其本身也提高了社会经济发展的动力。

然而，消费文化在总体上，不能提供一个社会文化不断提升的那种理想；它不能变成社会精英阶层、大学教育的理想。所以，一个社会的现代化进程，当它的经济结构发展到消费时代的时候。消费文化的文化，还是人类学意义上的生活方式文化的一部分，是人类学意义上的城市消费主义生活方式的文化。认同、坚持"文化自觉"，就要了解消费文化本身的价值建构"缺少什么"、知道社会教育"必须做什么"才能弥补之这一缺憾。随着消费文化、消费时代在中国的持续发展，消费文化对青年价值观将持续发生影响。怎样的教育才是中国的消费时代所需要的教育呢？

二　对常识的认同

中国社科院原副院长李培林认为，目前按照6.5%的GDP增长率，中国有信心在2022—2024年跨越中等收入阶段，进入高收入阶段。他强调，中国面临双重中等收入陷阱，一方面是中国能否从中等收入国家进入高收入阶段，实现现代化；另一方面是中产阶级能否成为大多数，建设成"橄榄形"社会结构。按照世界银行标准测算，每天消费在10—100美元的群体即为中等收入群体，2015年中国有44%的人达到这个标准，涉及大约5亿多人。如果按照国家统计局出台的探索性标准，家庭年可支配收入在9万—45万之间的家庭被认为是中等收入家庭，按此测算中国中等

---

① 荣剑：《中国的代际现象》，摘自"北京东书房"公众号，2017年9月12日。

收入群体占总人口 24.3%，大概 3 亿人。李培林指出，目前中国经济发展的动力在发生深刻的变化，2016 年国内消费对经济增长贡献率达到 65%。"目前我国储蓄率很高，居民消费率还处于比较低的水平，消费发展潜力还很大。"①

　　如果当真如此，当中国将准备跨入高收入社会时，在教育中，将要更加重视常识、认同常识，将是一种非常重要的认同与秩序。

　　认同常识，首先是一种基本价值的认同。常识是构成现代秩序的基本的价值。如自由、平等、民主、公正的基本价值。它犹同信仰一样，支撑现代文明的建构。如果我们重读 150 年前托克维尔写的《美国人的民主》一书，他关注的就是美国人的常识性的价值，其认同构成了一种秩序。他认为，民主国家爱平等比爱自由更热烈和更持久。身份平等所造成的第一个和最强烈的激情，用不着说，当然是对于这种平等本身的热爱。"平等可以每天向每个人提供大量小小慰藉。平等的美好处时时刻刻都能使人感到，并及于每一个人。""平等造成的激情既是强烈的，又是普遍的。人们将会像获得战利品似地去争取平等。追求平等的激情完全控制了人心，并在人心中扩展和弥漫。"② 当自由、平等、公正、民主成为普遍的常识价值时，它就能形成风尚。"文革"的发生期间，为什么普遍发生红卫兵殴打、污辱老师，为什么出现那么多非人道的暴力行为，原因之一，就是整个社会与教育里缺少了现代民主社会的常识。

　　认同与回到常识，是做制度、制度文明。常识，是一种制度预期、制度效率。在法治社会，人们不会是一事拿一个行为标准，不应按亲疏关系选择规则。在哈耶克看来，行为或个人水平上的社会秩序，是社会制度或规范的制约下，个人之间能够形成对互动和合作关系的合理预期。③ 十八大提出的社会主义核心价值观，是价值认同，也应该是一种以制度为基础的制度文化的预期。制度引导价值，创造行为秩序。托克维尔认为，在民主国家，不必担心人们追求享乐。在这里，"对享乐的热爱虽然是一种强

　　① 李培林：《中国处于跨越"双重中等收入陷阱"阶段》《华西都市报》2017 年 3 月 18 日。

　　② ［法］托克维尔：《论美国的民主》（下卷），董果良译，商务印书馆 2010 年版，第 620、623 页。

　　③ 童星主编：《现代社会学理论新编》，南京大学出版社 2003 年版，第 234 页。

烈的、排他的和普遍的激情，但又是可以控制的。在那里，没有为了满足一个独夫的尽情欢乐"。在物质生活享乐方面，民主社会的最富裕公民的爱好跟一般公民没有太大的差别，因为他们也来自一般公民，实际上跟公民的爱好一样，并认为自己应当服从一般公民的爱好。[①] 怎样使公民的追求享乐成为可控的呢？它依赖制度的约束。尽管中国的 GDP 的总量创造了世界第二位，但中国在 2013—2017 年间查出了数万件中高级干部的巨额腐败案件。这说明中国经济高速发展中，社会的常识认同及制度监督系统是极其脆弱的。其贪腐问题成为社会精英集团的一个污点。它也是转型时代中国权力资本化的一种负面记录。没有完善的制度，就没有好的社会行为预期。

　　认同与回到常识，就需培育良好的公民素质。现代社会常识，是价值与制度系统的认同，它依赖公民个体素质。制度的基础是习俗，习俗是许多个体的自我约束。19 世纪中期的英国哲学、经济学家密尔写了《论自由》一书。全书一开始就说，这篇论文的主题不是所谓意志自由，这里所要讨论的乃是公民自由或称社会自由，也就是要探讨社会所能合法施用于个人的权力的性质和限度。[②] 密尔所提出的问题也是澄清公民社会所需要的常识。严复将此书译成中文时用了《群己权界说》的书名。对今天的我们来说，回到常识，就是回到清晰的文化价值的解释、回到现代公民所必须认知的基本理念中。中国社会在 40 的改革开放中，经济快速起飞，基本完成了工业化，并进入了以消费为中心的时代。但是，快速的社会转型也使中国社会在超速的社会变迁中伴随着现代常识的模糊、空缺。反思那些高官腐败的个案中，我们就会发现，精英阶层里还是喜欢搞裙带江湖关系、家族化的游戏。同样，也是由于现代常识混乱，自律不足，公民素质低下带来了诸多问题。2017 年江歌案中人性的灰暗与冷漠；携程亲子园发生的"虐童事件"震惊了国人。对常识的认同，就是对公民素养的认同，包括公民的身份、公民的责任、公民的道德，就是对现代公共秩序基本制度的认同。它是现代社会最简单、最具常识性的东西。如去美国、

① ［法］托克维尔：《论美国的民主》（下卷），董果良译，商务印书馆 2010 年版，第 662、663 页。

② ［英］约翰·密尔：《论自由》，许宝骙译，商务印书馆 2015 年版，第 1 页。

去欧洲看看走走，触动最大的不再是他们的物质符号，而是他们公民意识与公民秩序。

"消费主义"无疑充满了物的诱惑，但现代公民秩序的底线是通过法律的程序，每一个人通过自己的努力与竞争，获得相应的社会地位。公民素质最起码的是尊严自己、尊重他人，是讲究个人的权力与责任。"个人的自由必须约制在这样一个界限上，就是必须不使自己成为他人的妨碍。"① 在一个不懂得尊重、尊严、个体责任、个体权利界限的社会，不会有社会的民主氛围，也不会有真正的商业文明。

常识认同里包含起码的公共素质、公共教养。"公民素质就是国家的福利"，这是当年罗马政治家西塞罗说的。个体的公德与水准，就是具有公共文明的个人素质，就是尊重他人、尊重自己家人，尊重家庭以外的人，在公共秩序中表现个人尊严与责任。从总体上说，与发达国家相比，最重要的差距就是公民公德素质的差距。在美国，几乎所有的排队的地方很少发现有人争吵、故意大声喧哗的。在每个干干净净的公厕环境，如同见到很多普通而自律的心。对于消费时代来说，公民的公德素养是一种尊严感、平等感，是对所有人的保护，无论是富人、穷人，还是中产阶级。但如果公民个体的公共素质丧失，那么，消费时代物的丰盛就会伴随着一种土豪式、痞子式的大排档文化。如果私人的自由选择多了，但在公共场合、公共利益面前，不讲公共责任，只求个人方便，就会出现很多风尚的灾难乃至社会灾难。如像我们这些年发生的豪车显摆的撞人、炫富等违法事件。

社会集体的常识水准，就是公共教育、公德的水准。2016 年 11 月法国圣马可童声合唱团来南京演出。他们演唱了《诚与信》《孤儿》《抚摸海洋》《放飞和平鸽》等歌曲，孩子们神态、举止与歌声里有一种高贵、纯洁、绅士般的气质。他们所有的舞蹈里有一种久违的童趣、质朴与简单，感动了中国观众，让我们看到了法国儿童的基本价值观。法国是早发达国家，其进入消费社会比中国要早、要成熟，法国孩子的演出让笔者看到使人震撼的心灵力量与信仰，这正是中国教育所需要公德与信仰的普遍化水准。

---

① ［英］约翰·密尔：《论自由》，许宝骙译，商务印书馆 2015 年版，第 66 页。

制度化的常识水准，就是职业操守。职业道德是现代人伦理的重要表现，因为现代性是基于高度分化的职业系统的。只有每个人坚持职业信仰、职业尊重、职业忠诚、职业操守，才是现代文明的诚信之链，这也是现代文明，最基本的亮丽之处。职业伦理也是古老的人性伦理。在柏拉图的《理想国》一书中，他认为"正义是心灵的德性，不正义是心灵的邪恶"。正义是做正确的事。"只要每个人在恰当的时候干适合他性格的工作，放弃其他的事情，专搞一行，这样就会每种东西都生产得又多又好。"① 古老中国文化讲究诚信之美，追求"大学之道，在于明德"。中国的同仁堂精神是"同心同德、仁求仁风"、执守"修德无人见、存心有天知"的古训，让我们看到敬业是文明本身的力量。在今天，一个文明人可能超越陌生人与熟人的差别、超越民族国家、地区的差异、超越个人好恶的差异，追求职业的、专业的发展，并寻找到意义，它一定也超越了简单物欲层面的消费欲求。像德国这样的国家，人口 8000 万相当于中国一个中等性的省份，它影响世界的品牌就有 2000 多个，中国无法相比。这种水准的背后是他们的职业文明总的水准。现代人的职业伦理它既是清贫者的责任，也体现富裕者的责任。正如学习型组织理论创始人彼得·圣吉说，"没有一个成功的企业家，是仅仅为了钱而工作的"。而极端消费主义者，恰恰耽于暴富、炫耀，不要职业操守、职业奉献精神。

三　提高社会的公益慈善水准、强化生态文明的视野与责任

公益、慈善的文明与水准，也是消费时代文明化的水准。环境与慈善，是中国与欧美发达国家消费社会相比的主要差距。中国在社会公益与慈善方面的差距是很大的。我们现在进展良好的志愿者活动也是从发达国家学习来的。广泛的公益活动与慈善体系，就是发达国家在二战后对消费社会的一种调节。美国是第一超级大国，其 GDP 与军事能力全球第一，但美国又是一个慈善大国。在美国，到处可以看到捐赠者的足迹。如美国很多私立的百年级大学校园整个地都是捐赠者捐助的。美国许多大都市的艺术馆、展览馆也是私人捐助的。美国几乎所有的公共停车处都有给残疾人留下的车位。很多校友会、社区慈善会都主动地定期地捐款帮助癌症病人。这种活动往往从中小

---

① ［古希腊］柏拉图：《理想国》，郭斌和译，商务印书馆 1986 年版，第 61 页。

学就培养起，这些钱就是慈善捐助费。慈善除了实际作用，还有文化心理作用。它制约、调整富裕与贫穷的感受，这是个很重要的方面。

2015 年，笔者在美国纽约州克里夫顿帕克住了一个时期。楼下的花篮信箱里，总是收到该社区的报纸。报纸上时常登载该社区癌症防预协会与地区中学篮球比赛一起举行联欢会。这些联欢会就是社区体育活动与慈善活动的结合，它培养了年轻一代及社区公民的慈善之心。在美国圣母大学（全美排名前 16 名，建于 1842 年）校园里，历年来校友的慈善捐款盖出的一栋栋教学楼，无一例外。该大学每年体育马拉松赛报名费 20 到 40 元不等，这些钱是捐给社会有困难的人，形成一种社会慈善、校园慈善的意识氛围。在这里炫富是可耻的。这也是战后发达国家的社会进步的体现，尽管已进入消费社会，但他们在社会公益与社会平等方面，做了很多有益的尝试。

相比较之下，中国的差距甚大。中国还没有完善的遗产税、房产税、慈善制度，还没有从制度上真正形成一种富人对社会的责任。炒房、炫富、显摆豪华婚礼，常常成为富人的游戏。一些大的灾难捐赠，被挪用、账目不清之事不断发生。另外逼捐、假捐、拒捐也时常被发现。由于中国的慈善、捐赠系统不完善，郭美美利用红字会的名誉，炫富、拜干爹、赌博，还在网上晒煽情炫物照，影响极坏。2016 年 11 月下旬，一篇深圳本土作家罗尔为患白血病的爱女筹款治病发文《罗一笑，你给我站住》，在微信朋友圈刷屏，网友每转发一次，理财公司小铜人将向罗尔定向捐赠 1 元。但不过半日，事件反转，有网友爆料不过是一场营销，罗尔在深圳有三套住房。罗尔被网友指为骗钱。在网友的压力下，捐款全部原路退回，罗尔一下子从好父亲变成骗子。这件事同样也说明了公众对弱者的同情心与公民自律心之重要；也说明我们的慈善事业及文化极不完善。10 多年来，在北京奥运、上海世博、南京青奥会等大型国际活动后，中国青年的志愿者活动及志愿者文化得到很大的推动。一些青年助老公益活动、青年环境保护的公益活动、青年校园公益活动发展起来。但我们也要防止停留在"运动型""活动型"水准上。因为体制内控制的资源大，社会组织的垂直化运作较强，志愿者活动依然不够广泛；社会媒体对多元的社会公益活动的报道很少，也没有形成广泛的社会认同，公益活动还是局限在一个较小的范围内。

提高公益、慈善的文明与水准，就要提高电视、网络媒体的公德水准。电视网络媒体的公德水准，是社会公德的水准，也是一种青年的生活环境。现在中国电视台的黄金时段里，只见商业广告、热播剧，较少见到公益人、公益组织的形象与活动。与美女、帅哥的形象爆棚相比，真正感人的媒体宣传还是太少了。

另一个重要问题，生态环境质量也是中国与欧美发达国家消费社会相比的主要差距。如清澈的河流、明镜般的天空、卫生的饮用水。中国40年的经济高速发展，大规模的快速的工业化、城市化、城镇化，水泥路面、柏油路面越来越多、城市水泥建筑越来越多，我们改变了祖宗留下来的生态系统。在千年古镇同里、周庄，在十里秦淮，水质基本上是混浊的。在整个大中国，清澈的河流已极为少见。日益严重的雾霾、沙尘暴，已成为中国北方城市的一个标志。最近二十年间，驱动中国经济周期的力量，一直是房地产。地产兴则经济旺，地产衰，则经济冷。而超巨大的房地产推动的结果，必然是加剧城市环境的污染。

现在回过头来回看那些笔者去过的人均 GDP 比中国高的国家，如美国、柏林、意大利、瑞士、捷克、匈牙利、波兰等国，他们在最近几十年中没有像我们这样的大规模的城市改造、城市拆迁，也没有发生像我们这样的污染及城市类同，客观上保护了自然生态，又保护了历史文化生态。中国赶超式的发展方式强化了城市硬件改造。由政府投资加大基础建设方面，走得最快、最猛，于此的环境代价也是巨大的。因此，中国人文素质与世界的差距之一，是物质财富日趋丰裕中的环保问题突出。同时，中国非常类同化的城市设计，看上去只是房子盖得太快了，其实是文化意识的匮乏，是文化生态不平衡的一种反映。在这个意义上，在中国的消费时代，做环境保护，就是做公益、就是做文化，就是要走向后物质时代的生存。

四 培养人文的审美精神，重建审美主体

（一）为什么要谈"审美主体"的问题

1. 日常生活的美学化、文化化的巨大发展，已经把审美意识、审美能力提出来了

消费时代是一个媒体时代、文化工业产品巨大发展的时代。由于互联网技术与经济全球化的巨大影响，中国在改革开放后并未真正经历由中上层垄断艺术品、文化产品的阶段。借助于网络下载、网络漫游，高雅文

化、大众文化作品的欣赏与消费越来越普遍，文化大众审美能力，审美意识的提升越来越重要。

2. 中国现在已经拥有了一种繁华的商业化、信息化的城市生活环境

中国城市化的快速进程推动了新兴商业模式与文化工业、互联网的结合，创造泛娱乐的、繁华的城市生活方式。信息产品越来越多，游戏、电影、流行剧、时尚、流行广告画无处不在、无时不在。高尚、文明、博雅的审美精神正在逐步形成与提升，这是城市文化、城市商业软环境的一部分，需要培养新的审美主体。这里讲得审美主体就是指一种受过教育的、能够独立进行文化、美学判断的人。

3. 健全的审美主体、审美能力是与人文修养相联系的

审美本身需要人文素质。仅是奢侈品的拥有，并不是高贵的象征，而只是富有的象征。我们不会认为拎着 LV 包包、穿着古奇衣服，但每每出言不逊的人，是个高贵有教养的人。诸多有富无贵的社会现象，甚至于富而粗鄙的现象，说明很多外在打扮很高贵的美，其实是分裂的，因为是没有人格素养做底蕴的。"文革"十年中，红卫兵会粗暴伤害他们的老师，这是"破四旧""立四新"的审美观和以阶级斗争为纲的封闭价值观造成的。而近二十年的过度市场化倾向，又使一些年轻人的心灵陷入金钱崇拜、人格物质化。健全的审美意识不是依赖于物质层面的，它需要有人格层面的人文认同，需要对人性、高贵与底线的基本认同。

4. 审美主体的形成需要文化学习与文化积淀

审美主体也是价值主体。任何时代的审美精神都是时代精神、都代表了特定的心灵生活。审美价值的社会化，是影响青年灵魂塑造的社会化，审美精神引导心灵的追求。康德认为，审美欣赏、审美判断高于纯粹的物质趣味。其特点是其有反思性内容。"审美判断与纯粹的物质趣味，属于不同的秩序。后者由于这种趣味只是建立在感官快感之上。反之，因为艺术品传达了反思性内容，它可以让人们为自己的判断进行辩护，并就此达成一致并要求形成这种一致，因为它们取悦人们不仅是通过满足感官，还能过传达具有伦理意义的美学思想。"[1] 在康德看来，审美判断不是感官

---

[1]　[英] 奥斯汀·哈灵顿：《艺术与社会理论》，周计武等译，南京大学出版社 2010 年版，第 80 页。

性的，是反思性的。反思性的基础，就是一种审美主体的形成。他们应具有进行审美价值判断的水准与素养。

我们研究消费文化对价值观的影响，对青年价值观的影响，有一个大的课题，就是提高整个社会尤其是青年一代审美判断的水准问题。如果只是停留在物的趣味水准上，那么，对人性的理解将陷入肤浅与粗鄙，社会核心价值的担当便无人问津。具有反思性的、非功利的审美判断，就是一种审美主体本身的修炼与内涵。价值审美引导我们人格选择、塑造，如果审美主体的价值取向是扭曲的，那么，整个社会的审美精神就是扭曲的。

（二）培养人文的审美精神，重建审美主体

人文主义的审美精神，代表了人类文化中的一种精神贵族的气质。它是一种精英文化、优雅文化，它是美好人性、神性的精神追求、灵魂追求。

1. 阅读与学习经典作品，培养审美精神

80 后、90 后是中国免于匮乏的一代。这意味着什么？意味着物质重要性的相对衰退，精神性需求的快速上升。由于中国的消费时代的展开，在以往的独生子女政策结果下，80 后、90 后将会发愁的是前两代人留给他们的数套房子如何处理或兑现？"随之而来的问题是，物质的极大丰裕和满足，是否会让这一代人整体堕落还是精神升华？人类的理想是否会彻底毁于这一代人？"[①] 超越消费主义，培养人文审美精神的发展，是一种人类未来的精神出路。

中国正在进入世界中等发达国家的行列，走向后物质阶段势在必行；但是，人的修养不会自然而然的到来。我们靠什么去超越消费主义的低俗性、物欲性限制，吸取精神的养料呢？一个重要的途径就是阅读经典作品，阅读古典精神，理解与回归人性的真善美。

人类是从动物界长期演化而来，人的社会性是在文化的长期塑造中。人性本身充满善、恶、野蛮、智慧、堕落的多种可能性。古典精神是指什么？在文化社会学看来，古典精神，应泛指一种古典审美精神，古典主义的人文精神。它来自古典戏剧、音乐、艺术中叙事理念、文史哲的古代经典大师的思想。在公元前 500 年到前 200 年期间，也就是被称作轴心时代

---

① 荣剑：《中国代际现象》，"北京东书房"公众号，2017 年 9 月 14 日。

的时期，人类同时形成了东方古代中国和西方古希腊的古典文化。它们分别回答了人类文明所面对的自然与社会、神性与人性，灵魂与肉体、个人与社会的关系与矛盾，形成古典思想与艺术的传统。古典精神就是人类早期文明的智慧精神，是在现代性发展中被思想家阐述、论证过的人文精神。当代大学生、当代中国青年努力学习、理解古典精神，可以发现、通观世界乃至中国的人文主义传统及终极关怀；可以反省人类文明的艺术、历史、哲学的思想踪迹，获得审美精神的提升。

人性的进步是要借助古典精神进行反思与反省的，这就是古典戏剧、古典诗词与哲学的意义。审美教育是诗性教育、艺术教育、人性的真善美的教育。所有的被传递至今的古典文本，都留下深刻的历史感、人性品质与审美精神的解读。古希腊哲学家柏拉图认为，正义是心灵的德性。不正义的是心灵的邪恶。年轻人需要自我克制的美德。爱学习与爱智慧是一回事。过分快乐有如过分的痛苦，可以使人失态忘形。①

亚里士多德认为有三种主要的生活：最为流行的享乐的生活，公民大会或政治的生活，和第三种沉思的生活。第三种生活，即沉思的生活，它合于它自身的德性的实现活动构成了完善的幸福。沉思是最高等的一种实现活动。它最为连续，也更为持久。其中含有最多的我们所说的自足。②那么，怎样才能享受"沉思的生活"之美感呢？唯有不断地学习与阅读经典作品，培养审美精神。今日我们重温这些经典，依然觉得先哲的睿智。

2. 了解历史传承是审美精神学习的重要途径

审美精神不是一种书本说教，它是历史传承中的信仰与艺术符号。前不久，笔者去了东欧国家，所到之处都被其浓厚的历史文化建筑所打动。那些来自哥特式造型艺术的古典教堂，巴洛克风格的古老建筑；浸润艺术灵魂与田园风格的古典小镇，美轮美奂，无不散发着历史传承叙事的巨大魅力，其古典审美气质让人震慑。华沙城在"二战"中地面建筑几乎被毁。但今天的华沙照战前原样重建了85%地面建筑文物。包括华沙大学、

① ［古希腊］柏拉图：《理想国》，郭斌和译，商务印书馆1986年版，第42、91、69、112页。
② 参见［古希腊］亚里士多德《尼各马可伦理学》，廖申自译，商务印书馆2003年版。

存放肖邦心脏的圣十字教堂、中央广场的美人鱼塑像、老城广场的齐格蒙特纪念柱，还有圣彼得教堂门前那一幅天使折翅的青铜雕塑，非常让人敬重。波兰的传统文化来自于贵族文化。从这些 1949 年以后重建的建筑与艺术符号中，可见波兰人高贵的心灵、及对自己民族文化的认同与痴爱。即使在苏联时期第三国际指挥棒的影响下，他们依然不改其文化信仰，以优雅的审美姿态活在变化的历史时空中。波兰人在历史建筑重建中寻找文化心灵，在古城的艺术符号中嵌入了自己的信仰，他们从未经历像"文革"中国那样的把"历史文物"当成文化的敌人的"打砸抢"。现在想来，这个民族从整体上的审美修养值得我们学习。

重读文史哲的经典，是和重温历史建筑、非物质遗产联系在一起的。这种历史的审美感在内心会被一种崇高感、历史感激荡起来。这份崇高就是人文审美精神的高贵。正是这种东西成为文化情怀中最美、最深刻的东西。在当今中国社会，中产阶层、中下阶层都显现出普通的焦虑与浮躁情绪，这是因为我们民族心灵深处还缺少历史文化的厚重积淀，太世俗化了。如果我们不能找到历史传承中的厚重感，便无法重塑人性中的高尚品格。如果我们不能从世界经典、艺术中找到启迪与反思，便不能完成审美精神的改造与提升，其结果人性必然是轻浮的。如果新一代年轻人没有精神的品位，没有对灵魂世界，对思想、信仰的理解，那么，这个消费社会是可怕的。超越功利主义、物质主义的诱惑，培善自觉的审美主体是其中必须的选择。

3. 中国消费时代应该强补上审美教育，大力培养有人文情操的审美主体

审美教育的本质人文主义的、人文关怀的。它引导人们关注人的生存、关注人的精神生存，包括人性、苦难、尊严、尊重、教养。所有的高雅艺术中的音乐、艺术、文学、哲学杂文、诗歌等，都是在帮助人类超越世俗世界、物质世界中人性的苦难。人文审美精神是批判的超越的。它站在世俗的庸碌之上，它轻蔑一切过度发展的物质崇拜、金钱崇拜、符号崇拜，帮助人类、帮助年轻一代寻找人类高尚价值的彼岸。

我们常说，培养一个贵族需要三代。关键是审美的修养、礼仪的培养与代际传承，不是一蹴而就。一个社会审美精神的培养要几代人的传承才能形成。法国电影《勒阿弗尔》讲述一个依靠擦皮鞋维生的老人马赛尔

的故事。他曾经是作家、家里很穷。面包房老板娘说他欠得账单像"刚
果河"那么长。但电影里表现了马赛尔的优雅气质与乐观。在妻子患病
后，他竟还收留了一个非法移民的非洲小男孩。在影片中，马赛尔周围邻
居们都是小人物，如面包店老板娘、杂货店老板、小酒吧的老妇人、警官
等，他们都很善良、平和、快乐，不失情趣、尊严。在他们的帮助下，马
赛尔终于把这个非洲男孩送到伦敦，和亲人汇合。这个片子非常有审美的
艺术感染力。让人相信清贫可以高贵，穷人可以活得优雅而尊严。其中的
一些细节是这个擦鞋老人用微薄的钱在小酒吧喝一杯酒、吃一个煎蛋饼的
趣味，展现了作为普通人、底层人的审美情调。相比之下，中国电影高票
房的《乘风破浪》里充满低俗的江湖味：男主角躲在衣柜里，让自己老
婆勾引自己的江湖兄弟，以测其是否忠诚，显得非常猥琐。这就是我们的
差距。我们为什么拍不出能让灵魂反省，人性高雅又不炫富的片子？当下
的中国文化产业"大跃进"中加快了文化工业的生产。很多新片子、新
古镇、新老街"喷薄"而出。如若只见商家、只见规划，未见灵魂，也
就是一种失败。

　　4. 审美主体的成长需要对消费主义的反思与批判

　　审美主体的成长是不断反思的过程。这就是现在所有年轻人的功课，
因为高尚的审美精神是一个长期学习、文化接受的过程。而在过于物化的
消费主义环境中，人们特别容易变得盲目。现代消费主义常使个人患上了
消费"强迫症"，将自己的一切都置于不断上升地消费欲求中。在鲍德里
亚看来，现代拜物教的深层表现在于，我们不再把自己的消费定位于外在
物品上，而是定位于自身的"自然"存在上，通过将自身的"自然"存
在孤立出来，构成自己膜拜的对象。①从物的拜物教，回转到了自身的内
在自恋，直至人们被完美的消费标准完全统治、异化。

　　齐美尔以"玫瑰的生产与满足"，提供了一种审美意义的解读。他认
为，像玫瑰的生产与销售一样，没有一种分配可以达到绝对的平等。金钱
文化下的世俗灵魂的不安分性，是人的本性的缺陷。我们感受到的并非是
生命刺激的绝对的量，而是忧心忡忡的"一种奇怪本性"——幸福与痛

---

　　①　仰海峰：《消费社会理论评析——鲍德里亚〈消费社会〉解析》，《长白学刊》2004 年
第 3 期。

苦的原因，并不在于人们是否拥有它，而在于他人是否拥有它。因此，"精巧和纯粹的灵魂才可能以享受的方式拥有客体。它是如此的丰富，因而足以依靠自己最本真的内在性来生存，而不是让感觉超越灵魂的界限"①。他指出，货币文化下个体价值选择的平衡，只能依靠自我内在性、丰富的灵魂来生存。这最终是一种审美生活的选择。

正是因为如此，仅是消费文化本身的"文化解读"是不够的。消费文化常常陷入自己的误区之中。一个正常的现代文明的社会还必须有超越世俗的高雅文化。高雅文化与大众文化区别最重要的一个方面，就是前者能提供关于人的苦难、生与死、生命意义的哲学、审美思考，消费文化本身不可能单独完成对社会系统价值体系的建构。

法兰克福学派在大众文化借助电子技术兴起之时，坚定地看到了人类不能离开启蒙理想这样一种人文主义的引导。阿多诺和霍克海默"关心的不是某些批评家所断言的那样，即如何保护高雅的完整性，使它免受低俗的污染，而是要保护一切创造性努力的自由式"。捍卫所有文化的表达不受利润驱动带来的总体殖民化。② 阿多诺和霍克海默都痛切地指出了文化生活中商业化侵蚀的破坏性倾向。人文主义的审美精神代表了社会、个体的信仰与心灵。一个社会、一个人，"如果丧失了自己的灵魂，即使获得全世界，又有什么用呢?"③ 如果中国走向丰裕、富裕的生活，只是使人们更羡慕"土豪金""小皇帝"、长相好的"女神""男神"，穿着入时的刁蛮公主，那么，这个社会就将陷入审美土豪化、灵魂上的"空心化"。

一个经历的文化断裂、文化扭曲的民族，其审美精神也是扭曲的。钱理群先生回顾了中国知识分子的素质与文化传承的关系，认为中国一直处在一种文化、知识、教养的断层之中。他间接地回答了中国日益繁荣的消费文化为什么不能撑起文化的建构。他认为中国知识分子的素质在整体上出了问题。基本素质，包括人格、精神境界、知识素养。钱先生认为，

---

① ［德］西美尔：《金钱、性别、现代生活风格》，顾仁明译，学林出版社2000年版，第104页。

② ［英］奥斯汀·哈灵顿：《艺术与社会理论——美学中的社会学论争》，周计武等译，南京大学出版社2010年版，第169页。

③ ［法］帕斯卡尔：《思想录》，何光武译，商务印书馆1985年版，第389—390页。

"1949 年以后培养的知识分子,包括我自己在内,大部分人的知识结构都有很大问题。因为社会上在批判'封、资、修',要和传统决裂,和人类几乎一切文明成果隔离。并且,知识结构和精神境界是连在一起的"。钱先生强调,我们是"没有文化的学者,没有趣味的文人",比如说,"我,琴棋书画都不懂,而且没兴趣,作为文人,这是有问题的"。

钱先生所言涉及一个很重要的视角:即一个社会的教育者、文化人、学者、教授,必须是有深厚的文化兴趣积淀的人。这不仅是和知识结构、精神境界联系在一起的,而且这一定是经过了古典文化、高雅文化的文本与精神气质的熏陶。但这些自 1949 年以后中断了。1979 年以后重新对外开放,但也只有 40 年的时间。20 世纪 90 年代以后市场经济、消费文化的快速发展,在社会转型下,如果没有社会精英阶层的集体的"文化教养""知识结构"的准备,会结出怎样的社会果子呢?那就是上层、中层、下层普遍的粗鄙化。正是在这个意义上,钱理群先生反思了"文革"对 20 世纪 80 年代大学生的影响,反思了消费主义对 80 后、90 后出生的年轻人。他说,"文革"中成长的、20 世纪 80 年代以后出来的大学生,我曾经对他们非常看好,但很快就失望了。为什么呢?就是因为"文革"对他们精神上有不好的影响。他们有霸权的思想,绝对的二元对立、唯我独尊的思想,总觉得真理在握,一遇到不同意见,马上口诛笔伐。"文革"还造成了一种很坏的结果:一些人认为,有权就是一切,为了达到目的可以不择手段。这种人有一种霸气的流氓气。而在当代呢?钱理群继续批评说:"我们的一些大学,包括北京大学,正在培养一些'精致的利己主义者',他们高智商,世俗,老到,善于表演,懂得配合,更善于利用体制达到自己的目的。这种人一旦掌握权力,比一般的贪官污吏危害更大。"①

此批评深刻尖锐。中国消费时代、消费文化的发展,就像 GDP 数字一样,本身并不能直接医治中国"文革"带来的精神创伤。如没有文化传承上的积淀与反思、没有大学教育中审美精神的培养,消费文化直接影响下的年轻一代会更加功利化、浅薄化、势利性、只诉诸于个人的目的。

---

①　钱理群:《中国知识分子的素质在整体上出了问题》,摘自"中国好学者"公众号,2016 年 7 月 16 日。

钱老的分析，既证明了鲍德里亚对消费社会批判的深刻性，又验证了法兰克福学派阿多诺对文化工业批判的前瞻性。消费文化下个体性的价值塑造，无法走向更高的社会理想，其结果可能是社会整体的物质化的滑落；另一方面，社会文化结构在向大众文化、消费文化的转变中，又极需要高尚文化、高雅文化的引导。这种引导是一种文化传承的力量、是世界经典、中国经典的引导，是教育及教育氛围、教育大师的力量。

5. 防止"娱乐至死"的梦魇，必须重建人文审美教育

学者波斯曼的《娱乐至死》一书不是什么道德说教。他指出了"我们的文化正处在以文字为中心向以形象为中心转换的过程中"，"媒介形式的偏好某些特殊的内容，从而控制文化"。"随着人们象征性活动的进展，物质现实似乎成比例地缩小。人们没有直面周遭事物，而是在不断地和自己对话。"[①] 一种快乐媒介进入我们的生活，我们绝不同意让它离开片刻。这其实是一场以媒介为基础的感觉革命。为了防止青年一代被各种信息大潮包围、吞噬。我们需要重新认识我们的生活，我们需要新的审美学习与寻找。

人文审美，就是要回归人性的、文化的、文明的、艺术的、宗教的、哲学的审美体验，就是"再现"文化传统中的审美视野。中国文化几千年的源远流长。中国的文化按照陈寅恪先生的说法，可以分成制度文化与非制度文化，作为制度文化的"三纲六纪"，其实早就应该放回到"博物馆"去，因为没有任何生机了。如果允许"三纲六纪"作为我们的制度，那么我们这个民族要发展到哪里去就很成问题，但是，中国传统文化中的非制度文化，比如中国唐诗宋词所表现的文学之美，这是伴随着中国人的有永恒价值的人文之美。只要中国人还在，这些东西就不会消失。中国的《诗经》、唐诗宋词流传千年，其文字缱绻温软，浩瀚博大，涵蕴的中华民族深层、悠久的审美境界、精神内涵。中国儒家思想审美精神中的"自强不息、厚德载物"，"明知不可为而为之"的精神气质，是我们民族精神的再度弘扬的养料。同时，中国近现代优秀知识分子、文化人中所表现的中西合璧的审美追求与人格践行，都是当代中国不可或缺的精神养

---

① ［美］尼尔·波兹曼：《娱乐至死》，章艳译，广西师范大学出版社 2009 年版，第 10、11 页。

料。但传统中国制度文化的封闭也带来社会思想的封闭。

全球化打开了一个全球人文审美精神学习的大门。意大利文艺复兴运动的伟大，在于它提供了现代人文主义审美精神的启示。但丁、达·芬奇、米开朗琪罗等，他们的思想与作品展示了他们是世界主义者，又是人文主义者。中国已提出了富强、民主、文明、和谐、自由、平等、公正法制的社会主义核心价值观，但如果不懂得现代人文主义的审美精神，我们对核心价值观的理解就缺少现代文明的审美深度。

同时，西方消费文化的审美情趣是值得借鉴的。通过商业产品、文化产品的输出，好莱坞大片，俱乐部球赛、星巴克、麦当劳，潜移默化地塑造了我们的爱好。美国星巴克不仅是遍布全球的咖啡店，而且文化符号也做得好。明明是没有很长历史的国家，但星巴克的女神象征、自营的茶具符号，让人有深刻记忆。苏州火车站的星巴克店里，挂着两幅画，标明咖啡出产地是埃塞俄比亚与印度尼西亚，很艺术，如同美国历史的某种延伸。还有印有 Suzhou，China 字样的星巴克水杯，表达了一种全球地方性观念。这就是一种审美吸引力。

相比之下，中国文化审美的传播力还有很大差距。很多文化作品急功近利，缺少对人性的深刻体悟，中国文化审美更多讲究意蕴、意境、气韵、空灵、中和、充实、对称、哀而不伤。南北朝诗人嵇康说："目送归鸿，手挥五弦。俯仰自得，游心太玄。"这是一种中国传统美学思想。这种美学我们究竟体会、认同了多少呢？我们送走了阶级斗争为纲的时代，消费主义来了。当然就开始崇拜高富帅、白富美了。90后、00后都是没有饿肚子、没有粮票、布票体验的一代。他们远离匮乏时代、阶级斗争时代，然而，如果我们只熏染着商业文化之暖风，呼吸着时尚化的空气，不再感觉到自己又陷入"文化匮乏"。

真正的人文审美精神的教育与自我学习，要通过文史哲的学习，文化史、文明史的学习。这种学习，是一种反思性学习、自我教育的学习。既可打开广义的人文性的世界审美眼光，又是对人性的苦难、脆弱、幸福、善良、慈悲、风险的自我拯救、自我反思的体验。教育最终完成，并非只是成为一个世俗社会的"成功者"，如企业家、公职官员，而是成为具有全球化视野、民族情怀的人，具有人文审美批判与实践精神的市民型精英。被教育者最终承担是自己健全的人格，并贡献于社会。社会教育者、家庭教育所完成的是再文明化的使命。

教育要超越当下出现的"富而不贵""清贫而不尊"，"富贵不见"的精神之殇。当中国以世界工厂驻足于世界时，已成为一带一路的领头人推进世界进步时，没有深刻的文化精神是走不远的。从更长远的来看，让我们民族价值观，回到人文精神的审美境界，是民族的人文审美精神与全球化下审美精神的融合。

社会主义核心价值观的提出，是一个非常好的文化框架。"富强、民主、文明、和谐；自由、平等、公正、法治；爱国、敬业、诚信、友善"的价值观，是非常有力量的文化诉求。这一表述显示出世界性、时代性与民族性的价值结合。但我们并不能反推说，当代资本主义的核心价值观就是"贫穷、专制、愚昧"。1953 年美国好莱坞拍的电影《罗马假日》，风靡全球，至今依然打动人心，经久不衰。男女主角的纯真感情与人文表达，是哪个"主义"的价值观呢？傅雷曾对傅聪说，"我们学古典作品当然不仅仅是为古典而古典，而尤其是为了整个人格的修养，尤其是为了感情太丰富的人的修养"，很耐人寻味。我们应该通过社会史、文化史及哲学、艺术情操的学习深刻理解社会主义核心价值观。

凤凰网的 2016 年 8 月 24 日有一篇叫作"老舍逝世五十年，当年鞭打他的少女还在若无其事的跳广场舞"① 的文章。该文是为了纪念"文革"中被女红卫兵毒打后跳太平湖的作家老舍。老舍去世整整 50 年了。不管那个女红卫兵是否在跳广场舞，如果我们的社会依然不能体会"民主、文明、自由、平等、公正、法治"等核心价值就是当代的人文精神，就是当今中国最重要的认同与制度文化；那么，老舍的悲剧还会被重演，这个红卫兵女孩的女儿可能就变成了郭美美、李美美……只知道混名混利，没有灵魂。重建审美主体、重建审美精神是极为重要与紧迫的。

中国的消费时代是一个全球化的时代，消费时代在全球文明、跨文化互动快速发展的情形下，人文教育的世界性与民族性的结合越来越重要

---

① 何可人："老舍逝世五十年，当年鞭打他的少女还在若无其事地跳广场舞"，"凤凰网文化" 2016 年 8 月 24 日。

了。如限于狭窄的意识形态、民粹主义、极端民族主义思维，会使这个民族在精神上如病夫一般，眼界如井底之蛙。

　　培育践行社会主义核心价值观，不只是为了国家的"社会主义意识形态的完善"，而且要使每个中国公民自己更有人文素养、更有独立思考力，更拥有心灵生活。与消费时代、互联网时代相匹配的教育，只能是把世界性与民族性相结合人文教育。文化自觉，包括对世界文明的自觉，包括了对我们自己传统文明的自觉。

参考文献

一 中文文献

包亚明主编：《后现代与公正游戏》，上海人民出版社 1997 年版。

包亚明主编：《现代性的地平线》，上海人民出版社 1997 年版。

程巍：《中产阶级的孩子们——60 年代与文化领导权》，生活·读书·新知三联书店 2006 年版。

陈映芳：《"青年"与中国的社会变迁》，社会科学文献出版社 2007 年版。

费孝通：《中国文化的重建》，华东师范大学出版社 2014 年版。

风笑天：《社会变迁中的青年问题》，北京大学出版社 2014 年版。

风笑天等：《中国独生子女问题研究》，经济科学出版社 2013 年版。

高丙中：《西方生活方式研究的理论发展叙略》，《社会学研究》1998 年第 3 期。

高中建、孟利艳：《"80 后"现象的归因及对策分析》，《中国青年研究》2007 年第 10 期。

户晓坤：《中国社会转型内在张力中的消费主义悖论》，《经济学家》2014 年第 5 期。

郭于华：《社会记忆与历史权利》，《南方都市报》2012 年 12 月 17 日。

李春玲主编：《境域、态度与社会转型：80 后青年的社会学研究》，社会科学出版社 2013 年版。

李春玲、［俄］科兹诺娃等：《青年与社会变迁：中国和俄罗斯的比较研究》，社会科学文献出版社 2014 年版。

李欧梵：《上海摩登：一种新都市文化在中国（1930—1945）》，人民文学出版社 2010 年版。

李银河：《女性主义》，山东人民出版社 2005 年版。

李小江、谭深主编：《中国妇女分层研究》，河南人民出版社 1990年版。

林立树：《现代思潮：西方文化研究之通路》，中央编译出版社 2014年版。

刘小枫：《现代性社会理论绪论：现代性与现代中国》，上海三联书店 1998 年版。

罗钢、刘象愚主编：《文化研究读本》，中国社会科学出版社 2000年版。

罗钢、王中忱主编：《消费文化读本》，中国社会科学出版社 2003年版。

陆扬主编：《文化研究概论》，复旦大学出版社 2008 年版。

马中红主编：《中国青年亚文化研究年度报告》，清华大学出版社2012 年版。

闵冬潮：《全球化与理论旅行：跨国女性主义的知识生产》，天津人民出版社 2009 年版。

欧力同、张伟：《法兰克福学派研究》，重庆出版社 1990 年版。

潘毅：《我无法站在高处看别人的痛苦》，《南风窗》2013 年第 17期，转引自"社会学吧"，2015 年 10 月 11 日。

童星主编：《现代社会学理论新编》，南京大学出版社 2003 年版。

汪晖、陈燕谷主编：《文化与公共性》，生活·读书·新知三联书店1998 年版。

王志章：《新炫耀式消费对当代大学生消费行为的影响研究》，《中国青年研究》2010 年第 2 期。

王宁：《从苦行者社会到消费者社会》，社会科学文献出版社 2009年版。

吴小英：《解析社会变迁中青年人婚恋观的变化》，《中国社会科学报》2014 年 8 月 7 日。

薛毅主编：《西方都市文化研究读本》，广西师范大学出版社 2008年版。

许平、朱晓罕：《一场改变了一切的虚假革命——20 世纪 60 年代西方学生运动的历史定位》，上海人民出版社 2004 年版。

阎云翔：《中国社会的个体化》，上海译文出版社 2012 年版。

杨德霞：《论消费主义与当代青年身份建构》，《当代青年研究》2013 年第 2 期。

张人杰主编：《国外教育社会学基本文选》，华东师范大学出版社 1989 年版。

赵一凡：《从卢卡奇到萨义德：西方文论讲稿续编》，生活·读书·新知三联书店 2009 年版。

朱迪：《品味与物质欲望：当代中产阶层的消费模式》，社会科学文献出版社 2013 年版。

张再林、王建华：《功利婚恋观的价值逻辑及实现困境》，《理论学刊》2014 年第 8 期。

周宪主编：《文化现代性读本》，南京大学出版社 2013 年版。

周晓虹主编：《中国中产阶层调查》，社会科学文献出版社 2005 年版。

二 中译文献

［澳］德波拉·史蒂文森：《城市与城市文化》，北京大学出版社 2007 年版。

［白俄］阿列克谢耶维奇：《二手时间》，中信出版社 2016 年版。

［德］奥斯瓦尔德·斯宾格勒：《西方的没落》，商务印书馆 1995 年版。

［德］格奥尔格·西梅尔：《货币哲学》，中国社会科学出版社 2007 年版。

［德］哈拉尔德·韦尔策：《社会记忆：历史、回忆、传承》，北京大学出版社 2007 年版。

［德］卡尔·曼海姆：《文化社会学论要》，中国城市出版社 2002 年版。

［德］卡尔·曼海姆：《重建时代的人与社会：现代社会结构的研究》，生活·读书·新知三联书店 2002 年版。

［德］马克思·舍勒：《价值的颠覆》，生活·读书·新知三联书店1997年版。

［德］诺贝特·埃利亚斯：《个体的社会》，译林出版社2003年版。

［德］维尔纳·桑巴特：《奢侈与资本主义》上海人民出版社2000年版。

［德］乌尔里希.贝克等：《自反性现代化》，商务印书馆2014年版。

［德］乌尔里希·贝克等：《个体化》，北京大学出版社2011年版。

［德］西美尔：《金钱、性别、现代生活风格》，学林出版社2000年版。

［德］扬·阿斯曼：《文化记忆：早期高级文化中的文字、回忆和政治身份》，北京大学出版社2015年版。

［法］艾德加·莫兰：《社会学思考》，上海人民出版社2001年版。

［法］波德里亚：《象征交换与死亡》，译林出版社2012年版。

［法］波德里亚：《消费社会》，南京大学出版社2001年版。

［法］布迪厄：《艺术的法则》，中央编译出版社2011年版。

［法］伏尔泰：《风俗论》，商务印书馆2013年版。

［法］鲁尔·瓦纳格姆：《日常生活的革命》，南京大学出版社2008年版。

［法］路易·迪蒙：《论个体主义：对现代意识形态的人类学观点》，上海人民出版社。

［法］帕斯卡尔：《思想录》，商务印书馆1985年版。

［古希腊］柏拉图：《理想国》，商务印书馆1986年版。

［加］马歇尔·麦克卢汉：《理解媒介》，商务印书馆2000年版。

［美］D.P.约翰逊：《社会学理论》，国际文化出版社1988年版。

［美］迪尔（Michael J. Dear）：《后现代都市状况》，上海教育出版社2004年版。

［美］罗伯特·J.C.杨：《后殖民主义与世界格局》，译林出版社2008年版。

［美］阿里夫德里克：《后革命时代的中国》，上海人民出版社2015年版。

［美］艾瑞克·霍布斯鲍姆：《极端的年代：1914～1991》，江苏人民

出版社 1999 年版。

[美]博阿斯：《人类学与现代生活》，商务印书馆 1985 年版。

[美]大卫·里斯曼等：《孤独的人群》，王昆等译，南京大学出版社 2001 年版。

[美]戴安娜·克兰：《文化生产：媒体与都市艺术》，译林出版社 2001 年版。

[美]戴安娜·克兰主编：《文化社会学——浮现中的理论视野》，南京大学出版社 2006 年版。

[美]戴维·哈维：《后现代的状况：对文化变迁之缘起的探究》，商务印书馆 2013 年版。

[美]戴维·斯沃茨：《文化与权力：布迪厄的社会学》，上海译文出版社 2006 年版。

[美]丹尼尔·贝尔：《意识形态的终结》，江苏人民出版社 1998 年版。

[美]丹尼尔·贝尔：《资本主义文化矛盾》，生活·读书·新知三联书店 1989 年版。

[美]迪克·赫伯迪格：《亚文化：风格的意义》，北京大学出版社 2009 年版。

[美]凡勃伦：《有闲阶级论》，全国百佳出版社、中央编译出版社 2012 年版。

[美]葛凯：《制造中国：消费文化与民族国家的创建》，北京大学出版社 2007 年版。

[美]葛凯：《中国消费的崛起》，中信出版社 2011 年版。

[美]亨廷顿：《文明的冲突与世界秩序的重建》，新华出版社 1998 年版。

[美]克里斯托夫·拉什：《自恋主义文化：心理危机时代的美国生活》，上海译文出版社 2013 年版。

[美]马丁杰：《阿道尔诺》，湖南人民出版社 1988 年版。

[美]马歇尔·萨林斯：《文化与实践理性》，上海人民出版社 2002 年版。

[美]玛格丽特·米德：《文化的承诺》，河北人民出版社 1987 年版。

〔美〕尼尔·波兹曼：《娱乐至死》，广西师范大学出版社 2009 年版。

〔美〕乔治·瑞泽尔：《当代社会学理论及其古典根源》，北京大学出版社 2005 年版。

〔美〕乔治·瑞泽尔：《赋魅于一个祛魅的世界：消费圣殿的传承与变迁》，社会文献出版社 2015 年版。

〔美〕瑞泽尔：《后现代社会理论》，华夏出版社 2004 年版。

〔美〕萨林斯：《文化与实践理性》，上海人民出版社 2000 年版。

〔美〕斯塔夫里阿诺斯：《全球通史》（下）（第 7 版修订版），北京大学出版社 2005 年版。

〔美〕苏西罗托洛：《放任自流的时光》，光明日报出版社 2011 年版。

〔美〕威廉·曼彻斯特：《光荣与梦想》，海南出版社、三环出版社 2004 年版。

〔美〕尹恩·罗伯逊：《现代西方社会学》，河南人民出版社 1988 年版。

〔美〕约翰·R. 霍尔等：《文化：社会学视野》，商务印书馆 2002 年版。

〔美〕詹明信：《晚期资本主义的文化逻辑》，生活·读书·新知三联书店 1997 年版。

〔美〕兹比格涅夫·布热津斯基：《大失控与大混乱》，中国社会科学出版社 1994 年版。

〔瑞典〕奥维·洛夫格伦：《美好生活：中产阶级的生活史》，北京大学出版社 2009 年版。

〔瑞士〕雅各布·布克哈特：《意大利文艺复兴时期的文化》，商务印书馆 1986 年版。

〔以色列〕尤瓦尔·赫拉利：《人类简史》，中信出版社 2014 年版。

〔英〕E. P. 汤普森：《英国工人阶级的形成》，译林出版社 2001 年版。

〔英〕艾瑞克·霍布斯鲍姆：《断裂的年代：20 世纪的文化与社会》，中信出版社 2014 年版。

〔英〕安·格雷：《文化研究：民族志方法与生活文化》，重庆大学出版社 2009 年版。

［英］安迪·班尼特等编：《亚文化之后：对于当代青年文化的批判研究》，中国青年出版社 2012 年版。

［英］安东尼·吉登斯：《超越左与右：激进政治的未来》，社会科学文献出版社 2000 年版。

［英］安东尼·吉登斯：《社会理论与现代社会学》，社会科学文献出版社 2003 年版。

［英］安东尼·吉登斯：《现代性的后果》，译林出版社 2000 年版。

［英］安东尼·吉登斯：《现代性与自我认同》，生活·读书·新知三联书店 1998 年版。

［英］安吉拉·麦克罗比：《文化研究的用途》，北京大学出版社 2007 年版。

［英］安娜贝拉·穆尼、贝琪·埃文斯编：《全球化关键词》，北京大学出版社 2014 年版。

［英］奥斯汀·哈灵顿：《艺术与社会理论——美学中的社会学论争》南京大学出版社 2010 年版。

［英］布莱恩·特纳：《社会理论指南》，上海人民出版社 2003 年版。

［英］戴维·弗里斯比：《现代性的碎片：齐美尔、克拉考尔和本雅明作品中的现代性理论》，商务印书馆 2013 年版。

［英］戴维·赫尔德：《全球大变革》，社会科学文献出版社 2001 年版。

［英］丹尼·卡瓦拉罗：《文化理论关键词》，江苏人民出版社 2006 年版。

［英］蒂姆·阿姆斯特朗：《现代主义：一种文化史》，南京大学出版社 2014 年版。

［英］弗兰克·莫特：《消费文化——20 世纪后期英国男性气质和社会空间》，南京大学出版社 2001 年版。

［英］克里斯·巴克：《文化研究：理论与实践》，北京大学出版社 2013 年版。

［英］莱斯利·斯克莱尔：《资本主义全球化及其替代方案》，社会科学文献出版社 2012 年版。

［英］劳伦斯·詹姆斯：《中产阶级史》，中国社会科学出版社 2015

年版。

［英］雷蒙·威廉斯：《关键词：文化与社会的词汇》，生活·读书·新知三联书店 2005 年版。

［英］罗宾·科恩等：《全球社会学》，文军等译，社会科学文献出版社 2001 年版。

［英］迈克·费瑟斯通：《消费文化与后现代主义》，译林出版社 2000 年版。

［英］迈克·费瑟斯通：《消解文化——全球化、后现代主义与认同》，北京大学出版社 2009 年版。

［英］齐格蒙特·鲍曼：《工作、消费、新穷人》，吉林出版集团有限公司 2010 年版。

［英］齐格蒙特·鲍曼：《流动的现代性》，上海三联书店 2002 年版。

［英］齐格蒙特·鲍曼：《生活在碎片中：论后现代道德》，学林出版社 2002 年版。

［英］斯科特·拉什：《全球文化工业：物的媒介化》，社会科学文献出版社 2010 年版。

［英］西莉亚·卢瑞：《消费文化》，张萍译，南京大学出版社 2003 年版。

［英］约翰·斯梅尔：《中产阶级的文化起源》，上海人民出版社 2006 年版。

三　英文文献

Adorno Theodor W, *The Culture Industry: Selected Essays on Mass Culture*, Routledge, 1991.

Anastasios S. Korkotsides, *Consumer Capitalism*, Routledge, 2007.

Anton Pannekoek, The New Middle Class, *International Socialist Review*, October 1909.

Asian Development Bank, *Key Indicators for Asia and the Pacific*, *The Rise of Asia's Middle Class*, Asian Development Bank, 2010.

Caroline J. Smith, *Cosmopolitan Culture and Consumerism in Chick Lit*,

Routledge，2008.

Dick Hebdige. *Subculture：The Meaning of Style*，Routledge，1979.

Douglas J. Goodman and MirelleCohen，*Consumer Culture*，Sage，2003.

Martyn J. Lee，*Consumer Culture Reborn：The Cultural Politics of Consumption*，Routledge，2005.

Matthew Hilton，*Consumerism in Twentieth - Century Britain*，Cambridge University Press，2003.

Pamela N. Danziger，*Why People Buy Things They Don't Need*，Dearborn Financial Publishing，2004.

Peter Stearns，*Consumerism in World History*，Routledge，2001.

Richard H. Robbins，*Global Problems and the Culture of Capitalism*，Allyn & Bacon A Pearson Education Company，2002.

Robert W. Witkin，*Adorno On Popular Culture*，Routledge，2003.

Sherry，John F，Fischer，Eileen，*Explorations in Consumer Culture Theory*，Routledge，2009.

Susan Chambre and Melinda Goldner edited，*Patients，Consumer and Civil Society*，Emerald Group Publishing Limited，2008.

Yiannis Gabriel and Tim Lang，*The Unmanageable Consumer*，Sage，2006.

本人发表的相关文章

扈海鹏：《关于中产阶级的比较与思考》，《江海学刊》2005 年第 6 期。

扈海鹏：《新消费空间下青年个体社会化——一种消费文化的视角》，《社会科学》2012 年第 12 期。

扈海鹏：《中产阶级的社会预期与社会建设的再思考——一种文化分析的角度》，《江海学刊》2011 年第 4 期。

扈海鹏：《消费文化影响下大学生的自我建构》，《中国社会科学文摘》2010 年第 10 期。

扈海鹏：《消费文化下中产阶级发展与社会政策——以青年发展为视

角》,《人文杂志》2013 年第 11 期。

扈海鹂:《消费文化与工人阶级》,《中国劳动关系学院学报》2012 年第 6 期。

扈海鹂:《消费文化下大学生"文化接受"的研究———一种自我转变的描述与思考》,《人大复印资料青少年导刊》D421 月刊 2010 年第 10 期。

扈海鹂:《文化自觉与核心价值观建设》,《学习时报》2014 年 5 月 5 日。

扈海鹂:《全球化与文化整合》,《哲学研究》2000 年第 1 期。

扈海鹂:《解读大众文化——在社会学视野中》,上海人民出版社 2003 年版。

Huhaili: The Socialization of Rural College Students: Social Stratification and the Transformation of Living styles for Rural college students, *CHINESE EDUCATION and SOCIETY*, April 2015 vol. 48, number 2, P. 114.